DEFESA DA CONCORRÊNCIA NO SISTEMA FINANCEIRO

Leopoldo U. C. Pagotto

DEFESA DA CONCORRÊNCIA NO SISTEMA FINANCEIRO

Editora Singular

Dados Internacionais de Catalogação na Publicação (CIP)
(Câmara Brasileira do Livro, SP, Brasil)

P13d

Pagotto, Leopoldo U. C.
Defesa da concorrência no sistema financeiro. / Leopoldo U. C. Pagotto.
São Paulo: Singular, 2006.

351 p.
ISBN: 85-86626-34-1

1. Concorrência, regulação, Brasil. 2. Direito da concorrência, Brasil. 3. Bancos, regulação, Brasil. 4. Política antitruste, Brasil. 5. Truste, Brasil. 6. Sistema financeiro, regulação, Brasil. 7. Mercado de capitais, regulação, Brasil. 8. Sistema financeiro, Brasil. 9. Banco Central do Brasil (Bacen). 10. Conselho Administrativo de Defesa Econômica (Brasil) (CADE). I. Título.

CDU: 339.13(81) CDD: 342.233

Diagramamação: Microart – Com. Editoração Eletrônica Ltda.
Capa: Estúdio Graal

Rua José Nóbrega Barbosa nº 100
CEP 02336-090 – São Paulo – SP
Tel/ Fax: 55 11 3862 1242
www.editorasingular.com.br
singular@editorasingular.com.br

Para Mayumi.

AGRADECIMENTOS

Escrever um livro não é tarefa fácil e, como todos podem intuir, demanda quantia considerável de tempo. Por isso, meu especial agradecimento é dirigido a todos aqueles que me emprestaram apoio nas horas solitárias, compreendendo o motivo dessa reclusão: os meus pais Francisco e Cristina, os meus avós Paulo, Alcino, Regina e Sebastiana, minha esposa Mayumi e minha querida Raphaela Satie.

Um livro é uma obra pessoal, mas a ajuda e orientação do Professor José Tadeu De Chiara, de quem tive o prazer de ser aluno na Faculdade de Direito da USP, foram importantíssimas para o resultado obtido. Suas observações e explicações sobre o conceito de dominação e o funcionamento do mercado financeiro, mesclando ao mesmo tempo sua experiência no SFN e seu conhecimento técnico sobre os assuntos abordados, foram fundamentais para o resultado obtido.

De modo semelhante, não posso deixar de mencionar a colaboração dos amigos Luciano Anderson de Souza, Peter Loeb Caldenhof, Luciano Camargo Penteado e Patricia Stanzione Galizia pelas instigantes discussões sobre o direito que me proporcionaram. Cada um destes, com experiências em diversas áreas do direito, contribuiu, a seu modo, para o amadurecimento de algumas das idéias deste livro. Entretanto, as eventuais falhas do trabalho não podem jamais lhes ser imputadas, cabendo a culpa destas somente ao autor.

Agradeço aos colegas de trabalho da Xavier, Bernardes, Bragança, especialmente a Horacio Bernardes Neto e Alberto Bragança. Sem o convívio destes, este livro não teria sido concebido.

O AUTOR

PREFÁCIO

O estudo do direito sempre é enriquecido quando o estudioso, como é o caso do Leopoldo Pagotto, com seriedade e cuidadosa pesquisa, toma como tema aspecto fundamental para a ordem social de nossos dias, como o poder econômico e a concorrência, e ganha a obra particular interesse e destacada importância porque realçados os aspectos pertinentes às instituições financeiras.

Isso porque a sociedade contemporânea, organizada sob o regime de mercado, toma a moeda como pedra angular para seu funcionamento; é a moeda o elemento chave a ser considerado na apreciação das relações jurídicas de conteúdo patrimonial. A moeda, como repetidamente tenho dito, é o discrímen que, ainda que não ostensivamente, de início, mas progressivamente, se colocou, desde o final do século XVIII, em substituição ao estamento social, como critério para aplicação [interpretação] do direito aos contratos, à propriedade e a todas as demais situações cuja eficácia própria é a transferência de renda ou de patrimônio.

A indisputável repercussão da atividade de intermediação financeira na expansão do aprovisionamento monetário da sociedade (do mercado) atribuiu às instituições financeiras crescente dominação nas relações de mercado: já pela peculiar situação de depositária da poupança, já pela situação de principal titular dos direitos de crédito (financeiro) do conjunto da sociedade. Esse estado de *dominação* traça o contorno das situações que problematizam a *concorrência*, ela mesma, como pilar *problemático* (ao mesmo tempo *querido* e *combatido*) a justificar o mercado como sede de toda a ordem social.

É a dominação a sombria expressão da supremacia da *força* e do *controle* que, enquanto não submetida ao *direito*, ameaça a ordem dos mercados, e, ainda quando assim é submetida, conformada aos limites da ordem, passando a expressar-se como *poder*, o *abuso* em seu exercício perpetra afronta, sob *os valores do liberalismo*, ao funcionamento do mercado, como palco virtual para o pluralismo de iniciativas e de exercício de direitos.

Desde o final do século passado, o fenômeno de o capital financeiro romper os limites de determinada ordem social projetando-se para além das soberanias nacionais aguça a discussão sobre como superar as dificuldades impostas por essa "nova" realidade, dificuldades que se refletem tanto na concorrência do segmento de instituições financeiras, – tendo em conta a sede (quando possível identificá-la) dos seus controles –, como entre distintos segmentos de mercado (daí a relação de dependência de outros setores, como indústria, comércio e agricultura em relação ao sistema financeiro) e, sobretudo, em sua preponderância sobre o Estado (colocando-se fora do alcance de ser agente das políticas públicas, como já o foi), pois que se cria relação de sujeição da administração do Estado, sobretudo dos países que permanecem endividados, aos desígnios do capital financeiro.

Desde essas linhas que traçam a perspectiva do estudo da concorrência e do poder econômico nos dias que correm, particularizada para o segmento das instituições financeiras, a análise empreendida por Leopoldo Pagotto distingue-se pela abrangência com que tratou das distintas vertentes por que se desdobra a matéria, sem descuidar da sua aproximação histórica, elemento metodológico indispensável para a segura caminhada do estudioso do direito.

Nada obstante, como é próprio do estudo do direito como fato cultural, seja qual for o campo escolhido pelo pesquisador, dentre os inúmeros por que se manifesta, por certo o desafio resta lançado para levar adiante o estudo, máxime no que implica considerar as realidades do mercado e do Estado. A primeira, tomando a *dominação* que se perpetra entre os segmentos de produtores, de consumidores, de intermediários de crédito e, a do Estado, a conviver, sob a antiga forma, já há dois séculos idealizada, por que continua a se estruturar, com uma ordem social que se pretende *nova e moderna; contudo* circundada por um mercado que prestigia e expressa valores, cujas reflexões de pensadores de então, seja a daqueles que demonstraram as *falácias* que fundavam a *profissão de fé no* mercado, seja a daqueles que propugnavam a revisão dos critérios de sua disciplina, para preservá-lo, buscavam superá-los, afastá-los e aniquilá-los.

Mas como todo o esforço e busca de novas perspectivas para o deslinde de temas de interesse há de ser compensado, no caso essa compensação se expressa pela expectativa em que ficamos pelos próximos estudos do Leopoldo Pagotto, a quem saúdo e parabenizo.

São Paulo, novembro de 2006.

José Tadeu De Chiara

SUMÁRIO

TABELAS E QUADROS

INTRODUÇÃO

Este livro analisará a aplicabilidade das normas de defesa da concorrência aos serviços de intermediação financeira e, mais especificamente, por razões que se explicitarão à medida que o texto se desenvolver, àqueles oferecidos pelos bancos. Em realidade, tanto a concorrência quanto a intermediação financeira são instituições basilares em qualquer regime de economia de mercado e merecem especial atenção quando se sobrepõem. No Brasil, onde, por questões históricas, o Sistema Financeiro Nacional (SFN) assumiu posição nodal no sistema de pagamentos, as instituições financeiras prestam ampla variedade de serviços que, embora acessórios a sua função principal estabelecida na legislação, se tornaram indispensáveis ao funcionamento da economia como um todo: 98% do PIB passam pelo sistema financeiro.[1] Em razão do escasso volume de financiamento, tais serviços, para determinados setores, podem ser até mais importantes do que a própria intermediação financeira.[2]

Apesar dessas considerações, o estudo do poder econômico e da concorrência no SFN só recentemente tem ganhado destaque no Brasil. Se, por um lado, os estudiosos da defesa da concorrência ignoram a importância da teoria geral do direito e do direito privado, por outro os interessados na intermediação financeira relegam o problema do poder econômico a plano secundário. Nessa perspectiva, é muito difícil analisar a concorrência no mercado financeiro, pois os dois elementos não se aproximam nem se tangenciam. O máximo que pode resultar é uma análise essencialmente estanque e formalista, à semelhança do que ocorre na controvérsia sobre competência que envolve o Cade (Conselho Administrativo de Defesa Econômica) e o Bacen (Banco Central do Brasil). Para atingir o objetivo proposto, o texto será dividido em seis capítulos.

O primeiro capítulo ("Poder econômico e concorrência") é basicamente uma recapitulação direcionada para o objeto deste livro daquilo que

---

1 SADDI, Jairo. O desenvolvimento do sistema financeiro, sistema bancário e sistema de crédito. *Revista de Direito Bancário, do Mercado de Capitais e da Arbitragem*, São Paulo, v. 29, p. 333, jul.-set. 2005.

2 O trabalho buscará, também, analisar esse viés do SFN, para evitar o erro de ignorar a realidade, na qual o acessório pode ter-se tornado o principal. Contudo, uma eventual retomada dos objetivos constitucionais do SFN deve incluir a intermediação financeira, razão pela qual esta predominará.

Forgioni denominou "fundamentos do antitruste". A intenção é analisar de modo multidisciplinar conceitos que antes eram analisados apenas isoladamente pela economia e pelo direito.

Já os capítulos subseqüentes buscarão fazer a ligação entre concorrência e intermediação financeira. Assim, o capítulo 2 ("A formação do mercado financeiro no Brasil") tratará do estabelecimento do sistema financeiro no País, introduzindo algumas noções sobre regulação relacionadas à concorrência, e o seguinte ("A identificação do poder econômico no SFN") centrar-se-á na delimitação do que se deve entender como o centro decisório de uma instituição financeira, bem como em algumas noções subjacentes ao tema. No capítulo 4 ("A concorrência entre instituições financeiras em movimento"), a ênfase se deslocará para o funcionamento da atividade de intermediação financeira, tal como a identificação de temas contratuais pertinentes. No capítulo 5 ("Aspectos institucionais da defesa da concorrência entre instituições financeiras"), o texto avançará na identificação de questões decorrentes do ambiente regulatório em que o SFN está imerso. Por fim, o capítulo 6 ("Moeda e defesa da concorrência no SFN") analisará as relações entre as esferas pública e privada, que são responsáveis por situar de modo peculiar as instituições financeiras na ordem econômica. Dessa forma, os liames que ligam as políticas de defesa da concorrência à política monetária deverão ser revelados ao longo do livro, expondo os diferentes interesses envolvidos na implementação das políticas públicas. Conflitos e tensões demonstrarão que decisões boas sob um ponto de vista são criticáveis sob outro.

A abordagem multidisciplinar adotada neste livro, salvo melhor juízo, é inédita no Brasil. Questões técnicas, julgados do Cade, posições institucionais de órgãos, bem como suas possíveis implicações serão suscitados e, ao mesmo tempo, criticados, fornecendo ao leitor uma visão global sobre a literatura que permeia o assunto. Nesse contexto, as escolhas institucionais dos formuladores de políticas para o SFN são o referencial sobre o qual se assentará a análise.

Capítulo 1

PODER ECONÔMICO E CONCORRÊNCIA

1. O debate entre poder econômico e concorrência

Por vezes preferindo as soluções centralizadas, por vezes, as descentralizadas, por vezes, as de cunho coletivista, e, por vezes ainda, as de cunho individualista, a sociedade humana sempre dedicou esforços para identificar e implantar formas de organização jurídico-institucional para melhor suprir suas necessidades. O direito, especialmente por meio de normas de organização, contribui para essa tarefa. De fato, Grau afirma que

> [...] a compreensão do Direito como produto cultural – e não como expressão de uma só vontade: do soberano, do Estado, do povo ou do legislador – e de sua destinação à finalidade da organização social nos permite perceber que, na evolução das manifestações das forças sociais em luta, um clima de extremo dinamismo caracteriza os processos de sua criação e aplicação.[1]

Ora, muitas vezes a escolha de qual a melhor forma não dependia necessariamente de uma escolha racional ou política: remontava aos tempos imemoriais, dos quais se herdaram os costumes determinantes da organização social, e, por esse motivo, as tentativas de mudança tendiam a ser difíceis. Contudo, sobretudo depois do século XVIII, o ideal de modelar uma sociedade mais perfeita levou muitos a tentar pôr em prática o que antes fora apenas sonhado, ou levado a cabo em escala reduzida. O desenvolvimento das ciências sociais abriu novos horizontes para os pensadores que acreditavam ter o conhecimento necessário para conceber uma sociedade mais próxima do que consideravam ideal ou perfeita, incluída nela a forma de organização econômica. No início embebidas do otimismo iluminista e, depois, da crítica social marxista, essas duas concepções idealistas de mundo ditariam o destino da humanidade em grande parte do século XX.

Um dos aspectos que mereceram atenção desses pensadores foi a função desempenhada pelo mercado. No sistema caracterizado pelo liberalismo, a tônica será dada à concorrência como mecanismo de distribuição das riquezas da sociedade – incumbirá a ela o *suum cuique tribuere* da definição

---

1 GRAU, Eros Roberto. *Elementos de direito econômico*. São Paulo: RT, 1981. p. 7.

romana de justiça. Por seu turno, nos sistemas embasados no coletivismo, a tônica será conferida à eliminação da concorrência, genericamente encarada como dispersora dos recursos da sociedade, conferindo-se especial função ao papel das autoridades públicas e ao planejamento.

A nota que diferencia um sistema do outro é o poder econômico. A função deste nas formas de organização varia conforme a ideologia prevalente. Correndo-se o risco de a simplificação afetar nuanças importantes, podem-se identificar três posições sobre esse assunto conforme se valore como positivo, negativo ou intermediário o papel social desempenhado pelo poder econômico.

A primeira posição considera o poder econômico como socialmente nefasto, seja por questões relacionadas à eficiência econômica, seja por questões relacionadas ao próprio sistema democrático – a esta posição corresponderia o pensamento liberal puro, o qual tem por base o modelo de mercado perfeitamente competitivo. Sob certa perspectiva, semelhante abordagem não deixa de ser contraditória com os próprios princípios do capitalismo, porque sendo este um sistema baseado na acumulação de capitais como fator preponderante do desenvolvimento, pressupõe certo grau de concentração econômica.

Em sentido oposto, outros entendem ser o poder econômico passível de "domesticação" e, por conseqüência, submissão aos interesses da sociedade – em regra, as doutrinas coletivistas partilham dessa crença. Tem-se em mente a tese marxista de que o capitalismo deveria atingir o grau máximo de produção por meio da concentração via cartéis e monopólios para que a sociedade socialista pudesse implantar mais facilmente os mecanismos de planejamento. Todavia, essa postura não é exclusiva aos marxistas, uma vez que alguns ingênuos defenderam o poder econômico privado, para que este fosse usado em proveito da sociedade.[2]

Talvez seja por causa dessa diferença de enfoque dado à concorrência e ao poder econômico que as obras doutrinárias dos não-intervencionistas enfatizem a concorrência, ao passo que as dos coletivistas repousam sobre o poder econômico: como no primeiro enfoque não se enfrenta o problema

[2] CLARK, John Maurice. *A concorrência como processo dinâmico*, p. 24. O autor relata a existência da obra *Inspired millionaires*, de Gerald Stanley Lee, publicada no começo do século XX, em que se defendia a "[...] idéia de que existiam homens de fortuna cujo motivo dominante era usá-la em benefício da humanidade. Para uma tal pessoa, a sua primeira receita era: 'Organize um monopólio'. Liberte-se das compulsões competitivas que forçam a reduzir custos e impedem de colocar, em primeiro lugar, os valores humanos".

do poder econômico, a atitude é omissiva em relação ao funcionamento do mercado, correspondendo ao *laissez-faire* na sua acepção clássica, cuja obra paradigmática é *A riqueza das nações*, de Adam Smith; como no segundo o cerne é exatamente o poder econômico, não há como escapar a sua discussão e a seu controle, que corresponde aos regimes de economia planejada, à semelhança do que existiu na antiga União Soviética – neste caso a obra paradigmática é *O capital*, de Karl Marx.

Por fim, entre as duas correntes há outra, que enxerga os benefícios e malefícios da concorrência e do poder econômico. De uma perspectiva também liberal, ela seria o resultado do embate político entre o liberalismo e o socialismo, na medida em que não prega nem o *laissez-faire* nem a estatização completa da sociedade. Prescreve certa atuação estatal para evitar os malefícios da concorrência excessiva e do abuso do poder econômico, e seu mote é defender a concorrência para preservá-la. Por ter sido forjada no seio dos regimes liberais, é normalmente descrita como um instrumento de manutenção do próprio regime capitalista.[3]

O dinamismo das sociedades humanas não permite uma resposta categórica sobre qual dessas três correntes é a melhor. Cada sistema possui virtudes e vícios, resvalando com freqüência em paradoxos. Assim, a excessiva concorrência impede que ganhos de escala gerem benefícios; tende-se a abusar do excessivo poder econômico ou a geri-lo de modo ineficiente; uma solução intermediária talvez seja desprovida dos benefícios dos extremos. A decisão que supera tais paradoxos é fundamentalmente política, e um regime democrático deve proporcionar mecanismos para a escolha conforme os anseios da população. Afinal, se "a economia pode ser bem ou mal dirigida",[4] o importante é permitir a correção de percurso.

Independentemente de considerar essas três concepções, para se proceder à comparação entre o poder econômico e a concorrência, há alguns desafios a superar. Ao menos diretamente, o poder econômico e a concorrência não são comparáveis entre si. À semelhança de um processo judicial, a concorrência aproxima-se mais de um processo, o qual, transposto para a teoria geral do direito, seria um fato. Similarmente, o poder econômico também se caracteriza como um fato, mas é um fato que pode ser visto estaticamente para fins de sua mensuração.

3 GRAU, Eros Roberto. A *ordem econômica na Constituição de 1988:* interpretação e crítica. 3. ed. São Paulo: Malheiros, 1997. p. 233.

4 MIRANDA, Pontes de. *Comentários à Constituição de 1967, com a emenda n. 1, de 1969*. São Paulo: RT. t. VI, p. 49 (art. 160-200).

Por causa do dinamismo da concorrência e da estaticidade do poder econômico, o tratamento dado pelo direito positivo a esses dois fatos tem de necessariamente ser diverso. O poder econômico continuará a ser visto como um fato a ser regulado pelo direito, uma *fattispecie*, o que não acontece com a concorrência, ao menos diretamente, pois, em razão de seu dinamismo, é muito difícil isolar o movimento para regulá-lo sem que se perca a perspectiva da sua involução e evolução. O recurso à comparação com o processo judicial é útil: neste há fases bem definidas, e, por isso, a aplicação do "se A é, então B deve ser" é simples. Já a concorrência não permite identificar suas fases, pois, salvo em casos excepcionais, a imagem que o observador tem do seu processo não se modifica. O único meio de perceber as diferenças no processo competitivo é recorrer a técnicas de quantificação do poder econômico em momentos diferentes; assim, se a quantidade de poder aumenta, pode-se cogitar de tentativa de monopolizar e eliminar a concorrência.

No que tange à disciplina da concorrência desleal, esta é mecanismo de tutela do patrimônio do empresário, não da concorrência enquanto fato, embora possa sê-lo indiretamente. A proteção de uma marca cujo uso é usurpado por um concorrente é preocupação patrimonial do empresário – aliás, sob o prisma do processo competitivo, é possível imaginar hipóteses em que as marcas constituem verdadeiros entraves à concorrência e, por isso, a sua violação teria efeitos pró-competitivos, não fosse o desrespeito aos direitos patrimoniais. Do mesmo modo, a abordagem constitucional da livre-iniciativa, que, independentemente de polêmica sobre sua natureza jurídica,[5] se afasta da idéia de fato.

O mesmo não se pode afirmar sobre a livre concorrência. Embora o princípio da livre-iniciativa esteja presente nas Constituições brasileiras desde 1824, sem que com isso se cogitasse de uma legislação antitruste, a legislação de defesa da concorrência só se tornou objeto de preocupação explícita pelo ordenamento jurídico constitucional a partir da Carta de 1946, precisamente quando a repressão ao abuso do poder econômico elevou, implicitamente, a livre concorrência à categoria de princípio constitucionalmente tutelado. Isso não quer dizer que antes de 1946 não pudesse surgir uma legislação antitruste. Pelo contrário, o Decreto-lei 7.666/1945 é um exemplo disso. A elevação da livre concorrência à condição de princípio constitucional, porém, revela que o tema adquire relevo suficiente para ser incluído na Carta Política, o que não se verificava anteriormente.

---

5 MOURA, Maurício de Costa. O princípio constitucional de livre concorrência. *Revista do Ibrac*, São Paulo, v. 5, n. 1, p. 9, 1998.

2. O poder econômico

2.1 *Do poder "puro" ao poder econômico*

As obras que tratam do antitruste sempre se referem a "poder", adjetivando-o como "econômico", ignoram que, ontologicamente, este se manifesta de diversos modos na natureza, no uso da força, da coação ou da coerção, na pressão social difusa, no enquadramento coletivo e na propaganda[6] e, também, na possibilidade de um grupo ou pessoa limitar as opções de comportamento de outros grupos ou pessoas, visando a objetivos próprios.[7] Talvez a explicação para segregar a análise do poder econômico dos demais sistemas sociais tenha por causa o fato de a economia tratar isolada e hermeticamente de seus objetos de estudo, como se todas as variáveis estivessem em equilíbrio.

Se, por um lado, semelhante estratégia facilita conclusões matemáticas, por outro tende a restringir a envergadura das conseqüências do poder econômico ao campo do econométrico, como se não houvesse considerações de outra ordem a levar em conta, como aquelas presentes na história do antitruste nos Estados Unidos.[8] Pretende-se apenas enxergar o poder apartado do econômico, identificando-o em todas as relações sociais, a fim de que, mais tarde, se facilite a compreensão do poder econômico propriamente dito. Em realidade, o "puro" expande o horizonte para além do meramente econômico, indo em direção oposta ao hermetismo metodológico de Kelsen.

Nesse sentido, o poder é considerado uma das mais importantes manifestações da vida social e consiste na "capacidade de um indivíduo ou grupo de indivíduos de levar a cabo sua vontade, mesmo com a resistência de outros indivíduos ou grupos".[9] Não deve ser tido como uno ou indivisível, ou seja, a titularidade do poder por uma pessoa ou grupo não exclui a possibilidade de outra pessoa ou grupo ter o mesmo ou maior poder[10] – logo,

---

6 DUVERGER. Maurice. *Ciência política*: teoria e método. Rio de Janeiro: Zahar, 1976.

7 DAHL, Robert A. *Análise política moderna*. Brasília: Ed. UnB, 1981. p. 24-25.

8 O título, ao se referir ao poder "puro", não tem ou busca nenhuma relação a *Teoria pura do direito*, de Kelsen.

9 BODENHEIMER, Edgar. *Teoría del derecho*. 2. ed. Tradução de Vicente Herrero. México: Fondo de Cultura Económica, 1946. p. 20.

10 DAHL, Robert. *Análise política moderna*, p. 24-25.

o fato de dada empresa deter poder econômico não constitui presunção de que nenhuma outra possa detê-lo no mesmo mercado relevante. O poder também pode ser considerado sinônimo de recursos ou provisões.[11]

Duas idéias correlatas à de poder são as de influência e de autonomia, mas estas se restringem às relações entre pessoas naturais, que, de modo reflexo, impactam as instituições. Influência é uma relação entre atores tal, que "os desejos, preferências ou intenções de um ou mais atores afetem a conduta ou a disposição de agir de um ou mais atores distintos"[12] – um banco possui influência sobre a estratégia empresarial de seus credores no momento de renovação dos empréstimos.[13] A autonomia, por seu turno, é a capacidade de um ator compor um querer próprio: quanto menos influenciado em determinado assunto por outro ator, maior a sua autonomia; quanto mais influenciado em determinado assunto, menor a sua autonomia[14] – quanto menor for a capacidade de uma instituição financeira influir na estratégia empresarial de uma empresa, maior será a autonomia desta, e vice-versa.

Influência e autonomia relacionam-se por meio de um processo de interação social que, em ciência política, é denominado controle, que consiste no enquadramento dos atores aos mecanismos de limitação do poder ou ao próprio poder.[15] O controle pode ser legitimado pela ordem jurídica – um banco, na assembléia dos debenturistas, pode dispor de controle legitimado juridicamente sobre a empresa, mas essa legitimação nem sempre é necessária. Ainda, o banco pode controlar a empresa independentemente de qualquer vínculo jurídico formal, dependendo do grau de dependência desta em relação aos créditos fornecidos por aquele. O controle é exercido tanto por atores humanos (v.g., "unidades produtivas" dirigidas por empresários) quanto por mecanismos sociais (v.g., a concorrência).

---

11 ARON, Raymond. *Paz e guerra entre as nações*. Tradução de Sérgio Bath. Apres. de Vamireh Chacon. 2. ed. Brasília: Ed. UnB, 1986. p. 99-103. O sociólogo francês diferencia o poder (*pouvoir*), exercido no seio das unidades politicamente organizadas, da potência (*puissance*), característica externa das unidades políticas. Todavia, em português, o uso permite atribuir poder tanto aos Estados quanto às pessoas e aos grupos internos; a potência refere-se somente às unidades políticas.

12 DAHL, Robert. *Análise política moderna*, p. 26.

13 Neste caso, adota-se uma ampla concepção de influência como sendo a unidade de ação no mercado.

14 DAHL, Robert. *Análise política moderna*, p. 33.

15 LINDBLOM, Charles E. *O processo de decisão política*. Brasília: Ed. UnB, 1981. p. 41.

Dos exemplos dados conclui-se que o poder não é exclusivo da organização política e está presente em todos os meandros da vida social, inclusive no âmbito privado, como na família e no condomínio. Todavia, possivelmente por causa das implicações políticas do poder, ele foi mais exaustivamente estudado por aqueles interessados no Estado. A comunidade política, descreve Weber, reservou para si um âmbito de ação dentro do qual age por meio de uma pessoa ou de um grupo de pessoas, no interesse do conjunto e, se necessário, faz uso da força para efetivar tal ação.[16] Para Weber, o uso da força é a nota principal do poder, mas ela não precisa necessariamente estar presente para que se reconheçam situações de sujeição. Uma empresa dotada de poder econômico não pode, perante a ordem jurídica, reservar-se um âmbito de ação e excluir as demais com base apenas na sua vontade. Isso depende em parte da lei e em parte de seu poder; ao se questionar se é lícito ou não fazê-lo, está-se diante de outra sorte de indagações, mas é indiscutível a factibilidade dessa observação.

O uso da força física outorgado a certas companhias, em particular àquelas voltadas para a colonização, pode ter desaparecido no Estado Democrático de Direito, mas uma empresa pode dispor de poder econômico. Diferencia-se, nesse tópico, portanto, do Estado, que, de acordo com a moderna teoria política, sendo uma comunidade política, usa esse poder de forma imperativa e faz prevalecer sua ação sobre tudo e todos que se encontrem em seu território, inclusive outras comunidades, políticas ou não.[17] Esse poder dominante – *imperium* – é a soberania no âmbito interno.[18]

---

16 WEBER, Max. *Economia e sociedade*: fundamentos da sociologia compreensiva. Tradução de Regis Barbosa e Karen Elsabe Barbosa. Rev. téc. de Gabriel Cohn. 3. ed. Brasília: Ed. UnB, 1999. v. 2. p. 155. "Compreendemos por comunidade 'política' aquela em que a ação social se propõe a manter reservados, para a dominação ordenada pelos seus participantes, um 'território' (não necessariamente um território constante e fixamente delimitado, mas pelo menos de alguma forma delimitável em cada caso) e a ação das pessoas que, de modo permanente ou temporário, nele se encontram, mediante a disposição do emprego da força física, normalmente também armada (e, eventualmente, a incorporar outros territórios)."

17 FARIA, José Eduardo. *O direito na economia globalizada*. São Paulo: Malheiros, 2000. p. 18. O autor assim se manifesta sobre a singularidade do poder do Estado: "[...] é forjado, assim, na dinâmica de um longo processo de eliminação dos particularismos das ordens locais, de elisão dos 'corpos' sociais com jurisdições autônomas, de unificação e concentração de poder, de afirmação do primado da lei estatal sobre os costumes, os cânones da Igreja e as convenções corporativas; de centralização administrativa e tributária, de separação entre a coisa *pública* e os negócios *privados* [...]".

18 DALLARI, Dalmo de Abreu. *Elementos de teoria geral do Estado*. 19. ed. atual. São Paulo: Saraiva, 1995. p. 93-94.

O caráter dominante do poder exercido encontra, todavia, limitações. Weber atenta para um âmbito que a comunidade política reserva a suas ações.[19] Fora dele, ela não interfere, e as demais forças sociais podem exercer seu poder até os limites da lei. Esse âmbito de ação é estabelecido por vários processos sociais, tais como o costume, a religião e a legislação. No surgimento da comunidade política denominada Estado, o poder constituinte, proveniente do corpo social, ergue barreiras contra possíveis abusos futuros do poder constituído.[20] O direito, ao impor ao "detentor do poder a observância de certas normas" ou "regras gerais de conduta", caracteriza-se como um dos limitadores do poder, razão pela qual é um dos instrumentos de controle do poder.[21]

O ponto é que as limitações legais, normalmente, se baseiam nos interesses juridicamente tutelados daqueles que se encontram sujeitos ao poder. Essa é a base de limites legais ao exercício do poder, o que acaba por implicar que, em teoria geral do direito, toda situação de poder é mista, isto é, ativa e passiva ao mesmo tempo, porque encontra deveres que limitam a sua estrutura, que são correlatos a direitos submetidos ao poder, em um esquema que implica a funcionalização dos direitos subjetivos e dos poderes. Por isso, o direito, até mesmo como sinônimo de justiça, "floresce somente numa atmosfera de igualdade aproximada e não onde o poder está distribuído desigualmente".[22]

Essa ênfase excessiva na faceta política do poder, associada sempre aos entes politicamente organizados, obnubilou o estudo das suas demais manifestações. Por esse motivo, durante a maior parte da história, as outras manifestações do poder foram ignoradas. Somente com o grande desenvolvimento das ciências sociais no século XIX é que as outras facetas despertam

---

[19] WEBER, Max. *Economia e sociedade*: fundamentos da sociologia compreensiva, v. 2, p. 3-4. "O 'governo' pode estar vinculado a normas jurídicas e limitado por direitos subjetivos adquiridos."

[20] FERRAZ, Anna Cândida da Cunha. *O poder constituinte do Estado-membro*. São Paulo: RT, 1979. p. 15.

[21] BODENHEIMER, Edgar. *Teoría del derecho*, p. 29. "Para evitar la anarquía, el Derecho limita el poder de los individuos particulares; para evitar el despotismo, enfrenta el poder del gobierno. [...] Pero no toda limitación del poder puede ser denominada Derecho. Es posible que el poder se vea limitado por otro poder igual o superior en fuerza, por la fuerza pura o por hechos naturales. Solo una limitación que imponga al detentador del poder la observancia de ciertas 'normas', es decir, reglas generales de conducta, es Derecho."

[22] Idem, p. 20.

interesse semelhante ao que o poder político despertara nos séculos precedentes. Especialmente no seio do capitalismo, em que a acumulação de grandes quantias de capital pode redundar na criação do poder econômico, o direito encontra fértil campo para suas investigações.

2.2 Posição dominante e poder de mercado

Correlato ao poder econômico, encontram-se pelo menos outras duas ferramentas importantes para a análise antitruste: a posição dominante e o poder de mercado.

Aquele que é revestido de posição dominante possui a capacidade de agir independentemente dos demais agentes econômicos. A doutrina, às vezes, usa a expressão "posição monopolista" como sinônimo de posição dominante, embora o termo "monopólio" remeta à idéia de um único agente econômico. Esse processo de redução nem sempre acontece com o detentor de posição dominante; contudo, à semelhança dos efeitos produzidos pela ação do monopolista e do detentor de posição dominante, os quais podem mesmo ter vários concorrentes, os resultados são substancialmente os mesmos: independência e indiferença são as notas dos comportamentos comuns ao monopolista e ao detentor de posição dominante.[23] A posição dominante confere uma dimensão qualitativa, na medida em que a conjunção de diversos elementos, como barreiras à entrada, número de concorrentes, capacidade ociosa e poder de mercado, precisa ser avaliada na sua totalidade.[24] Há, pois, um processo de valoração que não pode ser reduzido a uma fórmula.

Já a noção de poder de mercado é, principalmente, uma ferramenta analítica que ajuda na identificação da existência ou não de posição dominante. Por ser conceito influenciado pela economia, sua preocupação original é com "a alocação dos recursos usados para produzir bens e serviços, a prevenção de transferências de riqueza indevidas de consumidores para poderosos vendedores e a preservação e a promoção do elemento dinâmico da concorrência que assegura que a inovação de produtos e serviços seja desenvolvida e alocada eficientemente no futuro.[25] Para Forgioni, "há uma

---

[23] FORGIONI, Paula A. *Os fundamentos do antitruste*. São Paulo: RT, 1998. p. 267-269.

[24] GOYDER, D. G. *EC competition law*. 2. ed. Oxford: Clarendon Press, 1993. p. 273.

[25] SULLIVAN, Lawrence A.; GRIMES, Warren S. *The law of antitrust*: an integrated handbook. St. Paul, Minn.: West Group, 2000, p. 30.

aproximação quase intuitiva da parcela de mercado detida pelo agente econômico e o poder dela derivado".[26] O poder de mercado é uma informação obtida num mercado horizontalmente considerado, podendo ser expresso numericamente pelo volume físico ou monetário de vendas: quanto maior o percentual em comparação aos demais, maior esse poder. Está-se, obviamente, numa região de penumbra, na qual o percentual detido pelo agente econômico é apenas um indicativo não categórico da existência ou não de poder de mercado.

O § 3º do art. 20 da Lei 8.884/1994 estabelece a que o detentor de 20% do mercado relevante está revestido de posição dominante e, deste modo, precisa obter aprovação do CADE para realizar atos de concentração econômica.[27] O mesmo percentual é adotado na determinação de,condutas anticoncorrenciais.[28] De fato,

> [...] é sabido que a lei estabelece no citado art. 21 formas meramente exemplificativas de indícios de práticas anticoncorrenciais, não esgotando nem limitando as práticas passíveis de punição. Todavia, só serão consideradas ilícitas as condutas aptas a produzir ou quando efetivamente produzam os efeitos previstos no art. 20. Assim, a eventual abusividade de tais condutas deverá ser investigada no contexto econômico que se deu, fazendo-se então necessário delimitar corretamente o mercado relevante, verificar o grau de poder dominante do agente e aferir os impactos que a conduta em análise

---

26 FORGIONI, Paula. *Os fundamentos do antitruste*, p. 283.

27 BRASIL. Lei 8.884/1994, art. 54, § 3º (Redação dada pela Lei 10.149, de 21.12.2000): "Incluem-se nos atos de que trata o *caput* aqueles que visem a qualquer forma de concentração econômica, seja através de fusão ou incorporação de empresas, constituição de sociedade para exercer o controle de empresas ou qualquer forma de agrupamento societário, que implique participação de empresa ou grupo de empresas resultante em vinte por cento de um mercado relevante, ou em que qualquer dos participantes tenha registrado faturamento bruto anual no último balanço equivalente a R$ 400.000.000,00 (quatrocentos milhões de reais)."

28 BRASIL. Lei 8.884/1994, art. 20, §§ 2º e 3º (Redação dada pela Lei 9.069, de 29.06.1995): "§ 2º Ocorre posição dominante quando uma empresa ou grupo de empresas controla parcela substancial de mercado relevante, como fornecedor, intermediário, adquirente ou financiador de um produto, serviço ou tecnologia a ele relativa. § 3º A posição dominante a que se refere o parágrafo anterior é presumida quando a empresa ou grupo de empresas controla 20% (vinte por cento) de mercado relevante, podendo este percentual ser alterado pelo Cade para setores específicos da economia".

pode eventualmente produzir nesse mercado, ou se já tenha causado algum efeito sobre o ambiente concorrencial.[29]

Estes percentuais constituem presunção simples e podem ser modificados. Além das observações feitas acima no voto, pode ser que, mesmo detendo um elevado percentual de um dado mercado relevante, um grupo não detenha posição dominante em virtude da contestabilidade por parte de entrantes potenciais.

2.3 *O conceito de dominação*

Poder econômico, posição dominante e poder de mercado são conceitos úteis para a instrumentalização da defesa da concorrência. No entanto, para serem eficazes, precisam ser específicos e, conseqüentemente, fracionar a realidade. Essa compartimentalização da realidade implica algumas limitações metodológicas, na medida em que ignoram a integridade dos fatos. Isso é particularmente significativo ao se analisar o poder econômico detido por instituições financeiras, as quais são acusadas, genericamente, de "dominar a economia". Nesse contexto, essa "dominação" que extravasa os estreitos limites da posição dominante e do poder de mercado precisa ser definida.

De certo modo, pode-se verificar um *crescendum* que segue a seguinte ordem: poder constituído a partir da bilateralidade das relações jurídicas isoladamente consideradas ⇒ complexo de poderes decorrentes do amalgamento da bilateralidade das relações jurídicas isoladamente consideradas (= poder econômico), perceptível num dado tempo e espaço (= mercado relevante) ⇒ dominação (= expressão máxima do poder econômico, transbordando para outras esferas que não a do mercado relevante, ou seja, esferas política e social). Em outras palavras, a dominação é o poder elevado à sua máxima potência. A quantidade de poder, assim, pode alterar a sua qualidade.

Portanto, ao transbordar os limites do mercado relevante, o poder econômico transmuta-se em dominação. Em outras palavras,

> [...] uma certa soma de poderes, em diversos setores, é a condição indispensável para a existência de um forte poder, num determina-

[29] BRASIL. Cade. Recurso de Ofício no Procedimento Administrativo 08000.020787/96-62. Representante: Associação Brasileira da Indústria de Panificação; Representada: Associação Brasileira de Supermercados. Voto da conselheira Lúcia Helena Salgado e Silva.

do campo. A partir de certo grau, a predominância política, para subsistir, deve combinar-se com um mínimo de força econômica e de autoridade moral. O titular de qualquer das formas de poder é levado, naturalmente, a adquirir outras.[30]

A dominação não é uma noção extraída da economia, embora sirva para descrever situações em que um agente detém grande poder econômico. Ela ocorre também nas relações internacionais por meio do colonialismo ou imperialismo; nas relações familiares, do pátrio poder; nas relações comunitárias, da liderança espiritual de um sacerdote; nas relações políticas, de um partido hegemônico.[31]

Contudo, é por meio da atuação dos agentes econômicos nos mercados relevantes que a dominação se projeta mais fortemente para outros setores da vida social, do que decorre a importância da empresa, em torno da qual gravitam os interesses dos assalariados ou não (investidores, fornecedores, prestadores de serviços) e do Estado em arrecadar receitas. Além dessa notoriedade, Comparato classifica de decisiva importância social da empresa a "sua influência na fixação do comportamento de outras instituições e grupos sociais que, no passado ainda recente, viviam fora do alcance da vida empresarial".[32] Descrevendo tal influência, o autor afirma:

> [...] tanto as escolas quanto as Universidades, os hospitais e os centros de pesquisa médica, as associações artísticas e os clubes desportivos, os profissionais liberais e as forças armadas – todo esse mundo tradicionalmente avesso aos negócios viu-se englobado na vasta área de atuação da empresa.[33]

---

[30] COMPARATO, Fábio Konder. O *poder de controle na sociedade anônima*. São Paulo: RT, 1976. p. 2.

[31] GRAU, Eros Roberto. *Elementos de direito econômico*, p. 2. No mesmo sentido, Grau afirma: "Louvando-nos na exposição de Bodenheimer, teremos que a experiência histórica comprova que Hobbes, Spinoza e Montesquieu estavam certos ao afirmar que todo o ser vivo é impulsionado, por instinto natural, a estender seu poder o quanto mais possa; que todo homem que o detenha está propenso a abusar dele, e sempre mais, até o ponto em que encontre um obstáculo. Como o gás ou a energia elétrica, o poder tende a estender-se ou a avançar até onde possa chegar, até que se construa em seu redor uma vala ou um recipiente que ele não possa transpor ou contornar".

[32] COMPARATO, Fábio Konder. A reforma da empresa. *Revista de Direito Mercantil, Industrial, Econômico e Financeiro*. São Paulo, v. 50, n. 50. p. 57, abr.-jun. 1983.

[33] Idem, p. 57.

Há algumas implicações que decorrem do conceito de dominação. Este livro adota a concepção de que parte do que se denomina tradicionalmente de "poder econômico" não se enquadra em nenhuma das qualificações jurídicas que tradicionalmente lhe são apontadas (abuso de direito, desvio de poder, desvio de finalidade). Logo, é um fato não regulado pelo direito, o que é justificado pela aceitação implícita dada pela Constituição, que parece aceitá-lo e não o rejeita juridicamente. Como fato, é um poder para o qual não há dever correspondente. A ordem jurídica reprime seu abuso; daí resulta haver indiretamente um tratamento jurídico para ele.

A questão que se coloca transcende o poder econômico. O abuso deste pode ser percebido no mercado relevante e, por isso, pode abstratamente ser regulado pelo direito. Por seu turno, na terminologia weberiana, adotada por este trabalho, dominação é a "probabilidade de que um dado comando seja aceito",[34] e essa probabilidade aumenta ainda mais quando o poder se espalha por vários setores da sociedade. Como se observa, a dominação extrapola os limites do mercado – continua a ser um fato –, mas, ao fazê-lo, debruça-se sobre outros setores da vida, irradiando sua influência. Ora, se o poder econômico é um fato aceito pelo direito, e seu abuso não o é, seria de presumir que o mesmo ocorresse com a dominação. Não é, porém, o que acontece – a dominação é uma manifestação do poder, só que não regulada e, por isso, desprovida de qualquer dever ou repressão ao seu abuso. O direito, desse modo, atinge apenas parte do fato.

Do ponto de vista do jurista, está-se diante de uma incongruência, pois a dominação, de maiores conseqüências sociais do que o poder econômico, encontra-se desprovida de regramento apropriado. Além disso, o poder econômico não é uma função no sentido técnico da palavra ("o poder de agir sobre a esfera alheia, no interesse de outrem, jamais em proveito do próprio titular"). Confrontando a legislação vigente, de um lado, e o conceito de dominação, de outro, percebe-se que este último carece de legitimidade jurídica,[35] muito embora possa até mesmo ser política e socialmente aceito.

---

[34] WEBER, Max. *Economia e sociedade*: fundamentos da sociologia compreensiva, v. 2, p. 188. "Dominação, no sentido muito geral de poder, isto é, de possibilidade de impor ao comportamento de terceiros a vontade própria, pode apresentar-se nas formas mais diversas."

[35] COMPARATO, Fábio Konder. A reforma da empresa, p. 61.

3. Concorrência

3.1 *Os diversos significados de concorrência*

"Desleal", "predatória", "monopolística", "oligopolística", "praticável", "perfeita" e "imperfeita" são alguns adjetivos que, justapostos a "concorrência", formam termos técnicos que lhe alteram substancialmente o significado. Mesmo centrando-se apenas no direito positivo, a natureza axiológica da concorrência conduz a diversas concepções sobre o que seria a aplicação correta de seus princípios orientadores. Ao se focar o sentido conferido pela ordem constitucional, não há consenso sobre o que seria concorrência, embora, de uma forma ou de outra, se mantenha relacionada à "competição mercantil entre produtores ou comerciantes".

Essa incerteza e imprecisão não surpreendem se se deixar de lado o tecnicismo da aplicação antitruste na atualidade. O predomínio de dada concepção não descarta nem inutiliza as demais. Afinal, a evolução do direito se dá de forma diferente da das ciências naturais. Quando se confirmou que o Sol era o centro do sistema solar, todas as teorias geocêntricas ficaram ultrapassadas – não se cogita mais delas, nem mesmo como hipótese de trabalho. Por seu turno, os institutos jurídicos podem deixar de ser usados, mas isto não quer necessariamente dizer que eram falsos – no máximo, deixaram de atender às demandas sociais adequadamente e "se ultrapassam apenas num sentido figurado".[36] Assim, nos países europeus, a defesa da concorrência tendia a ser menos contundente do que nos Estados Unidos, refletindo tanto a preocupação daqueles em acelerar o desenvolvimento industrial quanto as resistências da sociedade civil norte-americana à existência de qualquer grande centro de poder, político ou econômico.

Dessa maneira, a palavra "concorrência" foi lentamente adquirindo vasta amplitude semântica, especialmente a partir do advento do individualismo e do liberalismo. Não se restringiu apenas a esses movimentos, mas foi também objeto de preocupação de doutrinas intervencionistas e socialistas. No espaço de tempo que medeia o surgimento do antitruste em fins do século XIX e a sua conformação atual, Bork identifica ao menos cinco sentidos para a palavra "concorrência": (a) processo de rivalidade; (b) inexistência de qualquer restrição às atividades econômicas de uma pessoa exercida por outra; (c) impossibilidade de a ação isolada de uma pessoa influenciar o preço por meio de compras ou vendas; (d) estrutura de mercado

[36] FERRAZ JR., Tercio Sampaio. *Introdução ao estudo do direito*: técnica, decisão e dominação. 2. ed. São Paulo: Atlas, 1994. p. 39.

fragmentada, com a defesa de pequenas empresas viáveis regionais; e (e) situação em que o bem-estar do consumidor não pode ser melhorado pela mudança para outra situação por meio de uma ordem judicial.[37]

Ainda que para negar a própria concorrência, há críticas variadas a ela. Talvez a poucos termos se aplique tão bem a assertiva de Hobbes:

> [da] ignorância do significado das palavras [...] deriva que os homens dêem nomes diferentes a uma única e mesma coisa, em função das diferenças entre suas próprias paixões. Quando aprovam uma determinada opinião, chamam-lhe opinião, e quando não gostam dela, chamam-lhe heresia.[38]

A história do antitruste é rica em trocas de acusações entre os defensores de uma atuação mais contundente e os de uma mais branda. O livro *A ditadura dos cartéis*, escrito por Kurt Rudolf Mirow, ilustra bem um defensor de maior combatividade contra o poder econômico, ao passo que *O paradoxo antitruste: uma política em guerra consigo mesmo*, de Robert H. Bork, representa o extremo oposto.[39]

Identificada como um dos corolários do capitalismo, a concorrência reflete o constante processo interativo entre as pessoas ocorrido no espaço do mercado e, talvez por esse motivo, pode ser entendida diferentemente pelas várias correntes do pensamento, cada uma dotada de conteúdo e implicações diversas. Escrita à época do desabrochar do liberalismo, a obra *A riqueza das nações*, de Smith, foi o ponto de partida da concorrência e responsável pela grande divulgação dos seus benefícios, reconhecendo-se nela que a existência dos conluios, ainda que tácitos, era contrária à mão invisível do mercado e causava prejuízo aos consumidores.[40]

---

37 BORK, Robert H. *The antitrust law*: a policy at war with itself (with a new introduction and epilogue). New York: The Free Press, 1993. p. 58-61.

38 HOBBES, Thomas. *Leviatã*: ou matéria, forma e poder de um Estado eclesiástico e civil. Tradução João Paulo Monteiro e Maria Beatriz Nizza da Silva. Prefácio e rev. João Paulo Monteiro. 2. ed. Lisboa: Imprensa Nacional, 1999. p. 94.

39 MIROW, Kurt Rudolf. *A ditadura dos cartéis*: anatomia de um subdesenvolvimento. 15. ed. Rio de Janeiro: Civilização Brasileira, 1979; BORK, Robert H. *The antitrust paradox*: a policy in war with itself.

40 SMITH, Adam. *A riqueza das nações*: investigação sobre sua natureza e suas causas. Tradução de Luiz João Baraúna. Introd. de Edwin Cannan. Apres. de Winston Fritsh. São Paulo: Abril Cultural, 1983. p. 139.

Foi a partir dessa obra que se generalizou a crença sobre os malefícios do monopólio e as vantagens da concorrência. O primeiro conduziria sempre aos mais elevados preços,[41] ao passo que a segunda produziria o preço natural, "o mais baixo que se possa aceitar, não em cada ocasião, mas durante qualquer período de tempo considerável e sucessivo [...] o preço mais baixo que os vendedores comumente podem aceitar se quiserem continuar a manter seu negócio".[42]

Baseadas no reconhecimento dos malefícios da ausência de concorrência, doutrinas intervencionistas surgiram como resposta à inércia estatal em preservar a concorrência. Guardadas as devidas proporções, praticamente todos os liberais concordam que a manutenção da concorrência pressupõe alguma atuação do Estado. Contudo, a sutil divergência entre liberais e intervencionistas baseia-se no grau de atuação requerido, menor para os primeiros, maior para os segundos. Especialmente durante o embate com o socialismo nos séculos XIX e XX, não havia como negar que os monopólios tinham efeitos nefastos, e, por causa disso, a identificação do tema "concorrência" como algo a ser defendido pelo Estado tornou-se verdadeira bandeira ideológica dos regimes liberais.

Houve, nesse contexto, ataques contundentes à concorrência. Os socialistas criticaram-na, na medida em que é a projeção da ação individual sobre a vida econômica e, por isso, possível apenas com a existência da propriedade privada. Com a instituição de regimes de economia planificada de inspiração marxista no século XX, ficará clara a incompatibilidade entre um regime de concorrência, em que os preços são formados livremente por agentes descentralizados, e o regime socialista, centralizado por definição.

Exceção feita aos países que, durante algum momento de sua história, adotaram regimes socialistas, o maior embate ocorreu entre as concepções liberais e intervencionistas da livre concorrência. Atualmente, aponta-se o predomínio das concepções liberais, principalmente aquelas assentadas sobre a interpretação econômica do direito da Escola de Chicago, mas não se deve ignorar a existência de críticos à corrente majoritária. De qualquer modo, desde o surgimento da defesa da concorrência, a atuação estatal tem feito movimento pendular entre as duas correntes, sendo perceptíveis as mudanças conforme o lugar e o momento histórico.

---

41 SMITH, Adam. *A riqueza das nações*, p. 88. "O preço de monopólio é em qualquer ocasião o mais alto que se possa conseguir."

42 Idem, p. 88.

Em que pese uma "espécie" de concorrência prevalecer sobre as demais em certas circunstâncias, isto não exclui, *a priori*, o interesse e a utilidade das demais. De fato, uma das principais críticas dirigidas à interpretação econômica do direito refere-se à escolha da eficiência produtiva para guiar não só o antitruste, mas todo o sistema normativo, ignorando que pode haver outros objetivos e valores da sociedade a perseguir e que nem sempre a maximização da eficiência produtiva pode conduzir à maximização do bem-estar social. Os regimes políticos, ao permitirem a coexistência de *Weltanschaungen* diversas, dão vazão ao debate e possibilitam a proliferação ainda maior dos sentidos atribuídos à concorrência.[43] Por esse motivo, a história e os fundamentos filosóficos da concorrência ajudam a compreender o porquê de a noção de concorrência ser tão variada como é.

3.2 A crítica à concorrência

Neste tópico, o objetivo é, dialeticamente, contrapor-se à exposição que procurou "dissecar" a concorrência, mostrando-lhe as notas principais. As críticas mais relevantes dirigidas à concorrência foram consideravelmente eficazes em alterar a feição da economia de mercado,[44] resultando na faceta atual do capitalismo, com seus desafios e contradições. Essa metamorfose pode ser percebida pelas etapas distintas por que, de acordo com alguns historiadores, o capitalismo passou.

A primeira etapa, conhecida como capitalismo comercial, inicia-se em fins da Idade Média e dura até o princípio da Revolução Industrial, sendo marcada pelo mercantilismo, baseado no colonialismo, no monopólio de mercados e no protecionismo das tarifas alfandegárias. Posteriormente, até o terceiro quartel do século XIX, o capitalismo industrial se distingue

43 GRAU, Eros Roberto. O *direito posto e o direito pressuposto*. 3. ed. São Paulo: Malheiros, 2000. p. 34, 35, 42 e 43. A diferenciação feita entre o direito posto e o pressuposto ilustra bem o que se quer dizer. O direito pressuposto seria construído historicamente pelos diversos setores da sociedade e conteria os seus princípios jurídicos, condicionando o direito posto. Este, por seu turno, é a "resultante da coexistência histórica" de todos os direitos pressupostos da sociedade, sendo ao fim posto pelo Estado. Assim, as várias concepções de defesa da concorrência seriam "direitos pressupostos", enquanto a adotada pelo Estado seria o "direito posto". Ressalte-se, contudo, que a maioria das leis concorrenciais permite a mudança do "direito posto" facilmente, porque sua redação dá ampla margem de manobra à interpretação.

44 VIDIGAL, Geraldo de Camargo. *Teoria geral do direito econômico*. São Paulo: RT, 1977. p. 22-66.

pelo liberalismo, baseado na livre concorrência e na ausência de entraves ao comércio e à produção. Desde então, a terceira etapa – o capitalismo financeiro ou monopolista – caracteriza-se pelo imperialismo, baseado no capital financeiro (fusão do capital bancário com o industrial), na concentração econômica e na exportação de capitais.[45]

Essa rápida descrição põe em relevo o papel desempenhado pelo capital financeiro na atualidade. Para alguns, no Brasil o SFN exerceria verdadeira dominação sobre toda a economia nacional, subordinando grande parte dos demais interesses aos seus. A ausência de concorrência efetiva colabora para sua dominação. A necessária adequação desse papel dominante para atender ao disposto na nova redação do artigo 192[46] da Constituição não significa perda de sua importância ou discurso político populista, mas apenas o seu redirecionamento para atender aos objetivos de toda a nação. A concorrência pode desempenhar grande papel nessa tarefa de readequação do SFN aos objetivos que lhe foram traçados pela ordem econômica, na medida em que, se adotadas políticas públicas tendentes a incentivar a rivalidade entre as instituições financeiras, os benefícios podem ser partilhados com toda a sociedade. A análise das críticas endereçadas à concorrência ajuda a explicitar as razões por que as instituições financeiras não concorrem entre si.

Ora, o próprio conceito de concorrência, tal como exposto, não permaneceu incólume. Foi objeto de críticas, cujos propósitos variavam de uma simples correção de curso até a supressão absoluta. Greber sintetiza esse

---

45 LENIN, Vladimir I. O *imperialismo*: fase superior do capitalismo. Tradução de Sílvio Donizete Chagas. 2. ed. São Paulo: Centauro, 2002. p. 67-68. "[...] 1) a concentração da produção e do capital levada a um grau tão elevado de desenvolvimento que criou os monopólios, os quais desempenham um papel decisivo na vida econômica; 2) a fusão do capital bancário com o capital industrial e a criação, baseada nesse 'capital financeiro', da oligarquia financeira; 3) a exportação de capitais, diferentemente da exportação de mercadorias, adquire uma importância particularmente grande; 4) a formação de associações internacionais monopolistas de capitalistas, que partilham o mundo entre si; e 5) o termo da partilha territorial do mundo entre as potências capitalistas mais importantes."

46 BRASIL. Constituição da República Federativa do Brasil de 1988, art. 192 (Redação dada ao artigo pela Emenda Constitucional 40/2003): "O sistema financeiro nacional, estruturado de forma a promover o desenvolvimento equilibrado do País e a servir aos interesses da coletividade, em todas as partes que o compõem, abrangendo as cooperativas de crédito, será regulado por leis complementares que disporão, inclusive, sobre a participação do capital estrangeiro nas instituições que o integram".

dilema: "A concorrência tem sido tanto Deus quanto o diabo na civilização ocidental. Ela tem prometido e fornecido riqueza e progresso econômico; ela também tem alterado a distribuição da riqueza, minado comunidades e desafiado códigos morais".[47] O descompasso entre as supostas benesses das teorias sobre a concorrência perfeita e o que se verificava no dia-a-dia dos mercados acelerou a percepção de que uma correção de rumos seria necessária.

Metodologicamente, uma teoria que busca explicar a realidade só é apropriada ou conveniente se houver concordância com o seu objeto. Em outras palavras, precisa ser confrontada com os fatos, para que se possa aferir se é verdadeira ou falsa. Nesse sentido, a abordagem genuinamente liberal do modelo da concorrência perfeita enfrentou, desde cedo, esse teste com dificuldades.

Um mercado perfeitamente competitivo poderia ser mais bem identificado a partir de seus efeitos do que de uma estrutura determinada. Assim, haveria concorrência perfeita ou pura, quando (i) os preços de um produto ou serviço correspondessem ao preço de custo, somado a um lucro empresarial suficiente para a manutenção do investimento no setor, e (ii) todos os consumidores que queiram adquirir os bens ou serviços disponham de recursos para isso.[48] Sob essa ótica, tanto o primeiro quanto o segundo aspecto da concorrência realçam sua função distributiva dos bens produzidos e dos serviços ofertados. Além desses efeitos, a concorrência perfeita não se caracteriza somente por um número atomizado de ofertantes e consumidores, nenhum dos quais capaz de, sozinho, interferir na formação do preço, fazendo-se necessária a presença de outros requisitos estruturantes do mercado. A concorrência perfeita ocorreria desde que houvesse, principalmente, (i) mobilidade perfeita dos fatores de produção, (ii) pleno acesso às informações relevantes, (iii) ausência de economias de escala, (iv) entrada e saída ágil do mercado e (v) ausência de custos e benefícios que permaneçam à margem do processo produtivo.[49]

A maioria desses pressupostos do modelo da concorrência perfeita, tal como inicialmente imaginada pelos economistas políticos clássicos, não era,

---

[47] GERBER, David J. *Law and competition in twentieth century Europe*: protecting Prometheus. New York: The Oxford University Press, 2001. p. 1.

[48] HOVENKAMP, Herbert. *Federal antitrust policy*: the law of competition and its practice. 2. ed. St. Paul: West Publishing Co., 1999. p. 3.

[49] BRUNA, Sérgio Varella. *O poder econômico e a conceituação do abuso em seu exercício*. São Paulo: RT, 2001. p 28.

nem é, nem será encontradiça no mundo dos fatos. Na comparação de Nusdeo, corresponde à "ausência de atrito ou vácuo, no campo da física teórica". Mesmo assim, a teoria econômica trabalhou sobre ele, na medida em que se revelou útil para explicar o funcionamento da economia capitalista e do processo de formação livre de preços.[50] Em raras situações, pode-se verificar a existência de seus pressupostos e dos efeitos da concorrência acima referidos. Ainda que somente do ponto de vista de seus efeitos, o modelo pode servir de inspiração para objetivos de política pública a implementar.

A percepção da não-adequação da concorrência perfeita à realidade será feita, sobretudo, no campo político-filosófico. O próprio Smith alertou que, diante da impossibilidade de prevenir os conluios lesivos à concorrência, a atuação estatal deveria, ao menos, se omitir de promulgar legislação que favorecesse tais encontros[51] – ele admite, desse modo, como desdobramento lógico dessa opinião, a necessidade de alguma ação estatal no que diz respeito ao antitruste, ainda que mínima. O absenteísmo estatal do liberalismo retrocederá ainda mais ante as diversas políticas econômicas implementadas ao longo do século XX, as quais vão se diferenciar no grau de atuação estatal sobre o mercado para atingir alguns de seus caracteres positivos, perseguindo, numa tentativa admitidamente fadada ao fracasso, as características do modelo da concorrência perfeita.

Em virtude desse reconhecimento, a atuação estatal antitruste rapidamente percebeu que seus objetivos não deveriam ser pautados pelo modelo de mercado perfeitamente competitivo, mas sim pelos efeitos positivos que dele adviriam. Assim, abandonou-se a busca obstinada da mobilidade perfeita dos fatores de produção em favor do pleno acesso às informações relevantes, da ausência de custos e benefícios que permaneçam à margem do processo produtivo, da entrada e saída ágil do mercado e contra as economias de escala. Muitos dos mercados só existem hoje porque seus produtores e ofertantes atingiram um patamar de eficiência superior em detrimento da concorrência atomizada, possivelmente com muito mais benefícios do que prejuízos para a sociedade.

---

50 NUSDEO, Fábio. *Da política econômica ao direito econômico*. 1977. 197f. Tese de livre docência – Faculdade de Direito, Universidade de São Paulo, São Paulo, 1977, p. 30.

51 SMITH, Adam. *A riqueza das nações*: investigação sobre sua natureza e suas causas, p. 139. "Todavia, embora a lei não possa impedir as pessoas da mesma ocupação de se reunirem às vezes, nada deve fazer no sentido de facilitar tais reuniões e muito menos para torná-las necessárias."

A concorrência perfeita foi cedendo espaço à concorrência praticável (*workable competition*). Em 1940, Clark publica um artigo[52] no qual discorre sobre as características do que seria a concorrência praticável. Nos mercados perfeitamente competitivos, a padronização dos bens e serviços tenderia a acirrar exageradamente a concorrência com efeitos ruinosos. Já noutros mercados não perfeitamente competitivos, haveria um movimento a favor da diferenciação dos produtos, bem como o desaparecimento da estrutura empresarial atomizada, mas a presença de outros fatores conduziria ao acirramento da concorrência. Assim, se por um lado a diferenciação acentuada dos bens ou serviços aproxima as empresas de um comportamento monopolístico, por outro a diferenciação discreta tende a gerar a concorrência praticável, particularmente se os compradores tiverem a percepção de que os bens e serviços são dotados de preço e qualidade próximos. Para Clark, os oligopólios puros seriam raros, e a existência de várias sutilezas nos preços e produtos confirmaria a tese. Tal doutrina exerceu considerável influência na política antitruste dos Estados Unidos entre os anos 1940 e 1970.[53]

Aliás, como visto, a idéia de uma atuação estatal mais contundente permanece presente nos últimos 200 anos. As técnicas de atuação estatal, muitas vezes voltadas para o controle de preços, salário e produção, redundam não só em benefícios, mas também em perdas, transformando o cômputo e a valoração das vantagens e desvantagens num dos principais tópicos do debate político. A decisão econômica, antes descentralizada por toda a sociedade, na figura racional e hedonista do *homo œconomicus*, teve de ser centralizada via processo de decisão política na idéia de bem comum. O que era antes exclusivamente particular e individual assume uma dimensão pública e coletiva que, conforme o sistema político vigente, pode englobar toda, parte ou nada da sociedade civil.[54]

---

52 CLARK, John Maurice. Toward a concept of workable competition. *American Economic Review*. Princeton, v. 30, n. 2, 1940, p. 241-256.

53 ESTADOS UNIDOS DA AMÉRICA. Report of the United States Attorney-General's National Committee to Study the Antitrust Laws, 1955, p. 245-246. Reconhece-se a influência da noção de concorrência praticável sobre a atuação estatal antitruste nos Estados Unidos por meio deste documento, no qual se lê: "No one seller, or no group of sellers acting in concert, has the power to choose its level of profits by giving less or charging more. Where there is workable competition, rival sellers, whether existing competitors or new potential entrants into the field, would keep this power in check by offering or threatening to offer effectice inducements". Posteriormente, ela se difundiu pelo mundo.

54 LAPALOMBRA, Joseph G. *A política no interior das nações*. Tradução do 1º ao 5º capítulo de Marilu Seixas Correa e do 6º em diante de Oswaldo Biato. Brasília: Ed.

O sentimento popular tem agido de forma praticamente aleatória nessa avaliação, mas é possível identificar momentos históricos em que a percepção de que os benefícios são superiores aos malefícios conduziu ao estreitamento dos mecanismos de controle de preços e produção. As razões que motivaram o avanço do Estado sobre a economia são diversas e se fundam, precipuamente, na irrealidade dos pressupostos da concorrência perfeita, supostamente maximizadora do bem-estar social. É claro que essas razões existiam mesmo antes da assunção da concorrência como um dos corolários do liberalismo, mas as particularidades dos regimes econômicos anteriores ao capitalismo escondiam-nas por detrás da atuação do ente político, ou eram minimizadas por causa do estado da tecnologia.

Genericamente, a atuação estatal, inclusive no que tange ao antitruste, surge como uma resposta a esses problemas, decorrentes das falhas de mercado, situações em que a mão invisível é incapaz de suprir bens e serviços eficientemente. A princípio, a identificação de tais situações variava conforme o impacto produzido sobre os interesses em jogo, e, por esse motivo, sempre havia alguma justificativa política para aqueles que implementaram medidas compensatórias. Na maioria das vezes, os efeitos das falhas de mercado são praticamente imperceptíveis e não atraem a atenção da população – somente em casos extremos reclama-se alguma atuação estatal, que, por causa dessas solicitações, freqüentemente se apresenta assistemática e irracional.[55] Todavia, objetiva-se atingir os efeitos, do ponto de vista do bem-estar social, que seriam produzidos se houvesse um mercado perfeitamente competitivo.

As falhas de mercado mais comuns, correspondentes, *grosso modo*, à deterioração de uma das cinco características principais dos mercados perfeitamente competitivos, são (i) a deficiência de mobilidade de fatores, (ii) a existência de economias de escala acentuadas, (iii) a presença de efeitos externos ao processo produtivo, (iv) a necessidade de provimento de

UnB, 1982, c. 1974. p. 289. Parte-se da concepção de que uma das funções do Estado é gerir os conflitos da sociedade. "Este ponto de vista está implícito na concepção de governo como sendo um conjunto de instituições destinadas a distribuir, com autoridade, valores escassos e a determinar quem recebe o quê, quando e como."

55 Esta afirmação pode ser comprovada empiricamente, pois somente uns poucos mercados em poucas situações despertam interesse antitruste. Em outras palavras, apenas os casos extremos de abuso do poder econômico saltam aos olhos. Todavia, isso não significa que a concentração e o abuso do poder econômico sejam salutares, especialmente no Brasil, onde a monopolização e a oligopolização foram a regra, não a exceção.

bens coletivos e (v) o acesso desigual às informações relevantes (assimetria informacional).[56]

Um dos requisitos do modelo de concorrência perfeita é que os agentes econômicos tenham capacidade de entrar e sair agilmente de um dado mercado em um espaço de tempo curto, característica essa denominada mobilidade de fatores.[57] É fácil perceber que essa mobilidade, de via dupla, nem sempre ocorre, quer seja por fatores culturais – um brasileiro dificilmente investirá suas economias em outro lugar que não um banco, ao passo que um estadunidense cogitará também do mercado de capitais –, quer por impossibilidade física – uma instituição financeira, ao perceber a baixa lucratividade do segmento destinado ao atendimento de população com renda inferior a dado valor, não pode decidir, de um dia para outro, não mais atendê-lo, mas precisa de certo tempo para realinhar seu negócio e decidir o que fazer com o valor já investido –, quer ainda por qualquer outro motivo. Na análise antitruste, a entrada ou saída do mercado deve ser rápida e ágil, pois, caso contrário, a mobilidade dos fatores é limitada e restringe a possibilidade de concorrentes potenciais atuarem como reguladores dos abusos dos já em operação.[58]

A presença acentuada de economias de escala é apontada como outra falha de mercado que afeta diretamente os padrões de concorrência. Elas são resultado, num primeiro momento, do desenvolvimento da divisão do trabalho na sociedade humana e, posteriormente, também do emprego de tecnologias mais avançadas na atividade econômica. As economias de escala maximizam a produção, utilizando-se de menor quantidade de fatores e, conseqüentemente, reduzindo os custos médios de produção. Seriam, por si sós, positivas para o bem-estar social, não fosse a existência da escala mínima de eficiência, usada para indicar "a menor unidade produtiva capaz de realizar todas as economias de escala".[59]

---

56 NUSDEO, Fábio. *Curso de economia*: introdução ao direito econômico. 3. ed. rev. e atual. São Paulo: RT, 2001. p. 166.

57 NUSDEO, Fábio. *Da política econômica ao direito econômico*, p. 38-41.

58 No Brasil, o *Guia para análise econômica de atos de concentração da Secretaria de Acompanhamento Econômico do Ministério da Fazenda* (SEAE/MF) e da Secretaria de Direito Econômico do Ministério da Justiça (SDE/MJ) considera que as empresas restantes não poderão expandir suficientemente a oferta, em prazo de tempo razoável, quando operarem a plena capacidade e não for economicamente viável expandir a produção em prazo superior a dois anos, ou quando a operação da capacidade ociosa implicar custos maiores do que a operação do nível de ocupação.

59 HOVENKAMP, Herbert. *Federal antitrust policy*: the law of competition and its practice, p. 28.

A escala mínima de eficiência varia de acordo com as características de cada mercado e pode representar uma barreira à entrada nos mercados – por essa razão, uma corretora de valores mobiliários pode estar desinteressada em atuar numa pequena cidade de baixa renda *per capita*, preterindo-a em favor de um grande centro urbano. Mesmo assim, essa corretora necessitará ter acesso a volume mínimo de negócios e clientes – a escala mínima de eficiência –, sem a qual não poderá sobreviver. Não se deve confundir as economias de escala com as economias de escopo, na medida em que estas dizem respeito à redução de custo decorrente da produção ou oferta conjunta de dois ou mais bens ou serviços. A fusão entre uma instituição financeira não atuante em determinado segmento do mercado financeiro com outra atuante apenas nesse segmento inexplorado pode resultar em economias de escopo, na medida em que poderá haver sinergias decorrentes do negócio para os clientes de cada uma, que terão à sua disposição um leque maior de serviços, anteriormente não oferecidos.

A existência de efeitos externos ao processo produtivo, fenômeno simplificadamente denominado externalidade (termo com mais freqüência utilizado na sua forma plural, externalidades), é outra característica difícil de ser evitada em qualquer mercado. As externalidades seriam "as diferenças entre os custos sociais reais e o preço não regulado"[60] – em outras palavras, correspondem à situação em que os custos ou benefícios do processo produtivo impactam um terceiro não participante do mesmo e alheio a qualquer relação jurídica com o causador da externalidade. Quando os efeitos gerados consistem em benefícios, está-se diante de externalidades positivas – um banco, ao abrir um posto de atendimento em localidade anteriormente desprovida desse serviço, terá gerado repercussões positivas para aquele lugar que, embora não se reflitam no seu lucro, aumentarão o conforto dos moradores, que não necessitarão mais se deslocar para outro lugar. Por seu turno, quando os efeitos gerados consistem em dano, prejuízo ou incômodo, está-se diante das externalidades negativas – uma norma específica de controle de instituições financeiras que, ao buscar conter a lavagem de dinheiro, pode inibir certas transações que não seriam necessariamente ilícitas. Principalmente na hipótese de serem negativos os desvios, a sociedade reconheceu a necessidade de neutralizá-los ou minorá-los, "internalizando

[60] BREYER, Stephen G. *Regulation and its reform*. Cambridge (EUA): Harvard University Press, 1982. p. 28. "The differences between the true social costs and unregulated price are 'spillover' costs (or benefits) – usually referred to the economists as 'externalities'."

as externalidades", pois não é razoável que alguém prejudique outro sem a devida contraprestação.[61]

A falha de mercado dos bens coletivos liga-se ao seu suprimento deficiente. Eles não podem ser definidos conforme a legislação civil para bem coletivo[62] e bem público,[63] mas se aproximam, sob certo ângulo, daquilo que se convencionou denominar bens difusos. Os bens coletivos seriam aqueles que, "se consumidos por um membro do grupo específico, não poderão ser apartados do consumo de outros membros",[64] do que decorre sua característica de indivisibilidade. Enquanto o sistema de economia descentralizada responde, de modo relativamente eficaz, ao suprimento de bens apropriados exclusivamente por cada particular em razão da lei da oferta e da demanda, o mesmo não ocorre com os bens coletivos. Embora sejam imprescindíveis para a vida em sociedade, são negligenciados pelos particulares, que, agindo hedonisticamente, os ignoram por estarem fora do espaço do mercado – os particulares pagam pelos bens para excluírem os demais de seu gozo, ao passo que isso não pode ser feito relativamente aos bens coletivos.[65] Assim, a saúde pública, o sistema de transporte coletivo

---

61 BREYER, Stephen G. *Regulation and its reform*, p. 23-26. O debate sobre as justificativas econômicas para uma atuação estatal no que concerne ao assunto das externalidades é o ponto de partida para a polêmica entre regulação e desregulação. Para os partidários da regulação, as externalidades negativas são desperdícios decorrentes do processo produtivo que clamam por uma compensação, possível somente via poder público. Por seu turno, os adeptos da desregulação crêem que, presentes certas condições, os particulares atingiriam, por meio de concessões recíprocas, uma solução que eliminaria as externalidades – logo, a atuação estatal seria maléfica, pois impediria, por meio da regulação, atingir o resultado que maximizaria o bem-estar da sociedade.

62 BRASIL. Lei 10.406, de 10 de janeiro de 2002, art. 89. "São singulares os bens que, embora reunidos, se consideram *de per si*, independentemente dos demais. Art. 90. Constitui universalidade de fato a pluralidade de bens singulares que, pertinentes à mesma pessoa, tenham destinação unitária. Parágrafo único. Os bens que formam essa universalidade podem ser objeto de relações jurídicas próprias. Art. 91. Constitui universalidade de direito o complexo de relações jurídicas, de uma pessoa, dotadas de valor econômico."

63 BRASIL. Lei 10.406, de 10 de janeiro de 2002, art. 98. "São públicos os bens do domínio nacional pertencentes às pessoas jurídicas de direito público interno; todos os outros são particulares, seja qual for a pessoa a que pertencerem."

64 FROHLICH, Norman; OPPENHEIMER, Joe A. *Economia política moderna*. Tradução de Ana Maria Schiavenatto e Luís de Toledo Filho. Brasília: Ed. UnB, 1982. p. 41.

65 Idem, p. 43.

e a segurança pública constituem exemplos típicos de bens coletivos cujo suprimento, se for deixado à livre circulação do mercado, será deficiente, quiçá inexistente. Do mesmo modo, uma regulação específica para o mercado financeiro dificilmente seria produzida caso sua feitura fosse deixada apenas aos particulares.[66]

Por fim, o acesso às informações relevantes é, entre todas as falhas de mercado, aquela que talvez mais fortemente interfere na dinâmica do mercado financeiro, pois muitos dos negócios jurídicos celebrados por instituições financeiras pressupõem a existência de confiança no outro contratante, e essa confiança só pode ser construída a partir de dados concretos. Por essa razão, a avaliação de crédito, feita por um banco antes de conceder um empréstimo, é determinante na celebração ou não do contrato, bem como na determinação de suas condições. O núcleo da questão da assimetria informacional reside no fato de que nenhum ente ou pessoa é capaz de deter todas as informações relevantes, as quais somente são encontradiças como "pedaços incompletos e, freqüentemente, contraditórios que todos os indivíduos separadamente possuem".[67]

As informações diferenciadas podem proporcionar ao seu detentor a obtenção de vantagens maiores do que as que seriam obtidas se não dispusesse dela, o que não significa que não possa haver algo ou alguém que detenha alguma informação diferenciada. A questão é "como assegurar o melhor uso dos recursos conhecidos a qualquer um dos membros da sociedade para fins cuja importância relativa somente estes indivíduos conhecem".[68] Nesse sentido, a formação de preços num sistema econômico descentralizado é um mecanismo importante para a distribuição das informações relevantes, mas não engloba, necessariamente, todas as variáveis necessárias para o conhecimento real do bem ou do serviço. No que diz respeito ao SFN, esta é certamente a mais importante das falhas de mercado – consumidores desco-

---

66 Embora haja experiências e teses que indiquem que a auto-regulação do mercado financeiro seja factível, isso não ocorre atualmente. De qualquer modo, semelhante proposta de implantação de auto-regulação em setor econômico, ao mesmo tempo importante e de grande poder econômico, deverá despertar ampla discussão.

67 HAYEK, Friedrich von. *Individualism and economic order*. Chicago: The University of Chicago Press, 1948. p. 77. "The peculiar character of the problem of a rational economic order is determined precisely by the fact that the knowledge of the circumstances of which we must make use never exist in concentrated or integrated form but solely as the dispersed bits of incomplete and frequently contradictory knowledge which all the separate individuals possess."

68 Idem.

nhecem as características dos serviços financeiros ofertados, e o Estado não possui conhecimento suficiente ou fica sabendo quando "já é tarde demais" sobre as atividades desenvolvidas pelas instituições financeiras.

Em fins do século XIX e princípio do século XX, a atuação estatal se voltará mais para a correção dos rumos do sistema capitalista. De fato, muitas das críticas socialistas foram adaptadas ao ideário do liberalismo e conduziram a uma verdadeira metamorfose do capitalismo, o qual, preservando seus caracteres básicos, manteve sua essência com a criação de mecanismos de "auto-regeneração". Nenhuma frase talvez melhor sintetize essa metamorfose do que a dita por Roosevelt, presidente norte-americano responsável pela ampliação da atuação estatal na economia dos Estados Unidos: "Eu sou aquele tipo de conservador, porque sou aquele tipo de liberal". Com isso, demonstrava a intenção de manter o regime capitalista, alterando-lhe, contudo, alguns aspectos.

Aprofundado e adaptado à conjuntura da época de Roosevelt, o antitruste surgira, quase que intuitivamente, da percepção de que as falhas de mercado conduziam a abusos por parte dos detentores do poder econômico que prejudicavam enormemente a sociedade e, por essa razão, deviam ser afastados. A concorrência, na realidade, sofre críticas não porque seja encarada como algo inerentemente perverso. O que é objeto de críticas é o livre jogo das forças de mercado que acentuam as suas falhas, causando sérias preocupações políticas sobre a concentração do poder econômico nas mãos de poucos no seio de uma sociedade democrática.

3.3 *O tratamento jurídico da concorrência*

A defesa da concorrência enfrenta dificuldade ao trabalhar com definições estanques, pois os diversos prismas do objeto "concorrência" problematizam as tentativas de sistematização. A comparação com as mudanças verificadas no sistema de valoração de provas pode ser aproveitada. Antes, abundavam regras processuais que valoravam previamente cada prova ou imputavam o resultado de uma ação à vontade divina, retirando do julgador o poder de julgar, situação que, com grande freqüência, gerava injustiças – não raro duas provas produzidas por partes adversas demonstram fatos diametralmente opostos, sendo muito difícil determinar qual seria falsa ou deturpada. Por esse motivo, essa rotulação prévia foi abandonada na maioria dos sistemas jurídicos vigentes, deixando ao livre convencimento racional do juiz a valoração das provas, a fim de que este possa, no caso concreto, decidir qual mais influenciará a sua decisão.[69] Na maioria das legislações de defesa da concorrência, há mecanismos que desempenham papel análogo ao do juiz, mitigando o formalismo que, levado às últimas conseqüências, poderia conduzir a resultados opostos aos visados.[70]

Como tal situação se revela inadequada para o tratamento da defesa da concorrência, é necessário o recurso aos conceitos da teoria geral do direito. Estes, porém, se diferenciam das definições dogmáticas, simplificadoras da realidade. Ao contrário, são categorias amplas que se prestam muito mais a processo de instrumentalização do que de formalização.[71]

Além disso, qualquer definição da concorrência, jurídica ou não, seria de pouca ou nenhuma utilidade, porque a aferição do seu grau (ou do grau de poder econômico) não cabe nos planos jurídicos da existência,

---

69 CINTRA, Antônio C. de Araújo; GRINOVER, Ada Pellegrini; DINAMARCO, Cândido Rangel. *Teoria geral do processo*. Prefácio de Luís Eulálio de Bueno Vidigal. 16. ed. rev. e atual. São Paulo: Malheiros, 2000. p. 67-68. Todavia, isso não significa que a legislação deixou de indicar, por completo, o valor a ser conferido a cada prova. A existência do princípio do livre e racional convencimento do juiz não afasta que se limite, para fins processuais, essa função. Veja, à guisa de exemplo, o disposto no Código de Processo Civil em seu art. 334: "A prova testemunhal é sempre admissível, não dispondo a lei de modo diverso. O juiz indeferirá a inquirição de testemunhas sobre fatos: I – já provados por documento ou confissão da parte; II – que só por documento ou por exame pericial puderem ser provados".

70 FORGIONI, Paula A. *Os fundamentos do antitruste*, p. 178. "As legislações antitruste, quer no enunciado de suas normas, quer em seu processo de aplicação, contêm instrumentos destinados a evitar que a tutela da concorrência venha a desempenhar uma função oposta àquela desejada, criando, por exemplo, obstáculos ao crescimento da indústria nacional, ao aumento de seu grau de competitividade ou ainda à distribuição dos bens e serviços". A autora chama tais mecanismos de "válvulas de escape", dos quais são exemplos a regra da razão, as isenções, as autorizações, o fluido conceito de mercado relevante e a ponderação dos interesses protegidos.

71 LUMIA, Giuseppe. *Elementos de teoria e ideologia do direito*. Tradução de Denise Agostinetti. São Paulo: Martins Fontes, 2003. p. 6. "A teoria geral do direito não se distingue das disciplinas jurídicas específicas que, em seu conjunto, constituem a dogmática jurídica pelo maior grau de generalização, mas pela diversidade dos problemas que ela aborda. Pertencem à teoria geral do direito os problemas de estrutura das normas jurídicas (relação entre preceito e sanção, destinatários, figuras de qualificação jurídica, normas primárias e secundárias etc.) do ordenamento jurídico (problemas da unidade, univocidade e da completude do ordenamento jurídico, das fontes normativas, da hierarquia das normas etc.)."

validade e eficácia, restringindo-se tão-somente aos fatos.[72] Como, então, a concorrência pode ser tratada pelo direito?

Enquanto fato, a concorrência relaciona-se com o poder econômico, podendo ser a origem de seu surgimento, crescimento, retração ou desaparecimento. Não é possível fotografá-la estaticamente: qualquer abordagem nesse sentido será míope, porque jamais captará o passado ou o futuro – o presente, isoladamente considerado, não é a concorrência em si, mas apenas um resultado momentâneo dela, útil para informar a estrutura do mercado relevante, mas inútil para avaliar se houve condutas anticoncorrenciais ou se haverá abuso de poder econômico. Muito provavelmente é por isso que Hayek a define como "processo de descobrimento", um movimento constante e incessante entre os sujeitos e o objeto da relação.[73]

Mesmo assim, o liberalismo trouxe a concorrência para o direito, positivando esse fato. Do ponto de vista da ideologia do liberalismo, a concorrência pode até mesmo ter-se tornado um valor em si mesmo. As regras de concorrência desleal são uma projeção parcial na legislação do que seja a concorrência, uma vez que visam à proteção patrimonial dos empresários.

---

72 A concorrência e o poder econômico existem, mas não cabem nos planos da validade ou eficácia. Não se pode afirmar que a concorrência e o poder econômico sejam nulos ou anuláveis, eficazes ou ineficazes. Estes dois planos se aplicam aos negócios jurídicos e não aos fatos.

73 Curiosa questão se coloca nos sistemas econômicos descentralizados: como fazer o detentor do conhecimento, ainda que derrotado num dos procedimentos de escolha, agir irracionalmente se ele não quis compartilhar o que sabia com a sociedade? Uma vez mais, a assimetria de informações suscita questões para serem desenvolvidas. Para Hayek, é dentro desse quadro que há espaço para uma ação regulatória por parte do ente centralizador, visando a diminuir os problemas decorrentes da assimetria informacional. Sob esse ângulo, as legislações societária e de mercado de capitais seriam apropriadas, ao reprimir as vantagens decorrentes do uso indevido de informações relevantes e ao atribuir a um ente regulador a competência para atuar com vistas a assegurar a diminuição dessa assimetria informacional. Com base nisso, formula-se a idéia de concorrência como processo de descobrimento (*Entdeckungsverfahren*) – "the assumption of a perfect market, then, means nothing less than that all the members of the community, even if they are not supposed to be strictly omniscient, are at least supposed to know automatically all that is relevant for their decisions." Ver HAYEK, Friedrich A. von. *Individualism and economic order*, p. 30. É difícil supor que, quando houver mudanças significativas em dado mercado inicialmente em equilíbrio competitivo, o ente centralizador consiga resolver os problemas nascentes na nova situação emitindo ordens depois de ter processado todas as informações.

Note-se que há indícios de um sistema protetivo semelhante até mesmo antes do advento da concorrência na agenda política do liberalismo, ocorrida sobretudo depois da publicação de *A riqueza das nações*, em 1776. Os mais apropriados reflexos da concorrência na ordem jurídica brasileira podem ser encontrados nas idéias ligadas à livre-iniciativa e à livre concorrência.

3.3.1 *A livre-iniciativa*

Naquilo que é pertinente à defesa da concorrência, iniciativa é sinônimo de empreendimento. Desse modo, livre-iniciativa é o mesmo que livre empreendimento, ou seja, o empreendimento desembaraçado de quaisquer atuações estatais. Uma vez que a atividade voltada para o mercado tem seus objetivos próprios, a livre-iniciativa atua como meio à disposição do empresário para a persecução de tais propósitos (lucro, conquista de clientela, melhorias tecnológicas, entre outros) – "trata-se, portanto, de uma liberdade-meio ou liberdade condicional".[74] Conseqüentemente, a legislação que disciplina, por exemplo, preço e qualidade dos produtos e serviços deve limitar-se pelo princípio da livre-iniciativa. Grau analisa a questão num parecer que trata da imposição a comerciantes, por meio de atos administrativos, do dever de etiquetar preços.[75]

Em sua gênese, a livre-iniciativa liga-se à luta contra o Antigo Regime, cujo sistema econômico fazia depender de algum tipo de prévia autorização, estatal ou não, corporativa ou não, a abertura de todo empreendimento. No campo econômico, pode ser apontada como a principal bandeira do liberalismo em seus primórdios.

Observando-se o século XVIII, percebe-se a razão para isso. Em praticamente toda a Europa, a atividade econômica dependia de algum tipo de prévia autorização. Mesmo a Inglaterra, avançando na Revolução Industrial, possuía semelhantes limitações. Os Estados Unidos da América, constituídos em fins do século XVIII, representavam exceção digna de menção, na medida em que eram um país estabelecido sobre o paradigma da liberdade, no qual inexistiam as corporações de ofício ou um poder político excessivamente centralizador. A França, palco central revolucionário, fornecia um quadro bem oposto a essa situação. Como explica Devolvé, "sob o Antigo Regime,

[74] COMPARATO, Fábio Konder. A reforma da empresa, p. 59.

[75] GRAU, Eros Roberto. Princípio constitucional da livre-iniciativa e da legalidade: imposição do dever de etiquetar preços. *Revista Trimestral de Direito Público*, n. 24, p. 92-101, 1998. Em sentido contrário, o STJ se manifestou pela legalidade da exigência, nos acórdãos, dos Mandados de Segurança 5943/DF, 6010/DF e 5896/DF.

a organização econômica era dominada por instituições excessivamente contrárias à liberdade: de um lado, o célebre regime das corporações; de outro, a existência de barreiras aduaneiras não somente nas fronteiras, mas também no interior do país".[76]

A ruptura desse quadro acontece apenas de modo abrupto. Na França, a primeira manifestação expressa de repúdio ao Antigo Regime é dada pelo Decreto d'Allarde, em 1791;[77] no mesmo ano, a Lei Le Chapelier condenará e proibirá o regime de corporações.[78] Mesmo assim, certas restrições só desaparecerão ao longo dos séculos XIX e XX: é o caso das autorizações para constituição de sociedades anônimas.[79] Data desse período o início da profusão de termos para significar algo bastante próximo da livre-iniciativa. Ao lado desta, a doutrina francesa enumera também a liberdade profissional, a liberdade de comércio e indústria e a livre concorrência, cada termo apresentando uma justificativa específica para sua cunhagem.[80]

A evolução política do liberalismo mitigou o absenteísmo estatal, verificando-se, ao longo da história, uma série de "invasões", tópicas ou abrangentes conforme o momento, do público sobre o privado.[81] Uma vez que a livre-iniciativa e a atuação estatal são vistas como antitéticas, esta, inclusive, como deturpadora por natureza do processo concorrencial, uma

---

[76] DEVOLVÉ, Pierre. *Droit publique de l'économie*. Paris: Dalloz, 1998. p. 105-106.

[77] Idem, p. 106. "À compter du 1er avril prochain, il sera libre à toute personne de faire tel négoce ou d'exercer telle profession, art ou métier qu'elle trouvera bon, mais elle sera tenue auparavant de se munir d'une patente."

[78] Idem, p. 107.

[79] RIPERT, Georges. *Aspects juridiques du capitalisme moderne*. Paris: LGDJ, 1946. p. 63.

[80] DEVOLVÉ, Pierre. *Droit publique de l'économie*, p. 107-109. Já "la liberté de concurrence a elle-même été affirmée comme un prolongement de la liberté du commerce et de l'industrie [...], impliquant notamment la non-concurrence des activités privées par des initiatives publiques". Curiosamente, o reconhecimento doutrinário da livre-iniciativa foi tardio no direito francês, ocorrendo principalmente depois de 1982. A causa disso está no fato de a jurisprudência daquele país se referir mais à liberdade de comércio e indústria. O mesmo sucede com a liberdade profissional. O autor sintetiza a situação da seguinte forma: "Ainsi, à l'image des poupées russes, on est en présence d'une série de libertés qui s'emboîtent les unes les autres, de la liberté d'entreprendre jusqu'à la liberté de concurrence".

[81] Antes da alteração constitucional do art. 192 da Constituição da República pela Emenda Constitucional 40/2003, a livre-iniciativa no sistema financeiro possuía um tratamento especial no que tange à possibilidade de entrada no mercado.

das principais preocupações doutrinárias é delimitar o campo do público e do privado.

A posição favorável à livre-iniciativa "privada" fundamenta-se no texto constitucional brasileiro, uma vez que várias de suas passagens corroborariam essa afirmação. O inc. I do art. 1º elege "os valores sociais do trabalho e da livre-iniciativa" como um dos fundamentos da República. O *caput* e o § 1º do art. 170 reforçam a noção, reiterando que a livre-iniciativa é fundante da ordem econômica brasileira e que o livre exercício de qualquer atividade independe de autorização prévia de órgãos públicos, exceto quando a lei determinar. Os arts. 199 e 209 reconhecem, respectivamente, serem a saúde e o ensino livres à iniciativa privada. Tais dispositivos, interpretados em seu conjunto, caracterizariam a livre-iniciativa como um princípio constitucional. Além disso, do ponto de vista ideológico, ela é a "projeção da liberdade individual no plano da produção, circulação e distribuição de riquezas".[82] À semelhança da liberdade, valor tutelado juridicamente, a livre-iniciativa também seria protegida, aliás, bastante próxima à liberdade em si. Talvez por isso alguns se refiram à livre-iniciativa como liberdade de iniciativa.

De outra perspectiva, Grau critica as posições que pretendem reduzir a livre-iniciativa à livre-iniciativa empresarial. Aquela seria um desdobramento da liberdade, a qual deve ser entendida como "*sensibilidade* e *acessibilidade* a alternativas de conduta e de resultado".[83] Assim como a liberdade não se restringiria à liberdade de iniciativa econômica, a livre-iniciativa não se restringiria à livre-iniciativa empresarial. Por conseguinte, haveria iniciativas que não a empresarial que também seriam protegidas constitucionalmente: a pública, a autogestionária, a cooperativista, entre outras.[84]

3.3.2 *A livre concorrência*

O atendimento das demandas das sociedades (O que produzir? Como produzir? Para quem produzir?) pode ser feito por meio de modelos econô-

---

[82] REALE, Miguel. A ordem econômica na Constituição. *De Tancredo a Collor*. 2. ed. São Paulo: Siciliano, 1992. p. 334.

[83] GRAU, Eros Roberto. *A ordem econômica na Constituição de 1988*: interpretação e crítica, p. 243. "Pois não se pode entender como livre aquele que nem ao menos sabe de sua possibilidade de reivindicar alternativas de conduta e de comportamento – aí a sensibilidade; e não se pode chamar livre, também, aquele ao qual tal acesso é sonegado – aí a acessibilidade."

[84] Idem, p. 223.

micos assentados nos critérios de tradição, autoridade e autonomia.[85] Cada um desses critérios psicológico-comportamentais corresponde "a uma atitude mental, uma crença, uma adesão a determinados princípios e atitudes, e crenças essas que enquadram todo conjunto supostamente coerente de comportamentos regrados pelas instituições próprias a cada sistema".[86] No caso do sistema baseado na autonomia, também denominado descentralizado, os pressupostos são a "crença na capacidade ordenadora do mercado e o princípio hedonista".[87] Para operacionalizar esse sistema do ponto de vista ideológico, a concorrência é apresentada como algo a ser tutelado pelo ordenamento jurídico.

Todavia, é difícil apartar concorrência e liberdade. A concorrência é um processo contínuo em que os agentes econômicos interagem livremente no mercado. A tutela da livre concorrência visaria à proteção dessa liberdade de ação no bojo do processo competitivo, a fim de que não ocorressem limitações ou restrições ilícitas ao longo do tempo. É diferente, portanto, da liberdade de iniciativa, na medida em que esta objetiva a proteção da entrada no processo competitivo. Sob certo aspecto, a livre concorrência engloba a liberdade de iniciativa, na medida em que a primeira ocorre, com grande freqüência, nos mercados em que a segunda não enfrenta limitações.

Outra forma de jurisdicização do processo competitivo é o princípio da livre concorrência, expressamente previsto em duas passagens da Constituição da República: no inc. IV do art. 170, como um dos princípios da ordem econômica, e no § 3º do art. 173. Sua inclusão causa perplexidade, pois, em sua forma mais pura, a livre concorrência só poderia existir na ausência de poder econômico, ou seja, num mercado perfeitamente competitivo. Ora, a própria Constituição de 1988 reconhece a licitude do poder econômico, coibindo apenas seu abuso. Logo, é de indagar a função de tal princípio.[88]

Podem-se identificar três elementos principais da concorrência: a ação dos agentes no mercado desligada de qualquer atuação governamental, a livre entrada no mercado e a liberdade de escolha dos destinatários finais dos produtos e serviços.[89] Noutras palavras, é o ambiente em que o sistema

---

85 NUSDEO, Fábio *Curso de economia*: introdução ao direito econômico, p. 98-100.

86 Idem, p. 100.

87 Idem, p. 122.

88 GRAU, Eros Roberto. *A ordem econômica na Constituição de 1988*: interpretação e crítica, p. 230-232.

89 PROENÇA, José Marcelo Martins. *Concentração empresarial e o direito da concorrência*. 1999. 194f. Dissertação (Mestrado em Direito Comercial) – Faculdade de Direito, Universidade de São Paulo, São Paulo, 1999, p. 5.

econômico descentralizado funciona, livre de restrições decorrentes quer do poder público, quer do poder privado. Do ponto de vista da ideologia liberal, a livre concorrência se aproxima de livre mercado: "tudo contrário" ao livre mercado seria "antinatural", havendo mesmo certa crença de que o livre mercado precede a própria sociedade.[90] Nos mercados concentrados, a livre concorrência não é a realidade, mas sua proteção impõe-se como espécie de garantia instrumental apta a evitar malefícios ainda maiores.

A aceitação do princípio da livre concorrência fez-se a partir da constatação de que a livre-iniciativa não era suficiente, por si só, para garantir o perfeito funcionamento do mercado. Na teoria econômica clássica, os benefícios da concorrência poderiam ser auferidos caso a entrada nos mercados não encontrasse barreiras. Em nome dessa idéia, o regime das corporações de ofício e alguns dos impostos foram banidos. Entretanto, o livre funcionamento do mercado demonstrou que, ao invés de conduzir a benefícios, a concorrência se degenerava e o mercado do Estado liberal acabava por resultar nos mesmos caracteres negativos passíveis de crítica do Antigo Regime. Nesse contexto, a livre concorrência surge como um princípio orientador de manutenção do jogo do mercado em movimento, não estando inclusa, portanto, no seio da livre-iniciativa.[91] Assim, coaduna-se com o princípio da livre concorrência o art. 174 da Constituição, que prescreve ser o planejamento meramente indicativo para o setor privado.[92]

4. O palco da rivalidade (relações horizontais, verticais e conglomeradas)

Para mensurar o poder econômico, é preciso determinar dentro de que relação deve ser analisado. Nessa tarefa, o primeiro passo é estabelecer

---

90 RUBIN, E. L. Deregulation, reregulation, and the myth of the market. *Washington and Lee Law Review*. Lexington. v. 45, p. 1258, 1988: "[...] free market is faced as natural and thus anything contrary to it would be unnatural. This is a believe of the defendants of the free market: it is a natural organization that comes even before the society. However, there are studies that demonstrate that before the rise of human societies other forms of organization were known".

91 MOURA, Maurício de C. O princípio constitucional de livre concorrência. *Revista do Ibrac*, São Paulo, v. 5, n. 1, p. 12-14, 1998.

92 BRASIL. Constituição da República Federativa do Brasil de 1988, art. 174: "Como agente normativo e regulador da atividade econômica, o Estado exercerá, na forma da lei, as funções de fiscalização, incentivo e planejamento, sendo este determinante para o setor público e indicativo para o setor privado".

um referencial a partir do qual o poder econômico é passível de comparação. A busca desse referencial tem de se iniciar, necessariamente, onde a rivalidade concorrencial entre os agentes econômicos acontece, ou seja, no espaço denominado mercado.

Despindo-se de concepções limitadas sobre o mercado, a dinâmica da concorrência se apresenta, como não poderia deixar de ser, numa relação de desigualdade entre os agentes econômicos. Estes atuam dentro de áreas nas quais a comparação subjetiva feita pelos consumidores, individualmente considerados, deixa patente a desigualdade entre os agentes econômicos, tomados seja isolada seja conjuntamente. Nesse ponto, as observações de Irti sobre as relações entre pessoa e mercado revelam-se apropriadas:

> [...] denunciar o naturalismo que se oculta (de um certo ângulo, como é óbvio, do jurista, mas não do filósofo e do homem de fé religiosa) atrás de 'pessoa' e 'mercado': uma considerada como ente unitário e idêntico, princípio e fim de toda experiência; outro, como lugar primitivo e espontâneo, que se regula sozinho e sozinho gera a mais alta satisfação das necessidades humanas. As duas palavras parecem opor-se e se arremessam, às vezes, uma contra a outra: mas, em realidade, se reencontram no seu naturalismo comum, na sua pretensão comum de uma originalidade ou procedência com relação ao direito.[93]

O comportamento isolado de um agente econômico no mercado não permite essa comparação e, conseqüentemente, impossibilita a existência da concorrência – é o monopólio ou a uniformidade da conduta.

Por isso, a autonomia dos centros decisórios dos atuantes no mercado assume papel decisivo na comparação. Somente é possível comparar quando houver autonomia decisória dos agentes econômicos, porque nenhum concorre consigo mesmo. Embora seja possível alguma diferenciação entre elementos de um agente econômico – pessoas jurídicas distintas, marcas diversas, entre outros –, não se espera um comportamento autoflagelador dele, uma vez que é dotado de racionalidade.[94] Com base nessa premissa,

---

[93] IRTI, Natalino. Persona e mercato. *Rivista di Diritto Civile*, Padova, v. 41, n. 3, parte I, p. 289, magg.-giug. 1995.

[94] LE MOAL, Roger. *Droit de concurrence*. Paris: Economica, 1979. p. 13. O autor denomina estes diferenciais de "valores concorrenciais". "La clientèle se détermine dans ses choix en fonction d'un nombre d'attraits, considérables parfois, composés de facteurs matériels ou humains qu'elle trouve dans l'entreprise. L'ensemble de ces moyens fait la valeur de l'entreprise. Ces moyens, pris isolément ou se fécondant

a comparação se inicia pela identificação da unidade de ação básica do agente econômico perante o mercado.[95] Podendo estar ligada por vínculos jurídicos formais ou não, lícitos ou ilícitos, essa unidade decisória é o ponto fulcral da análise antitruste, intitulada "*unique economic entity*". Em síntese, a *unique economic entity* aproxima-se da noção de unidade de direção, não da de controle.[96]

Em vista das várias faces do poder econômico, surge a dúvida sobre a possibilidade de identificação de seu detentor. Como afirma Salomão Filho,

> [...] distinção fundamental é que, enquanto a preocupação do direito societário é com a determinação por interesses estranhos à sociedade (v.g., aqueles pessoais do controlador) dos destinos do patrimônio social, o direito concorrencial, ao se confrontar com o mesmo objeto, tem como preocupação a manutenção das estruturas de mercado (concorrência) consideradas desejáveis do ponto de vista econômico.[97]

Logo, limitar o antitruste ao direito societário formal é cercear-lhe a efetividade na origem.

---

mutuellement grâce à l'organisation dont ils sont l'objet constituent des 'valeurs'. Ce sont des biens au sens juridique du terme. Elles sont apparues avec le premier échange libre et leur nombre et leur nature est la caractéristique essentielle d'une économie fondée sur l'innovation permanente, la recherche effrénée de la clientèle, la planification des obsolescences dans une société nouvelle: la société de consommation."

95 Idem, p. 80. "Déjà, hors du champ de l'économie, l'individualisation de la personne est une nécessité fondée sur un besoin social: nécessité pour l'individu d'être reconnu comme tel, nécessité pour la société de reconnaître ses membres. Pourtant, cet objectif est plus impérieux encore lorsqu'on examine l'activité de l'enterprise [...]. En effect, l'enterprise, pour être autonome, doit pouvoir être clairement identifiée et ne pas confondue ou troublée dans son individualité."

96 COMPARATO, Fábio Konder. *O poder de controle na sociedade anônima*, p. 25-26. "É por isso que, contrariamente a uma opinião assaz difundida, a melhor doutrina considera a unidade de direção o único critério geral de identificação de todos os grupos econômicos, e não a unidade de subordinação, embora este seja, de fato, o mais importante."

97 SALOMÃO FILHO, Calixto. *O novo direito societário*. São Paulo: Malheiros, 2002. p. 215.

As legislações têm optado por soluções que expandam o que seria o detentor do poder econômico. Portanto, não são coincidentes os conceitos de controle do direito societário tradicional com os de "influência dominante" (*beherrschender Einfluss*) e "influência relevante do ponto de vista concorrencial" (*wettbewerblich erheblicher Einfluss*), criados por leis na Alemanha para melhor atender às necessidades do controle antitruste.[98] Nos Estados Unidos, o episódio da grande concentração empresarial nos anos que se seguiram ao *Sherman Act* pôs em evidência a necessidade de tratar diferentemente do problema. O Brasil também tem seguido essa tendência de expandir os fatos jurídicos submetidos à análise antitruste.[99]

Tendo em vista esse paradigma da unidade de ação, os agentes econômicos podem assumir três posições diversas em relação aos demais: (i) mesmo plano no processo produtivo; (ii) planos a montante ou a jusante no processo produtivo; e (iii) planos inteiramente desvinculados no processo produtivo.

Quando os agentes econômicos atuam no mesmo plano do processo produtivo, ofertando bens ou serviços considerados idênticos ou razoavelmente idênticos, rivalizando um com o outro diretamente, está-se diante de relação horizontal.[100] Normalmente, a relação horizontal é aquela que desperta maior preocupação do ponto de vista concorrencial, pois qualquer mudança estrutural ou comportamental entre os agentes econômicos produz efeitos imediatos no mercado relevante, perceptíveis diretamente pelos consumidores por meio de variação de preços. Um banco presente em todo o território nacional que compre outro ou um acordo sobre as taxas de juros a serem praticadas são exemplos de relações horizontais.

Poder-se-ia dizer que somente o que é igual, em essência, pode ser comparado. Não faria sentido dizer que uma maçã é mais gostosa do que uma laranja, mas somente que uma maçã é mais gostosa do que outra maçã, ou uma laranja mais gostosa que outra laranja. Todavia, a tarefa não é tão

---

98 SALOMÃO FILHO, Calixto. O *novo direito societário*, p. 216.

99 Por exemplo, o Cade, ao interpretar a Lei 8.884/1994, considera, diferentemente da dicção literal do § 3º do art. 54, que o faturamento de R$ 400 milhões, que serve de requisito para notificar um ato de concentração, refere-se ao grupo econômico da empresa que realiza um ato de concentração, não apenas à empresa que participa do ato.

100 BRASIL. Resolução Cade 15/1998, Anexo XV, item 1.4: "Relações horizontais. Ocorre uma relação horizontal quando duas ou mais empresas atuam num mesmo mercado como vendedoras de produtos similares (leia-se substitutos) ou quando duas ou mais empresas atuam num mesmo mercado como compradoras".

simples quanto parece. Tome-se, ainda, o exemplo da maçã e da laranja. Uma maçã possui certas características que permitiriam a comparação com outras frutas. Assim, a pêra, igualmente rica em vitamina A, poderia ser substituída por uma maçã, e uma laranja, fruta cítrica, poderia ser deixada de lado por um limão. Há algum elemento mínimo em comum que permite a comparação entre os pares maçã-pêra e laranja-limão e, por conseqüência, a sua substituição para um consumidor interessado na composição nutritiva das frutas.

Uma faturizadora, ao ofertar crédito para as empresas, fornece um serviço que, para seus clientes, é absolutamente idêntico ao de um banco, embora não haja intermediação financeira – nesse caso, diz-se que o crédito da faturizadora, oriundo de seu próprio capital, é substituto do crédito de um banco, decorrente da intermediação financeira (substituto do lado da oferta). Por seu turno, alguém que queira poupar seu dinheiro não poderá fazê-lo em uma faturizadora, mas apenas em um banco, que é autorizado por lei a receber depósitos – neste exemplo, não há substitutibilidade para o consumidor (substituto do lado da demanda). Essa qualidade de certos produtos e serviços serem trocados uns pelos outros denomina-se substitutibilidade e varia conforme o que é analisado – quanto maior o grau de substitutibilidade de um produto ou serviço, seja pelo lado da oferta, seja pelo lado da demanda, maior será a elasticidade, e vice-versa.

Para os agentes econômicos, a substitutibilidade varia conforme uma série de condições, das quais a principal é o preço.[101] Desse modo, quanto maior a taxa de juros e tarifas cobradas por um banco, maior a tendência de os empresários buscarem crédito junto a faturizadoras, e vice-versa – essa relação é denominada elasticidade cruzada.[102] Nessa hipótese, a substitutibilidade é praticamente perfeita, pois é indiferente a proveniência do crédito para o tomador do empréstimo. Entretanto, na maioria das vezes, é difícil distinguir se há substitutibilidade e qual o grau que ela atinge.[103]

[101] NUSDEO, Fábio. *Curso de economia*: introdução ao direito econômico, p. 235.

[102] HOVENKAMP, Herbert. *Federal antitrust policy*: the law of competition and its practice, p. 102-103.

[103] Um dos casos mais criticados sobre elasticidade cruzada foi *United States vs Du Pont de Nemours & Co* (351 U.S. 377, 76 Ct. 994 1956). Esta, com cerca de 75% do mercado relevante, era acusada de monopolizar o mercado de papel celofane, produto que, criado por ela mesma, só tinha um único concorrente licenciado pela própria Du Pont, a Sylvania. A defesa da Du Pont alegou que o mercado relevante não era apenas de papel celofane, mas sim o de materiais para embalagens flexíveis, o que incluiria outros produtos (v.g., papel-alumínio). A Suprema Corte aceitou

Diversamente das relações horizontais, em que um concorrente se confronta com o outro diretamente, as relações verticais não se caracterizam pela "concorrência direta" entre os atuantes no mercado. Há relações verticais quando os agentes econômicos localizam-se, reciprocamente, ou a jusante ou a montante do processo produtivo, ofertando algo que não é nem idêntico nem razoavelmente idêntico, mas que serve de insumo para um outro bem ou serviço.[104] À primeira vista, é difícil entender o porquê de o antitruste atentar para esse tipo de relação, pois não haveria nenhuma influência sobre o mercado passível de ser identificada. De fato, muitos criticam qualquer atuação antitruste para inibir movimentos nas relações verticais.[105]

Embora não tão facilmente mensurável como as relações horizontais, as alterações nas relações verticais impactam o poder econômico dos agentes econômicos indiretamente, criando condições, ainda que teóricas,

---

essa argumentação por entender que estava presente uma substitutibilidade razoável entre os produtos. Posteriormente, a doutrina veio apontando uma série de falhas no raciocínio levado a cabo, entre as quais a mais séria é a de que, ao levar a efeito o teste SSNIP (*Small but Significant Non Transitory Increase in the Price*), havia sido ignorada a situação prévia de monopolista da Du Pont de Nemours no mercado de papel celofane. Em outras palavras, o padrão do qual partiu a análise não era o da concorrência perfeita, mas o de um monopólio, ou seja, o padrão de preços já era distorcido *a priori* pelo lucro monopolista, produzindo, conseqüentemente, resultados distorcidos. Assim, o teste SSNIP não foi capaz de identificar, de modo objetivo, a variação nos preços.

104 Resolução Cade 15/1998, Anexo XV, item 1.5: "Relações verticais. Ocorre uma relação vertical quando uma empresa opera como vendedora no mercado de insumos de outra, mesmo não havendo uma relação comercial entre elas".

105 POSNER, Richard. *Economic analysis of law*. 4. ed. Boston: Little, Brown & Company, 1992. p. 311. "Suppose a manufacturer were to buy up all of the retail outlets for the product of his industry in order to foreclose his competitors from access to the market. They would react by building their own outlets. This would involve cost to them, but no more (and probably less) than the cost to the would-be monopolist of purchasing a chain of retail outlets that would have a great deal of excess capacity after his rivals built their own outlets." Idem, p. 408: "Even when the activities of affiliated corporations are closely related – when for example they produce complementary goods – each corporation normally will be operated as a separate profit center in order to assure that the profits of the group will be maximized. [...] That is why the price at which one division of a vertically integrated firm will 'sell' its output to another division is normally the market price for the good in question [...] rather than an arbitrary transfer price designed to increase the profits of one division at the expense of the other."

para um agir independente das forças do mercado. Tais condições geram a dependência de um agente econômico em relação a outro. Como as relações horizontais se desenvolvem ao longo de uma cadeia produtiva qualquer, não se teme pela eliminação da concorrência *a priori*, uma vez que somente há concorrência quando é possível a existência de rivalidade entre os competidores. Por isso, a principal preocupação relativa às relações verticais refere-se ao poder econômico e aos efeitos que podem dele decorrer nos mercados a jusante ou a montante. É possível identificar uma série de relações verticais entre um banco e uma seguradora: o banco pode direcionar seus clientes interessados em seguros para dada seguradora, e esta pode ser cliente de vários serviços ofertados por aquele.

Se há dúvidas quanto à atuação antitruste, o mesmo se pode dizer sobre as relações conglomeradas. Nestas, não se verificam nem relações horizontais nem relações verticais entre os agentes. Assim, é a relação existente entre uma corretora de valores imobiliários e uma fazenda de café, na hipótese de uma relação conglomerada pura. Contudo, parte significativa das relações conglomeradas não se dá em mercados tão desconexos entre si. Mais freqüentes são as relações entre agentes econômicos que ofertam os mesmos bens ou serviços, mas em áreas geográficas diferentes – uma corretora de valores mobiliários que atua apenas em São Paulo e outra que apenas atua no Rio de Janeiro estão nessa situação. Do mesmo modo, dois agentes econômicos que oferecem produtos ou serviços que não concorram diretamente entre si nem possam servir de insumo estão, também, enquadrados nessa hipótese – um banco e uma DTVM estão numa relação conglomerada. Em ambos os casos, quando não há uma relação conglomerada pura, mas uma situação-limite com relação horizontal, não há mercado relevante.[106]

De modo discrepante do impacto gerado nas relações horizontais e da noção de dependência oriunda das relações verticais, as relações conglomeradas despertam outra sorte de preocupações. Teme-se mais o tamanho do conglomerado do que seu poder econômico sobre dado mercado. Além disso, um conglomerado pode usar seu poder econômico em determinado mercado para forçar sua entrada em outro – um banco poderia lançar mão de sua rede de agências para vender vales-refeição, tal como muitos fazem ao ofertar seguros.

---

[106] HOVENKAMP, Herbert. *Federal antitrust policy*: the law of competition and its practice, p. 551.

5. Agentes econômicos em movimento: crescimento interno, desconcentração, concentração e conduta anticoncorrencial

As relações horizontais, verticais e conglomeradas fornecem uma visão estática do processo concorrencial. À semelhança de uma fotografia, não permitem concluir nada além da própria relação em si e seriam inúteis isoladamente. A elas deve-se adicionar o movimento, representado pela interação rivalizante dos agentes econômicos. Esse movimento, nascente da desigualdade entre os agentes econômicos, deriva de algumas preocupações de cunho imediatista concernentes ao mercado.[107] O empresário é motivado, inicialmente, por um instinto de autopreservação: se permanecer estático, corre o risco de ser, gradualmente, expulso do mercado. Disso decorre seu móvel para a ação concorrencial.

O dinamismo do agente econômico não é algo irracional. Na pior das hipóteses, ele é instintivo. Atualmente, a maioria dos movimentos é planejada em detalhes, a fim de evitar perdas e maximizar os ganhos. Além da conformação atual do mercado, leva-se em conta também a situação após a entrada e a reação dos demais agentes.[108] Esse tipo de análise pode ser particularmente útil para a defesa da concorrência.

Todavia, nem sempre os agentes econômicos se comportam consoante o esperado, ou seja, às vezes agem irracionalmente, perseguindo algo além do que seria o maximizador de seu lucro. Assim, eles perseguiriam o seu próprio interesse tomado numa acepção mais ampla. Afinal, por trás deles há sempre pessoas naturais, e, como afirmam Ross e Scherer, "nesta época de neuroses e psicoses difundidas, a linha entre a racionalidade e a irracionalidade não é, em absoluto, fácil de traçar".[109] Mesmo a lógica maximizadora de lucros não reina absoluta, na medida em que "os diretores de uma grande empresa podem não achar que obter grandes lucros para o acionista seja a consideração mais importante que enfrentam: eles podem estar mais interessados em ver crescer o tamanho do seu império empresarial ou entregar-se à vida calma que os monopolistas podem desfrutar".[110] Questões como a respon-

---

[107] LE MOAL, Roger. *Droit de concurrence*, p. 13.

[108] Sobre as possibilidades analíticas abertas pela teoria dos jogos, ver: BAIRD, Douglas G.; GERTNER, Robert H.; PICKER, Randal C. *Game theory and the law*. 5. printing. Cambridge: Harvard University Press, 2002.

[109] SCHERER, F. M.; ROSS, David. *Industrial market structure and economic performance*. Boston: Houhton Mifflin, 1990. p. 29.

[110] WISH, Richard. *Competition law*. 5. ed. Suffolk: LexisNexis, 2003. p. 7.

sabilidade ambiental social da empresa podem ainda distorcer um pouco esta racionalidade maximizadora dos lucros.

O primeiro tipo de movimento do agente econômico em face do mercado é voltado para si mesmo. Direcionando seus recursos com vistas a atender sua clientela, o agente econômico adapta-se às circunstâncias do mercado de forma a conquistar mais clientes e/ou maximizar seus lucros. Sem se relacionar com quaisquer concorrentes diretos, empresas a jusante ou a montante no processo produtivo ou mesmo uma unidade produtiva distante de seu mercado relevante em todos os sentidos,[111] o agente econômico desenvolve-se, conseguindo atingir seus objetivos racionalmente estabelecidos através da sua atividade empresarial cotidiana. Para tanto, ele pode adotar outra linha de ação com vistas ao seu sucesso empresarial, agindo de três maneiras distintas consoante as peculiaridades dos mercados envolvidos: expandir-se horizontal, vertical ou conglomeradamente. Isso não contém, em si mesmo, nenhum ilícito antitruste, na medida em que esta expansão resulte do processo de livre concorrência, baseado no aumento da eficiência do agente econômico.

Nesse sentido, tal movimento pressupõe que um agente econômico ganhe mercado e outro perca, seja em termos absolutos ou relativos, se o tamanho do mercado se mantiver constante. Semelhante processo, porém, não pode ser chamado de concorrência desleal, apesar de ter um reflexo patrimonial aferível no prejudicado, seja do ponto de vista qualitativo (diminuição do valor do fundo de comércio), seja do ponto de vista quantitativo (perda de receita decorrente de negócios não celebrados).[112] Isto ocorre com o crescimento interno, mas o que é infringido ao concorrente é lícito e esperado num regime de livre concorrência, havendo "excludente de ilicitude" para esse prejuízo.[113] Além disso, a própria ideologia por trás

[111] Essa ausência de relações com os demais agentes econômicos não significa um completo isolamento dos demais, hipótese que resvala na autonomia completa. Pelo contrário, há sempre relações numa sociedade baseada na divisão social do trabalho. Tais relações, porém, não têm o condão de unir os centros decisórios, fazendo desaparecer a autonomia decisória do agente econômico.

[112] Em que pese essa expansão ser feita via crescimento interno do agente econômico, não se exclui *a priori* a possibilidade de ele ter agido por concorrência desleal. Todavia, não há nenhuma relação de necessidade ou de imprescindibilidade entre abuso do poder econômico e concorrência desleal.

[113] Essa permissividade decorrente do processo competitivo não significa que os atos de concorrência desleal sejam permitidos pelo ordenamento jurídico, pois a lei continua a reprimi-los, como ocorre quando um concorrente tenta confundir a

da concorrência admite esse tipo de ganho à custa dos competidores. Ínsito no liberalismo, a seleção natural dos melhores, meritocracia eliminadora dos agentes econômicos menos adaptados, é o melhor mecanismo social para produção e distribuição de riquezas entre os diversos grupos no seio de uma sociedade baseada num sistema econômico descentralizado. Por essa razão, o protecionismo tarifário é criticado pelos liberais, pois afasta essa possibilidade de prejuízo, perfeitamente lícito, que é sofrido por empresas localmente estabelecidas em detrimento de outras localizadas no exterior.

Desse modo, a concorrência desleal e o abuso do poder econômico são hipóteses de ilícito, reprimidas pelo direito. Ambos sofrem repressão civil e criminal, mas somente o segundo, devido aos interesses que tutela, encontra guarida num regime administrativo especial. O agente econômico, atuando sem esbarrar num desses limites da ilicitude, ainda que cause prejuízo ao concorrente, não pode sofrer nenhum constrangimento do ordenamento jurídico, sob pena de se ofender a livre concorrência. Essa permissividade não é ilimitada. Nas palavras de Le Moal, "como todo fenômeno socioeconômico, a concorrência está dividida entre uma dupla regulação: uma permissiva, que determina os direitos subjetivos, e outra proibitiva, que fixa os limites das atividades concorrenciais".[114] O crescimento interno, assegurado pelo princípio constitucional da livre concorrência, é um desses espaços de liberdade de ação do agente econômico. Já as concentrações, desconcentrações econômicas e as condutas concorrenciais situam-se no

clientela. Entretanto, a Lei 8.884/1994 tem por objetivo a prevenção e a repressão às infrações da ordem econômica, e não a defesa de interesses essencialmente privados. Assim, o conhecimento de questões contratuais por parte dos órgãos de defesa da concorrência no Brasil restringe-se a possíveis efeitos lesivos à ordem econômica e à livre concorrência como um todo, não abrangendo, portanto, aspectos que produzem impacto apenas em agentes econômicos. Esse entendimento é reforçado por uma série de decisões proferidas pelo CADE, nas quais este se declara incompetente para o exame de questões de direito privado. Ver Voto do conselheiro-relator Antônio Fonseca na Averiguação Preliminar 08000.022244/94-36, de 6 de agosto de 1997, tratando de rompimento de contrato de distribuição, e de interesse das empresas Bodygard Benton Importadora, Exportadora, Representações Ltda. (Representante) e Benton Plastic Inc. e outras Representadas. Pelas mesmas razões, decidiu o Cade pelo arquivamento do Processo Administrativo 125/1992, que tinha como Representante a Cooperativa Agropecuária de Brasília Ltda. e como Representadas as empresas Yolat Indústria e Comércio de Laticínios Ltda. e Parmalat Indústria e Comércio Ltda.

[114] LE MOAL, Roger. *Droit de concurrence*, p. 12.

viés "proibitivo" dessa regulação. Todas demandam, de algum modo, alguma atuação administrativa.

As desconcentrações econômicas são outra modalidade de movimento do agente econômico. Não representam, *a priori*, uma preocupação antitruste, pois são o movimento em sentido contrário à concentração, mas deve-se atentar para o fato de que uma desconcentração de agente econômico implica, na maioria das vezes, a concentração econômica de outro.[115] Do mesmo modo, uma concentração econômica redunda, em grande parte das situações, numa desconcentração econômica conforme a perspectiva escolhida.

Tanto o crescimento interno quanto a desconcentração econômica não despertam maiores preocupações concorrenciais nos mercados relevantes. Contudo, o mesmo não se pode dizer da concentração econômica e das condutas anticoncorrenciais, as quais são a verdadeira razão de ser do direito antitruste.

O movimento em direção à concentração econômica é uma das preocupações decorrentes da ênfase dada pela Tradição de Harvard ao paradigma estrutura-desempenho-conduta. Embora não exclusivamente assentado nesse paradigma, o controle das concentrações decorre da necessidade de prevenir o aparecimento de estruturas que aumentem consideravelmente a possibilidade de abuso do poder econômico.[116] Assim, num mercado em que um banco detenha o controle de parcela substancial do mercado de intermediação financeira, há grande possibilidade de que o abuso efetivamente ocorra.

Apesar disso, quando ocorre concentração econômica, é possível que não se verifique nenhuma alteração no grau de concentração econômica de um mercado relevante, caso típico das alterações nas relações conglomeradas e, em menor freqüência, nas verticais. Mesmo do ponto de vista das relações horizontais, esta hipótese não está afastada – é a hipótese conhecida como substituição de agentes.[117] A prática revela que a maioria dos casos

---

[115] Isso explica o porquê de muitas desconcentrações econômicas precisarem ser submetidas à aprovação antitruste.

[116] HOVENKAMP, Herbert *Federal antitrust policy*: the law of competition and its practice, p. 46.

[117] A substituição de agentes econômicos se dá quando, através de um movimento ou alteração na sua conformação de controle interna, em nada afeta a estrutura de mercado, seja do ponto de vista horizontal, seja do ponto de vista vertical. Ela não desperta maiores preocupações para a defesa da concorrência. Isso ocorre quando um

submetidos à aprovação concorrencial não produz impacto nenhum sobre a concorrência, constituindo-se a chancela antitruste mero procedimento burocrático.[118]

Nem sempre é necessário impor limites à atuação dos agentes econômicos, mas, quando tal se verifica, as proibições em matéria concorrencial podem ser ou não peremptórias, o que é aferido a partir dos danos ou potencialidades de danos ocasionados ao mercado. Inexistente essa possibilidade, a concentração econômica e a conduta anticoncorrencial são banidas. A concentração econômica sempre se dá a partir do estabelecimento de uma relação entre os agentes econômicos, que, como visto, pode ser horizontal, vertical ou conglomerada.

Há concentração horizontal se os agentes econômicos envolvidos unem seus centros decisórios, constatando-se sobreposição em algum dos mercados relevantes. É o tipo de concentração econômica que mais atrai a atenção das autoridades concorrenciais, porque a mensuração do poder econômico resultante é mais fácil e perceptível, sendo os seus efeitos facilmente sentidos pelos consumidores. Uma instituição financeira que adquire sua concorrente direta realiza uma concentração horizontal.

Já a integração vertical ocorre "quando uma empresa opera como vendedora no mercado de insumos de outra, mesmo não havendo uma relação comercial entre elas".[119] Por exemplo, as operações que geram integração vertical possuem potencialmente efeitos anticoncorrenciais, quer pela re-

banco não atuante no mercado brasileiro adquire um banco que atua no mercado brasileiro ou quando uma seguradora adquire um banco que não atue no mercado de seguros.

[118] OLIVEIRA, Gesner. *Concorrência*: panorama no Brasil e no mundo. São Paulo: Saraiva, 2001. p. 15. Entre maio de 1996 e maio de 1998, 95% das concentrações econômicas analisadas foram aprovadas sem quaisquer objeções. Com base nessa percepção, a SDE e a Seae uniformizaram procedimentos na Portaria Conjunta SDE/SEAE 01/2003, de 18 de fevereiro de 2003, criando o chamado "procedimento sumário para análise de concentrações econômicas". Para as autoridades, esta medida foi justificada pela "necessidade de racionalização dos trabalhos das Secretarias na área de defesa da concorrência; e a necessidade de serem estabelecidos princípios comuns para a sistematização da análise de atos de concentração econômica, de forma a proporcionar maior segurança jurídica aos agentes privados, bem como transparência e celeridade aos respectivos procedimentos administrativos". Desde então, é perceptível a maior agilidade na aprovação de casos simples submetidos à aprovação do SBDC.

[119] BRASIL. Resolução Cade 15/1998, Anexo V, item 1.5.

dução da dispersão da demanda devido à restrição das compras da empresa a jusante a uma única vendedora a montante, quer pela redução da dispersão da oferta devido à restrição das vendas da empresa a montante a uma única compradora a jusante. Também aponte-se o possível aumento nas barreiras à entrada que pode decorrer da integração vertical: uma empresa entrante teria que fazer investimentos nos dois mercados verticalmente integrados caso quisesse se tornar um concorrente efetivo em vez de realizar investimentos em apenas um dos mercados. Basicamente, reconhecem-se três possibilidades para que ocorra integração vertical:[120] (i) uma empresa pode começar a atuar num novo mercado sozinha, v.g., um banco atuante no Brasil decide iniciar operações no Japão; (ii) uma empresa pode adquirir outra que atue no mercado relacionado, v.g., um banco atuante exclusivamente na intermediação financeira adquire uma corretora de seguros; e (iii) uma empresa pode celebrar contrato com outra, já atuante no mercado relacionado, para que coordenem suas ações no longo prazo, v.g., uma instituição financeira ao celebrar contrato com o correio para pôr à disposição dos clientes deste os seus serviços bancários.

Independentemente da forma pela qual se opera, a verticalização altera os padrões de concorrência ao fim da cadeia produtiva conforme o mercado relevante. A imposição de preços uniformes pela empresa detentora da marca a seus distribuidores ou franqueados restringe a concorrência ao fim da cadeia produtiva, deslocando-se todas as preocupações para a concorrência em relação às outras marcas (concorrência intermarca). Diversamente, a ausência desses preços uniformes produz acirramento da concorrência entre os distribuidores ou franqueados (concorrência intramarca).[121]

Já a integração conglomerada verifica-se quando dois agentes econômicos unem seus centros decisórios, sem que haja sobreposição ou relação

---

[120] HOVENKAMP, Herbert. *Federal antitrust policy*: the law of competition and its practice, p. 369-370.

[121] SALOMÃO FILHO, Calixto. *Direito concorrencial*: as condutas. São Paulo: Malheiros, 2002. p. 306. Ao analisar as vantagens da concorrência intramarca, o autor refere-se ao caso Levi Strauss. "Essa empresa manteve durante todos os anos 70 preços impositivos de revenda de seus jeans para seus revendedores. Em 1976, por força de ação promovida pela FTC contra essa prática, Levi Strauss deixou de impor os preços. A conseqüência foi não apenas a redução de preços de todos os concorrentes (Wranglers e marcas próprias da Sears e Penney), mas o ganho de mercado por parte de Levi Strauss. O desmantelamento do cartel (involutário) de preços entre os produtores (via eliminação da competição) intramarca resultou em benefício àquele produto preferido pelo consumidor."

vertical entre eles. A principal preocupação antitruste concerne apenas ao tamanho do conglomerado e às ameaças decorrentes desse tamanho.

Subjacente aos movimentos descritos, está implícito o conceito de entrada, o qual deve ser entendido, como o próprio vocábulo indica, como a entrada da atuação do agente econômico no mercado. Um agente econômico não atuante em dado mercado, mas que em certo tempo pode nele entrar, é considerado um entrante potencial. Essa situação, porém, não se confunde com a substitutibilidade pelo lado da oferta. Nesta, o agente econômico pode facilmente passar a atuar no mercado relevante por meio do simples redirecionamento da sua produção.[122] Assim, conforme o tamanho, uma faturizadora não vinculada a instituição financeira alguma é considerada entrante potencial no mercado de intermediação financeira. Por outro lado, um banco atuante no mercado de crédito de curto prazo pode, em tese, deslocar sua "produção" para os mercados de médio e longo prazo (substitutibilidade pelo lado da oferta).[123]

Correlata a esse conceito e mais importante para a instrumentalização da defesa da concorrência é a noção de barreiras à entrada, que são "algum fator no mercado que permite às empresas já atuantes no mercado ter lucros monopolísticos, ao impedir a entrada dos que estão de fora".[124] Exemplos de barreiras à entrada são exigências legais, longo prazo para construção de uma unidade produtiva e os investimentos necessários. Berger e Dick apontam que os bancos estabelecidos há mais tempo nos seus respectivos nichos e mercados de atuação também representam uma barreira à entrada considerável.[125]

---

[122] JONES, Alison; SUFRIN, Brenda. *European Union competition law*: texts, cases, and materials. Oxford: Oxford University Press, 2001. p. 48.

[123] Oposto à substitutibilidade pelo lado da oferta é a substitutibilidade pelo lado da demanda, que pode ser identificada com base nos produtos que os consumidores enxergam como intercambiáveis, ainda que de modo imperfeito (idem, p. 43). A emissão de debêntures por uma companhia é uma alternativa ao crédito fornecido por instituições financeiras, caracterizando, assim, a substitutibilidade pelo lado da demanda.

[124] HOVENKAMP, Herbert. *Federal antitrust policy*: the law of competition and its practice, p. 29. "For antitrust purposes, a barrier to entry is some factor in a market that permits firms already in the market to earn monopoly profits, while deterring outsiders from coming in."

[125] BERGER, Allen N.; DICK, Astrid A. Entry into banking markets and the first-mover advantage. *Federal Reserve Bank of Chicago Proceedings*. Chicago, May 2004, p. 243-254. Disponível em: http://ideas.repec.org/a/fip/fedhpr/y2004imayp243-

Formulada por Bain, um dos representantes da Tradição de Harvard, essa definição é mais ampla e tem sido a mais adotada, inclusive pelos órgãos de defesa da concorrência dos Estados Unidos. Todavia, ela contrasta com uma mais recente, sugerida por Stigler, a qual busca distinguir a entrada desejável da entrada indesejável, considerando como barreira à entrada apenas aquele custo que não é suportado pelos agentes já atuantes no mercado.[126] As economias de escala, portanto, estão excluídas da definição de Stigler, pois todos os agentes econômicos de dado mercado já teriam incorrido nelas em algum momento. Nessa linha de raciocínio, ainda que na presença de lucros monopolísticos, é socialmente indesejável a entrada de empresas incapazes de suportar os investimentos necessários para atingir a escala mínima viável, porque conduziria, cedo ou tarde, à saída de um dos agentes. Isso ocorreria porque o tamanho do mercado não suportaria a manutenção de mais empresas do que as já operantes. No Brasil, o Cade adota explicitamente a definição de Bain, ao afirmar que, "na acepção pioneira de Bain, as barreiras à entrada dizem respeito às condições que permitiriam que as firmas estabelecidas em um determinado mercado relevante pudessem perceber lucros extraordinários sem induzir a entrada de novos concorrentes".[127]

Em regra, quanto maiores as barreiras à entrada, mais tempo e investimento serão necessários para que a atuação de um concorrente se faça presente, contestando o domínio exercido por outro agente ou grupo de agentes econômicos. Os mercados podem, em tese, ser excessivamente concentrados, desde que sejam facilmente contestáveis, permitindo que agentes econômicos nele entrem com facilidade em busca de lucros monopolísticos maiores. Contudo, detentores ou não de poder econômico tendem a criar barreiras artificiais à entrada, visando a manipular as condições do mercado com maior liberdade de atuação.[128] Bancos, por exemplo, precisam atender

---

254.html. Acesso em: 1º.10.2004, p. 27. "Using a unique data set for 1972-2002 on all banks in all urban markets in the US, this paper analyzes whether there are differences in deposit market shares among banking firms in a given market based on how early they entered. The results indicate that later entrants have lower market shares, on average, controlling for bank, market and year effects."

[126] Idem, p. 40.

[127] BRASIL. Cade. Resolução 10/1999, Anexo II, item 2.3.4.

[128] A legislação antitruste considera tais práticas anticoncorrenciais. BRASIL. Lei 8.884/1994, art. 21. "As seguintes condutas, além de outras, na medida em que configurem hipótese prevista no art. 20 e seus incisos, caracterizam infração da ordem econômica: [...] IV – limitar ou impedir o acesso de novas empresas ao mercado;

a uma série de requisitos legais para serem autorizados a operar como instituições financeiras. Todavia, se os bancos já estabelecidos operam, conjuntamente, algum serviço aos consumidores reconhecido como socialmente relevante e não permitem a entrada de novos bancos nesse *pool*, ainda que mediante pagamento, está-se diante de uma barreira artificial à entrada. Se a não-inclusão do entrante no *pool* for injustificada, pode estar caracterizada conduta anticoncorrencial.

Ligada à noção de entrada do agente econômico num mercado, encontra-se a de sua saída. Por essa razão, um agente econômico ponderará, também, quando de sua decisão de entrar ou não em dado mercado, sobre a possibilidade de recuperar o dinheiro investido. Nesse contexto, os custos irrecuperáveis (*sunk costs*), em que incorre o agente econômico, seriam uma barreira à entrada, ligada especialmente à saída da empresa do mercado.[129] Enquanto ativos como imóveis e carteira de clientes podem ser vendidos por uma instituição financeira que tenha decidido encerrar suas atividades, o mesmo não se pode afirmar do que foi gasto com publicidade.[130]

Ao lado da concentração econômica, as autoridades concorrenciais têm grande interesse na repressão às condutas anticoncorrenciais. A diferenciação entre concentração e condutas é encarada como artificial por muitos. Apesar disso, é fácil diferenciá-las pelo momento da atuação estatal antitruste: enquanto nas condutas a atuação estatal será sempre *a posteriori* por ser impossível punir algo que nem sequer aconteceu, nas concentrações a atuação estatal será, pelo menos, *a priori* ou, como ocorre no Brasil, na maioria dos casos, imediatamente posterior. Vistas atualmente como um dos principais problemas do antitruste, especialmente pela Escola de Chicago, que diminuiu consideravelmente a ênfase no controle de estruturas, as condutas anticoncorrenciais são banidas do mercado, porque, presume-se,

V – criar dificuldades à constituição, ao funcionamento ou ao desenvolvimento de empresa concorrente ou de fornecedor, adquirente ou financiador de bens ou serviços; VI – impedir o acesso de concorrente às fontes de insumo, matérias-primas, equipamentos ou tecnologia, bem como aos canais de distribuição [...]."

129 HOVENKAMP, Herbert. *Federal antitrust policy*: the law of competition and its practice, p. 528-529.

130 Isso não se aplica necessariamente na hipótese de tais investimentos em publicidade terem se convertido numa marca passível de venda. O investimento na construção da imagem da marca, porém, pode ser maior ou menor do que será efetivamente obtido.

são sempre nefastas.[131] Consistem, basicamente, em atos ilícitos com vistas à monopolização dos mercados relevantes.

De modo geral, é a movimentação das posições dos agentes econômicos que detêm poder econômico que interessa às autoridades de defesa da concorrência. O surgimento de sistemas de controle para tais movimentos é uma tentativa de evitar ou reprimir o abuso do poder econômico.

6. A aceitação do poder econômico

A erosão dos preconceitos em relação ao poder econômico foi um processo histórico, no qual as críticas foram adaptadas à peculiar linguagem jurídica dos sistemas de defesa da concorrência. As duas principais maneiras por que esse processo histórico se concretizou foram pela regra da razão e, mais recentemente, pela análise das eficiências.[132]

6.1 A *regra da razão*

Empiricamente, é perceptível a diferença entre um grande banco privado e um pequeno banco estadual localizado no Nordeste do Brasil.

---

[131] A Lei 8.884/1994 permite, em tese, aos investigados por condutas anticoncorrenciais demonstrar que tais condutas seriam ou neutras ou positivas do ponto de vista do impacto sobre o mercado. Entretanto, ao menos nos casos de cartel, essa possibilidade tem sido afastada pelo Cade. Ver voto do Conselheiro Luiz Carlos Delorme Prado no chamado caso do cartel das britas (Processo administrativo 8012.002127/02-14, datado de 13 de julho de 2005): "Na legislação de defesa da concorrência na maioria dos países não é necessário provar os prejuízos de um cartel aos consumidores para condená-lo. Basta se provar a sua existência para presumir-se seus efeitos nocivos. (...) Suponha, a título de argumentação, que um cartel clássico não tenha produzido nenhum efeito nocivo para a sociedade. Se tal fato ocorreu, este resultado independeu da vontade das partes, pois elas tinham, pelo simples fato de participar de um Cartel, a intenção de provocar efeitos que prejudicam os consumidores: afinal ninguém corre os riscos e assume os custos de montar um cartel clássico para manter inalterados seus resultados econômicos. Por essa razão, não considerarei para efeitos de prova de ilícito concorrencial os estudos da SDE que tinham por objetivo mostrar os prejuízos para sociedade das práticas das denunciadas". Não se pode esquecer que, por sua própria natureza, as comunicações freqüentes entre instituições financeiras rivais poderiam ser entendidas como prática anticompetitiva, dando ensejo a investigações desprovidas de justa causa.

[132] O objetivo deste item é apenas introduzir conceitos básicos sobre como é justificada a concentração do poder econômico que não resulta do processo de crescimento natural das empresas.

Expandindo-se o horizonte, o maior banco brasileiro é insignificante diante dos grandes grupos financeiros internacionais. Essa diferenciação nem sempre é evidente para o leigo: às vezes, o banco nordestino, por uma questão de proximidade, parece ao local ser um gigante financeiro, quando, em realidade, é um anão. Esses equívocos podem ser superados, porque o poder, em boa parte dos casos, é passível de mensuração. Como o poder nos mercados pode ser mensurado com o auxílio de alguns métodos (C4 e HHI), logo está sujeito a gradação num dado mercado. Reflexamente, a concorrência também é passível de gradação, mas sua intensidade é sentida como variável do poder econômico: quanto menor o poder econômico, tende a concorrência a ser mais intensa. A concorrência, desse modo, é uma questão de grau. Esse grau é máximo num regime de concorrência perfeita, vai diminuindo gradualmente nos regimes intermediários, chega a ser irrisório nos casos de monopólio ou monopsônio e desaparece nas situações de monopólio bilateral.

O discrímen da legitimidade do poder econômico reside na razoabilidade, princípio informativo do ordenamento pelo qual os atos jurídicos devem "obedecer a critérios aceitáveis do ponto de vista racional, em sintonia com o senso normal de pessoas equilibradas e respeitosas das finalidades".[133] A razoabilidade, ao mesmo tempo em que informa o jurídico, serve de parâmetro para a atuação privada, posto que o razoável quase sempre é o racional para o agente econômico.[134]

Após o processo de aceitação social do poder econômico, ficou assentado que nem toda limitação do nível de concorrência nos mercados

---

[133] MELLO, Celso Antônio Bandeira de. *Curso de direito administrativo.* 17. ed. São Paulo: Malheiros, 2004. p. 99.

[134] BRASIL. Cade. Processo Administrativo 36/1992. Representante: Murilo Régis Dantas, Representada: Cervejaria Reunidas Skol Caracu S.A. Voto do conselheiro-relator em 18 de agosto de 1999. "14. A recusa de venda, por si só, não poderá ser considerada uma infração, devendo-se, em obediência ao princípio da razoabilidade, exercer uma análise circunstanciada caso a caso, o que demanda um exercício investigatório, assim como o conhecimento do mercado em questão. 15. Adoto as decisões transcritas do parecer da D. Procuradoria, e faço deles a razão deste voto, acrescentando, outrossim, algumas linhas escritas por este Conselho na recente história concorrencial brasileira: 16. A jurisprudência brasileira formada com o julgamento da AP 19/1988 e ratificada mais recentemente no PA 42/1992 admite a recusa de venda, desde que não configurada a tentativa de dominação do mercado ou eliminação da concorrência, haja vista que se faz necessário considerar razoabilidade da conduta do agente econômico do ponto de vista de sua estratégia comercial."

é incompatível com a ordem jurídica. Para se chegar a essa conclusão, o caminho não foi tão simples. O *Sherman Act* era categórico ao vedar a simples existência de uma grande quantidade de tipos contratuais entre os agentes econômicos.

De acordo com esse diploma legislativo baseado na regra da ilegalidade *per se*, algumas condutas são consideradas ilegais pela sua simples prática, independentemente da aferição dos efeitos produzidos sobre o mercado, sejam eles danosos ou benéficos, ou da detenção de poder econômico pelo agente que o praticou.[135] Assim, se a lei estabelece que a prática de venda casada é anticoncorrencial, havendo a prova dessa conduta por qualquer agente econômico, esse agente seria culpado. Muitas legislações adotam tal sistema para algumas condutas, particularmente a de cartel.

Todavia, essa proibição categórica conduz a distorções. Um agente absolutamente desprovido de poder econômico pode, sob uma ótica estrita de defesa da concorrência, praticar venda casada sem afetar os consumidores, os quais, se assim desejarem, buscarão satisfação de suas necessidades nos seus concorrentes. Isso não deveria ser objeto de preocupação antitruste, pelo menos na magnitude conferida pela regra da ilicitude *per se*.[136]

Para aferir a licitude dos diversos graus de restrição à concorrência, um dos meios utilizados é a regra da razão (*rule of reason*), desenvolvida inicialmente pelos tribunais norte-americanos e, posteriormente, positivada em diversos países. Partindo da noção de razoabilidade, que deve permear o que é lícito, a regra da razão é usada para o controle da legitimidade do exercício do poder econômico, tendo sido desenvolvida em contraposição à regra da ilicitude *per se*.[137]

---

135 BRUNA, Sérgio Varella. *O poder econômico e a conceituação do abuso em seu exercício*, p. 154.

136 A Lei 8.137, de 27 de dezembro de 1990, tipifica vários crimes contra a ordem econômica em seus arts. 4º, 5º e 6º que guardam relação com os descritos no arts. 20 e 21 da Lei 8.884/1994. Todavia, nenhum dos crimes contra a ordem econômica pressupõe a existência de poder econômico. Em outras palavras, uma conduta pode ser considerada crime mas não ser objeto de punição administrativa, o que contraria a noção de que a tutela penal deve ser usada apenas para casos mais graves – afinal, se não é nem infração administrativa, então a sua gravidade penal seria muito menor. Até o momento, não houve massa crítica de julgados para indicar como esta incongruência será resolvida.

137 BRUNA, Sérgio Varella. *O poder econômico e a conceituação do abuso em seu exercício*, p. 153-154.

No que tange às práticas sujeitas à regra da razão, a conduta somente é considerada ilícita na medida em que configure uma restrição desarrazoada (*unreasonable*) à concorrência, entendendo-se por razoáveis as restrições que, apesar de reduzirem o grau de concorrência existente no mercado, produzam efeito líquido economicamente benéfico.[138]

Essa distinção entre ilícitos decorrentes da aplicação da regra da razão e da ilicitude *per se* pode parecer estranha. De fato, só é possível ao operador do direito aplicar uma sanção se a *fattispecie* estiver presente.[139] Afinal, a diferença reside mais na quantidade de informação necessária para aplicar a norma:[140] enquanto o padrão *per se* necessita apenas da demonstração do fato, a regra da razão demanda o conhecimento de outros fatos que não os da conduta.[141]

A comparação com o direito penal é útil. O crime de homicídio simples, previsto no art. 121 do Código Penal, pressupõe apenas e tão-somente a ação de "matar alguém", para que seja aplicada ao seu autor a pena de reclusão de 6 a 20 anos. Entretanto, se o agente mata alguém em virtude de se encontrar em estado de necessidade, não há crime nos termos do inc. I do art. 23 do Código Penal. O raciocínio pode ser transposto ao direito antitruste. Praticar venda casada é um ilícito, mas pode não sê-lo caso o

---

138 BRUNA, Sérgio Varella. *O poder econômico e a conceituação do abuso em seu exercício*, p. 155.

139 HOVENKAMP, Herbert. *Federal antitrust policy*: the law of competition and its practice, p. 251. "In fact, all legal analysis is 'per se' to one degree or another's fraction. The *per se rule* says that once we know a certain amount about a practice we can pass judgement on its legality without further inquiry. The difference between '*per se*' and 'rule of reason' standard lies in how much we need to know before we can make that decision."

140 Idem.

141 BRASIL. Cade. Processo Administrativo 08000.007201/97-09. Voto do conselheiro-relator Thompson Andrade, em 12 de setembro de 2001. Representante: Comitê de Integração de Entidades Fechadas de Assistência à Saúde – CIEFAS; Representada: Associação Médica Brasileira – AMB. "Realizando uma análise mais atenta da situação, à luz do artigo 20 c/c 21 da Lei n. 8.884/94, alguns aspectos relevantes devem ser evidenciados. O primeiro deles é o de que uma mesma conduta pode ou não caracterizar infração à ordem econômica, a depender do mercado afetado e dos agentes envolvidos, daí o recurso à regra da razão para solucionar questões de direito concorrencial. O artigo 20 indica como diretriz de análise a potencialidade de um ato para gerar algum dos efeitos definidos como infrações. Para tanto, não importa se o agente que o pratica deseja alcançar algum dos resultados previstos no artigo 20, incisos I a IV, mas sim que estes ocorram de algum modo."

agente seja desprovido de poder econômico ou poder de mercado, consoante o estabelecido pela Lei 8.884/1994. Pouco importa, nesse caso, se o agente desejava ou não dominar o mercado relevante. Segundo Salomão Filho, na regra da razão em sentido clássico, a expressão "desarrazoada" envolve dois aspectos. O primeiro é o aspecto qualitativo, pelo qual é necessário que a restrição seja efetiva, ou seja, que realmente restrinja a competição. O segundo é o aspecto quantitativo, segundo o qual a restrição deve ser substancial.[142]

A evolução da regra da razão operou-se no sentido de acrescentar ao aspecto qualitativo o termo "injustificada". Dessa forma, "contrário ao direito concorrencial passa a ser somente aquele comportamento ou estrutura que seja eficaz para proporcionar uma restrição substancial e injustificável da concorrência".[143] A esse respeito, duas são as vertentes distinguíveis: de um lado, a vertente neoclássica, segundo a qual a justificativa para as restrições à concorrência é a eficiência; e, de outro, a vertente intervencionista, que incorpora objetivos de política social e industrial ao direito antitruste.[144]

Hoje, na legislação brasileira, a regra da razão está implicitamente presente tanto na análise de condutas quanto na de estruturas. Todavia, não se opta decisivamente por uma vertente neoclássica ou intervencionista.

O art. 54 da Lei 8.884/1994 afirma que "os atos, sob qualquer forma manifestados, que possam limitar ou de qualquer forma prejudicar a livre economia, ou resultar na dominação de mercados relevantes de bens ou serviços, deverão ser submetidos à apreciação do CADE". A compulsoriedade da notificação administrativa, determinada por essa norma, não implica a sua ilegitimidade. O § 1º do mesmo artigo deixa claro que a autorização de tais atos pelo Cade pode ser concedida se eles

> I – tenham por objetivo, cumulada ou alternativamente: a) aumentar a produtividade; b) melhorar a qualidade de bens ou serviço; ou c) propiciar a eficiência e o desenvolvimento tecnológico ou econômico; II – os benefícios decorrentes sejam distribuídos eqüitativamente entre os seus participantes, de um lado, e os consumidores ou usuários finais, de outro; III – não impliquem eliminação da concorrência de parte substancial de mercado relevante de bens e

142 SALOMÃO FILHO, Calixto. *Direito concorrencial*: as estruturas. São Paulo: Malheiros, 2002. p. 151.

143 Idem, p. 152.

144 Idem, p. 153.

> serviços; IV – sejam observados os limites estritamente necessários para atingir os objetivos visados.[145]

O conteúdo desses dispositivos inspira-se nitidamente na vertente neoclássica, especialmente por conterem referências sobre a eficiência. Adiante, porém, o § 2º autoriza os atos que preencham três dessas condições, se forem "necessários por motivo preponderante da economia nacional e do bem comum", revelando uma preocupação intervencionista da legislação.

Similarmente, o art. 20 da Lei 8.884/1994 positiviza a regra da razão, incorporando na própria norma o raciocínio judicial criado nos Estados Unidos. Determina que:

> [...] constituem infração à ordem econômica, independentemente de culpa, os atos sob qualquer forma manifestados, que tenham por objeto ou possam produzir os seguintes efeitos, ainda que não sejam alcançados: I – limitar, falsear ou de qualquer forma prejudicar a livre concorrência ou a livre-iniciativa; II – dominar mercado relevante de bens ou serviços; III – aumentar arbitrariamente os lucros; IV – exercer de forma abusiva posição dominante.[146]

Em seguida, o aplicador da norma deveria verificar se o agente que pratica a conduta dispõe de posição dominante conforme definido em lei para, ao menos, atingir tais objetivos. Essa interpretação adota a regra da razão, pois a lei só pressupõe a detenção de posição dominante para a prática do inciso IV do *caput* do art. 20, mas a amplitude dos termos da norma impõe algum tipo de limitação sob pena de se cometerem iniqüidades. Por exemplo, a condenação de dois verdureiros numa feira que tenham combinado preços seria possível somente com a leitura dos incisos I, II e III se a regra da razão não fosse aplicada – sem nenhum poder econômico, esses agentes podem mesmo celebrar um acordo para limitar a livre concorrência, mas jamais, ainda que em tese, conseguirão atingir tal propósito, diferentemente do mesmo tipo de acordo acertado entre oligopolistas.

7.2 *A análise das eficiências*

Tanto para os defensores de um sistema econômico descentralizado quanto para os de um sistema centralizado, o poder econômico não era necessariamente encarado como algo positivo, especialmente aquele de

[145] BRASIL. Lei 8.884/1994, art. 54, § 1º.

[146] BRASIL. Lei 8.884/1994, art. 20.

natureza privada. Sua aceitação, porém, deveu-se ao reconhecimento de que podia proporcionar benefícios para a sociedade que fossem superiores aos malefícios, contribuindo para o aumento de bem-estar social. Do ponto de vista jurídico, a regra da razão foi o primeiro mecanismo a, indiretamente, mitigar a resistência ao poder econômico em si.

Intuitivamente, algo é considerado mais eficiente caso conduza a um melhor aproveitamento dos recursos existentes, sem que, contudo, haja aumento nos gastos destes. Esse é o sentido constante do *caput* do art. 37 da Constituição de 1988, dispositivo que elegeu a eficiência como um dos princípios da administração pública.[147] Numa perspectiva histórica, a divisão social do trabalho foi um dos primeiros passos na direção do aumento da eficiência do trabalho humano, do mesmo modo que a industrialização e suas técnicas de produção em massa permitiram aumento substancial da eficiência. O fordismo sintetiza a idéia de unidade econômica eficiente.

Foi relativamente rápido o surgimento da percepção de que uma fábrica se incumbia de produzir mais eficientemente sapatos do que vários pequenos artesãos – em realidade, essa conclusão até mesmo precedia a industrialização. Em outras palavras, o Ótimo de Pareto parece estar, em muitos casos, associado a mercados de algum modo concentrados. Não tardou muito para que a economia quantificasse algo que era antes intuitivo: a escala mínima viável foi, aos poucos, aparecendo como *conditio sine qua non* para a maximização da produção com a minimização dos custos e, por via reflexa, do aumento do bem-estar social. Surgia, desse modo, um novo padrão de legitimidade para as decisões em matéria de direito da concorrência.[148]

---

[147] BRASIL. Constituição de 1988, art. 37 (Redação dada pela Emenda Constitucional 19/1998): "A administração pública direta e indireta de qualquer dos Poderes da União, dos Estados, do Distrito Federal e dos Municípios obedecerá aos princípios de legalidade, impessoalidade, moralidade, publicidade e eficiência e, também, ao seguinte: [...]."

[148] MAJONE, Giandomenico. From the positive to the regulatory state: causes and consequences of changes in the mode of governance. *Journal of Public Policy*, Glasgow, v. 17, n. 2, p. 162, May/Aug. 1997. "In a democracy, public decisions concerning the redistribution of income and wealth can be taken only by a majority vote since any issue over which there is unavoidable conflict is defeated under unanimity rule. Pure redistribution is a zero-sum game since the gain of one group in society is the loss of another group. Efficiency issues, on the other hand, may be thought of as a positive-sum games where everybody can gain, provided the right solution is discovered. Hence, such issues could be settled, in principle, by unanimity. The unanimity rule guarantees, under some conditions, that the result

Mesmo assim, a incorporação de questões relativas à eficiência econômica demorara para fazer parte da análise antitruste. Embora desde o início do século XX se cogitasse do assunto por meio da identificação dos efeitos nefastos do monopólio, a eficiência atraiu atenção mais generalizada das autoridades antitruste somente a partir dos anos 1950. Papel importante foi desempenhado pelas críticas dirigidas pela Escola de Chicago à ilogicidade dos pressupostos da Tradição de Harvard e ao sentimentalismo presente na defesa dos pequenos e médios negócios ineficientes. Os teóricos da Escola de Chicago, ao desenvolverem o estudo das eficiências econômicas, apresentaram-nas como alternativa metodológica ao paradigma estrutura – conduta – desempenho. Desse modo, a eficiência econômica, principalmente a partir dos anos 1970, foi eleita como objetivo central a ser perseguido pelo antitruste, a fim de "promover e manter um processo de efetiva concorrência, bem como realizar uma alocação de recursos mais eficiente".[149] No Brasil, essa visão foi uma das justificas para a abertura recente do SFN às instituições financeiras estrangeiras, que, por serem alegadamente mais eficientes, poderiam oferecer empréstimos a custos menores.[150]

Assim, à regra da razão somou-se outro mecanismo cujas fundamentação e racionalidade são impregnadas das idéias utilitaristas: a análise das eficiências. A instrumentalização da análise de eficiências é meramente

---

of collective choice is efficient in the Pareto sense, since everybody adversely affected by the collective decision can veto it. [...] Thus, the distinction between efficiency-enhancing and redistributive policies turns out to be crucial to the substantive legitimacy of regulatory policies."

[149] VICKERS, J.; HAY, D. The economics of market dominance. *The economics of market dominance*. Oxford: Oxford University Press, 1987. p. 2: "The prime purpose of competition policy is, in our view, to promote and maintain a process of effective competition so as to achieve a more efficient allocation of resources".

[150] CARVALHO, Carlos Eduardo; STUDART, Rogério; ALVES JR., Antônio José. *Desnacionalização do setor bancário e financiamento das empresas*: a experiência brasileira recente. Brasília: Ipea. Texto para discussão n. 882, maio 2002. p. 31. "Alguns defensores da abertura aos bancos estrangeiros parecem inspirados na avaliação simplista, segundo a qual a presença dos novos competidores seria condição quase suficiente para mudar as regras de concorrência e para garantir redução de *spreads* e da melhoria nas condições de oferta de crédito, em especial para os setores da economia que não conseguem acessar diretamente os mercados internacionais. Um dos pilares dessa crença era que os estrangeiros dispusessem de maior eficiência e, por isso, conseguissem reduzir os custos de intermediação tidos como fator explicativo dos elevados *spreads* e da rigidez da oferta de financiamento."

matemática, resultando na comparação dos ganhos de eficiência com as perdas decorrentes da concentração.[151] Essa comparação, contudo, encontra dificuldades com freqüência, resvalando numa análise mais qualitativa do que quantitativa. O fundamento remoto da análise de eficiências se baseia no fato de que a conquista do mercado é o desdobramento natural da concorrência entre os agentes econômicos. Logo, a conquista do mercado em si não pode ser punida, sob pena de se desestimular a vitória, a qual, dentro do ordenamento jurídico da defesa da concorrência, só pode ser obtida, licitamente, através da melhoria do agente econômico.

A análise de eficiências partiu das noções de economia de escala e de escopo, expandindo-se posteriormente para outros conceitos. As economias de escala, ao coordenarem os fatores de produção e conduzirem ao maior resultado possível com os recursos disponíveis, constituem uma eficiência produtiva.[152] Por seu turno, a eficiência alocativa relaciona-se à distribuição, entre os vários segmentos da economia, dos fatores de produção. Essas duas eficiências são mais facilmente perceptíveis, pois tomam o mercado de forma estática.[153]

Já a eficiência dinâmica prefere tomar o mercado em movimento como ponto de referência. Desenvolvida inicialmente por Schumpeter, essa noção adota uma postura prospectiva com relação ao mercado relevante, considerando que as vantagens decorrentes da inovação superam aquelas

---

[151] BRASIL. Cade. Resolução 20, de 9 de junho de 1999. Anexo II, item 3.3: "[...] a análise da conduta específica, baseada no princípio da razoabilidade, conclui-se com a ponderação entre os efeitos anticompetitivos e os possíveis benefícios ou eficiências identificados e avaliados nos passos anteriores, com o objetivo de verificar se estes últimos são suficientes para compensar aqueles, permitindo considerar lícita a conduta em questão. Dada a dificuldade de mensuração desses efeitos, seja porque muitos deles são apenas potenciais, seja pelos problemas intrínsecos de mensuração dos custos de transação (presentes nos benefícios potenciais de quase todas as práticas verticais), é inevitável que a análise seja em grande parte qualitativa, devendo entretanto ser procedida de forma minuciosa e criteriosa". Embora a Resolução n. 20 trate apenas da análise de condutas, pode-se aplicar o mesmo raciocínio aos casos de concentração econômica.

[152] A eficiência produtiva tende a ser privilegiada nas análises, uma vez que sua mensuração é mais fácil de ser atingida.

[153] HOVENKAMP, Herbert. Federal antitrust policy: the law of competition and its practice, p. 198. "Static concepts of efficiency look at the relationship between price and marginal cost under a stationary market demand curve, and generally consider monopoly to be bad."

decorrentes de uma situação momentânea de preços competitivos.[154] Em outras palavras, a eficiência dinâmica justifica a visão schumpeteriana sobre os monopólios.

A adoção da análise de eficiências reduziu os "paradoxos do antitruste", aumentando a previsibilidade das decisões e reduzindo a insegurança jurídica. O antitruste, a partir do momento em que adotou a análise de eficiências como método generalizado, não é mais uma "política em guerra consigo mesma". A tecnicidade desse processo também é passível de críticas. A evolução da política antitruste demonstra que, ao longo do tempo, a sociedade pode eleger outros valores que também mereçam algum tipo de tutela antitruste, como a maximização do bem-estar social, a política industrial e os próprios concorrentes.

Esta redução dos "paradoxos do antitruste", contudo, conduz ao surgimento de outros paradoxos, talvez não tão gritantes quanto os criticados por Posner. Inicialmente, as autoridades de defesa da concorrência se colocam diante do dilema do que deve ser aceito como eficiência. Tal decisão, em aparência técnica, pode refletir as mais diversas motivações político-ideológicas.[155] Além disso, qual das eficiências (produtiva, alocativa ou dinâmica) deve ser escolhida ou privilegiada pelas autoridades?

No curto prazo, o balanço das eficiências produtivas pode ser positivo, mas, no médio e longo prazos, pode se revelar desvantajoso em relação às eficiências alocativa (com o afastamento de novos investimentos para suprir o mercado relevante, por exemplo) e dinâmica (com o fim ou diminuição das inovações decorrentes da concorrência, por exemplo). Além disso, nem sempre a maximização da eficiência produtiva pode resultar na maximização do bem-estar social. Neste contexto, a valoração de cada uma das eficiências reflete uma preferência de quem decide.

---

[154] HOVENKAMP, Herbert. Federal antitrust policy: the law of competition and its practice, p. 198.

[155] Vide, à guisa de ilustração, o uso do argumento da criação de um "campeão nacional" no caso Ambev. Embora o Cade não o tenha usado em sua decisão, ele estava implícito no debate do caso.

Capítulo 2
A FORMAÇÃO DO MERCADO FINANCEIRO NO BRASIL

O escorço histórico visa a esclarecer as razões que conduziram à atual conformação do SFN. Apesar de não serem determinantes, os interesses que moldaram a ação do Estado e dos agentes econômicos no mercado financeiro tiveram papel importante na condução da regulação e das políticas de concorrência do setor. Em particular, as origens do mercado financeiro, desvinculadas de qualquer ação estatal, merecem atenção.

O nascimento do mercado financeiro remonta à Idade Média. Durante o renascimento comercial ocorrido simultaneamente às cruzadas, as bancas, localizadas sobretudo nas cidades italianas, foram responsáveis pela popularização de uma série de inovações, dentre as quais se destaca as letras de câmbio.[1] No século XVIII, estas se somam às notas de banco, originárias da Inglaterra.[2] Sem instrumentos jurídicos como esses, o desenvolvimento posterior do mercado financeiro teria sido bastante difícil.

Aos poucos, as atividades relacionadas à moeda se disseminaram pela Europa e foram, em grande parte graças ao seu auxílio, responsáveis pelo desenvolvimento comercial e industrial subseqüente. De fato, verdadeiras dinastias, como as famílias Medici, Fugger e Rothschild, inspiraram mais confiança comercial do que muitos Estados.[3] Uma após a outra, Amsterdã, Londres, Nova Iorque e Tóquio se tornam centros financeiros globais, sem prejuízo do desenvolvimento de inúmeros centros regionais, os quais em geral permanecem circunscritos aos limites de cada nação. Conforme a tabela abaixo, dos 20 maiores bancos por ativos do mundo, 11 estão loca-

---

1 VALDEZ, Stephen; WOOD, Julian. *An introduction to global financial markets*. 4. ed. New York: Palgrave MacMillan, 2003. p. 13-16.

2 DE CHIARA, José Tadeu. *Moeda e ordem jurídica*. 1986. 214f. Tese de doutoramento – Faculdade de Direito, Universidade de São Paulo, São Paulo, 1986, p. 36. "As notas de banco preencheram a função monetária que não pode ser exercida pela letra de câmbio, que conservou a condição de título de crédito. As notas de banco constituem-se em certificados de depósito de certa quantidade de peças monetárias junto a um banqueiro, permitindo a realização de pagamento sem a necessidade da entrega física do metal precioso."

3 Idem, p. 18. Como afirma De Chiara, o poder de emitir moeda "socialmente se reconhecia aos banqueiros, aos senhores feudais, aos ourives e ao monarca".

lizados nos países nos quais esses centros financeiros têm sua sede. Outros oito bancos estão em nações desenvolvidas (França, Suíça e Alemanha), e apenas um banco se situa num país considerado em desenvolvimento (China). Tal situação revela o elevado grau de concentração geográfica do mercado financeiro nos principais centros capitalistas do mundo.

Tabela 1 – Os 20 maiores bancos do mundo por ativos

Banco	País	Posição no ranking em 2002	Posição no ranking em 2003
Citigroup	EUA	2	1
Mizuho Financial Group	Japão	1	2
UBS	Suíça	6	3
Sumitomo Mitsui	Japão	3	4
Deutsche Bank	Alemanha	4	5
Mitsubishi Tokyo	Japão	5	6
HSBC Holdings	Reino Unido	8	7
JP Morgan Chase	EUA	9	8
BNP Paribas	França	7	9
Hypovereinsbank	Alemanha	10	10
Credit Suisse	Suíça	13	11
Bank of America	EUA	11	12
Royal Bank of Scotland	Reino Unido	16	13
UFJ Holding	Japão	12	14
Barclays Bank	Reino Unido	17	15
Crédit Agricole	França	18	16
ABN AMRO	Holanda	14	17
Industrial and Commercial Bank of China	China	15	18
Société Générale	França	20	19
HBOS	Reino Unido	24	20

Fonte: *The Banker Annual Report* (2003).

Desde cedo, fica evidente a relação do Estado com a moeda e o crédito, cuja indisponibilidade se torna o maior limitador da ação dos governantes, muito mais até do que qualquer sistema de controle constitucional do poder. Ao longo de sua evolução, o Estado percebe, progressivamente, o poder decorrente do controle da moeda e do crédito, passando a controlar ambos de modo mais estrito. Caminha-se, assim, da liberdade completa ao controle estrito. O grande desenvolvimento do mercado financeiro se dá paralelamente ao surgimento do mercado de capitais, alternativa na obtenção de recursos para os agentes econômicos de grande porte. Os fluxos de capitais de um país para outro também aceleram a ponto de alguns considerarem essa a mais nova faceta do capitalismo.

1. Antecedentes do SFN

Ao longo do século XIX, é possível identificar o aparecimento dos primeiros bancos no Brasil, que, à semelhança dos bancos medievais, surgem, em grande parte, longe de qualquer atuação estatal, exceção feita ao Banco do Brasil. Antes disso, o regime de exploração imposto pela colonização portuguesa desarticulava por completo as diversas regiões e setores da economia brasileira, a qual vivenciava apenas ciclos de desenvolvimento esporádicos (pau-brasil, açúcar, mineração). O poder econômico, centrado na grande propriedade rural, não era dotado de liquidez, e, portanto, a existência de bancos não fazia sentido. Paradoxalmente, o setor rural era o mais prejudicado pela escassez de créditos para financiamento da agricultura.[4]

A esse aspecto macroeconômico deve-se adicionar outro elemento de ordem sociocultural. A ausência de distinção entre o espaço público e o privado, comum a toda a América Latina, conduziu ao uso dos bancos pela administração para financiar projetos muitas vezes inviáveis do ponto de vista econômico. Os bancos também eram utilizados para financiar guerras. Por isso, "com demasiada freqüência os assim chamados bancos foram não mais que apenas um meio pelo qual os governos se habilitavam a emitir papel-moeda e nada faziam para promover atividade produtiva de qualquer natureza".[5] O primeiro Banco do Brasil, fundado em 1812 por D. João VI, faliu devido a esse comportamento irresponsável das autoridades governamentais. Em conseqüência, as iniciativas de bancos oficiais passaram a ser

---

4 JONES, Charles. Commercial banks and mortgage companies. In: PLATT, D. C. M. *Business imperialism, 1840:1930*: an inquiry based on British experience in Latin America. Oxford: Oxford University Press, 1977. p. 32. "To sum up, until the middle of the century, merchants in the principal centres had to do with the incomplete and insufficient services which they could provide amongst themselves. But it was the landowners – the ruling group throughout Latin America at this time – who fared both best and worst."

5 Idem, p. 30. "Too often in the so-called banks had been no more than a means by which governments were able to issue paper money, and had done nothing to further productive activity of any kind."

vistas com suspeitas pela população, que não lhes confiava suas economias em depósitos. Mesmo assim, embora sem autorização oficial, alguns bancos nacionais e estrangeiros operavam no país em meados do século XIX.[6]

Mais tarde, embora o elemento sociocultural tenha permanecido bastante presente, o quadro se modificou devido ao surgimento da economia cafeeira. Como afirma Furtado,

> [...] ao concluir-se o terceiro quartel do século XIX, os termos do problema econômico brasileiro se haviam modificado basicamente. Surgira o produto que permitiria ao país reintegrar-se nas correntes em expansão do comércio mundial; concluída sua etapa de gestação, a economia cafeeira encontrava-se em condições de financiar sua extraordinária expansão subseqüente; estavam formados os quadros da nova classe dirigente que lideraria a grande expansão cafeeira.[7]

A presença do café conferiu articulação a uma série de setores da economia e do território, possibilitando que as economias fossem direcionadas ao nascente setor bancário. Por outro lado, a aplicação da doutrina liberal era mitigada quando se tratava de proteger os interesses de certos setores econômicos. Desde fins do século XIX, percebia-se tendência de a produção brasileira de café crescer num ritmo superior ao do consumo mundial, situação que, cedo ou tarde, conduziria ao colapso dos preços e conseqüentemente da economia nacional, fortemente dependente desse produto. Em paralelo, a desaceleração da inflação do Encilhamento foi obtida por meio de uma política de valorização da moeda nacional. Como resultado, a perda de renda dos cafeicultores precisava, ao menos do prisma político, ser compensada de algum modo. A solução foi a política de valorização do café, no início levada a cabo pelos governos de São Paulo, Rio de Janeiro e Minas Gerais e mais tarde encampada pela União.

Implementado pelo convênio de Taubaté,[8] esse mecanismo de controle alterava o funcionamento da lei da oferta e da procura no mercado do café, na medida em que, (i) "durante o prazo que for conveniente os estados contratantes obrigam-se a manter, nos mercados nacionais, o preço

---

6 JONES, Charles. Commercial banks and mortgage companies, p. 31-32.

7 FURTADO, Celso. *Formação econômica do Brasil*. 27. ed. São Paulo: Companhia Editora Nacional/Publifolha, 2000. p. 116.

8 BRASIL. Convênio de Taubaté. Paço Municipal de Taubaté, 26 de fevereiro de 1906.

mínimo de 55 a 65 frs. em ouro", (ii) "os governos contratantes, por meio de medidas adequadas, procurarão dificultar a exportação para o estrangeiro" e (iii) os Estados contratantes "obrigam-se a criar uma sobretaxa de 3 frs., sujeita a aumento ou diminuição, por saca de café que for exportado, por qualquer dos seus estados e, bem assim, manter leis que dificultem, por impostos suficientemente elevados, o aumento das áreas dos terrenos cultivados com café".

A Constituição de 1891 reflete essa mudança decorrente do maior dinamismo da economia, ao prever, de modo explícito, a competência privativa da União para decretar sobre "a instituição de bancos emissores"[9] e a competência privativa do Congresso Nacional para legislar sobre "o peso, o valor, a inscrição, o tipo e a denominação das moedas", bem como sobre a criação, legislação e tributação de bancos de emissão.[10] Revelando maior grau de amadurecimento, o Decreto 14.728, de 16 de março de 1921, inaugura a era de fiscalização dos bancos.[11]

Nessa época, já era possível antever o deslocamento do centro dinâmico da economia que ocorreria nos anos 1930. A industrialização, ainda que incipiente, atendia a parte da demanda interna por bens manufaturados, e o comércio, incentivado pela expansão da malha ferroviária, também se desenvolvia. A mudança de foco do mercado externo para o interno teria

---

[9] BRASIL. Constituição de 1891, art. 7º, § 1º, 1.

[10] BRASIL. Constituição de 1891, art. 34, §§ 7º e 8º.

[11] Foi Rui Barbosa quem primeiro, inspirado pelas idéias de Cairu, criticou a doutrina liberal econômica vigente e implementou, entre 1889 e 1891, uma política econômica que se afastava de tudo que fora feito antes no Brasil. Com o objetivo de aumentar o meio circulante, para incentivar o estabelecimento de indústrias e possibilitar o pagamento da massa assalariada que começava a substituir os escravos, essa política ocasionou um surto inflacionário. Ao mesmo tempo, Barbosa estimulou a constituição de sociedades por ações, o que, em virtude da falta de mecanismos de controle adequados, gerou especulação desenfreada no mercado. Nesse contexto, a desvalorização da moeda nacional manteve a renda dos agricultores, ao mesmo tempo em que encareceu as importações. Tal política encontrou forte resistência em diversos setores da sociedade não ligados à cafeicultura. Esse episódio ficou conhecido como a Crise do Encilhamento. FURTADO, Celso. *Formação econômica do Brasil*, p. 122: "Os interesses diretamente ligados à depreciação externa da moeda – grupos exportadores – terão a partir dessa época que enfrentar a resistência organizada de outros grupos. Entre estes se destacam a classe média urbana – empregados do governo, civis e militares, e do comércio – os assalariados urbanos e rurais, os produtores agrícolas ligados ao mercado interno, as empresas estrangeiras que exploram serviços públicos [...]."

impacto nítido sobre a atividade bancária, pois há uma tendência de emprestar os recursos no lugar em que são captados.

A Revolução de 1930 consolida essa mudança de rumo, enfatizando ainda mais o interesse do Estado sobre o mercado financeiro. A tônica agora é maximizar os esforços nacionais na direção da industrialização, e os bancos seriam chamados a auxiliar nos projetos desenvolvimentistas, na medida de sua capacidade. O que era antes um conjunto de bancos desarticulados já contava com alguma sofisticação, especialmente na cidade de São Paulo, que despontava como centro financeiro do país ao lado do Rio de Janeiro. O Decreto 21.499, de 9 de junho de 1932, cria a Caixa de Mobilização e Fiscalização Bancária, cuja função era "promover a mobilização das importâncias aplicadas em operações seguras, mas de demorada liquidação, realizadas, anteriormente à data deste decreto, pelos bancos de depósitos e descontos, nacionais e estrangeiros, estabelecidos no país".[12] Nos seus considerandos, lia-se a preocupação com as conseqüências da crise de 1929 e o retraimento da oferta de crédito.[13]

No plano constitucional, tanto a Carta de 1934 quanto a de 1937 reafirmam o papel preponderante do Estado na esfera monetária,[14] além de manterem a proibição da usura,[15] já prevista no Decreto 22.626, de 7 de abril de 1933. Adota-se uma estratégia de nacionalização, uma tendência

---

12 BRASIL. Decreto 21.499, de 9 de junho de 1932, art. 1º.

13 BRASIL. Decreto 21.499, de 9 de junho de 1932. "Considerando que o retraimento do crédito impede o desenvolvimento das fontes de riqueza do país; Considerando que esse retraimento é em parte resultante da política de previsão que os bancos se viram compelidos a seguir em face da crise mundial cujas conseqüências criaram um ambiente de geral desconfiança; Considerando que é essencial restabelecer a normalidade das operações de crédito bancário e que para isso é necessário assegurar aos bancos condições de mobilidade de seus ativos que lhes permitam, em qualquer emergência, fazer face aos compromissos assumidos e às necessidades gerais da economia do país [...]."

14 BRASIL. Constituição de 1934. "Artigo 5º Compete privativamente à União: [...] XII – fixar o sistema monetário, cunhar e emitir moeda, instituir banco de emissão; XIII – fiscalizar as operações de bancos, seguros e caixas econômicas particulares." BRASIL. Constituição de 1937. "Artigo 16. Compete privativamente à União o poder de legislar sobre as seguintes matérias: [...] VI – as finanças federais, as questões de moeda, de crédito, de bolsa e de banco; VII – comércio exterior e interestadual, câmbio e transferência de valores para fora do País."

15 BRASIL. Constituição de 1934. "Artigo 117. [...] Parágrafo único. É proibida a usura, que será punida na forma da Lei." BRASIL. Constituição de 1937. "Artigo 142. A usura será punida."

mundial do período. Diversamente das Constituições anteriores, ambas continham disposições mais específicas decorrentes do espírito intervencionista que motivou a inserção da ordem econômica no seu bojo. O art. 117 da Constituição de 1934 dispunha que a

> [...] lei promoverá o fomento da economia popular, o desenvolvimento do crédito e a nacionalização progressiva dos bancos de depósito. Igualmente providenciará sobre a nacionalização das empresas de seguros em todas as suas modalidades, devendo constituir-se em sociedades brasileiras as estrangeiras que atualmente operam no País.

Bastante similar em vários aspectos, o art. 145 da Constituição de 1937 determinava que só poderiam "funcionar no Brasil os bancos de depósito e as empresas de seguros, quando brasileiros os seus acionistas". Além disso, prescrevia: "[...] aos bancos de depósito e empresas de seguros atualmente autorizados a operar no País, a lei dará um prazo razoável para que se transformem de acordo com as exigências deste artigo". Tais dispositivos constitucionais punham os bancos no centro das políticas nacionalistas do Estado Novo.

Concebida para ser uma entidade preparatória para o Banco Central, a Superintendência da Moeda e do Crédito (Sumoc), criada pelo Decreto-lei 7.293, de 2 de fevereiro de 1945, existiria por 20 anos. Suas funções muito se assemelhavam às que hoje incumbem ao Bacen.[16] Contudo, parte delas ainda ficava a cargo do Tesouro Nacional, responsável pela emissão de moeda, e do Banco do Brasil S.A. (BB), que, prestando serviços ao governo

---

16 BRASIL. Decreto-lei 7.293, de 2 de fevereiro de 1945. "Artigo 3º Enquanto não fôr convertido em lei o projeto de criação do Banco Central, à Superintendência da Moeda e do Crédito incumbem as seguintes atribuições: a) requerer emissão de papel-moeda ao Tesouro Nacional até o limite máximo de que trata o art. 2º do Decreto-lei n. 4.792, de 5 de outubro de 1942, e para os fins previstos nêste Decreto-lei; b) receber, com exclusividade depósitos de bancos; c) delimitar, quando julgar necessário, as taxas de juros a abonar as novas contas pelos bancos, casas bancárias e caixas econômicas; d) fixar, mensalmente, as taxas de redesconto e juros dos empréstimos a bancos, podendo vigorar taxas e juros diferentes, tendo em vista as regiões e peculiaridades das transações; e) autorizar a compra e venda de ouro ou de cambiais; f) autorizar empréstimos a bancos por prazo não superior a cento e vinte (120) dias, garantido, por títulos do Govêrno Federal até o limite de noventa por cento (90%) do valor em Bolsa; g) orientar a fiscalização dos bancos; h) orientar a política de câmbio e operações bancárias em geral; i) promover a compra e venda de títulos do Govêrno Federal em Bolsa; j) autorizar o redesconto de títulos e empréstimos a bancos nos têrmos da legislação que vigorar [...]."

e ao público, permanecia numa situação híbrida, como agente no mercado financeiro e como ente fiscalizador.

Após a queda de Vargas, buscou-se dar nova feição ao tratamento jurídico do mercado financeiro. As normas programáticas foram retiradas do texto constitucional de 1946, retornando-se, *grosso modo*, à configuração da Constituição de 1891, exceção feita à proibição da usura, que se manteve.[17] Optou-se por entregar ao legislador ordinário a tarefa de determinar as normas que organizariam o mercado financeiro.[18]

No período que medeia a promulgação da Constituição de 1946 e a criação do SFN, o fato mais marcante foi a criação do Banco Nacional de Desenvolvimento Econômico (BNDE) por meio da Lei 1.628, de 20 de junho de 1952.[19] Considerado o "parteiro da indústria nacional" e posteriormente chamado BNDES,[20] o banco teve papel relevante no processo de industrialização brasileiro na segunda metade do século XX, servindo de ponto de apoio para as políticas industriais planejadas.[21]

2. A Lei 4.595/1964

A Sumoc, criada para ser um ente de transição, teve uma vida mais longa do que o esperado. Tanto havia uma forte necessidade de regulamentar os mercados financeiros, que, entre 1945 e 1964, quatro projetos de

---

17 BRASIL. Constituição de 1946. "Artigo 154. A usura, em todas as suas modalidades, será punida na forma da lei."

18 BRASIL. Constituição de 1946. "Artigo 149. A lei disporá sobre o regime dos bancos de depósito, das empresas de seguro, de capitalização e de fins análogos. Art. 150. A lei criará estabelecimentos de crédito especializado de amparo à lavoura e à pecuária."

19 Originariamente, o BNDES era uma autarquia, mas a Lei 5.662, de 21 de junho de 1971, o transformou em empresa pública.

20 A adição do "S" corresponde a mudança de denominação, a qual passou a incluir "Social".

21 BANCO MUNDIAL. *Financial system review (1984)*. p. XIX. "Longer term industrial lending proceeds almost entirely through the BNDES system. In 1978 BNDES system disbursements were equivalent to about 40% of industrial gross fixed formation. Some 43% went through the Basic Inputs Program and 31% for Capital Goods. 'Other' disbursements went substantially through financial agents and emphasized small – and medium-scale enterprise development, capitalization and rehabilitation."

lei foram apresentados, tendo por objeto a criação de um banco central.[22] Como pondera Vidigal,

> [...] na organização dos órgãos de direção e na prática de seus poderes, é necessário empreguem o legislador e os administradores os melhores esforços para bem conciliar aquilo que é peculiar à comunidade com o que é fruto da experiência universal, de forma a que não envolva a economia comunitária na camisa de fôrça de regras que não lhe enquadrem nem, em sentido contrário, se conseguem e se perpetuem êrros apenas porque já foram cometidos e se integraram à história da comunidade.[23]

Apenas o último dos projetos, apresentado pelo presidente Castelo Branco, logrou êxito, transformando-se na Lei 4.595, de 31 de dezembro de 1964.

Esse diploma legislativo estrutura o SFN, o qual é composto pelo Conselho Monetário Nacional (CMN), pelo Bacen, pelo BB, pelo BNDES e pelas demais instituições financeiras.[24] O CMN adquire funções de órgão de cúpula do SFN, incumbindo-lhe "formular a política de moeda e de crédito nos termos do diploma legal, objetivando o progresso econômico e social do País",[25] ao passo que o Bacen, autarquia federal sucessora da Sumoc[26] em termos de personalidade jurídica, fica responsável pela execução das políticas

---

22 VENANCIO FILHO, Alberto. A *intervenção do Estado no domínio econômico:* o direito público econômico no Brasil. Rio de Janeiro: Renovar, 1998. p. 246-247.

23 VIDIGAL, Geraldo de Camargo. *Disciplina dos órgãos de direção monetária.* 1964. Tese de Livre-Docência – Faculdade de Direito, Universidade de São Paulo, São Paulo, 1964, p. 67.

24 BRASIL. Lei 4.595/1964, art. 1º.

25 VENANCIO FILHO, Alberto. *A intervenção do Estado no domínio econômico:* o direito público econômico no Brasil, p. 247.

26 BRASIL. Lei 4.595/1964. "Artigo 8º A atual Superintendência da Moeda e do Crédito é transformada em autarquia federal, tendo sede e foro na Capital da República, sob a denominação de Banco Central do Brasil, com personalidade jurídica e patrimônio próprios, este constituído dos bens, direitos e valores que lhe são transferidos na forma desta Lei e ainda da apropriação dos juros e renda resultantes, na data da vigência desta Lei, do disposto no art. 9º do Decreto-lei número 8495, de 28 de dezembro de 1945, dispositivo que ora é expressamente revogado."

estabelecidas.[27] A Constituição de 1967 não dispõe em específico sobre o SFN, tratando apenas genericamente de algumas de suas funções como de competência da União Federal ou do Congresso Nacional.[28]

Embora a Constituição de 1967,[29] inclusive na redação dada pela Emenda Constitucional de 1969, praticamente mantivesse a mesma dicção da de 1946 relativamente à defesa da concorrência, essa norma foi ignorada pelos sucessivos governos do regime militar. Durante o regime militar, os planos de desenvolvimento implantados foram pródigos em defender maior concentração econômica, tendo sido concebidos nesse período o Paeg (Plano de Ação Econômica do Governo) e os três PNDs (Planos Nacionais de Desenvolvimento). No livro *Brasil 2002*, o economista Simonsen, defensor da industrialização e mentor intelectual do II PND, apresenta a tese de que o Brasil precisa de grandes empresas nacionais para competir mundialmente.[30]

---

27 BRASIL. Lei 4.595/1964. "Artigo 9º Compete ao Banco Central do Brasil cumprir e fazer cumprir as disposições que lhe são atribuídas pela legislação em vigor e as normas expedidas pelo Conselho Monetário Nacional."

28 BRASIL. Constituição de 1967. "Artigo 8º Compete à União: [...] VIII – emitir moedas; IX – fiscalizar as operações de crédito, capitalização e de seguros [...] Artigo 46. Ao Congresso Nacional, com a sanção do Presidente da República, cabe dispor, mediante lei, sobre todas as matérias de competência da União, especialmente: [...] II – o orçamento; a abertura e as operações de crédito; a dívida pública; as emissões de curso forçado [...] Artigo 55, Parágrafo único. Não poderão ser objeto de delegação os atos da competência exclusiva do Congresso Nacional, bem assim os da competência privativa da Câmara dos Deputados ou do Senado Federal e a legislação sobre: [...] III – o sistema monetário e o de medidas. [...]."

29 BRASIL. Constituição de 1967, art. 157: "A ordem econômica tem por fim realizar a justiça social, com base nos seguintes princípios: I – liberdade de iniciativa; II – valorização do trabalho como condição da dignidade humana; III – função social da propriedade; IV – harmonia e solidariedade entre os fatores de produção; V – desenvolvimento econômico; VI – repressão ao abuso do poder econômico, caracterizado pelo domínio dos mercados, a eliminação da concorrência e o aumento arbitrário dos lucros." BRASIL. Constituição de 1969, art. 160. "A ordem econômica e social tem por fim realizar o desenvolvimento nacional e a justiça social, com base nos seguintes princípios: I – liberdade de iniciativa; II – valorização do trabalho como condição da dignidade humana; III – função social da propriedade; IV – harmonia e solidariedade entre as categorias sociais de produção; VI – repressão ao abuso do poder econômico, caracterizado pelo domínio dos mercados, a eliminação da concorrência e o aumento arbitrário dos lucros."

30 SIMONSEN, Mário Henrique. *Brasil 2002*. 6. ed. Rio de Janeiro: Apec, [s.d.]. p. 113 e ss.

O II PND é contundente ao diagnosticar que, diversamente do que ocorria nos Estados Unidos, os diversos setores da economia brasileira apresentavam uma tendência à fragmentação e que "em nosso país, sempre se tendeu à excessiva proliferação de empresas, desprovidas de poder de competição, pela insuficiência de escala. Mais ainda, como revelam estudos do IPEA e de outros órgãos, em grande número dos setores industriais, o que se via era a presença de uma ou poucas empresas estrangeiras, com escala satisfatória, ao lado de uma multiplicidade de empresas nacionais, pequenas e fracas". Com base nisso, prescrevia "uma política de fusão de empresas nacionais e o que se tem estimulado é exatamente isso – para adquirir escala econômica, significa: elevar a eficiência do setor, fortalecer o empresariado do País e aumentar o grau de competição daquele mercado. Sim, porque a existência de algumas empresas médias e eficientes, ao lado das grandes, vitaliza a competição no setor, ao invés de enfraquecê-la".[31] Este diagnóstico foi seguido à risca no que tange ao SFN.

Como resultado dessa política, ao longo de sua existência, o SFN se sofisticou, e sua organização administrativa se tornou mais complexa. Nos anos 1970, a Lei 6.385, de 7 de dezembro de 1976, criou a CVM e, ao mesmo tempo, atribuiu certas competências ao CMN.[32] Os consórcios também se submeteram à fiscalização do BACEN por força do art. 33 da Lei 8.177, de 1º de março de 1991. Em 1996, foi a vez das sociedades de arrendamento mercantil.[33]

---

31 BRASIL. Lei 6.151 – II Plano Nacional de Desenvolvimento.

32 BRASIL. Lei 6.385/1976. "Artigo 3º Compete ao Conselho Monetário Nacional: I – definir a política a ser observada na organização e no funcionamento do mercado de valores mobiliários; II – regular a utilização do crédito nesse mercado; III – fixar a orientação geral a ser observada pela Comissão de Valores Mobiliários no exercício de suas atribuições; IV – definir as atividades da Comissão de Valores Mobiliários que devem ser exercidas em coordenação com o Banco Central do Brasil. V – aprovar o quadro e o regulamento de pessoal da Comissão de Valores Mobiliários, bem como fixar a retribuição do presidente, diretores, ocupantes de funções de confiança e demais servidores." Por razões metodológicas, este livro não tratará do mercado de capitais, pois, embora subjacente ao mercado financeiro e, para alguns, parte dele, há necessidade de delimitar o tema.

33 BRASIL. CMN. Resolução 2.309, de 28 de agosto de 1996. A competência do CMN para criar a competência do Bacen para fiscalizar sociedades de arrendamento mercantil será analisada em detalhes no cap. 2, item 1.

Em 1988, o Brasil apresentava um mercado financeiro relativamente sofisticado, contando com 104 bancos.[34] Em decorrência da estrutura legislativa, o regime privilegiava a especialização das instituições financeiras em determinados segmentos. A cidade de São Paulo já havia se firmado como centro financeiro nacional, e a automatização dos serviços avançava em ritmo veloz, motivada pela acelerada inflação que o país atravessava, que demandava a constante atualização monetária dos valores em depósito.[35] Tal período marca também o advento dos bancos como centros de prestação de serviços, especialmente no que diz respeito ao sistema de pagamentos.

2.1 *O SFN durante a consolidação da industrialização e urbanização no Brasil*

Embora o processo de urbanização e industrialização já estivesse em ritmo acelerado desde os anos 1930, o momento de promulgação da Lei 4.595/1964 coincide com o da consolidação do parque fabril brasileiro. Até então, houve um crescimento constante do número de bancos e casas bancárias.[36] A maior parte da população vive nas cidades, e o setor de serviços cresce em termos absolutos e relativos. Nesse período, o país também começa a vivenciar o "milagre brasileiro", fase final do processo de substituição de importações com o forte intervencionismo estatal, que dita a ação dos entes econômicos e deixa pouco espaço para a competição entre eles.[37]

Nesse contexto, o SFN serviu aos propósitos dos Planos Nacionais de Desenvolvimento (PNDs). Os três planos elaborados durante o regime militar[38] identificam as mesmas linhas de ação relativas ao mercado financeiro. Em síntese, o diagnóstico feito é o mesmo aplicável às empresas de capital nacional: o diminuto tamanho das instituições financeiras nacionais, se comparadas às congêneres estrangeiras, lhes retira o "poder de competição".

---

[34] BRASIL. Banco Central do Brasil. Cadinf-Deorf/Copec.

[35] SANTOS, Milton. *A urbanização brasileira*. São Paulo: Hucitec, 1993. p. 82.

[36] TAVARES, Maria da Conceição. *Da substituição de importações ao capitalismo financeiro*. 2. ed. Rio de Janeiro: Zahar, 1973. p. 225.

[37] Idem, p. 54. "Uma das críticas mais comuns feitas ao processo de industrialização na América Latina destaca o problema dos altos custos dos bens produzidos, fenômeno freqüentemente atribuído à falta de competição."

[38] BRASIL. Lei 5.727, de 4 de novembro de 1971. BRASIL. Lei 6.151, de 4 de dezembro de 1974. BRASIL. Resolução do Congresso Nacional 1, de 5 de dezembro de 1979.

A idéia era formar "campeões nacionais" (*national champions*) para competir no mercado mundial, à semelhança do que alguns países industrializados vinham fazendo.[39] Para atingir tais objetivos, vários instrumentos foram acionados, dentre os quais se destacam os "incentivos fiscais do impôsto de renda à fusão e à incorporação de emprêsas, conjugando-as à abertura de capital, na forma do Decreto-lei n. 1.182/71", e a

> [...] modernização e reorganização industrial – pelo fundo específico, no BNDE, para financiar fusões e a reorganização técnica e administrativa, na indústria; – pela FINAME, para financiar, a prazo de até 8 anos, a venda de bens de capital produzidos no País; – pelo Fundo de Desenvolvimento do Mercado de Capitais (em fase de esquematização), associado à colocação de ações e debêntures no mercado, para financiar projetos de expansão e reorganização de emprêsas; – e, com recursos do Programa de Integração Social (PIS) e do Programa de Formação do Patrimônio do Servidor Público (PASEP), financiamento de bens de capital de produção nacional, a prazo de 5 a 10 anos.[40]

Para a instituição financeira nacional, a atuação estatal converge em dois pontos de seu interesse: "fortalecimento da empresa brasileira de capital nacional e mobilização do sistema financeiro para o auxílio no desenvolvimento econômico",[41] identificando-se uma série de ações como

[39] THATCHER, Mark. From industrial policy to a regulatory state: contrasting institutional change in Britain and France. In: HAYWARD, J. E.; MENON, S. A. *Governing Europe*. Oxford: Oxford University Press, 2003. p. 315.

[40] BRASIL. Lei 5.727, de 4 de novembro de 1971. BRASIL. Capítulo "Poder de Competição".

[41] BRASIL. Lei 5.727, de 4 de novembro de 1971. BRASIL. Introdução. "Além de se manter na lista dos 10 países de maior nível global do Produto Interno Bruto (PIB), no mundo ocidental, passe também da posição de nono colocado à de oitavo nessa categoria. [...] Tais realizações compreendem: [...] II – implantação de novos instrumentos para modernizar a emprêsa nacional, fortalecendo-lhe a capacidade competitiva e eliminando as condições de desigualdade em que opera, relativamente à estrangeira. [...] IV – mobilização ainda mais intensa do sistema financeiro nacional e do mercado de capitais, para maior participação no financiamento de sólidas estruturas das emprêsas; e ainda garantia de acesso da pequena e média emprêsas a sistemas que permitam a melhoria de sua estrutura financeira, bem como utilização dos instrumentos financeiros já criados, no BNDE e em outros organismos oficiais, para a grande emprêsa ou grandes empreendimentos nacionais."

prioritárias para a consecução dessas duas finalidades.[42] Esse é o fulcro do surgimento dos grandes conglomerados financeiros nacionais,[43] os quais, com

---

[42] Idem, capítulo "Poder de Competição". "Nesses aspectos, o programa de modernização compreenderá: [...] As definições básicas, nos principais campos, são as seguintes. [...] II – no sistema financeiro e no mercado de capitais: No âmbito organizacional, terá continuidade a ação progressiva já em curso, relativamente à reformulação da estrutura do sistema. Permitir-se-á emissão de ações preferenciais ao portador pelos bancos oficiais e privados, sem direito a voto. Continuará a política de incentivo a fusões no sistema financeiro, para aumento de eficiência considerar-se-á a tendência à formação de conglomerados, sejam puramente financeiros (associação de bancos comerciais, bancos de investimentos e outras sociedades financeiras), sejam do tipo voltado para a diversificação de investimentos, para colocar excedentes de recursos de grupos empresariais e financeiros que se haviam concentrado em certo setor, sejam ainda do tipo interessado na integração de grupo financeiro com grupo industrial e comercial, especializado em certo setor, ou diversificado, ou sejam, também, os destinados a formar consórcios de exportação. O objetivo será sempre permitir a formação de sólidos grupos empresariais, com poder de competição e com adequada estrutura financeira, preservado o interêsse público e a segurança do sistema financeiro. Criar condições para o setor financeiro privado poder também operar no crédito de médio e longo prazo, por meio da instituição de mecanismos especiais de liquidez que facilitem a mobilização de recursos através de debêntures, simples ou conversíveis em ações, certificados de depósitos, e letras de câmbio de prazo mais dilatado. Para isso, conjugar-se-ão recursos de origem externa e interna, os últimos, dos setores público e privado, nos moldes do já esquematizado Fundo de Desenvolvimento do Mercado de Capitais – FUMCAP, que deverá contar com a participação do Banco Mundial, da AID, do Banco Central, do Banco Nacional do Desenvolvimento Econômico, da Caixa Econômica e de bancos de investimentos privados. Continuar o esfôrço de redução progressiva da taxa de juros nominal, à medida que decline a taxa de inflação, para transferir ao sistema produtivo as reduções de custos obtidas. A ação nesse sentido não se limitará à parte relacionada com a redução de ônus para as instituições financeiras, por iniciativa do setor público, ou com a simples criação de novos tipos de receitas, mas, sobretudo, compreenderá medidas que favoreçam a efetiva diminuição dos custos reais. Reservar faixas de crédito específicas, para atendimento das necessidades operativas das pequenas e médias emprêsas, assegurando-lhes condições de viabilidade econômica e competitividade, bem como favorecendo o seu aprimoramento e ampliando suas possibilidades de expansão [...]."

[43] TAVARES, Maria da Conceição. *Da substituição de importações ao capitalismo financeiro*. 2. ed. Rio de Janeiro: Zahar, 1973. p. 196-197. "A finalidade do conglomerado não consiste em concentrar a produção, regular a absorção de tecnologia e aumentar a eficiência produtiva mediante o aproveitamento das

freqüência, estarão associados a vários setores industriais, à semelhança das políticas industriais do Japão e da Alemanha.

Com a formação de grandes conglomerados financeiros nacionais, as instituições financeiras, à sua maneira, também contribuíram para os projetos de integração nacional postos em prática nos anos 1970. Assim como a implantação de um sistema de telecomunicações, a formação de uma rede de agências de âmbito nacional contribuiu, de modo decisivo, para a integração de regiões antes pouco articuladas aos grandes centros.[44] Indiretamente, a associação dos conglomerados nacionais a empresas do setor tecnológico possibilitou a interligação mais ágil da rede de agências dentro do território brasileiro.[45]

Com a democratização do Brasil, os PNDs perderam a importância como instrumento planejador da economia nacional. O "Primeiro Plano Nacional de Desenvolvimento da Nova República" representa mais uma declaração de mudança de atitude com poucas referências à organização do SFN, preferindo-se focar questões relacionadas à taxa de juros.[46] De fato, o início da verdadeira reorganização do SFN teria lugar logo após a promulgação da Constituição de 1988.

---

economias de escala e de encadeamento ou complementação; seu objetivo reside em captar o excedente de várias empresas ou setores e dar-lhes novas e diversificadas formas de aplicação que minimizem os riscos e mantenham a acumulação rentável do capital. Trata-se, pois, de expandir o mercado e de obter uma crescente massa de excedente, de uma forma muito mais flexível que a superacumulação em moléculas produtivas gigantes."

44 Nesse sentido, ver GOMES, M. F. A *territorialidade do Bradesco*: de pequeno banco caipira a maior banco privado de varejo. 2000. 306f + anexos. Dissertação de mestrado – Faculdade de Filosofia, Letras e Ciências Humanas, Universidade de São Paulo, São Paulo, 2000.

45 Uma vez mais, o I PND é indicativo da origem dessa associação. BRASIL. Lei 5.727, de 4 de novembro de 1971. "A execução dessa estratégia, que dá ênfase à aceleração e orientação da transferência de tecnologia, associada a forte componente de elaboração tecnológica própria, se fará segundo êste programa, estabelecido para o período 1972/74: I – O de ordenar e acelerar a atuação do Govêrno, mediante: Operação do sistema financeiro para o desenvolvimento tecnológico, compreendendo, notadamente, o Fundo Nacional de Desenvolvimento Científico e Tecnológico (FNDCT), o FUNTEC (BNDE), o fundo associado ao Conselho Nacional de Pesquisas (CNPq) e o FUNAT (INT) [...]."

46 BRASIL. Lei 7.486, de 6 de junho de 1986.

2.2 O SFN após a Constituição de 1988

Rompendo com o padrão adotado pelas Constituições de 1946 e 1967, a Constituição de 1988 preferiu aprofundar o tratamento conferido ao mercado financeiro, dando, pela primeira vez, tratamento diferenciado ao tema. Todavia, a ruptura não representou um retorno ao modelo das Constituições de 1934 e 1937, as quais traziam disposições programáticas, como a nacionalização dos bancos de depósito.

O título VII da Constituição da República ("Da Ordem Econômica e Financeira") possui um capítulo inicial sobre os "Princípios Gerais da Atividade Econômica", o qual pode ser considerado como aplicável a toda e qualquer atividade econômica. Com relação a alguns temas, a norma constitucional considera necessário avançar no tratamento normativo, incluindo algumas regras específicas. Esse é o caso dos capítulos II ("Da Política Urbana"), III ("Da Política Agrícola e Fundiária e da Reforma Agrária") e IV ("Do Sistema Financeiro Nacional"). Estes três apresentam, assim, caráter especial em relação aos princípios gerais da atividade econômica do capítulo 1, regulando-se por suas próprias normas específicas no que estas contradizerem as gerais.

Essa interpretação coadunava-se com a estrutura original do art. 192. De fato, na redação original, ele apresentava relativo detalhamento, contendo regras bastante específicas, como a do § 3º, que limitava as taxas de juros reais a 12% ao ano.[47] Além disso, reforçando a estrutura do SFN presente na Lei 4.595/1964, continha normas constitucionais de princípios institutivos,[48] entendidas estas como "aquelas através das quais o legislador constituinte traça esquemas gerais de estruturação e atribuições de órgãos, entidades ou instituições, para que o legislador ordinário os estruture em definitivo, mediante lei".[49]

Em decorrência do conjunto de normas do art. 192, o qual não se apresentaria flexível o bastante para a necessidade de respostas ágeis às

---

47 BRASIL. Constituição da República de 1988. "Artigo 192, § 3º (redação original). As taxas de juros reais, nelas incluídas comissões e quaisquer outras remunerações direta ou indiretamente referidas à concessão de crédito, não poderão ser superiores a doze por cento ao ano; a cobrança acima deste limite será conceituada como crime de usura, punido, em todas as suas modalidades, nos termos que a lei determinar."

48 BRASIL. Constituição da República de 1988, art. 192, IV e V (redação original).

49 SILVA, José Afonso da. *Aplicabilidade das normas constitucionais*. 6. ed. São Paulo: Malheiros, 2002. p. 126.

contingências do mercado financeiro, foi promulgada a Emenda Constitucional 40, de 29 de maio de 2003, que simplificou a redação do art. 192, eliminando os parágrafos e diminuindo, conseqüentemente, a quantidade de normas do tipo regra e de princípios institutivos.[50] Do mesmo modo, foi excluído o conteúdo do art. 52 do Ato das Disposições Constitucionais Transitórias.[51] Conseqüentemente, houve uma mudança do foco do dispositivo, ressaltando-se seu viés programático. Assim, adquiriram relevo as normas constitucionais de princípio programáticas, entendidas como aquelas

> [...] através das quais o constituinte, em vez de regular, direta e imediatamente, determinados interesses, limitou-se a traçar-lhes os princípios para serem cumpridos pelos seus órgãos (legislativos, executivos, jurisdicionais e administrativos), como programas das respectivas atividades, visando à realização dos fins sociais do Estado.[52]

Portanto, a interpretação das normas que regem o SFN deve ser feita com ênfase na teleologia inerente ao enunciado do art. 192.

De fato, a atual redação do *caput* do art. 192 prescreve estar "o sistema financeiro nacional, estruturado de forma a promover o desenvolvimento equilibrado do País e a servir aos interesses da coletividade, em todas as partes que o compõem". Essa norma não apresenta o SFN como tendo apenas objetivos míopes, tais como prestação de serviços, arrecadação de tributos e pagamentos de benefícios.[53] Pelo contrário, determina a forma pela qual deve ser estruturado.

---

50 BRASIL. Constituição da República de 1988, art. 192 (redação conferida pela Emenda Constitucional 40, de 29 de maio de 2003). "O sistema financeiro nacional, estruturado de forma a promover o desenvolvimento equilibrado do País e a servir aos interesses da coletividade, em todas as partes que o compõem, abrangendo as cooperativas de crédito, será regulado por leis complementares que disporão, inclusive, sobre a participação do capital estrangeiro nas instituições que o integram."

51 BRASIL. Ato das Disposições Constitucionais Transitórias. "Artigo 52 (redação original). Até que sejam fixadas as condições a que se refere o art. 192, III, são vedados: I – a instalação, no País, de novas agências de instituições financeiras domiciliadas no exterior; II – o aumento do percentual de participação, no capital de instituições financeiras com sede no País, de pessoas físicas ou jurídicas residentes ou domiciliadas no exterior. Parágrafo único. A vedação a que se refere este artigo não se aplica às autorizações resultantes de acordos internacionais, de reciprocidade, ou de interesse do Governo brasileiro."

52 SILVA, José Afonso da. *Aplicabilidade das normas constitucionais*, p. 138.

53 FORTUNA, Eduardo. *Mercado financeiro*: produtos e serviços. 15. ed. Rio de Janeiro: Qualitymark, 2002. p. 7-9.

É princípio porque, segundo Grau, "princípios jurídicos [...] não consubstanciam *regras de direito*. Mercê disso, de resto, é que são princípios – e não regras".[54] É, por isso, norma programática e princípio ao mesmo tempo.

Análise mais detalhada dessa norma programática e principiológica revela que, após a Emenda Constitucional 40, ela se assemelha em substância aos princípios da ordem econômica prescritos pelo art. 170. Embora topologicamente os dispositivos estejam em lugares distintos, a substância da nova redação não se afasta do art. 170. Se o art. 192 determina que o SFN seja "estruturado de forma a promover o desenvolvimento equilibrado do País e a servir aos interesses da coletividade", não se afasta muito do objetivo de "assegurar a todos existência digna", contido no art. 170. Do ponto de vista teleológico, ambos os dispositivos visam aos mesmos fins, não sendo razoável impor tratamento diferenciado ao SFN por causa disso. A especificidade do SFN decorre, todavia, da melhor forma que pode atender a essa finalidade. Reconhece-se que a posição especial do SFN para atender a essa finalidade pode pressupor meios diversos dos tradicionalmente entendidos como decorrentes da aplicação dos art. 170 e § 4º do art. 173. Assim, a livre-iniciativa e a livre concorrência no SFN podem obedecer a critérios específicos desse setor no que diz respeito ao método, mas não ao fim.

2.2.1 Tendências do SFN após 1988

Enquanto o Brasil promulgava a Constituição de 1988, uma série de mudanças estava em andamento em outros países, as quais, genericamente, ficaram conhecidas como desregulação. Em poucas palavras, a idéia era reformar as normas vigentes, de modo a aliviar os ônus da iniciativa privada e permitir que os processos competitivos produzissem efeitos tidos como *per se* positivos. Como sintetiza Santacruz, "coube ao Estado, então, reorganizar sua função interventora nos mercados, agora em novas bases. A tendência internacional à re-regulamentação das atividades econômicas através de órgãos reguladores é fruto da experiência histórica".[55] O quadro

[54] GRAU, Eros Roberto. *A ordem econômica na Constituição de 1988*, p. 84. "A expressão *princípios jurídicos*, contudo, é polissêmica"; idem, p. 86: "A importância dos *princípios 'positivados' ou positivos* [...] e dos *princípios gerais do direito* é extrema. Tamanha que, da inserção deles no nível constitucional, resulta, nitidamente, a ordenação dos preceitos constitucionais segundo uma estrutura hierarquizada".

[55] SANTACRUZ, Ruy. Regulação de mercados e defesa da concorrência: o caso do setor bancário. In: CAMPILONGO, Celso Fernandes; ROCHA, Jean Paul C. Veiga da; MATTOS, Paulo Todescan Lessa (Org.). *Concorrência e regulação no sistema financeiro*. São Paulo: Max Limonad, 2002. p. 297-298.

a seguir sintetiza as principais mudanças em alguns dos principais mercados financeiros do mundo.

Quadro 1 – Marcos da reforma financeira em cinco países

Tipo de reforma regulatória	Estados Unidos	Reino Unido	Japão	França	Alemanha
Comissões fixas	Suprimidas em 1975	Suprimidas em 1986	Começa a liberalização em 1994	Suprimidas em 1988	Reduzidas nos anos 1980
Controle cambial	Removido nos anos 1970	Removido em 1979	Removido em 1980	Removido em 1985	Removido para exportações em 1961, para importações em 1981
Depósito de taxa de juros	Liberalizado gradualmente de 1980 a 1986	Liberalizado em 1971	Liberalizado em 1980-1995	Parcialmente liberalizado em 1985	Liberalizado em 1967
Estrutura do sistema	Permitida a entrada de *holding company* em 1987	Barreiras limitadas, a seguir liberadas nos anos 1980	Permitida a entrada de subsidiária separada em 1992	Barreiras limitadas, a seguir liberadas nos anos 1980	Permitida a prática bancária universalmente
Fundos de curto prazo	Introduzidos em 1974	Introduzidos em 1971	Introduzidos em 1985	Introduzidos em 1983	Introduzidos em 1994
Certificados de depósito (negociáveis)	Criados em 1961, liberalizados em 1971-1973	Introduzidos em 1968	Implementados gradualmente em 1979-1985	Introduzidos em 1985	Introduzidos em 1986

Fonte: VOGEL, Steven K. *Freer markets, more rules: regulatory reform in industrial advanced countries*, p. 34.

A globalização é liderada pela integração dos mercados financeiros iniciada nos anos 1970. Esse processo resulta, em grande parte, da inovação tecnológica que, ao mesmo tempo, possibilitou o surgimento de novos produtos e reforçou a necessidade de nova regulação do mercado financeiro.[56] Em poucas palavras, o novo ambiente global se caracteriza por

[56] ARPING, Stefan; SCHWIENBACHER, Armin. *Bank market power and real sector performance:* a financial intermediation approach. University of Amsterdam, Business School, Finance Group, Sep 2005, p. 3. Os autores apresentam uma visão cética sobre os efeitos positivos da concorrência no setor bancário. "Our analysis is motivated by

> [...] mudanças macroeconômicas (flutuações nas taxas de juros e de câmbio, inflação etc.) e crescente concorrência nos mercados doméstico e internacional, resultante da emergência de novas instituições financeiras e da tendência à repulsa das regulações governamentais promulgadas após o colapso do mercado de ações em 1929.[57]

Na maioria das vezes, a re-regulamentação foi limitada pela obediência a dois critérios políticos predominantes que balizaram o processo. O primeiro é a supremacia da política monetária sobre as políticas financeiras e creditícias, que devem ser deixadas às forças do mercado. Como desdobramento natural, "as instituições financeiras não devem ser tratadas de modo diferente em relação às empresas não-financeiras".[58]

A seu modo, o SFN acompanhou algumas dessas transformações. À época da Constituição de 1988, ele já passava por mudanças: a carta-patente para funcionamento de instituições financeiras fora abolida havia pouco e, entre os constituintes, predominava o sentimento de que o SFN precisava de um choque de concorrência.[59] O art. 192 da Constituição

---

the observation that many of the recent institutional and technological changes that altered the competitive landscape in banking – such as deregulation, *de novo* bank entry, advances in information technology, and financial development – arguably enhanced competition in both deposit and credit markets. On *a priori* grounds, however, there is little reason to believe that the welfare implications of credit market power ought to go in the same direction as those of deposit market power".

57 PÉREZ, Antonio Gutiérrez. Financial liberalization in Latin America and East Asian Countries. In: BORREGO, John; ALAVARES, Alejandro; JOMO, K. S. *Capital, the State, and late industrialization*: comparative perspectives on the Pacific rim. Oxford: The West Press, 1996. p. 34. "Innovation and financial deregulation are taking place in all market economies, the result of a combination of several factors. Among them, macroeconomic changes (fluctuations in interest and exchange rates, inflation, etc.) and growing competition in domestic and international markets that result from the emergence of new financial institutions, and the drive to circumvent the government regulations enacted after the 1929 stock market crash."

58 FREITAS, Maria Cristina Penido de. *Concurrence bancaire, spéculation et instabilité financière*: une lecture hétérodoxe de l'évolution récente du système financier international. 1992. 523f. Tese de doutorado. Faculdade de Economia, Université Paris XIII, Paris,1992, p. 253. "Ces thèses s'appuient sur deux idées centrales: la politique monétaire doit l'emporter sur les politiques financières et créditices, qui doivent être laissées aux forces des marchés; les institutions financières ne doivent pas recevoir un traitement différent par rapport aux firmes non financières."

59 CÂMARA DOS DEPUTADOS. Audiências da Comissão de Fiscalização e Controle. Sistema Financeiro – I. Reforma bancária no Brasil. Brasília, 1988. Manifestação do deputado federal Luiz Gushiken, p. 36: "[...] O segundo bloco de perguntas diz respeito aos bancos médios e pequenos. Na Subcomissão do Sistema Financeiro, tivemos aqui

bane em definitivo a carta-patente e consolida as mudanças em curso. As Resoluções CMN 1.524/1988 e 1.629/1989 introduziram o banco múltiplo e, nos anos seguintes, produziriam mudanças na composição do SFN. Ao longo da década de 1990, a privatização de bancos públicos estaduais e o PROER também lhe alterariam as feições.

Tais transformações implicaram um aumento seguido de uma redução do número de bancos atuantes no mercado. Contudo, há dúvidas sobre se isso representou uma redução na concorrência no mercado de intermediação financeira.[60] Outro aspecto a observar é a decrescente participação do SFN na economia brasileira, ocorrida a partir da estabilização dos níveis de inflação após 1994.

Tabela 2 – O SFN e sua participação no PIB

Ano	Participação do SFN no PIB (%)
1994	11,52
1995	8,02
1996	6,91
1997	6,45
1998	6,55
1999	6,39
2000	5,41

Fonte: IBGE – NSCN (apud VENANCIO JR., Daniel. *O potencial de crescimento do setor bancário no Brasil*, p. 1).

a presença dos maiores economistas deste país, na área financeira, desde André Lara Rezende até Mário Henrique Simonsen. De todos eles, ouvimos a afirmação de que era necessário existir no Brasil um sistema financeiro onde houvesse concorrência – e essas afirmações foram feitas de forma taxativa." Manifestação do Deputado federal Nilso Sguarezi, p. 46: "Dr. Wadico, na primeira reforma bancária houve uma centralização. De centenas de bancos que tínhamos, passamos para dezenas. Pergunto objetivamente: nesta reforma que o Banco Central pretende fazer, haverá o inverso? A sanfona vai-se abrir ou vai continuar fechada? Enfim, o objetivo é aumentar o número de bancos, havendo possibilidade, inclusive, de bancos locais e regionais permanecerem com o mesmo número ou vai-se concentrar ainda mais?"

60 TROSTER, Roberto Luis. *Concentração bancária*. Disponível em: <http://www.febraban.org.br/Arquivo/Servicos/Imprensa/Conc0404.pdf., p. 3. "Ou seja, a questão do número de bancos é uma questão mal formulada. Todavia, muitas colocações sobre o número de bancos no Brasil são feitas ao analisar a questão bancária nacional, tanto para analisar a sua dimensão, como a questão da concentração de maneira errônea. Resumidamente, o número de bancos, apenas, não diz nada. Obviamente que, quanto menor for o número de bancos, maior será a participação relativa de cada um."

3. Regulação no SFN

As Resoluções CMN 1.524/1988 e 1.629/1989 constituem exemplos de como a regulação pode interferir nos padrões de concorrência do mercado. Duas novas resoluções, aprovadas pelo CMN sem participação do Congresso Nacional, foram o estopim de profundas mudanças estruturais na organização do SFN, as quais representaram uma verdadeira reviravolta nos padrões de concorrência até então vigentes no mercado.

Não se argumenta que toda e qualquer norma regulatória do SFN deva se submeter a um processo legislativo lento e com participação ampla da sociedade. Semelhante procedimento poderia minar a eficácia de muitas normas, uma vez que permitiria aos agentes econômicos, especialmente aos do SFN, se posicionarem para minimizar os objetivos desta norma, caso assim fosse de seu interesse. Entretanto, não é razoável admitir que mudanças estruturais de monta, como a do exemplo dado acima, ocorram sem a participação da sociedade. A questão que permanece é como identificar a tênue linha entre o que competiria ao SFN e ao Congresso Nacional. É insuficiente a mera afirmação de que o Congresso Nacional deveria fornecer as diretrizes gerais, ao passo que o CMN deveria completar e implementar tais diretrizes – a questão continua sob a forma do que seria diretriz e o que seria implementação. A resolução desta controvérsia permanecerá, ao que tudo indica, no campo político e jurisdicional.

Não poderia ser diferente essa relação entre concorrência e regulação, relação esta que se caracteriza pela tensão. Com freqüência, concorrência e regulação apresentam demandas e soluções em sentidos diametralmente opostos. O debate sobre qual a opção adequada assume ares de disputa ideológica, alinhando-se a favor da concorrência os defensores do livre mercado e a favor da regulação os da intervenção estatal.[61] Do ponto de vista da teoria econômica, ambas perseguem a maximização da eficiência, mas por caminhos diferentes.[62] Uma boa política pública, independentemente de

---

[61] HOVENKAMP, Herbert. *Federal antitrust policy*: the law of competition and its practice, p. 703. "In this regard, the lustre that regulation wore during the Progressive Era and New Deal has been tarnished considerably. Today, we think of regulation as expensive, unwieldy, and highly imperfect insofar as its stated goal is to mimic market behaviour. As a result, when market forces are working properly, we want them to have free rein, even within the regulated market."

[62] LLEWELLYN, David. *The economic rationale for financial regulation*. London: FSA Occasional Papers. Apr. 1999. p. 47. "In the final analysis, effective competition is the major component of consumer protection and the assurance of good products

ser o SFN ou outro setor, ponderará, pelo menos, os objetivos imediatos e mediatos com os meios disponíveis (regulação ou concorrência).

A existência dessas mudanças normativas com impactos sobre a concorrência revela diferenças no funcionamento do SFN motivadas em parte pelas características particulares das instituições financeiras. Não se trata de identificar privilégios aos seus partícipes, mas apenas de observar que a existência da intervenção estatal no SFN apresenta razões diversas das dos demais setores regulados. Em relação aos bancos, estes ocupam "posição pivotal no sistema financeiro, especialmente nos sistemas de compensação e de pagamento".[63] Disso resulta que as quebras de bancos podem causar riscos sistêmicos. Esses riscos são potencializados pela natureza dos contratos bancários: eles recebem depósitos com elevada liquidez, mas financiam a aquisição de ativos não-líquidos. Sob certas circunstâncias, corridas de saque aos bancos podem causar sua quebra, embora sejam tecnicamente solventes.

Endereçando essas preocupações, é possível identificar dois tipos principais de regulação no SFN: a regulação sistêmica e a regulação prudencial. A primeira relaciona-se, como o próprio nome dá a entender, à prevenção do risco de colapso sistêmico que pode ocorrer nos mercados financeiros. A segunda diz respeito à "segurança e saúde das instituições financeiras *vis-à-vis* à proteção aos consumidores", dirigindo-se a estes mesmo "se não há conseqüências sistêmicas".[64] Por fim, Santacruz aponta ainda a existência da regulação do mercado, típica da defesa da concorrência, visando à prevenção de infrações à ordem econômica.[65]

at competitive prices. The purpose of regulation is, therefore, not to displace competitive pressures or market mechanisms, but to correct for market imperfections and failures which produce suboptimum outcomes and distort consumer choice. To the extent that regulation enhances competition and, through this, efficiency in the industry, it creates a set of markets that work more efficiently and through which consumers gain. Regulation is ultimately designed to reinforce the efficiency of competition and market mechanisms rather than impede them. Providing regulation is properly constructed, it reinforces the efficiency of, rather than detracts from, market mechanisms."

63 GOODHART, Charles. *Financial regulation*: why, how, and where now? New York: Routledge, 1998. p. 8.

64 Idem, p. 3. "On the other hand, prudential regulation is about the safety and soundness of financial institutions *vis-à-vis* consumer protection, in that the consumer loses when an institution fails, even if there are no systemic consequences."

65 SANTACRUZ, Ruy. Regulação de mercados e defesa da concorrência: o caso do setor bancário. In: CAMPILONGO, Celso Fernandes; ROCHA, Jean Paul Cabral

O caráter dicotômico dessas classificações deve ser entendido com cautela, uma vez que defesa da concorrência e regulação do SFN estariam fortemente interligadas. Alves sugere que a distinção seria útil apenas para fins didáticos, pois "do ponto de vista da regulação prudencial, a concentração bancária pode ser estimulada pela Autoridade Monetária quando há possibilidade de risco sistêmico".[66]

Além da distinção entre regulação prudencial, sistêmica e do mercado, adota-se também outra terminologia que merece atenção. Regulação, no sentido mais estrito, diz respeito apenas à atividade normativa, ao passo que o monitoramento foca-se na fiscalização do cumprimento das regulações, e supervisão refere-se à "observância mais genérica do comportamento das empresas financeiras".[67]

3.1 *Aspectos materiais*

Uma das principais características do SFN é a atuação normativa desempenhada pelos órgãos de cúpula. Embora a intensidade das normas varie de um sistema para outro e alguns sistemas adotem mecanismos auto-regulatórios muito mais fortes, a simples presença de normas induz a comportamentos não correspondentes àqueles que seriam adotados se tais normas inexistissem. Dessa influência sobre o comportamento dos agentes econômicos no SFN, decorre a importância que a regulação exerce sobre a concorrência.

Em geral, as teorias jurídicas privilegiam aspectos formais da produção normativa e deixam de lado o que de fato motiva a produção normativa. Por isso, quando deparam um questionamento sobre conveniência ou não de dada norma, muitos juristas só são capazes de responder com juízos de constitucionalidade ou legalidade, ignorando, desse modo, que a constitucionalidade e a legalidade, por vezes, podem ser prejudiciais. Não se ignora

Veiga da; MATTOS, Paulo Todescan Lessa (Org.). *Concorrência e regulação no sistema financeiro*, p. 304.

66 ALVES, Sérgio Darcy de Silva. Avaliação de fusões de bancos. *Revista de Direito Bancário, Mercado de Capitais e Arbitragem*, São Paulo, v. 19, p. 13, jan.-mar. 2003.

67 LLEWELLYN, David. *The economic rationale for financial regulation*, p. 8. "Firstly, a distinction needs to be made between regulation (the establishment of specific rules of behaviour), monitoring (observing whether the rules are obeyed), and supervision (the more general observation of the behaviour of financial firms)."

a relevância desses juízos, mas apenas ressalta-se que também devem considerar a finalidade a que pode se destinar o ordenamento jurídico.

Nem sempre isso foi assim. Os juristas romanos definiram direito como *ars boni et aequi*, isto é, a arte do bom e do justo. Eles criaram o direito do nada, tendo conhecimento prévio somente de fatos e de seus valores sociais. Além disso, perceberam que deveria haver um padrão a ser seguido, que era o bem comum e a justiça. Poder-se-ia afirmar que esses parâmetros eram excessivamente amplos e não ajudaram a definir direito. Isso pode até ser verdade, mas tal definição enfatiza a funcionalidade herdada do direito, que tem por objetivo o bem e o justo. A criação do direito a partir de nenhuma legislação anterior pode ser o ato de fazer leis ou, dependendo do contexto, da decisão judicial.[68] Poucos são os que admitem que o direito possa ser produzido legitimamente pela Administração Pública. Contudo, qual é a relação entre o conceito romano de direito e a idéia de regulação? De fato, há mais em comum do que uma visão preliminar possa indicar.

Embora a palavra "regulação" seja usada há longo tempo, seu uso se tornou mais popular desde o movimento desregulatório, que consiste na privatização das empresas estatais e na retirada das então chamadas regras desnecessárias. Para um homem comum, o movimento está de algum modo associado com certa ação do Estado na economia. Uma visão mais técnica ligaria regulação à correção de falhas no mercado.

Contudo, regulação não é tão facilmente entendida como uma daquelas palavras que se assemelham à concorrência, não havendo, portanto, consenso acerca do significado. Baldwin e Cave sintetizaram todas as definições em três grupos: "um conjunto específico de regras de comando", "uma influência deliberada do Estado" e "todas as formas de controle social ou influência".[69] A primeira definição contém a noção de um comando bem direto, que pode ser para fazer ou deixar de fazer algo – A deve executar uma ação B para evitar a sanção. A segunda definição é mais sutil e se relaciona a incentivos indiretos ao indivíduo para que ele se comporte de uma forma ou de outra, como a tributação e os subsídios – se A age conforme a forma

[68] Na atualidade, a teoria democrática tradicional delega essa tarefa aos políticos eleitos, não mais a técnicos, os quais são desprovidos da legitimidade conferida pelo voto popular. A estrutura da regulação feita pelas agências reguladoras, afastadas do poder político eleito, coloca desafios para a teoria democrática fundada no voto popular. O surgimento de centros decisórios periféricos, dotados de capacidade normativa, subverteria pilares da democracia representativa.

[69] BALDWIN, R.; CAVE, M. *Understanding regulation*: theory, strategy and practice. Oxford: Oxford University Press, 1999. p. 2.

B, ele é passível de certa taxação. A última definição é a mais ampla e, aproximando-se à de Dahl sobre o poder,[70] tende a desviar o foco da regulação para outros sujeitos também – qualquer ação que A faça levando a certos resultados é considerada regulação.

O elemento comum a essas três definições é a ligação de regulação com um tipo de influência ativa ou passiva sobre o comportamento dos indivíduos, quaisquer que sejam eles. O que varia é a escala de generalidade, que aumenta da primeira para a terceira definição. A relação entre o conceito romano de direito e o de regulação exposto acima torna-se clara. Ambos relacionam-se à idéia de produzir normas, mas não apenas em seus aspectos formais (o *quorum* necessário para ser aprovada uma lei ou a audiência necessária para validar uma regulação). Ambos levam em conta a informação das necessidades da vida (economia, demandas políticas, anseios sociais, entre outros) para criar mecanismos que induzam a comportamentos socialmente considerados desejáveis ("o bom e o justo dos romanos"), baseados em dados de várias fontes.[71]

Esse juízo de valor seria tradicionalmente feito pelo legislador e, cientificamente, não caberia ao operador do direito discutir a opção normativa feita por quem emitiu legitimamente a norma. Esse tipo de questionamento seria objeto de outras ciências. Essa é, certamente, a causa da atrofia da argumentação jurídica para a discussão da conveniência ou não de dadas normas.

Dentro da perspectiva metodológica deste trabalho, dúvidas dessa natureza devem ser levantadas, buscando-se uma solução, seja dentro ou fora do ordenamento positivado. O direito é o *locus* ideal para a discussão de como devem ser feitas tais escolhas. Não se defende que o operador do direito, ao se deparar com uma norma legitimamente válida, simplesmente a

70 DAHL, R. A. The concept of power. In: BELL, Roderick; EDWARDS, David V.; WAGNER, R. Harrison (Ed.). *Political power*: a reader in theory and research. New York, 1969. p. 102. "Power is the ability to get someone to do something they would not have otherwise done."

71 Está subjacente a este debate a noção de interesse público, o qual deve permear toda a atividade normativa. VOGEL, Steven K. *Freer markets, more rules*: regulatory reform in industrial advanced countries. New York: Cornell University Press, 1996. p. 15. Entretanto, como observa Vogel, "in reality, however, there is no single public interest: disputes over the definition of the public interest are at the heart of political debate. Government officials may legitimately disagree over how to define this interest in ways that cannot be explained in terms of their 'capture' by private interests".

desconsidere para aplicar outra feita a seu talante. O princípio da legalidade constitui um dos pilares do Estado de Direito, e, em que pesem todas as críticas que lhe são endereçadas, a segurança jurídica por ele proporcionada é uma conquista, inclusive durante os necessários períodos de mudança.

Particularmente após 1995, com a promulgação das Emendas Constitucionais 8 e 9, tem havido uma profusão do termo "regulação", o qual passou a ser empregado de modo cada vez mais amplo pelos operadores do direito. Além de certo modismo, essa profusão revela, numa série de trabalhos, a perda do foco e da coerência disciplinar. Nesse sentido, repentinamente se percebeu que a noção de regulação poderia ser aplicada até mesmo à atividade exercida pelo Bacen.

3.2 *Aspectos formais*

No Brasil, a teoria constitucional clássica atribui a discricionariedade da função normativa apenas ao legislador ordinário. Eleito pela população, o Legislativo é dotado de legitimidade para promover a restrição dos direitos individuais por meio da legislação, desde que sejam respeitados os limites impostos pela Constituição.[72] Ao Executivo caberia, apenas de forma residual, completar detalhes técnico-operacionais da norma por regulamentos expedidos pelo chefe do Poder Executivo.[73]

Portanto, tendo por base o que normalmente se entende por separação entre os poderes, as resoluções emitidas pelo CMN seriam inerentemente inconstitucionais. Entretanto, as mudanças sociais ocorridas após os anos 1930 romperam o padrão estático das normas, que também passaram a privilegiar a impulsão de mudanças.[74] Grau apresenta as três funções típicas

---

72 FERREIRA FILHO, Manoel Gonçalves. *Do processo legislativo*. 2. ed. São Paulo: Saraiva, 1989. p. 11.

73 Idem, p. 127. "Destarte, a própria máquina partidária conduz à preponderância do Executivo, já que neste vai instalar-se o núcleo dirigente do grupo vencedor das eleições"; idem, p. 136. "De qualquer forma, porém, o parlamentar por si só não está em condições de coligir, a tempo e hora, as informações de que precisa para formar, com segurança, suas opiniões e fundamentar seus votos. [...] Ora, essa assistência nem sempre é prestada desinteressada e objetivamente."

74 Idem, p. 281. "Enquanto o Estado liberal se atinha à manutenção da ordem como condição para que a iniciativa individual, em busca de seus interesses, realizasse sem perceber o interesse geral, o Estado-Providência pretende suscitar o interesse geral, comandando a atividade dos indivíduos e dos grupos. Sua atitude, longe de ser passiva em face do desenvolvimento econômico e social que, para o liberalismo

do Estado (normativa, administrativa e jurisdicional) como presentes em todos os poderes (Legislativo, Executivo e Judiciário).[75] Nesse contexto, a atividade normativa do Executivo se desenvolveu, e um dos campos em que foi mais atuante foi o da regulação do mercado financeiro.

A Lei 4.595/1964 possui uma série de dispositivos que, ao atribuírem competência normativa ao CMN, justificam essa interpretação.[76] A Constituição de 1988 reconheceu implicitamente a existência do exercício da função normativa por órgãos do Executivo, pois o art. 25 do Ato das Disposições Constitucionais Transitórias determinou a revogação de todos os dispositivos do gênero que implicassem o exercício de função normativa.[77] Isso, contudo, não afasta a possibilidade de interpretar que o constituinte de 1988 tenha querido somente fazer tábula rasa das atribuições normativas conferidas ao Executivo no regime constitucional de 1969 e, depois disso, novas funções normativas poderiam ser conferidas ao Executivo.

Com base na exceção aberta no próprio *caput* do art. 25, que possibilita a prorrogação do prazo de 180 dias por lei, o exercício da competência normativa pelo SFN é muito semelhante ao do período anterior à Constituição de 1988: uma série de diplomas legais[78] prorrogou a competência para o CMN exercer a atividade normativa. Como último desses dispositivos, o art. 73 da Lei 9.069/1995 prorrogou essa competência até a promulgação da lei complementar a que se refere o art. 192 da Constituição da República.[79] Considerando o escasso interesse político na aprovação rápida dessa

---

puro decorreria naturalmente do livre jogo da iniciativa individual, é ativa. Mais que ativa, é a atitude do impulsionador, do foco de radiação do desenvolvimento."

75 GRAU, Eros Roberto. *A ordem econômica na Constituição de 1988*, p. 19 e ss.

76 BRASIL. Lei 4.595/1964, arts. 3º e 4º.

77 BRASIL. Ato das Disposições Constitucionais Transitórias. "Artigo 25. Ficam revogados, a partir de cento e oitenta dias da promulgação da Constituição, sujeito este prazo a prorrogação por lei, todos os dispositivos legais que atribuam ou deleguem a órgão do Poder Executivo competência assinalada pela Constituição ao Congresso Nacional, especialmente no que tange a: I – ação normativa; II – alocação ou transferência de recursos de qualquer espécie."

78 BRASIL. Lei 8.056, de 28 de junho de 1990; BRASIL. Lei 8.127, de 20 de dezembro de 1990; BRASIL. Lei 8.201, de 29 de junho de 1991; BRASIL. Lei 9.069, de 29 de junho de 1995.

79 Pode-se discutir a constitucionalidade desse dispositivo, na medida em que ele prorroga por tempo indefinido a capacidade normativa do Conselho Monetário Nacional, ferindo, desse modo, os princípios constitucionais da razoabilidade e da legalidade.

lei, nada garante que a competência normativa do SFN perdure por tempo indeterminado, o que contrariaria o espírito da norma constitucional.

3.3 *Justificativas para a regulação do SFN*

Certas particularidades afastam o tratamento conferido ao SFN e, em especial, aos bancos da regulação geral das atividades econômicas. Por causa da eclosão de crises constantes, a regulação dos mercados financeiros tornou-se parte da agenda intervencionista no século XX. Portanto, a agenda política refletiu a insatisfação com os resultados gerados pelo livre jogo das forças do mercado.

Várias justificativas econômicas para a regulação governamental podem ser apresentadas.[80] Contudo, de modo geral, estão associadas às falhas de mercado, três das quais se apresentam como as principais: as assimetrias de informação, o poder econômico e as externalidades negativas.[81]

A existência de assimetrias de informação constitui uma das principais características dos mercados financeiros. A instituição financeira, ao ofertar seus serviços para o público, tem plena consciência do que está fazendo, mas o mesmo não se dá com a maioria dos clientes, os quais se colocam em posição de desvantagem. Várias conseqüências poderão advir dessa situação, tal como a escolha do consumidor se basear somente no preço para efetuar sua escolha (*market for lemmons*). Nesse campo, não há homogeneidade dos consumidores, e, considerando-se as situações especiais dos mercados financeiros, a regulação pode implicar a existência de diversos tipos de normas para regular uma mesma situação de fato – as regras para a

---

[80] LLEWELLYN, David. *The economic rationale for financial regulation*, p. 23-24. "Problems of inadequate information on the part of the consumer; problems of asymmetric information (consumers are less well informed than are suppliers of financial services); agency costs (asymmetric information can be used to exploit the consumer); potential principal-agent problems and issues related to conflicts of interest; problems of ascertaining quality at the point of purchase; imprecise definitions of products and contracts; inability of retail consumers to assess the safety and soundness of financial institutions except at inordinate cost; consumer under-investment in information and resultant 'free-rider' problems (whereby all consumers assume that others have investigated the safety and integrity of suppliers of financial services); because of the technicalities of some financial products, consumers are not all equally equipped to assess quality, etc."

[81] LASTRA, Rosa Maria. *Central banking and banking regulation*. London: Wilson Moss, 1996. p 73-74.

venda de um fundo de ações podem diferir entre o pequeno investidor e o profissional. Afinal, "falhas e imperfeições do mercado têm a possibilidade de ser mais poderosas no varejo do que no atacado".[82] Esse é o campo principal de atuação da regulação prudencial.

Também as instituições financeiras são percebidas pela população como centros decisórios dotados de grande poder econômico. O crescimento do grau de concentração econômica e a possibilidade de colusão justificam algumas normas restritivas do poder econômico. Esse é o campo da regulação do mercado via políticas de defesa da concorrência.[83]

Traços peculiares dos mercados financeiros, nos quais as instituições financeiras se encontram conectadas reciprocamente por redes contratuais, justificam o temor de risco sistêmico. Este constitui uma externalidade negativa, caracterizada por uma situação em que "os custos sociais da falha de uma instituição financeira (particularmente um banco) excedem o custo particular e tais potenciais de custos sociais não são incorporados no processo decisório da firma".[84] Esse é o campo da regulação sistêmica, endereçada à saúde e à segurança do SFN.

A ponderação das finalidades divergentes é tarefa difícil de ser atingida: a escolha de uma por vezes constitui a exclusão de outra. Santacruz critica a excessiva ênfase das autoridades do SFN na regulação prudencial.[85]

---

[82] GOODHART, Charles Financial. *Regulation*: why, how, and where now?, p. 3.

[83] SANTACRUZ, Ruy. Regulação de mercados e defesa da concorrência: o caso do setor bancário. In: CAMPILONGO, Celso Fernandes; ROCHA, Jean Paul Cabral Veiga da; MATTOS, Paulo Todescan Lessa (Org.). *Concorrência e regulação no sistema financeiro*, p. 304-305.

[84] GOODHART, Charles. *Financial regulation*: why, how, and where now?, p. 8. "Systemic regulation is necessary when the social costs of the failure of a financial institution (particularly a bank) exceed the private cost and such potential social costs are not incorporated in the decision making of the firm."

[85] Regulação de mercados e defesa da concorrência: o caso do setor bancário. In: CAMPILONGO, Celso Fernandes; ROCHA, Jean Paul Cabral Veiga da; MATTOS, Paulo Todescan Lessa (Org.). *Concorrência e regulação no sistema financeiro*, p. 305. "O prejuízo à sociedade derivado desta visão enviesada do BACEN na sua atividade regulatória manifesta-se na forma da criação de restrições à concorrência de toda a sorte, tais como as restrições sobre os mercados de atuação e sobre a estrutura societária dos bancos, restrições sobre suas carteiras, exigências de adequação de capital, reservas compulsórias, restrições sobre a abertura de subsidiárias, sobre a entrada de capital estrangeiro, sobre a política de preços, etc."

Troster enfatiza o oposto.[86] Goldberg sugere que a regulação deveria ser influenciada por uma política de concorrência que diminuiria o risco de captura regulatória.[87] As lógicas que orientam a atuação de cada um desses tipos de regulação se diferenciam, quer seja nas técnicas adotadas, quer seja nos objetivos pretendidos.

86 TROSTER, Roberto Luis. Os bancos são diferentes?. In: CAMPILONGO, Celso Fernandes; ROCHA, Jean Paul Cabral Veiga da; MATTOS, Paulo Todescan Lessa (Org.). *Concorrência e regulação no sistema financeiro*, p. 294. "Deve-se ressaltar que a atuação do Banco Central foi estabilizadora, e que as fusões e aquisições foram medidas prudenciais com reflexos concorrenciais. Nesse sentido, a questão concorrencial foi secundária, embora haja situações em que a questão prudencial fique relegada a um segundo plano. O ponto é que a avaliação sobre a preponderância de um objetivo sobre o outro tem que ser veloz."

87 GOLDBERG, Daniel. Notas sobre concorrência no sistema bancário. *Revista de Direito Bancário e do Mercado de Capitais e da Arbitragem*, São Paulo, n. 23, p. 35, jan.-mar. 2004. "Uma política de concorrência atua de várias formas em setores regulados. Em primeiro lugar, uma política de concorrência bem articulada força a evolução da regulação (que deve ser estável mas não estática) a levar em conta o dinamismo de certos setores [...]. Ademais, uma política de concorrência pode ser concebida como instrumento de estratégia deliberada de mudança da moldura regulatória 'pesada' (*heavy regulation*) para uma mais leve, em que a concorrência funcione ainda que parcialmente, com todos os benefícios decorrentes de menores problemas de assimetria informacional. Por fim, o direito da concorrência e a atuação das autoridades de concorrência prestam-se a diminuir a chance de captura dos reguladores setoriais".

Capítulo 3
A IDENTIFICAÇÃO DO PODER ECONÔMICO NO SFN

Em muitas das economias mais desenvolvidas, a identificação do detentor do poder econômico não é tarefa simples. Nestas, há muito ocorreu o desprendimento da propriedade da riqueza de sua posse ou controle. Assim, de um lado, alguém pode ser muito rico, mas não controlar a riqueza; de outro, o desprovido de grande riqueza pode, principalmente através de estruturas de direito societário, controlar grande riqueza. O estudo de Beans e Means a esse respeito é clássico.[1]

Essa cisão entre propriedade e posse da riqueza, porém, não se verifica em todas as regiões do mundo. Particularmente no Brasil, não é uma realidade, pois a formação econômica do país teve como mote a concentração do poder econômico. As grandes empresas aqui localizadas ou são de controle familiar de capital fechado ou de controle a partir do estrangeiro, igualmente fechado. Mesmo assim, Pontes de Miranda, já nos anos 1960, observava que

> [...] o simples diretor, ou gerente, ou representante, ou agente, que não pode dispor de bens, ou ações, mas pode, com os poderes que tem em mão, atuar na vida econômica, está em posição de abusar deles, para dominar os mercados, ou eliminar a concorrência, e aumentar, arbitrariamente, os lucros, seus, ou da empresa a que serve.[2]

No Brasil, poucos são os casos em que o capital social de uma empresa se encontra disperso e mesmo assim o grupo controlador continua hegemônico na direção por meio das já referidas estruturas de direito societário.

---

1 BERLE, Adolf A.; MEANS, Gardiner C. *The modern corporation and private property*. New York: MacMillan, 1933. p. 47. "Accompanying the concentration of economic power, growing out of it, and making it possible, has come an ever wider dispersion of stock ownership. This in turn has brought about a fundamental change in the character of wealth, in the relation between the individual and his wealth, the value of that wealth and the nature of property itself. Dispersion in the ownership of separate enterprises appears to be inherent in the corporate system."

2 MIRANDA, Pontes de. *Comentários à Constituição de 1946*. 2. ed. São Paulo: Max Limonad, 1953. v. IV. p. 143.

Dentre as empresas com ações negociadas na Bolsa de Valores de São Paulo (Bovespa) em setembro de 2004, apenas 39 delas obedeciam a regras de governança corporativa que impunham a obrigação de manter em circulação parcela mínima de 25% do capital social.

A concentração do capital, no regime capitalista, assume variadas formas, dificultando a mera rotulação das hipóteses como *numerus clausus*.[3] O caráter eminentemente fático, reconhecível por seus efeitos, do poder econômico faz que este apareça de muitos modos, jurídicos ou não. Pouco importa se é uma sociedade limitada ou anônima, uma pessoa física ou jurídica, um ente personalizado ou não personalizado. O que é relevante para a análise antitruste são os efeitos do poder econômico sobre o mercado, pois a sua adaptabilidade prescinde de fórmulas jurídicas.

Um episódio ajuda a provar essa versatilidade. No período imediatamente posterior à promulgação do *Sherman Act* nos Estados Unidos, em 1890, seguiu-se uma grande onda de fusões entre empresas, gerando maior concentração de poder econômico, fato contra o qual o diploma antitruste fora concebido. Diversamente do que se pretendia, o *Sherman Act* estimulara a concentração econômica por meio de outros mecanismos que não os trustes, ao tornar ilegal a celebração de uma série de acordos entre empresas, mas não restringir em absoluto as fusões e aquisições.[4] A brecha legal foi aproveitada para acelerar a concentração econômica e mostrou como não se deve combater o poder econômico.

Dessa maneira, uma técnica legislativa com vistas a estabelecer um *numerus clausus* de sujeitos detentores de poder econômico tende a ser inócua do ponto de vista de sua eficácia e torna, possivelmente em pouco tempo, letra morta qualquer política de defesa da concorrência. Em tese, até mesmo uma única pessoa natural ou família podem ser o núcleo de um grande poder econômico, sem que haja necessidade da intermediação de uma pessoa jurídica. Por isso, a importância em identificar os principais detentores de poder econômico não serve para fundamentar a atuação mais específica da análise antitruste em face de determinados sujeitos. Focando tais institutos jurídicos, o estudo desse aspecto serve, em realidade, de notícia histórica, de ajuda na compreensão da estrutura do poder econômico e de orientação da formulação da legislação pertinente. Emblematicamente,

---

[3] COMPARATO, Fábio Konder. A reforma da empresa, p. 63.

[4] HOVENKAMP, Herbert. *Federal antitrust policy:* the law of competition and its practice, p. 51. Interessante observar que: "England was much more tolerant of cartels, with the result that British firms lacked the same incentive to merge and remained inefficiently small".

Nusdeo menciona os trustes, as sociedades *holdings*, os grupos empresariais, os *pools* e os cartéis.

É verdade que a atuação dos trustes nos Estados Unidos de fins do século XIX estigmatizou o instituto do fideicomisso de tal forma que, além de dar origem à denominação inglesa "antitruste", contribuiu para identificar todo e qualquer truste com o poder econômico. Essa redução, por óbvia, é simplista, mas pode ser usada para discorrer sobre os modos, jurídicos ou não, pelos quais o poder econômico se revela. A origem histórica do instituto jurídico do *trust* encontra-se no direito de uso (*use*) da Inglaterra medieval, o qual consistia na cessão dos direitos de uso a um terceiro, para que administrasse propriedades em favor do cedente. Com o aprimoramento desse mecanismo, é-lhe concedida tutela jurídica, a partir do que deixa de basear-se exclusivamente na mútua confiança (*trust*) entre as partes. Dessa maneira, surge verdadeira possibilidade de dividir o direito de propriedade em dois: uma titularidade legal, cabível àquele que administra, e uma titularidade beneficiária, cabível àquele que obtinha o gozo da coisa sem figurar formalmente como proprietário.[5] Não se confunde o *trust* com a representação, pois, no *trust*, o administrador, igualmente, age em interesse de outrem, mas também é titular da propriedade. Pressupondo-se a existência de uma intenção, de um objeto (um bem ou mesmo um objetivo) e de beneficiários, o *trust* é um mecanismo jurídico importante, incorporado inclusive em ordenamentos de origem romanística, possuindo funções, como as já mencionadas na esfera empresarial e de investimentos, bem como a proteção de incapazes e pessoas inexperientes no trato mercantil.[6]

Também as sociedades *holdings* são outra forma bastante acusada de servir de abrigo ao poder econômico. Denomina-se *holding* aquela pessoa jurídica que destina suas atividades essencialmente à aquisição de ações e, conseqüentemente, ao gerenciamento de outras empresas. Ocorre geralmente em relação às sociedades anônimas, de capital aberto ou fechado, e facilita o controle sobre as atividades de determinado setor. Dessa forma, a *holding* passa a dominar amplas fatias do mercado e tem condições de regular seu funcionamento.[7] Uma vez que se dedica principalmente à aquisição de ações de outras empresas sobre as quais lhe é interessante manter controle,

---

5 SALOMÃO NETO, Eduardo. *O trust e o direito brasileiro*. São Paulo: LTr, 1996. p. 9-58.

6 BLACK, Henry Campbel. *Black's law dictionary*. St. Paul: Editorial Staff, 1998. p. 1508-1514.

7 Idem, p. 731.

sua atuação está relacionada com as sociedades anônimas.[8] Dessa maneira, abre-se para a *holding* a possibilidade de penetrar nos mais diferentes setores da economia.

Ao conjunto das empresas controladas normalmente por *holdings* dá-se o nome de conglomerado econômico, o qual compreende um grupo de empresas geridas pelo mesmo corpo societário (o da *holding*).[9] Os conglomerados econômicos foram e ainda são figuras comuns em todas as economias capitalistas, mas, em virtude de particularidades históricas, destacaram-se mais nos Estados Unidos, onde são denominados *trusts*, na Alemanha, conhecidos como *Konzern*, e no Japão, chamados de *Zaibatsu*.[10]

Por sua vez, os *pools* e os cartéis são formas próximas, os primeiros apontados como estágios preliminares dos segundos, embora não necessariamente conduzam a eles. Há *pools* se "várias empresas decidem manter uma atividade ou serviço comum que atenda a todas elas, como por exemplo um escritório de compras de matéria-prima ou de assistência técnica ou, ainda, de promoção de exportações".[11] Estes não se apresentam, em geral, constituídos sob qualquer forma societária, mas isso pode ocorrer às vezes. Por seu turno, os cartéis são um negócio jurídico, atualmente, ilícito, que, na maioria dos casos, não é reduzido a escrito e objetiva a "adoção de decisões ou políticas comuns quanto a todos ou a determinado aspecto de suas atividades".[12]

1. Notas sobre a definição de mercado relevante

Do ponto de vista técnico, o primeiro passo da análise antitruste é identificar o mercado relevante, ou seja, o *locus* onde se desenrola o processo de rivalidade entre os agentes econômicos. Todos os índices usados para a quantificação do poder econômico só fazem sentido num dado mercado

---

8 Não se exclui a possibilidade de uma *holding* deter participações em outros tipos de sociedades – aliás, no Brasil, boa parte das grandes empresas não é constituída sob a forma de sociedades anônimas, mas sim como sociedades por quotas de responsabilidade limitada.

9 SANDRONI, Paulo. *Novíssimo dicionário de economia*. São Paulo: Best Seller, 2001. p. 121.

10 NUSDEO, Fábio. *Curso de economia:* introdução ao direito econômico, p. 277.

11 Idem, p. 277.

12 Idem, p. 276. As legislações de defesa da concorrência tornaram os cartéis ilícitos, mas antes eles eram tolerados pelos ordenamentos jurídicos.

relevante e constituem um meio para a mensuração deste. Sem essa definição, é impossível utilizar as ferramentas para mensurar o poder econômico e avaliar a concorrência em qualquer mercado.[13]

Tabela 3 – Posição dos 10 maiores bancos argentinos, mexicanos e brasileiros na América Latina e no mundo em dezembro de 1997

Instituição	País	Propriedade do capital	Capital *	Classificação	
				América Latina**	Mundo***
Banco do Brasil	Brasil	Público	5.562	1	63
Bradesco	Brasil	Privado	5.481	2	65
Itaú	Brasil	Privado	3.893	3	99
Unibanco	Brasil	Privado	2.373	4	145
Banespa	Brasil	Público	2.350	5	147
Nación Argentina	Argentina	Público	2.002	6	166
Banamex	México	Privado	1.790	7	181
Bancomer	México	Privado	1.659	8	196
Banco Real	Brasil	Privado	1.581	9	100
Provincia de Buenos Aires	Argentina	Público	1.223	10	238

* Em milhões de dólares.
** Exclui as subsidiárias integrais dos bancos estrangeiros.
*** Critério do capital.
Obs.: Para fins de comparação, o maior banco privado do mundo, o HSBC, possuía capital de US$ 27.392 milhões.

Fonte: *The Banker* (1998), apud FREITAS, María Cristina Penido de; PRATES, Daniela Magalhães. La experiencia de apertura financiera en Argentina, Brasil y México. *Revista de la Cepal*, n. 70, p. 14, abr. 2000.

Retomando-se um exemplo dado anteriormente, um banco regional nordestino pode parecer extremamente poderoso aos olhos dos pequenos agricultores daquela região, mas, do ponto de vista de ativos e depósitos,

[13] BRASIL. Secretaria de Acompanhamento Econômico do Ministério da Fazenda. Secretaria de Direito Econômico do Ministério da Justiça. Portaria Conjunta SEAE/SDE 50, de 1º de agosto de 2001 (*Diário Oficial da União* 158-E, de 17 de agosto de 2001, Seção 1, p. 12-15). Item 25. "O procedimento adotado pela SEAE e SDE para a análise de concentrações constará de 5 etapas principais: Etapa I – definição do mercado relevante [...]".

ser pequeno perto dos grandes bancos nacionais e insignificante perante os grandes bancos internacionais. Contudo, estes não necessariamente atuam na região Nordeste do Brasil, preferindo os centros do Sul e do Sudeste. No mesmo sentido, a presença dos grandes bancos nacionais pode ser bastante limitada no Nordeste, o que conferiria ao banco regional um tamanho proporcionalmente grande na sua área de atuação. Para chegar a tais conclusões, a definição do mercado relevante ajuda a estabelecer o parâmetro de comparação entre o banco nordestino, o nacional e o internacional.

Todavia, esse exemplo é simplório e não abarca parte considerável das nuanças envolvidas. Com freqüência não é possível precisar com clareza o mercado relevante. A multiplicidade de fatores envolvidos na definição, aliada ao dinamismo do mercado, não permite uma afirmação categórica a respeito de qual seria o mercado relevante. Tampouco os economistas lograram até o momento estabelecer uma fórmula, à prova de críticas metodológicas, capaz de englobar as infinitas variáveis decorrentes do comportamento humano. Uma vez mais, a imprevisibilidade dos resultados das ações humanas, idéia de Hayek, justifica a dificuldade. O teste do monopolista hipotético, também conhecido como teste SSNIP,[14] é factível até certo ponto, pois, por vezes, a quantidade de informações necessária para o levá-lo a cabo o inviabiliza. Embora a análise econométrica forneça considerável auxílio na delimitação do mercado relevante, muitas questões não podem ser respondidas com fórmulas e aproximam-se de uma zona cinzenta na qual o bom senso é a melhor ferramenta. Por isso, em situações-limite, a análise antitruste em nada difere da valoração racional das provas feita pelo juiz num processo judicial: um fato ou uma prova podem influenciar mais a decisão por questões meramente subjetivas. Do mesmo modo que pode pairar dúvida sobre qual testemunha diz a verdade, é possível ficar em dúvida sobre quantos consumidores consideram água e isotônicos produtos substitutos entre si.[15]

---

[14] SSNIP significa *Small but Significant Non-transitory Increase in Price* (aumento pequeno, mas não transitório e significativo no preço). Sinteticamente, o teste consiste em simular sucessivos aumentos de preços naquele que é considerado o mercado relevante até o ponto em que os consumidores desviariam suas compras para outro mercado relevante, geográfico ou de produto. WISH, Richard. *Competition law*. 5. ed. Suffolk: LexisNexis, 2003. p. 30. A questão que se coloca é como definir com precisão esse ponto em que os consumidores deixariam de consumir dado produto para trocá-lo por outro. Estudos econométricos podem fornecer aproximações cujas premissas metodológicas podem ser criticadas.

[15] Para uma interessante discussão sobre o mercado relevante, ver BRASIL. CADE. Ato de Concentração 08012.000212/2002-30. Conselheiro-relator Miguel Tebar

Essa região fronteiriça está presente nas tentativas de definir o mercado financeiro. Se, por um lado, um rigorismo absoluto fragmentaria o mercado financeiro em milhares de mercados relevantes conforme os critérios adotados, por outro, a tendência à simplificação, consubstanciada nas grandes categorias facilmente mensuráveis, tal como volume de depósitos e ativos, pode mascarar o que se pretende evitar. Por esses motivos, não se pretende dar uma resposta categórica sobre qual o mercado relevante que se deve adotar. Isso não significa se furtar à análise, mas apenas ser realista em relação ao seu alcance. Dessa forma, o objetivo é enumerar alguns aspectos que precisam ser levados em conta no momento da análise.

1.1 *O mercado financeiro e os mercados financeiros*

A definição do mercado relevante para instituições financeiras é complexa, apresentando inúmeras facetas e nuanças. A tarefa só pode ser feita pela montagem de um quebra-cabeça em que as características de produtos e áreas são as peças. Mesmo assim, ao término, a definição será sujeita a críticas. Nessa fase, o objetivo é padronizar a nomenclatura sobre o mercado financeiro, adiantando-se, desde já, que não há correlação necessária entre o que será exposto e a noção de mercado relevante para fins de defesa da concorrência.

A locução "mercado financeiro" é usada à exaustão nos meios de comunicação, sem que se reflita sobre o seu significado ou alcance. "O mercado financeiro impõe a necessidade de reformas"; "As pressões do mercado financeiro obrigaram o governo a voltar atrás em sua decisão"; "Analistas do mercado financeiro reagiram bem à nova taxa de juros" – são frases que abundam nos noticiários, conferindo um caráter quase mítico ao referido mercado, sem que se saiba ao certo o que ou quem é o mercado financeiro. Precisar sua extensão é um passo preliminar essencial para evitar confusões

---

Barrionuevo. Requerentes: Companhia Brasileira de Bebidas e Pepsico, Inc. Neste caso foi discutido que produtos produtos que concorriam com isotônicos artificiais Marathon e Gatorade. As empresas argumentavam que os consumidores de isotônicos poderiam trocá-los por outros produtos, tais como água e água de coco, caso houvesse um aumento de preço permanente e significativo. O Conselheiro Barrionuevo não considerou este raciocínio como válido. Já o Cons. Oliveira Marques, aceitou o raciocínio em parte, para definir o mercado relevante como sendo o de isotônicos após atividades físicas, nos quais" o qual inclui, além dos isotônicos artificiais: água, sucos (naturais, pronto e em pó), água de coco (natural e industrializada), refrigerantes, chás prontos e outras bebidas". O caso foi aprovado com restrições.

sobre o objeto de análise. Assim, adotar-se-á uma perspectiva funcional para compreender o que se deve entender por mercado financeiro, abstraindo-se as peculiaridades normativas do Brasil.

Os mercados são, na maioria das vezes, lugares idealizados nos quais os demandantes de bens e serviços encontram os ofertantes de bens e serviços. A princípio, usava-se a troca para mediar a compra, pois faltava um denominador comum para comparar os produtos e serviços. Com o surgimento da moeda, as trocas foram facilitadas em muito, reduzindo, do mesmo modo como ocorrera com a divisão social do trabalho, os custos de transação.[16] Como North explica, "especialização pode ser feita pelo aumento do tamanho dos mercados, e, à medida que a economia mundial cresceu e a divisão do trabalho se tornou ainda mais específica, o número de trocas envolvidas no desempenho das economias aumentou".[17]

À medida que o uso da moeda se difundiu, ficou mais evidente o poder decorrente da sua posse. Ao mesmo tempo, na vida econômica, surgiu uma demanda pela moeda cujas características específicas a diferenciavam dos demais produtos e serviços. Logo, havia pessoas que necessitavam de moedas e pessoas que as tinham em abundância. Às vezes, essas duas pessoas faziam convergir suas vontades para um contrato de mútuo, mas esse encontro nem sempre era fácil ou rápido. Uma vez mais, os custos de transação dificultavam o encontro dos que precisavam com os que detinham a moeda.

Nesse momento, a prática comercial pôs lado a lado os demandantes de moeda e seus ofertantes, fazendo nascer os antecedentes dos mercados financeiros. Como sintetiza Valdez, os mercados financeiros, de uma forma ou de outra, "intencionam levantar capital e unir aqueles que querem capital (tomadores) com aqueles que o têm (emprestador)".[18] De uma perspectiva

---

16 Os custos de transação abarcam todos aqueles em que se incorrem para que seja feita uma troca. Assim, na aquisição de uma empresa, os honorários advocatícios, os estudos de mercado e as taxas de registro nos órgãos competentes constituem exemplos de custos de transação.

17 NORTH, Douglas C. *Institutions, institutional change and economic performance*. Cambridge: Cambridge University Press, 1990. p. 27. "Specialization could be realized by increasing the size of markets, and as the world's economy grew and division of labor became ever more specific, the number of exchanges involved in the performance of economies expanded."

18 VALDEZ, Stephen, WOOD, Julian. *An introduction to global financial* markets, p. 3. "The markets are all about the raising of capital and the matching of those who want capital (borrowers) with those who have it (lenders)."

genérica, está-se diante da intermediação financeira nos mercados financeiros, na qual os bancos recebem dinheiro em depósito e o emprestam.

Esse é um retrato simplificado e, com freqüência, expandido, sem que se tenha em mente essa função básica do mercado financeiro. Funcionalmente, até haveria outro mecanismo que se aproximaria da intermediação financeira ocorrida no mercado financeiro: o acesso ao mercado de capitais. As relações entre o mercado de intermediação financeira e as demais partes do mercado financeiro influenciam o desempenho de ambos.[19] De fato, "o setor de títulos negociáveis consiste de firmas engajadas na emissão, distribuição e venda desses títulos negociáveis e produtos financeiros relacionados. Tais atividades incluem subscrição e outras típicas dos bancos de investimento, corretagem e *market-making*".[20] Os títulos negociáveis, principalmente no momento de sua emissão primária, transferem recursos do subscritor para a empresa, encaixando-se numa "acepção ampliada" de intermediação financeira.[21] Alguns bancos, além das atividades tradicionais de intermediação financeira, atuam nesse mercado, do que resulta, talvez, o fato de alguns tomarem o mercado de intermediação financeira e o de capitais como se fosse um só.

Se se desconsiderar a função de intermediação financeira, outros mercados são cotidianamente considerados financeiros. Assim, apenas de modo indireto o mercado cambial se relacionaria com o de intermediação financeira, mas historicamente, por ser subjacente a este, é incluído no financeiro. Processo análogo ocorre com o mercado de seguros, o qual se submete, em muitos países, a regimes regulatórios diferentes. Nas últimas décadas, os bancos têm sido usados na distribuição de seguros, embora sua capitalização permaneça apartada.[22] Bancos operam com freqüência no

---

[19] CLAESSENS, Stijn; LAEVN, Luc. What drives bank competition? Some international evidence. *Policy Research Working Paper*, World Bank, n. 3113, p. 2, Aug. 2003. "Furthermore, the degree of competition from other forms of financial intermediation (capital markets, non-bank financial institutions, insurance companies) will play a role in determining banking system competitiveness."

[20] HAYES III, Samuel L.; SPENCE, A. Michael; MARKS, David Van Praag. *Competition in the investment banking industry*. Cambridge: Harvard University Press, 1983. p. 1. Por *market-making* entenda-se a atividade por meio da qual uma corretora ou empresa posiciona, simultaneamente, ordens de compra e de venda, esperando que o público negocie em ambas as posições.

[21] Idem, p. 4-7.

[22] CRANSTON, Ross. *Principles of banking law*. 2. ed. Oxford: Oxford University Press, 2002. p. 35.

mercado de seguros e cambial e, por processo de expansão conceitual, esses mercados seriam tidos como financeiros. Caso se queira, pode-se fazer a lista dos mercados crescer quase que indefinidamente, diferenciando uns dos outros conforme o produto que comercializam. Tal observação deve levar em conta as peculiaridades de cada jurisdição, sob pena de a generalização perder-se num emaranhado de informações, momento em que a consciência do todo se torna precária.

Em vista disso, ao se fazer referência a mercado financeiro ou aos mercados financeiros, tem-se em mente esse aspecto mais amplo. Se a intenção for restringir o escopo da expressão, será utilizado "mercado de intermediação financeira", significando apenas a atividade tradicionalmente desempenhada pelos bancos acima descrita, ou seja, intermediação financeira em sentido estrito, ou simplesmente intermediação financeira.[23] Desse modo, essa última expressão não inclui o mercado de capitais, o qual é mencionado pelo próprio nome.

1.2 *Mercado financeiro e sistema financeiro*

A definição de mercado financeiro (ou de mercados financeiros) sujeita-se às incertezas terminológicas e conceituais acima descritas. O máximo de precisão que se pode atingir é na definição de um mercado de intermediação financeira a partir do conceito de SFN.

A noção de sistema empresta, por seu turno, maior precisão ao adjetivo "financeiro". A Lei 4.595/1964 formalizou os limites do mercado financeiro, determinando que "o Sistema Financeiro Nacional, estruturado e regulado pela presente Lei, será constituído: I – do Conselho Monetário Nacional; II – do Banco Central do Brasil; III – do Banco do Brasil S.A.; IV – do Banco Nacional de Desenvolvimento Econômico e Social; V – das demais instituições financeiras públicas e privadas".[24] Assim, o SFN compreende tanto os entes reguladores, quanto os entes regulados. Por essa razão, o SFN, de um lado, e o mercado financeiro e/ou mercado de intermediação financeira, de outro, não podem ser tomados como expressões sinônimas. A partir dessa definição, excluindo-se os entes reguladores e instrumentos de políticas públicas, esses mercados seriam limitados aos agentes econômicos

[23] A definição não corresponde ao que decorre da Lei 4.595/1964, mas visa apenas a conferir uniformidade ao tratamento do tema. Ao longo do texto, se discutirá em detalhes o alcance da expressão.

[24] BRASIL. Lei 4.595, de 31 de dezembro de 1964, art. 1º.

que nele atuam, a saber, as instituições financeiras públicas e privadas, o Banco do Brasil e o BNDES.

Também "seria equivocado compreender o sistema financeiro como sendo exclusivamente constituído por bancos".[25] Os bancos são apenas uma "das instituições que permitem a circulação de riqueza" e que "facilitam a transferência de moeda entre os agentes financeiros". Apesar de serem parte do SFN, também não se pode negar aos bancos o papel primordial na intermediação financeira.

A abrangente institucionalização do SFN, operada por meio da Lei 4.595/1964, deixa pouco espaço para a existência de mercados financeiros fora de seu âmbito. Certamente, isso não quer dizer que a análise antitruste deverá, necessariamente, se contentar com os limites regulatórios impostos às instituições partícipes do SFN.

Todavia, é possível especular, em razão da indefinição do conceito de mercado financeiro, se algumas atividades poderiam ser incluídas ou excluídas do âmbito do SFN. Em realidade, a comparação entre diferentes regimes regulatórios demonstra a existência de uma "franja" de atividades nessa condição. Os consórcios, regulados no Brasil no bojo do SFN, não são em outras jurisdições regulados pela autoridade monetária. As atividades relacionadas à cadeia de cartões de crédito fornecem exemplo oposto: não reguladas no Brasil, elas o são em outras jurisdições.

Tal ausência de coincidência entre os limites do SFN e os do mercado financeiro tem implicações para fins de defesa da concorrência. Em primeiro lugar, acirra a discussão sobre o que é matéria regulatória e o que é matéria concorrencial, que, num cenário ainda futuro, estariam sujeitas respectivamente à competência do Bacen e do Cade. Em segundo lugar, pode jogar um elemento complicador na definição do mercado relevante ao suscitar dúvidas sobre a concorrência (i) entre entes regulados e entes não regulados e (ii) entre produtos regulados e produtos não regulados.[26]

---

[25] SADDI, Jairo. O desenvolvimento do sistema financeiro, sistema bancário e sistema de crédito. *Revista de Direito Bancário, do Mercado de Capitais e da Arbitragem*, São Paulo, v. 29, p. 333, jul.-set. 2005.

[26] A Anatel e o Cade já têm enfrentado situações desta natureza. A primeira tende a analisar apenas e tão-somente os impactos que as condutas e concentrações possuem sobre mercados regulados por ela, ignorando repercussões mais abrangentes sobre os mercados envolvidos. Assim, ela tende a identificar os mercados relevantes com as diversas categorias de concessões e autorizações. Por seu turno, o Cade tende a analisar as repercussões que as condutas e concentrações podem ter de um prisma mais abrangente.

2. Aspecto subjetivo da definição de instituição financeira

Como visto anteriormente, a qualificação jurídica é de pouca importância para a definição do detentor do poder econômico. Às vezes, por detrás de uma aparentemente inofensiva sociedade por cotas de responsabilidade limitada, forma mais comum de sociedade no Brasil, inclusive entre as pequenas e médias empresas, é possível identificar o centro de um grande poder econômico, do mesmo modo que uma sociedade anônima, que, espera-se, em razão das formalidades necessárias para o funcionamento e de associações feitas por leigos ao mercado de ações, pode ser um agente econômico extremamente frágil. O que importa é identificar o centro decisório que detém o poder econômico.

Quando se trata do mercado de intermediação financeira, essa tarefa é facilitada pela legislação. Praticamente todas as jurisdições, reconhecendo o impacto que pode decorrer da intermediação financeira sobre o público em geral, impõem um regime regulatório de controle da entrada nesse mercado por meio do qual todo partícipe precisa ser autorizado pela autoridade competente. Assim, é relativamente fácil identificar quem, de modo lícito, leva a cabo a intermediação financeira, bastando para tanto consultar o ente regulador.

Essa observação sobre a limitação normativa imposta por sistemas jurídicos diversos deve ser lida com reservas, na medida em que não ajuda a diferenciar banco de instituição financeira. Se esta possui definição legal clara, o mesmo não acontece com banco. De fato, "os termos banco e negócios bancários não se prestam a definições precisas devido ao fato de que uma grande variedade de instituições financeiras participa do fornecimento de um ou mais serviços genericamente considerados como funções bancárias".[27] Se o foco da definição repousa sobre a capacidade de emprestar dinheiro, algumas instituições serão consideradas bancos. Se o foco é a capacidade de "criar dinheiro", somente os governos, por intermédio dos bancos centrais, e os bancos comerciais deveriam ser considerados. Os bancos de investimento, por sua vez, em princípio não recebem dinheiro em depósito do público.[28]

---

[27] KENT, Raymond P. *Money and banking*. 5. ed. New York: Holt, Rinehart and Winston, 1966. p. 101.

[28] BRASIL. Conselho Monetário Nacional. Resolução 2.624, de 29 de junho de 1999. "Artigo 1º Estabelecer que os bancos de investimento, instituições financeiras de natureza privada, especializadas em operações de participação societária de caráter temporário, de financiamento da atividade produtiva para suprimento de capital fixo e de giro e de administração de recursos de terceiros, devem ser constituídos

Alguns utilizam bancos e instituições financeiras como sinônimos, embora estas sejam um gênero daqueles.[29]

Assim, o auxílio da tradição é útil na construção do conceito de banco, e essa tradição deve ser investigada em cada ordenamento jurídico. Ela ajudou a delimitar o que se deve entender por banco, pois, pelo menos desde a Idade Média, a atividade de intermediação financeira se fez presente na vida econômica. Mesmo no direito inglês, o mais renitente em regular os mercados financeiros, a Justiça teve de apresentar uma definição de banco no caso *United Dominions Trust Ltd. v. Kirkwood*, julgado em 1966, sem que houvesse diploma normativo.[30] A questão não é filigrana jurídica, porque, tratando-se de atividade econômica em profunda conexão com a disciplina contratual, uma eventual definição sem respaldo no cotidiano dos bancos poderia ou conduzir a sua morte prematura ou deformar a finalidade econômica da intermediação financeira. Por essa razão, vários países apresentam definições idênticas em seus aspectos substanciais.

A duas diretivas bancárias em vigor na União Européia subscrevem essa abordagem, afirmando que "instituições de crédito são empresas cujo negócio é receber depósitos e outros fundos repagáveis do público e conceder empréstimos em seu próprio nome".[31] A natureza indicativa das diretrizes no direito europeu permite afirmar que as legislações dos países membros, caso ainda não estivessem de acordo com esse conceito,

---

sob a forma de sociedade anônima." Contudo, o inc. I do art. 2º da mesma norma permite que os bancos de investimento utilizem, além de recursos próprios, os provenientes de depósitos a prazo, com ou sem emissão de certificado.

29 KENT, Raymond P. *Money and banking*, p. 101-102.

30 REINO UNIDO. *United Dominions Trust Ltd. v. Kirkwood*. [1966] 2QB 431 (CA). Voto de Lorde Denning MR. "There are, therefore, two characteristics usually found in bankers today: (i) They accept money from, and collect cheques for, their customers and place them to their credit; (ii) They honour cheques or orders drawn on them by their customers when presented for payment and debit their customers accordingly. These two characteristics carry with them also a third, namely: (iii) They keep current accounts, or something of that nature, in their books in which the credits and debits are entered."

31 COMUNIDADE ECONÔMICA EUROPÉIA. Directiva 77/780/CCE, de 12 dezembro de 1977, relativa à coordenação das disposições legislativas, regulamentares e administrativas respeitantes ao acesso à actividade das instituições de crédito e ao seu exercício.

deveriam ser adaptadas.[32] Os Estados Unidos têm adotado a mesma noção com pequenas variações ao longo dos anos.[33]

No Brasil, a legislação segue padrão similar, ao permitir que só as pessoas jurídicas públicas ou privadas façam intermediação financeira,[34] necessitando ser autorizadas para tanto.[35] A identificação das instituições financeiras é facilitada, pois, do ponto de vista societário, estas precisam ser constituídas sob a forma de sociedade anônima.[36] Apesar da relativa clareza que envolve a definição de instituição financeira no que respeita à sua ati-

[32] MOLONEY, Niamh. *EC securities regulation*. Oxford: Oxford University Press, 2001. p. 16. "Directives are binding as regards the result to be achieved but leave the choice of form and method of implementation to the national authorities. They will contain an implementation date, which will vary according to the severity of the changes required to existing rules or the new rules demanded and the degree of market upheaval which might be expected, by which obligations must be implemented."

[33] ESTADOS UNIDOS. Bank Holding Company Act (Douglas Amendment, 1956) (12 U.S.C. § 1841(c)(1)(B)). Banco é uma "institution organized under the laws of the U.S., any State of the U.S., the D.C., any territory of the U.S., Puerto Rico, Guam, American Samoa, or the Virgin Islands that (1) accepts deposits that 'as a matter of practice' are payable on demand and (2) engages in the business of making 'commercial loans'." ESTADOS UNIDOS. Bank Holding Company Act (1970 Amendment) (12 U.S.C. § 1841(c)(1)(B)). Banco é uma "institution which (1) is 'chartered as a bank', (2) makes 'commercial loans', and (3) takes deposits 'which the depositor has a legal right to draw on demand". ESTADOS UNIDOS. Competitive Equality Banking Act of 1987 (CEBA), (12 U.S.C. § 1841(c)(1)(A)). Finalmente, a definição vigente afirma que banco é uma instituição que aceita depósitos em conta corrente ou depósitos que podem ser retirados por cheque ou meios de pagamentos assemelhados para terceiros ou outros, efetua empréstimos comerciais e constitui um *insured bank* nos termos do Federal Deposit Insurance Act of 1991 (FDIA), (29 U.S.C. § 1813(h).

[34] BRASIL. Lei 4.595/1964, art. 17. "Consideram-se instituições financeiras, para os efeitos da legislação em vigor, as pessoas jurídicas públicas ou privadas, que tenham como atividade principal ou acessória a coleta, intermediação ou aplicação de recursos financeiros próprios ou de terceiros, em moeda nacional ou estrangeira, e a custódia de valor de propriedade de terceiros."

[35] BRASIL. Lei 4.595/1964, art. 18. "As instituições financeiras somente poderão funcionar no País mediante prévia autorização do Banco Central do Brasil ou decreto do Poder Executivo, quando forem estrangeiras."

[36] BRASIL. Lei 4.595/1964, art. 25. Exceção à regra são as cooperativas de crédito de acordo com a redação dada pela Lei 5.710, de 7 de outubro de 1971.

vidade, a Lei 4.595/1964 as enumera no § 1º do art. 18: "estabelecimentos bancários oficiais ou privados, das sociedades de crédito, financiamento e investimentos, das caixas econômicas e das cooperativas de crédito ou a seção de crédito das cooperativas que a tenham".[37]

Embora o negócio principal do mercado de intermediação financeira estivesse englobado na definição apresentada, criou-se uma categoria subjacente à das instituições financeiras, a das "equiparadas às instituições financeiras", que, como a denominação indica, não são ontologicamente instituições financeiras. O parágrafo único do art. 17 cria a categoria das equiparadas às instituições financeiras, mas inclui em sua esfera apenas "as pessoas físicas que exerçam qualquer das atividades referidas neste artigo, de forma permanente ou eventual".[38] Cabe ao § 1º do art. 18 estender a abrangência do conceito:

> [às] bolsas de valores, companhias de seguros e de capitalização, [às] sociedades que efetuam distribuição de prêmios em imóveis, mercadorias ou dinheiro, mediante sorteio de títulos de sua emissão ou por qualquer forma, e [às] pessoas físicas ou jurídicas que exerçam, por conta própria ou de terceiros, atividade relacionada com a compra e venda de ações e outros quaisquer títulos, realizando nos mercados financeiros e de capitais operações ou serviços de natureza dos executados pelas instituições financeiras.

Por questões de política regulatória, uma série de atividades é equiparada às de instituições financeiras, pois há certa afinidade de atuação

---

[37] BRASIL. Lei 4.595/1964, art. 18, § 1º. "Além dos estabelecimentos bancários oficiais ou privados, das sociedades de crédito, financiamento e investimentos, das caixas econômicas e das cooperativas de crédito ou a seção de crédito das cooperativas que a tenham, também se subordinam às disposições e disciplina desta Lei no que for aplicável as bolsas de valores, companhias de seguros e de capitalização, as sociedades que efetuam distribuição de prêmios em imóveis, mercadorias ou dinheiro, mediante sorteio de títulos de sua emissão ou por qualquer forma, e as pessoas físicas ou jurídicas que exerçam, por conta própria ou de terceiros, atividade relacionada com a compra e venda de ações e outros quaisquer títulos, realizando nos mercados financeiros e de capitais operações ou serviços de natureza dos executados pelas instituições financeiras."

[38] BRASIL. Lei 4.595/1964, art. 17, parágrafo único. "Para os efeitos desta Lei e da legislação em vigor, equiparam-se às instituições financeiras as pessoas físicas que exerçam qualquer das atividades referidas neste artigo, de forma permanente ou eventual.

entre as equiparadas e as instituições financeiras propriamente ditas.[39] Esta estratégia regulatória já foi objeto de severas críticas,[40] mas tem se revelado conveniente para lidar com as mutações do mercado financeiro.

Como visto, o mercado de capitais pode desempenhar atividade funcionalmente assemelhada à de intermediação financeira. A Lei 6.385/1976 tratou das instituições financeiras que atuam no mercado de capitais,[41]

---

[39] Não realizam intermediação financeira em sentido estrito "as bolsas de valores, companhias de seguros e de capitalização, as sociedades que efetuam distribuição de prêmios em imóveis, mercadorias ou dinheiro, mediante sorteio de títulos de sua emissão ou por qualquer forma". Entretanto, por questões regulatórias, estas recebem tratamento equiparado à das instituições financeiras. O mesmo ocorre com as administradoras de cartão de crédito. O Bacen se recusa a considerá-las como instituições financeiras, muito embora, devido à vinculação atualmente existente entre bancos e administradoras de cartão de crédito, estas sejam, indiretamente, reguladas pela avaliação global da instituição financeira. Todavia, a Súmula 283 do STJ, datada de 13 de maio de 2004, considera que "as empresas administradoras de cartão de crédito são instituições financeiras e, por isso, os juros remuneratórios por elas cobrados não sofrem limitações da Lei de Usura". A fundamentação utilizada parte do § 1º do art. 18 da Lei 4.595/1964. Ver SADDI, Jairo. Administradoras de cartão de crédito. Lei da Usura. Inaplicabilidade. *Revista de Direito Bancário, do Mercado de Capitais e da Arbitragem*, v. 29, p. 132-139, jul.-set. 2005.

[40] Ver voto vista de Newton de Lucca no HC 96.03.046651-4-SP, impetrado perante o Tribunal Regional Federal da 3ª Região. Recordando o mercado financeiro antes da Lei 4.595/1964, omagistrado afirma: "Paralelamente ao *sistema* oficialmente instituído, existia um mercado desordenado de juros, representado principalmente pela negociação de títulos cambiariformes – duplicatas mercantis – que eram descontadas pelos *agiotas*, tornando-se imperiosa e urgente a reforma preconizada. No afã de pôr cobro a esse mercado paralelo, o legislador de 1964 dilatou o conceito de *instituição financeira*, ministrando uma definição, no art. 17 dessa Lei 4.595, que se caracterizou por uma evidente impropriedade jurídica. Como disse um de seus comentadores, até os garagistas de automóvel, pela amplitude desse art. 17, haveriam de ser considerados como instituições financeiras".

[41] BRASIL. Lei 6.385/1976, art. 15. "O sistema de distribuição de valores mobiliários compreende: I – as instituições financeiras e demais sociedades que tenham por objeto distribuir emissão de valores mobiliários: a) como agentes da companhia emissora; b) por conta própria, subscrevendo ou comprando a emissão para a colocar no mercado; II – as sociedades que tenham por objeto a compra de valores mobiliários em circulação no mercado, para os revender por conta própria; III – as sociedades e os agentes autônomos que exerçam atividades de mediação na negociação de valores mobiliários, em bolsas de valores ou no mercado de balcão".

bem como das equiparadas a instituições financeiras cujo *habitat* natural é o mercado de capitais. Afinal, as instituições financeiras em sentido estrito estão com freqüência presentes no mercado de capitais, e o conceito de banco universal envolve a atuação na área de investimento. É difícil afastar a simbiose entre os dois mercados, que se influenciam reciprocamente.

Como argumenta Saddi, os bancos seriam intermediadores indiretos, por se colocarem entre os depositantes e os demandantes de recursos, ao passo que no mercado de capitais haveria intermediação direta, uma vez que, o demandante e o ofertante de recurso se encontrariam sem intermediários.[42] Por conta dessa diferença, as respostas regulatórias são bastantes diferenciadas para cada um dos mercados. Em tese, ambos podem ser considerados fontes viáveis de recursos conforme a situação de cada empresa.[43]

2.1 *Expansão da atuação das instituições financeiras*

Apesar de juridicamente ser bem delimitado o âmbito de atuação das instituições financeiras, estas desde cedo não se restringiram à atividade de intermediação financeira. A evolução histórica dessas instituições revela a tendência à expansão de suas atividades, quer seja para dentro, quer seja para fora de seu negócio principal. Assim, para compreender a dominação exercida pelas instituições financeiras e pelo SFN, convém identificar os sentidos da expansão de suas atividades.

---

42 SADDI, Jairo. O desenvolvimento do sistema financeiro, sistema bancário e sistema de crédito, p. 335.

43 É difícil definir qual o exato grau de substitutibilidade existente entre o que é ofertado no mercado de intermediação financeira e o que é ofertado no mercado de capitais. Obviamente, não há substitutibilidade alguma para o pequeno e médio tomador de recursos, uma vez que o mercado de capitais só é viável para empresas de grande porte, especialmente no caso brasileiro. Do mesmo modo, até mesmo empresas de grande porte podem necessitar de recursos rapidamente, o que não seria viável no mercado de capitais. Assim, somente num cenário de segmentação do mercado relevante conforme o porte do tomador de recursos é que o mercado de capitais poderia ser enquadrado como um substituto imperfeito para a intermediação financeira. No Brasil, não se pode também esquecer que os críticos apontam uma série de falhas no mercado de capitais que o tornam menos atrativo como fonte de recursos do que em outros países. Portanto, dadas as limitações apresentadas, dificilmente o mercado de capitais brasileiro pode ser considerado um substituto para o mercado de intermediação financeira.

2.1.1 *Expansão para atividades nos mercados relevantes de produto e geográfico*

O movimento de expansão das instituições financeiras nos mercados relevantes geográfico e de produto é uma das facetas do crescimento interno. Uma expansão dificilmente vem desacompanhada da outra. Na Idade Média, a letra de câmbio "interligou" várias bancas em cidades diversas. Hoje, fundos diversos são usados para levar a cabo investimento em outros países. Por esse motivo, os dois tipos de expansão são tratados em conjunto.

2.1.1.1 Tratamento da questão nos Estados Unidos

Nos Estados Unidos, uma série de diplomas legislativos moldou a atuação dos bancos. Ao se comparar o regime a que estavam submetidos até há pouco, percebe-se que as restrições à expansão foram muito fortes se cotejadas com as dos demais países – alguns Estados limitavam o número de estabelecimentos bancários a uma agência por banco.[44]

A princípio, embora os impactos se produzissem sobre a estrutura do mercado bancário, a atenção estava mais voltada para a questão do federalismo. Durante os debates para a promulgação da Constituição, a determinação de quem seria competente para autorizar o funcionamento dos bancos constituiu um dos pontos da polêmica. De um lado, temerosos da grande centralização de poder nas mãos da figura do presidente, os antifederalistas defendiam uma competência estadual, ao passo que, de outro lado, os federalistas posicionavam-se a favor de uma competência federal. Como resultado dessa tensão, os Estados Unidos são o único país a possuir um sistema no qual tanto os Estados quanto a União são competentes para autorizar o funcionamento de bancos. Associadas à repulsa ao poder econômico, essas diretrizes orientariam as políticas subseqüentes, animando o debate pelos decênios seguintes e moldando as leis relativas aos bancos.[45] Modelo para outros Estados americanos, o *Free Banking Act* do Estado de Nova Iorque, de 1838, liberalizaria a abertura dos bancos, que não mais dependeriam de autorização legislativa para funcionar, necessitando tão-somente atender a requisitos prescritos na lei.[46] Contudo, o regime de liberdade conduziu a

---

[44] VALDEZ, Stephen; WOOD, Julian. *An introduction to global financial markets*, p. 37.

[45] LATNER, Richard B. A new look at Jacksonian politics. *The Journal of American History*. Bloomington, Indiana, v. 62, n. 4, p. 943-945, Mar. 1975.

[46] ALHADEFF, David A. *Monopoly and competition in banking*: the rise of commercial banking. New York: Arno Press, 1980. p. 1. "The Free Banking Act of the State of

uma série de falências, e os *National Bank Acts* de 1863 e 1864 tentariam extinguir o sistema dual. Uma decisão judicial posterior considerou inconstitucional parte dessas leis por ofensa à competência estadual.[47] O sistema continuaria a se desenvolver com base nessa dualidade e nas suspeitas contra os bancos. O *McFadden Act*, em 1927, limitou a atuação dos bancos estaduais ao Estado que autorizou seu funcionamento,[48] pois havia o temor de que os grandes bancos de Nova Iorque dominassem os menores de outros Estados.[49] Como resposta à crise de 1929, o *National Banking Act*, de 1933, também conhecido como *Glass-Steagal Act*, determinou a separação entre as atividades comerciais e as de investimento dos bancos, visando principalmente a conter o poder do JP Morgan.[50] Em 1956, o *Bank Holding Act* impôs mais restrições à atuação interestadual dos bancos, exigindo uma lei estadual explícita que autorizasse a aquisição.[51] Alguns Estados limitavam a expansão das atividades ao próprio território, vedando concentrações econômicas que resultassem em bancos com volume de depósitos acima de dado percentual.[52]

New York (1838) was intended to democratize commercial banks, and its strong bias against monopoly and favored parties made is a model for many other states."

47 ESTADOS UNIDOS. Suprema Corte. *Veazie Bank v. Fenno*, 75 U.S. 533 (1869) 75 U.S. 533 (Wall.).

48 VALDEZ, Stephen; WOOD, Julian. *An introduction to global financial markets*, p. 37.

49 RUBIN, E. L. Deregulation, reregulation, and the myth of the market. *Washington and Lee Law Review*, Lexington, v. 45, p. 1249-1252, 1988.

50 HAYES III, Samuel; SPENCE, Michael; MARKS, David Van Praag. *Competition in the investment banking industry*, p. 21-22. "As a result of the Act's passage, established private bankers had to choose whether to give up their depository or their underwriting business; commercial banks had to sever relations with security affiliates and to scale down the activities of overgrown bond departments. Some firms disappeared. Others, including many small regional houses, emerged in a new guise. New firms appeared to occupy vacant niches. Morgan, for example, chose to keep its position in commercial banking, but several partners left to form the investment house of Morgan Stanley." O alvo desta lei foi o próprio JP Morgan, que, à época, detinha controle de inúmeras atividades e setores industriais, causando temores na sociedade americana sobre seu excessivo poder econômico.

51 ESTADOS UNIDOS. Bank Holding Company Act (Douglas Amendment) of 1956.

52 ESTADOS UNIDOS. Board of Governors of the Federal Reserve System. BURKE, Jim. *Antitrust law, Justice Department Guidelines, and the limits of concentration in*

O quadro permaneceu o mesmo até os anos 1980, quando o movimento de desregulação questionou a necessidade de tais restrições, as quais, aos poucos, foram sendo derrubadas. Algumas limitações à atuação dos bancos foram retiradas.[53] Os Estados, ao perceberem que os bancos estavam lucrando à custa dos demais setores de sua economia com as restrições geográficas de acesso, permitiram a atuação de bancos de outros Estados – o primeiro foi o Alasca.[54] Em 1994, o *US Interstate Banking and Banking Efficiency Act* retirou essa limitação, e, atualmente, vários bancos americanos têm atuação regional.[55] As barreiras entre bancos comerciais e de investimento seriam totalmente suprimidas em 1999, com a promulgação do *Financial Services Act*.[56]

Por causa dessas mudanças normativas, a estrutura do sistema bancário norte-americano, com seus mais de 9.000 bancos, está passando por um forte movimento de concentração. Em 1992, apenas um banco norte-americano figurava, na 20ª posição, na lista das maiores instituições financeiras do mundo. Em 2004, os bancos norte-americanos já ocupavam o 2º, o 9º e o 11º lugar.[57]

O estudo do caso norte-americano demonstra como a implementação de uma política antitruste independe de uma lei de defesa da concorrência. O Congresso pode, de modo efetivo, influenciar o desenho de um setor, tolhendo certas liberdades de ação por significativo período de tempo, sem, no entanto, necessitar de lei antitruste. A existência de um grande número de instituições financeiras locais é o resultado dessa política. Assim, nos anos 1980 e 1990, uma mudança de foco nessa política, que deixou de privilegiar a fragmentação em detrimento da eficiência, já se refletiu no surgimento de grandes bancos norte-americanos.

---

local banking, Staff Studies from *Board of Governors of the Federal Reserve System (U.S.)*, n. 138, p. 4,1984. Em 1983, nove Estados apresentavam esta regra de teto de volume de depósitos: Missouri, com 13%; New Hampshire, com 15%; Nova Jersey, com 20%; Tennessee, com 16,5%; Virgínia Ocidental, com 10%; Nebraska, com 9%; Oklahoma, com 11%, e Arkansas, com 12%.

[53] Ver cap. 2, item 2.2.1, *supra*.

[54] RUBIN, E. L. Deregulation, reregulation, and the myth of the market, p. 1252.

[55] VALDEZ, Stephen; WOOD, Julian. *An introduction to global financial markets*, p. 37.

[56] ESTADOS UNIDOS. Financial Services Act of 1999.

[57] VALDEZ, Stephen; WOOD, Julian. *An introduction to global financial markets*, p. 37.

2.1.1.2 Reino Unido e Alemanha: especialização *versus* universalização

A história legislativa dos Estados Unidos demonstra o impacto que as normas podem ter sobre a organização dos bancos e, por via indireta, sobre os padrões de concorrência. Porém, apesar de as normas exercerem influência determinante na organização dos bancos, não há *ab initio* semelhante relação. A comparação dos bancos no Reino Unido e na Alemanha ilustra que inexiste uma tendência inexorável dos mercados no sentido de especialização ou de universalização, podendo uma alternativa ou outra ser a mais favorável conforme a conjuntura.

No Reino Unido, a tradição de livre-cambismo deixou aos bancos ampla margem para sua organização. Os banqueiros, por uma escolha institucional, entenderam que era perigoso associar o mercado de investimento ao de intermediação financeira. Ademais,

> [...] a separação era reforçada por conservadorismo e cartelização: não havia desejo dos de dentro do mercado de mudar as coisas, e os de fora não podiam romper a forma. Certamente, não havia nenhum grande impedimento legal para os bancos universais, nos quais bancos comerciais e de investimento se encontram combinados.[58]

Por seu turno, na Alemanha, é possível identificar uma secular tradição de um mesmo banco conjugar atividades comerciais e de investimento, embora exista uma divisão institucional.[59] Essa conformação, todavia, está sujeita a críticas. Nos anos 1970, o próprio governo alemão via com reservas os bancos universais, pois

> [...] conflitos de interesse eram objeto de críticas, os quais, como se argumentava, resultam do duplo papel dos bancos universais como emprestadores e acionistas em empresas individualmente consideradas, combinado com sua representação no conselho de supervisão. O último aspecto era visto como a permitir uma concentração de poderes grande demais e enfraquecer a concorrência. Bancos ale-

[58] CRANSTON, Ross. *Principles of banking law*, p. 20. Esta tradição de separação entre bancos de investimento e comercial foi superada, nos anos 1980, devido às pressões competitivas de bancos estrangeiros, que firmaram presença no Reino Unido com base em técnicas semelhantes às utilizadas em seus países de origem.

[59] Idem, p. 20.

mães também eram suspeitos de ter menos interesse no mercado de ações porque preferiam emprestar às empresas.[60]

2.1.1.3 Evolução no Brasil: da especialização à universalização

O modelo institucional adotado pelo Brasil era o de especialização compulsória das atividades bancárias, separando a área de investimentos da comercial. Aproximava-se, desse modo, do antigo modelo americano, e, na legislação, podia ser encontrado na classificação dos bancos. Os principais tipos eram os comerciais, os de investimento e os de desenvolvimento, conforme a carteira de clientes que detivessem, sendo-lhes permitido atuar exclusivamente com uma dessas carteiras.[61] Por carteiras deve-se entender o "conjunto de operações ativas e passivas [...] no exercício de uma das atividades".[62] O art. 30 da Lei 4.595/1964 explicitava essa regra, ao afirmar que

> [...] as instituições financeiras de direito privado, exceto as de investimento, só poderão participar de capital de quaisquer sociedades

[60] RAMM, Ulrich. German banks and the American challenge. In: BATTILOSSI, Stefano; CASSIS, Youssef (Org.). *European banks and the American challenge*: competition and cooperation in international banking under Bretton Woods. Oxford: Oxford University Press, 2001. p. 193. Apesar dessas falhas apontadas, o relatório do governo alemão não recomendou o abandono da estrutura dos bancos universais devido aos sucessos obtidos. ALEMANHA. Ministério Federal das Finanças. *Bericht der Studienkommission 'Grundsatzfragen der Kreditwirtschaft*, p. 2-12.

[61] MURTA FILHO, Marcios Mario. *Concorrência bancária e reformas regulamentares*: o caso da indústria bancária brasileira. 2003. 71f. Dissertação – Faculdade de Economia, Universidade de Brasília, Brasília, 2003, p. 1 e 2. "A atividade típica dos bancos comerciais era a captação de depósitos à vista, livremente movimentáveis, para realização de operações de crédito de curto prazo. Outros tipos de atividades eram exercidas por outras instituições, também especializadas. Os bancos de investimento e desenvolvimento, por exemplo, seriam responsáveis pelos empréstimos de longo prazo, a partir da captação de depósitos a prazo e de recursos no exterior. As sociedades de crédito, financiamento e investimento (as financeiras) deveriam operar no crédito ao consumidor e em empréstimos pessoais, captando letras de câmbio. Finalmente, as instituições do Sistema Financeiro da Habitação (SFH) responderiam pelo financiamento habitacional, com base nos recursos obtidos através de depósitos de poupança e de letras imobiliárias."

[62] SALOMÃO NETO, Eduardo. *Atividade privativa de instituição financeira*. 1998. 208f. Tese de livre-docência – Faculdade de Direito, Universidade de São Paulo, São Paulo, 1988, p. 122.

> com prévia autorização do Banco Central da República do Brasil, solicitada justificadamente e concedida expressamente, ressalvados os casos de garantia de subscrição, nas condições que forem estabelecidas, em caráter geral, pelo Conselho Monetário Nacional.[63]

Seguindo a tendência mundial, em fins dos anos 1980, o Brasil optou por uma política de liberalização parcial do setor. A Resolução 1.524, de 21 de setembro de 1988, emitida pelo CMN, facultou

> [...] aos bancos comerciais, bancos de investimento, bancos de desenvolvimento, sociedades de crédito imobiliário e sociedades de crédito, financiamento e investimento a organização opcional em uma única instituição financeira, com personalidade jurídica própria, nos termos da legislação em vigor.[64]

Em outras palavras, o sistema caminhava da especialização para a universalização.

Essa mudança normativa alterou os padrões de concorrência e pôs fim a contradições das políticas públicas no SFN. Nos anos 1970, o Estado brasileiro perseguiu uma vigorosa política de concentração econômica no SFN, visando à criação de grandes conglomerados. Entretanto, o arcabouço institucional, focado na especialização dos bancos, limitava o alcance dessa política.

2.1.1.4 Evolução no Brasil: dos bancos regionais aos bancos nacionais

Devido à extensão geográfica do Brasil, os bancos nasceram e se desenvolveram regionalmente, refletindo a profunda desarticulação econômica entre as diversas regiões do país. Como as tecnologias de comunicação eram inexistentes e precários eram os meios de transporte, em meados do século XIX floresceram bancos privados regionais nas diversas províncias cuja economia era mais dinâmica: no Rio de Janeiro, em 1838; na Bahia, em 1845; no Maranhão, em 1846; e no Pará, em 1847.[65] Um banco com

---

63 BRASIL. Lei 4.595/1964, art. 30.

64 BRASIL. Conselho Monetário Nacional. Resolução 1.524, de 21 de setembro de 1.988, item 1. É sujeito a debate o poder de o CMN alterar o art. 30 da Lei 4.595/1964 por meio de resolução.

65 JONES, Charles. Commercial banks and mortgage companies, p. 31-32. As instituições de crédito referidas efetuavam intermediação financeira, mas eram ilegais perante o ordenamento jurídico vigente.

atuação nacional só veio a se formar mais tarde. Embora não num primeiro momento, a proclamação da República, em 1889, permitiria o reforço dessa atuação regional com a possibilidade de criação de bancos estatais, que se centrariam nos Estados que os criaram. Exceção a essa regra foi o Banco do Brasil, que, em 1920, possuía 42 agências espalhadas por diversos Estados da Federação.

Tabela 4 – Presença de bancos sediados no Brasil no exterior

Bancos	Agências	Escritórios	Participações	Total
BB Banco do Brasil	43	7	12	62
Banco Itaú	3	3	30	36
Unibanco	2	3	19	24
Banco Boavista Inter-Atlântico	2	3	6	11
Bradesco	2		8	10
Banco Itaú-BBA	2	3	3	8
Banco Santander Banespa	6		1	7
Banco Rural			7	7
Banco Alvorada	1		5	6
Total (incluindo demais bancos)	83	22	139	244

Fonte: Deorf/Cofin-1 em 31.12.2004.

A regionalização refletia a própria estrutura da economia brasileira. Embora, desde meados de 1850, esta estivesse articulando suas regiões de modo dinâmico, o processo ainda era tímido. O quadro se alteraria com a rápida industrialização e urbanização do País, movimentos que amalgamaram as regiões brasileiras num único espaço econômico. O Bamerindus e o Bradesco desenvolveram-se a partir de poupanças oriundas da cafeicultura, respectivamente, no Paraná e em São Paulo;[66] o Itaú, a partir de São Paulo e Minas Gerais; o Nacional atuava inicialmente em Minas Gerais. Em comum, todas essas instituições apresentaram rápido crescimento a partir dos anos 1940 e 1950, acompanhando a integração do espaço econômico nacional. Mesmo hoje, ainda é possível perceber influxos dinâmicos provenientes de

66 GOMES. M. F. A *territorialidade do Bradesco*: de pequeno banco caipira a maior banco privado de varejo, p. 1-30.

regiões interioranas do País, onde as grandes instituições financeiras por vezes permitem o aparecimento de nichos de mercado.[67]

A dimensão internacional também deve ser considerada. Se a presença de bancos internacionais tem sido profunda no Brasil, o mesmo não se pode afirmar a respeito da atuação de bancos que se expandiram a partir do território nacional. Estes moldam suas investidas internacionais com base nos nichos de mercado que se lhes apresentam. Assim, o Banco do Brasil atua no Japão devido à existência de numerosa colônia brasileira, mas também em outras praças devido à política governamental de apoio ao comércio exterior. O Itaú possui muitas operações no exterior, sendo o único banco privado nacional que parece perseguir uma estratégia de internacionalização.[68] Outras instituições têm poucas e pequenas filiais no exterior, de modo que não podem ser vistas como ativas fora do País.

2.1.2 *Conglomerados ligados a instituições financeiras*

Do ponto de vista da organização empresarial, é possível identificar três estruturas na origem das grandes corporações: as de forma U (*U-form*),

---

[67] AGUIAR, Marcelo. Bancos caipiras. *IstoÉ Dinheiro*, n. 211, sexta-feira, 6 set. 2001. "As razões para o sucesso dessas instituições, como o BRP, de Ribeirão Preto, ou o Tribanco, de Uberlândia, vêm de características que só as casas do Interior podem ter. Com raízes fincadas em sua região de nascença, elas conhecem de perto seus clientes e sabem fazer negócio com eles. O alvo, em todos os casos, é o mesmo: as pequenas e médias empresas das cidades do Interior, sedentas por crédito para expandir suas operações, mas esquecidas pelos bancos de rede e de investimento. Esse nicho, conhecido como *middle market* (mercado do meio), tem custos altos e muita burocracia para operações proporcionalmente pequenas, e os riscos de calote são difíceis de se avaliar."

[68] Relatório Anual da Itaúsa, ano 2003, p. 29: "O Banco Itaú Holding Financeira (Itaú) opera o mercado financeiro, de capitais e de seguros nacional e internacional por meio de suas controladas Banco Itaú, Banco Itaú-BBA, Banco Itaú Europa, Banco Itaú Buen Ayre (Argentina), Itaú Seguros e Itaú Previdência e Seguros." Idem, p. 34: "Em junho, a atuação do Itaú Europa foi reforçada pela abertura de uma agência em Londres, a qual possibilitou ampliar a base de clientes dos segmentos *corporate* e de *middle market*, além de apoiar investimentos de empresas européias no Brasil. A agência complementa, de forma integrada, a atuação das mesas em São Paulo, Lisboa e Nova Iorque (Itaú Securities). A atividade global também foi impulsionada pelas sinergias capturadas com a incorporação do Banco Itaú Europa Luxemburgo, ocorrida em 2003."

as de forma H (*H-form*) e as de forma M (*M-form*). Durante a expansão das empresas, a forma U consistia na operação de modo "centralizado, funcionalmente departamentalizado ou unitário", apontando-se, como desvantagem desta, a sobrecarga sobre os executivos, as dificuldades operacionais naturais de uma grande empresa e a coordenação de políticas de curto e longo prazo.[69] Entretanto, o "crescimento de uma empresa demanda uma especialização e uma divisão do trabalho maiores dentro da empresa".[70] Pode até ser que a forma U seja capaz de atender às necessidades de determinadas empresas em determinados setores em dada fase de sua história. Todavia, a busca por crescente eficiência na organização empresarial incentiva a busca por melhores formas de organização. Nesse sentido, como resposta aos problemas gerados pela forma U, a forma H emerge como o segundo passo no processo de desenvolvimento da empresa, consistindo na descentralização parcial das decisões por meio de *holdings*. Por último, a forma M envolve "divisões que operam de modo semi-autônomo (principalmente centros de lucro), organizadas de acordo com grupos de produto, marca ou área", sendo os negócios de cada divisão "gerenciados separadamente". O resultado é que,

> [...] em contraste com a *holding* – que também é uma forma dividida, mas com pouca capacidade gerencial geral e, conseqüentemente, é um pouco mais do que uma concha corporativa –, as formas M de organização adicionam (1) planejamento estratégico e capacidade de alocação de recursos e (2) aparato de monitoramento e controle.[71]

Estas estruturas favoreciam a alocação de recursos interna de modo mais eficiente e, desse modo, funcionariam à semelhança de um "mercado

---

69 WILLIAMSON, Oliver E. *The economic institutions of capitalism*: firms, markets, relational contracting. New York: The Free Press, 1987. p. 280.

70 MUCHILINSKI, P. T. *Multinational enterprises and the law*. Malden: Blackwell Publishing, 1999. p. 57. "Corporate growth demands a greater specialization and division of labour within the firm."

71 WILLIAMSON, Oliver E. *The economic institutions of capitalism*: firms, markets, relational contracting, p. 281. "The M-form structure fashioned by Du Pont and Sloan involved the creation of semiautonomous operating divisions (mainly profit center) organized along product, brand, or geographic lines. The operating affairs of each were managed separately [...]. In contrast with the holding company – which is also a divisionalized form but has little general office capability and hence is little more than a corporate shell – the M-form organization adds (1) a strategic planning and resource allocation capability and (2) monitoring and control apparatus." A descrição acima se baseia na experiência da empresa Du Pont.

de capitais em miniatura". À forma M corresponderão os conglomerados e as multinacionais.

Tais formas de organização empresarial podem ser constatadas nas instituições financeiras. Especialmente ao atuarem no ramo de investimento, os bancos tendem a formar conglomerados de forma M ou *holdings* de forma H, e é comum apresentarem uma mistura das duas formas. Os bancos de investimento podem, por vezes, considerar a possibilidade de fincar posição mais sólida dentro de uma empresa. É difícil, todavia, precisar com certeza as razões que levam certas instituições financeiras a se expandir para outros negócios (conglomerados) ou para fora de seu país de origem (multinacionais). No centro da maioria dos grandes conglomerados japoneses, há um banco.[72] Isso, porém, já não ocorre nos Estados Unidos, onde, nos anos 1960 e 1970, a formação de conglomerados foi generalizada.[73] Não é possível identificar um padrão de comportamento racional que conduza a um resultado ou outro: "embora nas concentrações conglomeradas inexistam benefícios decorrentes da escala de produção, concentrações com extensão do mercado e dos produtos podem oferecer algumas economias de escala em propaganda e distribuição".[74] Wieser aponta como causa dessa tendência a necessidade de as empresas não-financeiras obterem crédito externo, o que as deixaria vulneráveis durante crises, momentos em que os bancos se aproveitariam de sua liquidez.[75] Nesse sentido, a síntese de Lenin faz sentido:

---

72 VOGEL, S. K. *Freer markets, more rules:* regulatory reform in industrial advanced countries, p. 169.

73 SULLIVAN, Laurence A.; GRIMES, Warren S. *The law of antitrust: an integrated handbook*, p. 617.

74 Idem, p. 617.

75 WIESER, Friedrich von. *The law of power.* Tradução do alemão para o inglês da edição original de 1926 por W. E. Kuhn. Introd. de Warren J. Samuels. Lincoln: Bureau of Business Research da University of Nebraska, 1983. p. 361. "It [the financial capital] can convert money capital into real capital at a point in time which is most propitious for money capital. It can acquire at lowest prices the naturally most durable works, or it can find it useful to bring some legally suitable form, under its economic control, thereby assuring the bulk of the entrepreneurial profit." De modo similar, Sullivan e Grimes concordam que a maioria das operações conglomeradas tem por escopo funcionar como uma espécie de seguro contra crises setoriais. Ver SULLIVAN, Laurence A.; GRIMES, Warren S. *The law of antitrust: an integrated handbook*, p. 617.

> [...] o monopólio surgiu dos bancos, os quais, de modestas empresas intermediárias que eram antes, se transformaram em monopolistas do capital financeiro. Três ou cinco bancos de cada uma das nações capitalistas mais avançadas realizaram a 'união pessoal' do capital industrial e bancário, e concentraram nas suas mãos somas de milhares e milhares de milhões, somas que constituem a maior parte dos capitais e dos rendimentos em dinheiro de todo o país.[76]

Independentemente da precisão ou da atualidade, a afirmação de Lenin identifica o fato de as instituições financeiras terem-se tornado centros decisórios importantes no capitalismo.

No Brasil, em que a maioria dessas participações data de décadas atrás, pode-se traçar alguma relação com a política de formação de grandes empresas nacionais nos anos 1970. Bradesco e Itaú, por exemplo, possuem atividades não relacionadas à intermediação financeira.[77] O primeiro o faz por meio da Bradespar, e o segundo, da Itaúsa. Todavia, quando se trata de expansão internacional, o Bradesco é mais focado no mercado brasileiro do que o Itaú. Mesmo aquelas instituições financeiras que partem para atuar no mercado internacional apresentam, se comparadas às estrangeiras, dimensões modestas.[78] Apesar do processo de concentração econômica, verificado especialmente nos anos 1970, sua formação foi condicionada pelo tamanho do mercado brasileiro, o que não significa que sua influência sobre os demais setores da economia seja desprezível.

À guisa de ilustração, Bradesco e Itaú serão sucintamente descritos em relação a suas empresas fora do mercado financeiro. O Bradesco transferiu os negócios não-financeiros para a Bradespar S.A., a qual, em março de 2000, compreendia participações em empresas de diversos setores, tais como a CSN, a CVRD, a VBC, a Globo Cabo S.A. e a Scopus Tecnologia S.A.[79] Por meio da *holding* Itaúsa, o Itaú possui participações na Deca,

---

76 LENIN, Vladimir I. O *imperialismo*: fase superior do capitalismo, p. 93.

77 Atualmente, por questões regulatórias e fiscais, há uma segregação entre (i) a prestação de serviços financeiros e correlatos e (ii) as demais atividades não relacionadas a serviços financeiros. Assim, a Bradespar e a Itaúsa foram criadas como entes não subordinados diretamente aos Bancos Bradesco e Itaú. Entretanto, os controladores continuam sendo praticamente os mesmos dos das instituições financeiras.

78 Por exemplo, o Itaú é apontado como o 106º maior banco do mundo em termos de patrimônio líquido. Fonte: The Banker, The 1000 banks, July 2001.

79 Fonte: Informações anuais da Bradespar de 2000.

Duratex, Itautec-Philco, Elekeiroz e Itaúsa Empreendimentos. Em outras palavras, essas grandes empresas representam os mais significativos setores da economia brasileira, englobando siderurgia, mineração, construção civil, telecomunicações, informática e energia. Com freqüência, os bancos se ligam às empresas que possuem, criando relações recíprocas. O problema do conflito de interesses surge nesse campo, o que já fora alertado no inícios dos anos 1980 pelo Banco Mundial.[80] Na Alemanha, para lidar com a possibilidade de conflitos de interesses, os bancos com mais de 5% de participação nas empresas estão proibidos de votar em nome dos clientes, caso custodiem as ações.[81-82]

A doutrina da concorrência potencial é a resposta antitruste à formação de conglomerados, embora tenha havido diminuição, em particular nos Estados Unidos, na objeção a esse tipo de operação – uma das últimas decisões judiciais sobre o assunto não foi bem-sucedida na tentativa de barrar o negócio. Tratava-se de uma aquisição por meio da qual um banco, entrante potencial no mercado geográfico em tela, adquiriu outro, detentor de elevado percentual do mercado-alvo. Se concretizado, o negócio poderia representar diminuição na concorrência potencial. As autoridades não lograram demonstrar que havia capacidade de entrada independente no mercado-alvo e que ela conduziria

---

80 BANCO MUNDIAL. *Financial system review (1984)*, p. 139. "Many conglomerates are also connected to industrial conglomerates, and the commercial bank frequently has an important role in selling the services of non-bank members to the group. Conglomerates thus span and operate simultaneously in the numerous segments of the Brazilian capital market, and it is not unusual to find disparate activities being carried on within one department or even within one person. This raises the possibility of serious conflicts of interest – for example, underwriting and brokering activities may be combined with portfolio management. The administration of fiscal incentives funds such as '157' Funds for equity investment may be in the hands of institutions extending credit to fund shareholders. The effect of this appears to be to encourage 'reciprocity' relationships within the Brazilian financial sector. Although direct evidence of the consequences is difficult to obtain, there are indications that such reciprocity undermines the competitive nature of financial resources. Interlocks with the industrial and commercial sectors similarly have implications for the equality of access to credit with asset concentration in the financial sector leading to greater concentration in the rest of the economy as well."

81 CRANSTON, Ross. *Principles of banking law*, p. 34.

82 Nos últimos 20 anos, a ênfase conferida à governança corporativa pode ter diminuído as preocupações com os possíveis conflitos de interesse, muito embora estes continuem presentes no cotidiano dos grandes conglomerados financeiros.

à desconcentração econômica.[83] No Brasil, a aplicação da doutrina da concorrência potencial tem recebido severas críticas. Os dois casos redundaram em restrições à eliminação da concorrência potencial.[84]

Apesar de o marxismo denunciar a existência de uma relação direta e nítida entre o poder político e o econômico dos conglomerados, em especial dos financeiros, minando o regime democrático, mesmo nas próprias sociedades liberais essa preocupação foi uma constante. O poder econômico levanta questões relacionadas à sua legitimidade,[85] o que se pode ver tanto da perspectiva de uma economia descentralizada quanto da de uma centralizada. Embora hoje tais temores tenham arrefecido, o *Glass-Steagal Act* visou a combater o poder econômico do JP Morgan, que, no começo dos anos 1930, detinha consideráveis participações acionárias de empresas de diversos setores. No caso brasileiro, o SFN se caracteriza pelo predomínio dos bancos, mas, por outro lado, o fluxo de intermediação financeira entre os depositantes e tomadores é baixo.[86]

3. Aspecto objetivo da atividade de intermediação financeira

Longe de discutir a "morte do contrato" ou se posicionar a favor de um voluntarismo ilimitado, o direito privado é desprezado nas análises de

---

83 ESTADOS UNIDOS. *United States v. Marine Bancorporation*. 418 U.S. 602, 94 S. Ct. 2856, 41 L. Ed. 2d 978 (1974).

84 BRASIL. Cade. Ato de Concentração 58/1995. Voto do conselheiro-relator Renault de Freitas Castro. "A forma escolhida pela Miller para ingressar no mercado brasileiro foi, portanto, a mais fácil, a menos arriscada e a de menor custo, como determina a melhor técnica de investimento privado. Devo assinalar, entretanto, que essa não é, evidentemente, a única forma de entrada possível e, sobretudo, não é a forma que melhor atende aos interesses da defesa da concorrência. Como mostrado acima, existe a possibilidade de que a Miller, embora com maior risco e investimento, ingresse no mercado brasileiro individualmente." No mesmo sentido, ver BRASIL. Cade. Ato de Concentração 83/1996. Voto da conselheira relatora Lúcia Helena Salgado Filho. Requerentes: Companhia Antarctica Paulista e Anheuser-Bush International, Inc. Curiosamente, a negativa à formação destas *joint-ventures* no setor cervejeiro pode ter impelido ambos os grupos nacionais à formação da AMBEV, a qual, paradoxalmente, resultou em concentração econômica maior do que a resultante nestes dois negócios.

85 BERLE JR., Adolf A. *Power without property*: a new development in American political economy. New York: Harcourt, Brace and Company, 1959. p. 98.

86 BELAISCH, Agnès. Do Brazilian banks compete? IMF Working Paper. WP/03/113, p. 4, May 2003.

defesa da concorrência em geral. Essa atitude de afastamento, porém, é difícil em se tratando de intermediação financeira, a qual, em essência, nada mais é do que uma rede de contratos. Saber com precisão qual o âmbito de manobra da autoridade regulatória pode ajudar na compreensão do mercado relevante. O direito qualificará os fatos nascentes da prática bancária, tentando extrair-lhes sanções jurídicas.

3.1 *A teoria jurídica da circulação*

Para que a análise do direito privado seja útil para fins de defesa da concorrência, é preciso que a metodologia adotada seja adequada. A mera leitura de dispositivos da legislação civil seria de pouca valia. Em vista dessa necessidade, a teoria jurídica da circulação apresenta-se como pano de fundo ideal para a análise, pois explica os conceitos do direito privado sem se afastar do processo econômico que está por trás deles.

O ponto de partida é a circulação. Tendo em vista que a circulação se resume ao "deslocamento de um bem de um titular a outro",[87] é possível identificar duas etapas da circulação de bens e de serviços: a produção e a distribuição.[88] Atualmente, é muito difícil dissociar ambas, pois, devido à atual divisão social do trabalho, praticamente tudo que é produzido é voltado para terceiros, sendo marginal o destinado à satisfação das próprias necessidades. Sob certo prisma, "a circulação é uma subespécie de distribuição".[89] Além disso, a maioria dos processos produtivos necessitou, para seu início, de algum tipo de circulação. Desse ponto de vista, os bancos se posicionam na fase da circulação do processo, pois conseguem aumentar a utilidade do dinheiro que os clientes nele depositam por meio de empréstimos a terceiros.

Contudo, tanto a produção quanto a circulação surgiram bem apartadas. Inicialmente, a produção, sobretudo de bens naturais, voltava-se para o consumo próprio, e, como não havia excedentes, não se cogitava de qualquer tipo de circulação. Mesmo a existência de troca na própria comunidade era difícil de conceber, porque a escassez devia ser tão grande que os seres humanos primitivos pensavam primordialmente na própria

---

87 CARNELUTTI, Francesco. *Teoria giuridica della circolazione*. Padova: Milani, 1933. p. 12.

88 Idem, p. 1.

89 Idem. O autor complementa o raciocínio afirmando que "in questo senso si dice che la circolazione moltiplica l'utilità e quasi, perciò, l'entità stessa dei beni".

subsistência. Com a domesticação de animais e o cultivo de vegetais, o quadro começou a mudar aos poucos. Os excedentes poderiam ser trocados *in natura*, permitindo que circulassem entre dois sujeitos. Rudimentarmente, estão presentes os elementos da circulação: um sujeito ofertante, um sujeito demandante e um bem.[90] Com tais elementos, pode haver circulação. Os excedentes vão se diversificando, o que proporciona o aprimoramento da divisão social do trabalho e o surgimento de novas formas de distribuição, entre as quais se encontra a compra e venda.

Não é difícil conceber as dificuldades que cercaram os primórdios desse processo. Assim, um triticultor que desejasse adquirir um boi teria de encontrar um pecuarista que estivesse disposto a aceitar trigo. Para superar tais empecilhos, havia necessidade de estabelecer um referencial que fosse genericamente aceito dentro de uma comunidade. Esse referencial variou conforme a comunidade e o momento, mas, ao longo da maior parte da história, predominou o uso dos metais preciosos, notadamente o ouro e a prata. Posteriormente, sob o influxo de uma ordem jurídica, os metais preciosos sofreram metamorfoses, transformando-se em moedas referendadas por algum tipo de poder, estatal ou não; a moeda representava, assim, uma "forma superior de troca".[91] Mais tarde, à moeda cunhada junta-se o papel-moeda, criado por bancos a princípio. O Estado, aos poucos, assume papel preponderante no controle dos instrumentos monetários até, ao longo dos últimos 200 anos, monopolizar as emissões em todas as ordens jurídicas.

A existência do referencial de fácil uso não é um dos elementos da circulação, mas, dado o atual estágio de desenvolvimento econômico, assume papel bastante importante. Ao reduzir os bens a "um mesmo denominador",[92] o referencial proporciona o aprimoramento dos mecanismos jurídicos de circulação. A compra e venda, muito mais ágil e eficiente do que a troca, só pode existir diante de um referencial aceito de modo generalizado.

Dos fatos que ditam as necessidades humanas, desenvolveram-se os meios jurídicos da circulação. Antes de o fático "designar o não jurídico", não tendo "sentido próprio restrito aos eventos da natureza, nem o de oposição ao de conduta humana (atos)",[93] os meios jurídicos da circulação surgiram, assistemática e inconscientemente, dos costumes comunitários

[90] CARNELUTTI, Francesco. *Teoria giuridica della circolazione*, p. 2.

[91] DE CHIARA, José Tadeu. *Moeda e ordem jurídica*, p. 21.

[92] CARNELUTTI, Francesco. *Teoria giuridica della circolazione*, p. 9.

[93] MELLO, Marcos Bernardes de. *Teoria do fato jurídico*: plano da existência. 7. ed. atual. São Paulo: Saraiva, 1995. p. 9.

não regulados por ordem jurídica ou, em outras palavras, dos fatos. Apenas com o advento de formas de organização social mais complexas, o direito nasceu para disciplinar os conflitos de interesses decorrentes de relações entre dois sujeitos, regulando as condutas humanas. Nítida, pois, a relação de causalidade entre os fatos e as normas que os regulam.[94]

Corroborando a seqüência exposta, há bens e serviços que continuam a circular a despeito das restrições legais. Os entorpecentes são produzidos e distribuídos ao redor do mundo mesmo com severas proibições jurídicas. A distribuição é feita por meio de contratos ilícitos de compra e venda, mas que não deixam de existir por causa dessa deficiência no plano da validade. Tais qualificações, contudo, só são possíveis porque há uma ordem jurídica a regulá-los. Suponha-se que os contratos, incluídos os que tenham por objeto algo ilícito, fossem celebrados em lugar não atingido por nenhuma ordem jurídica: não há, então, que se falar de sua existência, validade ou eficácia, mas apenas do fato propriamente dito. Possivelmente, essa era a situação originária da circulação.

Tal quadro transformou-se, mas a necessidade de apelo ao fático permaneceu intacta. Como assevera Carnelutti, "isto quer dizer que o ordenamento jurídico da circulação se resolve na determinação de alguns esquemas de atos, aos quais se atribui essa eficácia".[95] Dessa forma, a sofisticação dos meios jurídicos de circulação depende, em grande parte, da sofisticação do desenvolvimento econômico. Ora, se o contrato é o meio jurídico pelo qual a circulação ocorre, percebe-se que o seu grau de sofisticação varia também conforme o grau de desenvolvimento da economia. Embora, em essência, uma compra e venda tivesse a mesma finalidade na Roma antiga e na São Paulo de hoje e ainda apresente os mesmos elementos, o ambiente circundante é diverso.

Na pré-história, a troca era o meio de circulação principal, ao passo que, na atualidade, ela se revela insuficiente para essa finalidade, fazendo surgir outros mecanismos, como a intermediação financeira. Esta, ao congregar uma teia contratual de contratos funcionalmente assemelhados aos de depósito e aos de mútuo, extravasa os limites dos contratantes que estão

---

94 OLIVECRONA, Karl. *El derecho como hecho*. Barcelona: Labor Universitaria. 1980. p. 7. "El derecho no puede, por una parte, ser un hecho (como lo es indudablemente) con causas naturales y efectos naturales, e, por la otra, algo extraño al vínculo de causa y efecto."

95 CARNELUTTI, Francesco. *Teoria giuridica della circolazione*, p. 11. "Ciò vuol dire che l'ordinamento giuridico della circulazione si risolve nella determinazione di alcuni schemi di atti, ai quali si attribuisce codetta efficacia."

fazendo circular apenas moeda. Indiretamente, a intermediação financeira tem o condão de catalisar inúmeras outras circulações de bens, na medida em que "transfere" situações de liquidez dos depositantes para os mutuários.

Carnelutti considera que os contratos comutativos são os meios jurídicos hábeis para proporcionar a circulação. Excluindo as hipóteses de transferência de propriedade sem a presença do elemento volitivo (extinção do sujeito, avulsão, usucapião, entre outros) e analisando funcionalmente os contratos, sugere que sejam classificados em contratos (i) de troca, (ii) de crédito, (iii) de associação, (iv) de cessão e (v) de trabalho.[96] Essas categorias representariam a totalidade dos meios jurídicos usados para a circulação de bens, dentro dos quais estaria situada a intermediação financeira.

Os contratos de troca caracterizam-se pela "transmissão definitiva de um bem de um contraente a outro,[97] enquanto os de crédito implicam a "atribuição a um dos contraentes do gozo temporário de uma coisa".[98] O contrato de associação atribui "a um dos contraentes a participação no gozo de um bem que compete a outrem".[99] Já o contrato de cessão objetiva "passar um bem de uma pessoa a outra, não tanto diretamente quanto indiretamente, através de uma outra pessoa que não tem o bem, mas deve tê-lo ou deve dá-lo".[100] Por fim, dadas as características especiais do contrato de trabalho, que poderia ser enquadrado como de crédito ("gozo parcial ou temporário da coisa"), mas não é devido ao objeto ser o corpo humano, cria-se uma categoria especial.[101]

Essa classificação apresenta a vantagem de focar a função dos contratos, e não a tipologia cerrada dos códigos. Desse modo, embora a intermediação financeira não constitua um contrato – o depositante não tem nenhuma relação jurídica com o mutuário –, os contratos funcionalmente assemelhados tanto ao de depósito bancário quanto ao de mútuo estão na mesma categoria, a dos contratos de crédito, na medida em que a moeda depositada e a moeda mutuada devem ser restituídas após o prazo avençado. A intermediação pode ser compreendida no bojo da teoria jurídica da circulação. Numa perspectiva mais ampla, tanto os contratos assemelhados

---

96 CARNELUTTI, Francesco. *Teoria giuridica della circolazione*, p. 19-21.

97 Idem, p. 22.

98 Idem, p. 26.

99 Idem, ibidem.

100 Idem, p. 38.

101 Idem, p. 28-29.

ao depósito bancário quanto ao mútuo proporcionam o aparecimento de redes contratuais, vinculadas entre si, que fazem "circular a moeda".

3.1.1 *O depósito bancário*

Numa economia moderna, aqueles agentes econômicos que dispõem de recursos excedentes em moeda, na maioria das vezes os depositam nas instituições financeiras autorizadas a receber depósitos. Nesse contexto, o depositante se torna um credor da instituição financeira, e esta, uma devedora daquele.

Tal relação contratual é definida pelo Código Civil, num acepção lata, como o contrato por meio do qual "recebe o depositário um objeto móvel, para guardar, até que o depositante o reclame".[102] Com base nessa definição, é possível concluir com Carnelutti que depósito é um contrato de trabalho no qual o depositário presta um serviço ao depositante.[103]

Em que pese alguma semelhança com essa definição, o depósito bancário se diferencia da definição dada pela legislação civil. De fato, a amplitude da definição do Código Civil permite enquadrar uma série de objetos, os quais podem ser carros, grãos, moeda ou ações. Para qualquer um destes, há um dever geral para todo depositário, segundo o qual "é obrigado a ter na guarda e conservação da coisa depositada o cuidado e diligência que costuma com o que lhe pertence, bem como a restituí-la, com todos os frutos e acrescidos, quando o exija o depositante".[104]

O caráter fungível do bem depositado no banco o afasta do contrato de trabalho. Ao depositar dinheiro num banco ou grãos num armazém, ambos bens fungíveis, o depositário fica obrigado "a restituir objetos do mesmo gênero, qualidade e quantidade", ou seja, não é necessária a identidade entre o que foi depositado e o que é restituído. Como desdobramento dessa regra, o contrato de depósito rege-se, nessas situações, pelas mesmas regras do mútuo.[105] Sem isso, seria impossível a existência de intermediação financeira, pois os bancos não poderiam emprestar o dinheiro recebido em depósito, caso tivessem de devolver o "mesmo dinheiro". Os dois extremos

---

102 BRASIL. Lei 10.406, de 10 de janeiro de 2002, art. 627.

103 CARNELUTTI, Francesco. *Teoria giuridica della circolazione*, p. 28.

104 BRASIL. Lei 10.406, de 10 de janeiro de 2002, art. 629.

105 BRASIL. Lei 10.406, de 10 de janeiro de 2002, art. 645. "O depósito de coisas fungíveis, em que o depositário se obrigue a restituir objetos do mesmo gênero, qualidade e quantidade, regular-se-á pelo disposto acerca do mútuo."

do mecanismo não se fechariam. Essa generalização facilita a abordagem funcional da teoria jurídica da circulação.[106]

O ato de entrega do dinheiro ao banco, a tradição do dinheiro, consuma, basicamente, um contrato de depósito. Todavia, o desenvolvimento das atividades bancárias criou uma série de instrumentos atípicos, os quais, ainda que próximos do depósito funcionalmente, não são assim denominados. Em 1933, Carnelutti identifica, como variantes do depósito, a abertura de crédito e o depósito bancário remunerado com juros.[107] Em 2001, Cranston apresenta também os esquemas de investimento coletivo, diversos tipos de fundos, os certificados de depósito e os fundos de pensão,[108] entre outros. O desenvolvimento dos bancos universais permitiu que uma série de operações antes restritas aos mercados de capitais e aos bancos de investimento pudesse ser ofertada ao grande público. Alguns produtos são regulados pelas autoridades dos mercados de capitais, mas, dentro de uma instituição financeira, desempenham função anexa à da intermediação financeira, na medida em que, para o cliente, são comercializados como se fossem assemelhados a um depósito.[109]

3.1.2 O mútuo

Do outro lado da intermediação financeira está o mútuo. Aqueles que necessitam de recursos podem se socorrer de várias maneiras, mas, com grande freqüência, tomam empréstimos nas instituições financeiras autorizadas a fazê-lo. Neste contexto, a instituição financeira se torna credora do tomador, e este, devedor daquela. De maneira simplificada, o negócio dos bancos começa no depósito bancário e termina no mútuo.

---

[106] BRASIL. Lei 10.406, de 10 de janeiro de 2002, art. 645. Como visto pela classificação de Carnelutti, depósito e mútuo estão na mesma classe de contratos na teoria da circulação, ou seja, são contratos de crédito.

[107] CARNELUTTI, Francesco. *Teoria giuridica della circolazione*, p. 28.

[108] CRANSTON, Ross. *Principles of banking law*, p. 159.

[109] Há grande preocupação dos órgãos reguladores com as implicações destes tipos de negócio, que não se enquadram no esquema tradicional da intermediação financeira. As normas regulatórias buscam minimizar o desconhecimento que parte dos investidores possui em relação a essa situação jurídica diferente, na qual o risco envolvido tende a ser maior, por meio da exigência de manifestação expressa à adesão às regras do fundos de investimento.

Tabela 5 – Posições jurídicas na intermediação financeira

	Cliente	**Banco**
Depósito	Credor	Devedor
Mútuo	Devedor	Credor

A semelhança entre aquele e este salta aos olhos no próprio art. 586 do CC: "O mútuo é o empréstimo de coisas fungíveis". As obrigações do mutuário são as mesmas do depositário de bens fungíveis: "[...] restituir ao mutuante o que [...] recebeu em coisa do mesmo gênero, qualidade e quantidade".[110]

Diversamente do depósito, no qual havia uma presunção de gratuidade, o mútuo para fins econômicos é tido como oneroso.[111] Também se diferencia do comodato por se tratar este de empréstimo de bem infungível.[112]

De modo similar ao verificado com o depósito, houve uma diversificação das formas pelas quais o mútuo é efetivado, embora seja possível identificá-las pelas suas funções. Para o desempenho de sua função de fornecedor de crédito, os bancos desenvolveram vários tipos contratuais que se aproximam do mútuo, mas apresentam cláusulas que, por representarem variações no prazo, na forma de pagamento e em outros aspectos, não são chamadas mútuos. Empréstimos a prazo, desconto e abertura de crédito são alguns tipos de contrato cuja função é transferir dinheiro do banco para os demandantes.[113]

---

[110] BRASIL. Lei 10.406, de 10 de janeiro de 2002, art. 586. "O mútuo é o empréstimo de coisas fungíveis. O mutuário é obrigado a restituir ao mutuante o que dele recebeu em coisa do mesmo gênero, qualidade e quantidade."

[111] BRASIL. Lei 10.406, de 10 de janeiro de 2002, art. 586. "Destinando-se o mútuo a fins econômicos, presumem-se devidos juros, os quais, sob pena de redução, não poderão exceder a taxa a que se refere o art. 406, permitida a capitalização anual."

[112] BRASIL. Lei 10.406, de 10 de janeiro de 2002, art. 579. "O comodato é o empréstimo gratuito de coisas não fungíveis. Perfaz-se com a tradição do objeto."

[113] Apesar de ambos desempenharem a mesma função econômica, não se deve confundir, juridicamente, o mútuo e a cessão de crédito. Embora ambas "possuam um ponto em comum – o cessionário e o mutuário adquirem a propriedade plena dos bens respectivamente cedidos e mutuados, deles podendo dispor como bem entenderem", há inúmeras diferenças que não permitem, ao menos de uma perspectiva jurídica estrita, considerá-los o mesmo instituto. Algumas diferenças

Portanto, as definições legais indicam que há grande confluência e afinidade entre depósito bancário e mútuo.

3.2 *Dos atos de comércio (operações de banco) à atividade empresarial (intermediação financeira)*

De acordo com a teoria explicada no cap. 5, item 2.1, os meios econômicos se dividem em: subjetivos, nos quais se destaca o papel do comerciante como "intermediário na circulação de bens" e serviços; e objetivos, expressos no "denominador comum" a todas as transações, a moeda.[114]

Ambos os meios econômicos, subjetivos e objetivos, só surgiram após a sofisticação da vida em sociedade. Enquanto o comércio remonta à pré-história, quando o processo produtivo começou a gerar excedentes e os contatos com outras comunidades se intensificaram, os bancos se desenvolveram em momento posterior. Antes que os bancos surgissem, o comércio precisou se tornar mais eficiente, agilizando as trocas, o que ocorreu somente com o aparecimento da moeda.

Independentemente da discussão sobre se havia bancos na Antigüidade ou em outras civilizações, o ato receber moeda em depósito de terceiros e emprestar moeda a terceiros de forma sistemática existe, pelo menos, desde o surgimento dos bancos europeus, na Idade Média. Nessa época, seja pelo nível do desenvolvimento das atividades econômicas, seja pela descentralização política característica do feudalismo, seja pela importância conferida à propriedade imóvel, o nascente poder dos banqueiros não ocasionou de pronto uma ação dos poderes instituídos que pudesse voltar-se para as suas particularidades.

Desse modo, o nascimento de um ramo específico do direito com base nos costumes vigentes dos comerciantes, grupo no qual os banqueiros se encontravam, ocorreu sem que se desenvolvesse uma correspondente teoria explicativa. Aos poucos, os estudiosos se debruçaram sobre o fulcro desse novo direito, denominado comercial em virtude de os seus sujeitos

---

podem ser apontadas: o mútuo caracteriza-se pela "entrega efetiva da coisa", objetiva "transferir o uso da coisa" e "constitui um contrato de natureza temporária". Por seu tuno, "na cessão de crédito permite-se que o cedente seja depositário da coisa cedida", objetiva "transferir a coisa em si" e tem, em regra, "feições definitivas". Neste sentido, ver EIZIRIK, Nelson. Cessão de crédito no mercado financeiro. *Revista de Direito Mercantil, Industrial, Econômico e Financeiro*, São Paulo, n. 116, p. 206, out.-dez. 1999.

[114] CARNELUTTI, Francesco. *Teoria giuridica della circolazione*, p. 8-9.

serem comerciantes, e buscaram sistematizá-lo similarmente ao direito civil. Contudo, identificado o ato de comércio como centro do direito comercial, obras doutrinárias de diversos países não lograram êxito em explicar claramente o seu sentido.[115]

Assim, a teoria dos atos de comércio foi adotada implicitamente pelo Código Comercial de 1850, o qual nem definia o que era nem enumerava quais atos deveriam ser compreendidos. Apesar disso, a doutrina era pacífica em afirmar sua filiação a esse sistema, perfeitamente adequado às necessidades de um país agrário no qual a noção de ato "individuado, definido, definitivo e completo" se encaixava.[116] O ato de comércio, espécie do gênero ato jurídico do art. 81 do Código Civil de 1916,[117] era essencialmente estático, encerrando em si mesmo todas as conseqüências que dele se esperavam. Para delimitá-lo, Mendonça identificou três classes de atos de comércio: atos de comércio por natureza ou profissionais, atos de comércio por dependência ou conexão e atos de comércio por força ou autoridade de lei. Os primeiros decorreriam do "exercício da indústria mercantil", e "a prática habitual determina-lhes a comercialidade e investe o agente da qualidade de comerciante". Os segundos abrangeriam aqueles "que visam facilitar, promover ou realizar o exercício daquela indústria". Por fim, os últimos, "artificialmente comerciaes" seriam aqueles assim determinados "em atenção à forma ou a certas conveniências de que o legislador é árbitro".[118]

Todavia, as condições socioeconômicas não só do mundo como também do Brasil sofreram transformações acentuadas pela intensificação do ritmo das atividades humanas no decorrer dos últimos 150 anos. Tais mudanças foram aos poucos sendo assimiladas pelos sistemas jurídicos,

---

115 MENDONÇA, J. X. Carvalho de. *Tratado de direito commercial brasileiro*. 2. ed. Rio de Janeiro: Freitas Bastos, 1933. v. 1, p. 426-448. O autor expõe sistematicamente o debate doutrinário sobre o que se entende serem atos de comércio em variadas jurisdições.

116 SZTAJN, Rachel. *Teoria jurídica da empresa*: atividade empresária e mercados. São Paulo: Atlas, 2004. p. 91-92. Desenvolvendo esse raciocínio, a autora afirma que "organizar a produção e a distribuição de bens e serviços de forma seriada, em cadeias ou correntes, mantendo o fluxo na seqüência das atividades de transformação, não tem relação com ciclos típicos da agricultura ou pecuária".

117 BRASIL, Lei 3.071, de 1º de janeiro de 1916 (Código Civil), art. 81. "Todo o ato licito, que tenha por fim imediato adquirir, resguardar, transferir, modificar ou extinguir direitos, se denomina ato jurídico."

118 MENDONÇA, J. X. Carvalho de. *Tratado de direito commercial brasileiro*. v. 1, p. 454-455.

especialmente com o advento da noção de atividade econômica, tornando insuficientes ou ultrapassadas, conforme a perspectiva que se deseje tomar, as explicações fornecidas pela teoria dos atos de comércio. Sztajn sintetiza essas mudanças, afirmando que

> [...] a atividade empresária não se restringe aos ciclos naturais, salvo exceções, como os agronegócios, não depende mais da 'natureza' para produzir; a exigência atual é garantir a segurança da circulação da riqueza e da estabilidade das relações jurídicas de modo a promover a produção/circulação de bens e serviços, satisfazer a necessidades sociais e criar riquezas.[119]

De fato, Ascarelli apresenta várias razões que diferenciam ato de atividade, enfatizando que esta é mais adequada a uma "economia caracterizada pela produção de massa". Algumas, pertinentes à diferenciação entre ato e atividade, são sintetizadas a seguir. Inicialmente, atividade deve ser compreendida como "uma série de atos coordenáveis entre si em função de uma finalidade comum", englobando o ato. A atividade é algo distinto dos atos individuais que a compõem, não podendo ser nula ou anulável como estes, mas sim (i) lícita ou ilícita e (ii) regular ou irregular. Por vezes, os atos podem ser praticados sem habilitação do seu sujeito, mas a atividade seqüencial demanda autorização especial. Enquanto os destinatários do ato singular podem ser identificados, a atividade não apresenta destinatários, voltando-se para o mercado.[120]

Detalhando mais o conceito de atividade, define Asquini que atividade econômica é "uma atividade empresarial (organização do trabalho alheio e do capital próprio e alheio) que implica de parte do empresário a prestação de um trabalho autônomo de caráter organizador e a assunção do risco técnico e econômico correlato".[121] Sob o ponto de vista funcional, a exploração de uma atividade econômica qualifica a empresa, a qual, apesar disso, pode-se revestir de diversas formas e

---

[119] SZTAJN, Rachel. *Teoria jurídica da empresa*: atividade empresária e mercados, p. 11.

[120] ASCARELLI, Tullio. O empresário. Tradução de Fábio Konder Comparato. *Revista da Faculdade de Direito da Universidade de São Paulo*, São Paulo, v. 92, p. 269-278, jan.-dez. 1997. Para maior detalhamento dos argumentos apresentados, ver trecho indicado da obra.

[121] ASQUINI, Alberto. Perfis da empresa. *Revista de Direito Mercantil, Industrial, Econômico e Financeiro*, São Paulo, v. 35, n. 104, p. 114, out.-dez. 1996.

conteúdos.[122] Com base nesses termos, a atividade empresarial é uma espécie do gênero atividade econômica, admitindo-se, desde já, outras que não sejam empresariais.

Devido ao uso abundante da palavra "empresa" e da locução "atividade econômica", há uma confusão terminológica a respeito delas. Contudo, a atividade econômica a que se refere Asquini é aquela em sentido amplo, como ensinado por Grau. Assim, em sentido amplo, compreende tanto a atividade econômica em sentido estrito, competência preferencial do privado, como o serviço público, competência preferencial ao público.[123] Conseqüentemente, o campo por excelência das empresas privadas é o da atividade econômica em sentido estrito, ao passo que o das empresas de propriedade pública é o do serviço público. Tal enunciação não é estanque, variando de acordo com a política econômica vigente – talvez nenhuma empresa privada exerça serviço público e nenhuma empresa pública desempenhe atividade econômica em sentido estrito.

No diapasão do prescrito por Asquini e Ascarelli, o novo Código Civil brasileiro unificou o direito civil e comercial num mesmo diploma legislativo básico, tendo como um dos parâmetros a adoção do conceito de atividade empresária em substituição ao de atos de comércio. O novo Código Civil, porém, é omisso no estabelecimento do que se deveria entender por atividade econômica, apesar de se utilizar dessa locução para definir, no seu art. 966, que empresário é aquele que "exerce profissionalmente a atividade econômica organizada para a produção ou a circulação de bens ou de serviços".[124] Com base nessa definição, três elementos podem ser identificados: (i) exercício profissional; (ii) atividade econômica organizada; e (iii) voltada para a produção ou a circulação de bens ou serviços.

---

[122] ASQUINI, Alberto. Perfis da empresa, p. 109. "O conceito de empresa é o conceito de um fenômeno econômico poliédrico, o qual tem sob o aspecto jurídico, não um, mas diversos perfis em relação aos diversos elementos que o integram."

[123] GRAU, Eros Roberto. *A ordem econômica na Constituição de 1988*: interpretação e crítica, p. 92-93.

[124] BRASIL. Lei 10.406, de 10 de janeiro de 2002, art. 996. "Considera-se empresário quem exerce profissionalmente atividade econômica organizada para a produção ou circulação de bens ou de serviços." Ao intérprete cabe socorrer-se nas lições doutrinárias que sistematizam o que seria "atividade econômica".

3.3 *Evolução das normas relativas à atividade de intermediação financeira sob o prisma das teorias do ato de comércio e da atividade empresarial*

Dos atos de comércio à atividade empresarial, a metamorfose do direito comercial trouxe impactos sobre todos os setores econômicos que se submetiam à sua regulação. O mesmo se pode dizer em relação ao conjunto de normas aplicáveis aos bancos, conjunto que acompanhou a transformação dos atos de comércio em atividade empresária.

Na esteira da teoria dos atos de comércio, o Código Comercial de 1850 assinalava, no art. 119, que "são considerados banqueiros os comerciantes que têm por profissão habitual do seu comércio as operações chamadas de Banco". Adiante, o art. 120 determinava que "as operações de Banco serão decididas e julgadas pelas regras gerais dos contratos estabelecidos neste Código, que forem aplicáveis segundo a natureza de cada uma das transações que se operarem".[125] Não se definia o que eram operações de banco. Em seguida, o Regulamento 737 elencava "as operações de câmbio, banco e corretagem" como mercancia.[126]

Já antes do advento do novo Código Civil, a teoria dos atos de comércio foi abandonada no plano legislativo. A sua substituição pela de atividade empresária se deu com o advento da Lei 4.595, de 31 de dezembro de 1964. O art. 17 apenas afirma que uma das características das instituições financeiras é ter "como atividade principal ou acessória a coleta, intermediação ou aplicação de recursos financeiros próprios ou de terceiros, em moeda nacional ou estrangeira, e a custódia de valor de propriedade de terceiros".[127] Cabe à doutrina especificar o alcance de tais expressões.

Em vista desse dispositivo legal, as atividades desempenhadas pelas instituições financeiras são de três tipos, mas envolvem sempre a "problemática da moeda e do crédito",[128] relacionando-se diretamente com os

---

[125] BRASIL. Lei 556, de 25 de junho de 1850 (Código Comercial brasileiro), arts. 119 e 120.

[126] BRASIL. Regulamento 737, de 25 de novembro de 1850, art. 19, § 2º.

[127] BRASIL. Lei 4.595, de 31 de dezembro de 1964, art. 17. "Consideram-se instituições financeiras, para efeitos da legislação em vigor, as pessoas jurídicas públicas ou privadas, que tenham como atividade principal ou acessória a coleta, intermediação ou aplicação de recursos financeiros próprios ou de terceiros, em moeda nacional ou estrangeira, e a custódia de valor de propriedade de terceiros."

[128] DE CHIARA, José Tadeu. Instituições financeiras, p. 47.

meios de pagamentos. Neste ponto, diferenciar financeiro e econômico é necessário. Enquanto o econômico se liga à "satisfação dos desejos humanos, à produção da riqueza, à circulação de bens e serviços de maneira geral", o financeiro vincula-se "aos fluxos dos meios de pagamento, com moeda e crédito, especificamente".[129]

A atividade de coleta de recursos financeiros só pode ser feita de terceiros – ninguém coleta algo de si mesmo. Tal atividade, individualmente considerada, enquadra-se na categoria ampla dos contratos intitulados de depósito. Por seu turno, a aplicação de recurso a que se refere o art. 17 da Lei 4.595/1964 assume várias formas, mas sua função sempre se assemelha à do contrato de mútuo – o cliente deposita na instituição financeira moeda, a qual é "aplicada".

Semanticamente, intermediar significa "existir de permeio, situar-se entre".[130] Essa é, com precisão, a posição das instituições financeiras. Ora, se intermediar pressupõe, ao mesmo tempo, a ocorrência de inúmeras coletas e de inúmeras aplicações, não é possível considerar sinônimas as expressões "intermediação" e "aplicação". Em outras palavras, aplicação é atividade de emprestar os recursos coletados ou celebrar contratos de mútuo ou contratos cuja função se assemelhe funcionalmente ao de mútuo.

Ainda que se argumente que a locução "aplicação de recursos próprios ou de terceiros" signifique a gestão de fundos – uma quarta atividade das instituições financeiras tradicionalmente fora da fiscalização do Bacen –, não é possível admitir que tal expressão seja sinônima ou assemelhada à intermediação. Tanto aplicação quanto intermediação são palavras inequívocas. Mais apropriado seria tomá-las como sinônimo de "emprestar".

Nesse contexto, a atividade de custódia de valor de propriedade de terceiros não se enquadra, funcionalmente, no bojo da atividade de intermediação financeira. Esta objetiva, precipuamente, o recebimento de depósitos que serão, necessariamente, transformados em mútuos a terceiros, caracterizando a intermediação. A custódia de valor de propriedade de terceiros, no entanto, pressupõe a estaticidade desse valor, ou seja, a manutenção deste na posse da instituição financeira sem que haja a intermediação financeira. Logo, não faz parte da atividade financeira e, embora

---

129 DE CHIARA, José Tadeu. Instituições financeiras, p. 56.

130 HOUAISS, Antônio; VILLAR, Mauro de Salles. *Dicionário Houaiss da língua portuguesa*. Rio de Janeiro: Objetiva, 2001. p. 1635.

historicamente os bancos tenham desempenhado essa função, não precisaria a legislação tê-la abarcado.[131]

Considerando-se que o objeto principal das instituições financeiras é, precisamente, a atividade de intermediação financeira, pode-se criticar a inclusão da custódia de valor de propriedade de terceiros como atividade exclusiva de instituição financeira. Embora isso possa ter sido e ainda ser um dos serviços prestados pelos bancos, inexiste preocupação social maior comparável às outras duas funções.

Logo, restringindo-se apenas à leitura do dispositivo legal,[132] podem-se identificar, ao menos, três mercados distintos atrelados às instituições financeiras: (i) a coleta de recursos financeiros próprios ou de terceiros; (ii) a aplicação de recursos financeiros próprios ou de terceiros; e (iii) a custódia de valor de propriedade de terceiros.

3.4 *A atividade de intermediação financeira propriamente dita*

As características funcionais do depósito bancário e do mútuo se sobrepõem para permitir a intermediação financeira. Isolados, depósito bancário e mútuo nada representam a não ser dois contratos típicos de direito privado. Se concatenados em seqüência, constituem intermediação financeira.

A função creditícia de Carnelutti, presente em ambos os contratos de depósito bancário e de mútuo, torna a instituição financeira um pólo contratual presente nas duas extremidades do "processo produtivo" da intermediação financeira. Do ponto de vista dos direitos e obrigações, a posição de um depositante na condição de cliente de um banco é a mesma em relação à do mutuário: ambos têm o direito de exigir a devolução dos valores de acordo com as condições contratuais estipuladas. O mesmo ocorre com o banco em relação ao depositante e com o mutuário em relação ao banco: ambos têm o dever de devolver os valores de acordo com as condições contratuais. Logo, embora esse aspecto seja negligenciado por muitos autores, a concorrência pode se dar nas duas fases do processo de intermediação financeira.[133]

---

131 HOUAISS, Antônio; VILLAR, Mauro de Salles. *Dicionário Houaiss da língua portuguesa*, p. 49.

132 A ressalva se justifica por haver outros fatores a influenciar a determinação do mercado relevante.

133 ARPING, Stefan. SCHWIENBACHER, Armin. *Bank Market Power and Real Sector Performance: A Financial Intermediation Approach*. University of Amsterdam, Business School, Finance Group, Sep 2005, p. 3.

Da exposição acima, é possível identificar dois traços característicos dessa atividade. Primeiro, o seu objeto é a moeda, ou seja, o denominador comum das trocas nas sociedades modernas. Essa qualidade do objeto confere uma situação peculiar, visto que tanto interesses privados quanto públicos estão envolvidos na atividade de intermediação financeira. Segundo, a entrega da moeda, quer seja como depósito, quer seja como mútuo, traz inerente a obrigação jurídica de devolver o bem. Diferencia-se do contrato de compra e venda de um bem, em que não existe a obrigação de devolução, ou da prestação de serviços, em que a devolução do serviço é impossível.

Apesar de a intermediação financeira se submeter a elevado grau de controle por parte de entidades governamentais, era, em sua origem, desprovida de outras normas que não as de direito privado. A posterior regulação, por mais rígida que tenha sido, preservou as principais notas dos contratos subjacentes de direito privado que servem de ferramenta para a intermediação financeira.

Em realidade, antes do advento da regulação dos mercados financeiros, os costumes dos banqueiros moldaram práticas comerciais providas de certa uniformidade. Isso já acontecia em alguma medida no âmbito de liberdade de atuação dos bancos, no qual "a prática comercial, desde há muito vulgarizou a técnica de contratação por adesão, utilizando-se de formulários-padrão", especialmente no que tange aos pequenos depositantes ou tomadores. Nessa esfera, o poder econômico da instituição financeira se faz presente na imposição de "condições gerais dos contratos", previamente estabelecidos,[134] que afastam o voluntarismo da relação contratual tal como concebida pelo direito civil clássico. A uniformização se dá no âmbito de cada contrato específico, e não da existência de um único tipo de contrato de depósito e de mútuo. Os grandes possuem poder de barganha para negociar algumas das condições contratuais.

Em que pesem os fatores positivos que contribuíram para o aparecimento da atividade de intermediação financeira, mudanças tecnológicas aceleradas têm facilitado o encontro entre os demandantes e os ofertantes de crédito. A desregulação dos mercados financeiros, associada à inovação tecnológica, tem gerado um movimento no sentido de desintermediar as transações financeiras,[135] levando ao acirramento da concorrência entre instituições financeiras e não-financeiras. No Brasil, ainda que de modo in-

---

134 PENTEADO, Luciano Camargo. As cláusulas abusivas e o direito do consumidor. *Revista dos Tribunais*, São Paulo, n. 725, p. 91-100, mar. 1996.

135 PÉREZ, Antonio Gutiérrez. Financial liberalization in Latin America and East Asian Countries, p. 35.

cipiente, esse movimento pode ser observado através das *factorings*. Noutros países, o seu avanço também é perceptível. Grandes empresas comerciais e industriais possuem departamentos financeiros próprios que facilitam o acesso aos mercados de capitais e, por meio da venda de debêntures, obtêm os recursos financeiros de que necessitam. No Brasil, as instituições financeiras que recebem depósitos do público estão proibidas de emitir debêntures.[136] Outro mecanismo apontado como desintermediação financeira é a securitização, que consiste na transformação de financiamentos em títulos negociáveis.[137]

Para completar a análise dos aspectos objetivos da intermediação, é preciso analisar a questão dos custos de transação e as redes contratuais entre instituições financeiras.

3.4.1 *Custos de transação na intermediação financeira*

O cotidiano de todo e qualquer ente econômico é circundado por contratos, sem os quais as trocas não podem ser efetuadas. Uma fazenda celebra contrato de compra e venda de adubos, para que, ao fim de dado período de tempo, possa acertar a compra e venda de seus produtos agrícolas. Em geral, se precisar de recursos para o exercício de suas atividades, a primeira escolha desse agente econômico não será outra fazenda para obter tais recursos, nem o fabricante de adubos, nem o adquirente de seus produtos – pode ser até que existam tais agentes econômicos em condições de fornecer crédito, mas não será nada fácil encontrá-los nem convencê-los a emprestar a quantia necessária. Para facilitar a sua tarefa, a fazenda procurará os recursos de que necessita no mercado de intermediação financeira, cuja

[136] BRASIL. Lei 4.595/1964, art. 35. "É vedado ainda às instituições financeiras: I – emitir debêntures e partes beneficiárias [...] Parágrafo único. As instituições financeiras que não recebem depósitos do público poderão emitir debêntures, desde que previamente autorizadas pelo Banco Central do Brasil, em cada caso. (Redação dada pelo Decreto-lei n. 2.290, de 21/11/86)." Outras empresas não se sujeitam a essa restrição.

[137] CARVALHO, Carlos Eduardo; STUDART, Rogério; ALVES JR., Antônio José. *Desnacionalização do setor bancário e financiamento das empresas*: a experiência brasileira recente, p. 10. "Tal processo pode ser designado como desintermediação financeira, uma vez que aumenta o papel dos mercados de títulos e do financiamento direto das empresas e dos indivíduos em relação aos detentores de recursos. O papel das instituições financeiras, inclusive o dos bancos, passa a ser cada vez mais o de corretores e o de *market-makers* em mercados organizados de ativos, ou seja, eles passam a ser agentes de securitização."

principal função é emprestar dinheiro por meio das instituições financeiras. Estas "juntam num fundo comum ou 'tanque' os recursos temporariamente ociosos do público em geral, os quais, na ausência de instituições financeiras, seriam, presume-se, mantidos pelos indivíduos".[138] A escolha do fazendeiro deveu-se, de maneira intuitiva, ao custo: é mais fácil encontrar um banco que disponha de dinheiro, devido a esse "tanque", para emprestar do que outra fazenda.

Implícita ao exemplo dado está a noção de custo de transação.[139] O fazendeiro agiu com oportunismo – procurou a forma que lhe parecia mais conveniente para suprir suas necessidades – e com racionalidade limitada – procurou, de modo racional, a melhor forma de suprir suas necessidades dentro do que conhecia.[140] Os custos de transação estão impregnados em todas as transações econômicas, e é muito difícil se livrar deles. Mesmo no exemplo do fazendeiro que procura crédito, a economia de custos de transação não os elimina por inteiro: o banco pode impor inúmeras exigências que demandem tempo e recursos para serem cumpridas ou pode até mesmo se recusar a conceder o financiamento, impondo-lhe a necessidade de iniciar outra busca. O ato de assinatura do contrato contém ônus para o banco e o fazendeiro: a elaboração do instrumento, as negociações, o aconselhamento jurídico e o registro da hipoteca também constituem custos de transação. Ainda após o término das formalidades, estes continuam a existir na sua execução. O processo descrito demonstra que, mesmo no mercado de intermediação financeira, estão presentes os custos de transação em três etapas: o custo necessário para obter informação e tomar a decisão, o relacionado à contratação em si e o relacionado às medidas para assegurar a execução do contrato.

A questão dos custos de transação foi trazida à baila por Coase no artigo *The problem of social cost*.[141] Em síntese dos desdobramentos de suas conclusões, Coase afirma que, "com custos de transação zero, os produtores

---

[138] KENT, Raymond P. *Money and banking*. 5. ed. New York: Holt, Rinehart and Winston, 1966. p. 102. "The principal operations of a financial institutions are concerned with bringing together in a common fund or 'pool' the temporarily idle money of the general public which in the absence of financial institutions would presumably be hoarded by the individual owners."

[139] O custo de transação não se confunde com o de produção.

[140] WILLIAMSON, Oliver E. *The economic institutions of capitalism*: firms, markets, relational contracting., p. 44 e 45.

[141] COASE, R. The problem of social cost. *Journal of Law and Economics*, Chicago, v. 3, p. 1-44, Oct. 1960.

fariam quaisquer tipos de arranjos contratuais necessários para maximizar o valor de sua produção. Se houvesse ações que custassem menos que a redução do prejuízo que elas trariam e fossem os meios menos custosos disponíveis para realizar tal redução, elas seriam tomadas. Ação pode ser requerida por um único produtor ou por vários em combinação".[142] Contudo, o próprio Coase admite que essa é uma situação hipotética que não corresponde à realidade.[143] Mesmo assim, os custos de transação ainda são um ferramental útil para compreender a ação empresarial.

Os custos de transação são uma das pedras de toque do antitruste da Escola de Chicago. As vantagens decorrentes da redução desses custos são enfatizadas nas concentrações econômicas.[144] Na Escola de Chicago, os custos de transação são obstáculos para atingir a eficiência, e, por essa razão, todas as concentrações ou condutas que tenham por finalidade sua redução ou eliminação devem ser, em regra, tidas como justificativas legítimas para afastar qualquer medida antitruste. As explicações sobre conglomerados estão sendo revistas com base nesses custos: desenvolvimentos recentes indicariam que talvez possa existir uma tendência à reversão na conglomeração e na verticalização em virtude da redução de custos de transação como resultado do aprimoramento das técnicas de gestão empresarial, possibilitada por novas tecnologias.[145]

142 COASE, R. *The firm, the market and the law*. Chicago: The University of Chicago Press, 1988. p. 175.

143 COASE, R. The problem of social cost, p. 10. "Of course, if market transactions were costless, all that matters (questions of equity apart) is that the rights of the various parties should be well-defined and the results of legal actions easy to forecast. But as we have seen, the situation is quite different when market transactions are so costly as to make it difficult to change the arrangement of rights established by the law".

144 CANN JR., Wesley A. Section 7 of the Clayton Act and the pursuit of economic "objectivity": is there any role for social and political values in merger policy? *Notre Dame Law Review*, n. 60, p. 305, 1985: "[...] an accurate analysis of the efficiencies which flow from current merger policy must include consideration of transaction costs and the costs of corporate defensive strategies. Even if transaction costs are viewed as a mere redistribution of assets with nothing being gained or lost, it is important to consider to whom these assets are redistributed. Often, they are not channeled to shareholders, employees, and consumers, but instead end up in the hands of large investment houses, law firms, corporate executives, and greenmailers."

145 SULLIVAN, Laurence A.; GRIMES, Warren S. *The law of antitrust*: an integrated handbook, p. 17. "Also, while economists have for decades been explaining the

A liberalização do mercado financeiro encontra parte de sua explicação na teoria dos custos de transação. O fluxo de capitais com a menor quantidade de barreiras os minimizaria e geraria mais riqueza. A própria existência das instituições financeiras e suas redes, é certo, constitui um fator na diminuição desses custos na economia, e, no Brasil, a atuação do SFN para o sistema de pagamentos ilustra isso. Nesse contexto, a globalização desses mercados representa um passo adiante no processo, pois facilitaria o acesso a capitais internacionais "ociosos" por parte daqueles que deles necessitam.

3.4.2 *O funcionamento do SFN por meio de redes contratuais entre instituições financeiras*

Uma das justificativas para a regulação do sistema financeiro é a existência do risco sistêmico, o qual adviria de uma série de relações recíprocas entre as instituições financeiras. Essas relações estão afastadas do grande público de depositantes e tomadores, mas ligam-se a estes por modo reflexo. Sem a existência de tais relações, seria impossível a transferência interna e internacional de dinheiro entre as diversas instituições. Apesar de imperceptíveis para o grande público, o mercado financeiro repousa seu funcionamento nelas, cujo grau de formalização pode variar.

As relações recíprocas mencionadas são as que forjam esquemas contratuais, dotados de relativa estabilidade, entre as diversas instituições financeiras. Os mais simples, aqueles existentes entre bancos correspondentes em praças diversas, incluem custódia, transferência de recursos e serviços de câmbio, entre outros.[146] Pode haver sindicatos bancários (*bank syndicates*) que associam diversos bancos para a realização de um negócio de grande porte.[147]

---

size and vertical links of firms in terms of minimizing transaction costs, they have scarcely begun to think about whether, in an economy in which all players at every vertical level can be in instant communication, cost minimization can be achieved by further disaggregation, rather than through horizontal and vertical mergers."

146 CRANSTON, Ross. *Principles of banking law*, p. 39.

147 Idem, p. 54-55. "A bank syndicate (or bank consortium) comprises a number of banks associated to carry out some enterprise. Typically the banks will be jointly involved in financing a company, project, or government, whether through a syndicated loan or similar facility or by arranging, managing, and underwriting an issue of securities."

Os mercados interbancários também constituem um exemplo desses esquemas. É provável que os bancos, ao longo de suas operações, se tornem deficitários na captação de recursos por algum tempo. Assim, eles se socorrem, por vezes, de outros bancos que lhe emprestarão o necessário para honrar seus compromissos. Estas operações sucessivamente realizadas tornam um banco muito dependente dos demais.[148]

Além disso, outros esquemas de natureza eminentemente contratual existem para possibilitar o funcionamento de mercados ou mitigar riscos. Apresentam estrutura institucional desenvolvida, consistindo de bolsas de mercadorias e futuros, bolsas de valores e câmaras de compensação.[149] A participação das instituições financeiras nessas estruturas depende do acordo inicial entre elas, e a nota característica dessas estruturas é a mediação: nenhuma entidade celebra contrato diretamente com a outra, mas sempre com terceiro interposto, o qual é responsável pelo adimplemento do negócio.

Tais características conjugadas colocam as instituições financeiras em situação peculiar em relação aos agentes econômicos dos outros mercados no que tange ao nível de informações sobre os concorrentes. A realização de negócios bancários, especialmente quando não mediados por esquemas especiais, propicia o acesso a informações dos concorrentes em quantidade que, para outros setores, poderia até mesmo levantar suspeitas sobre a prática de ações coordenadas.[150]

4. Qual o mercado relevante das instituições financeiras?

De forma geral, um erro bastante comum na definição do mercado relevante é associar à metodologia antitruste a percepção do mercado que as empresas têm. Em particular, as instituições financeiras são grandes clientes de consultorias que analisam o mercado, tendo por pano de fundo a perspectiva de conquistá-lo – possuem grande quantidade de informações sobre o comportamento de rivais, áreas e produtos, dentro de inúmeras variáveis.

Tal percepção compartimentalizada ajuda na definição do mercado relevante, mas não se confunde com ele. Da mesma forma que os interesses

[148] Certamente, a boa prática bancária sugere evitar dependência excessiva em relação a um único banco ou grupo de bancos. A dispersão das relações contratuais que se formam como resultado desta recomendação minimiza o risco de colapso sistêmico e, ao mesmo tempo, diminui a probabilidade de práticas concertadas.

[149] CRANSTON, Ross. *Principles of banking law*, p. 50.

[150] Ver item 2.1.2 do cap. 4, *supra*.

privados são afastados do âmbito da defesa da concorrência em detrimento do interesse público na proteção do mercado, a percepção individualizada deste deve ceder espaço à identificação do *locus* onde se dá a concorrência entre os agentes econômicos. Pode ser que grandes bancos, tais como Banco do Brasil, Bradesco, Itaú e Unibanco, se preocupem diretamente com as pressões exercidas pelos demais na arena nacional, desenvolvendo seu planejamento estratégico com relação a todo território nacional. Por outro lado, a defesa da concorrência pode identificar os municípios como o mercado relevante geográfico devido ao fato de o confronto efetivo entre os bancos ocorrer mais próximo ao cliente. A questão, contudo, admite múltiplas respostas corretas conforme os interesses que se deseja tutelar.

4.1 *Aspectos da Lei 4.595/1964 relacionados à definição do mercado relevante*

Embora algumas regras da Lei 4.595/1964 revelem certa preocupação com a defesa da concorrência, inexiste indicação explícita sobre qual seria o mercado relevante. Nem poderia ser diferente, uma vez que o mercado relevante é um conceito construído caso a caso, de modo a permitir a sua adaptação a todos os produtos e serviços. Engessá-lo na lei seria um grande equívoco, pois impossibilitaria sua adaptação a novas circunstâncias.

De fato, as transformações tecnológicas dos últimos decênios têm sido a mola propulsora de grandes mudanças. Como afirma Vogel, "a revolução financeira está ligada à revolução das telecomunicações, pois o avanço nas telecomunicações afetou diretamente os mercados financeiros".[151] Assim, uma definição de mercado relevante que eventualmente tivesse sido adotada pelo legislador em 1964 seria obsoleta hoje.

Tal transformação desautoriza descartar toda e qualquer utilidade da Lei 4.595/1964 na definição do mercado relevante. Ao contrário, a estrutura dos mercados pode ser influenciada pela atuação estatal,[152] e vários aspectos do diploma legislativo impactam a atuação das instituições financeiras, moldando-lhe o comportamento. Importa é localizar os dispositivos que podem ter algum reflexo na delimitação do mercado relevante.

---

[151] VOGEL, Steven K. *Freer markets, more rules*: regulatory reform in industrial advanced countries, p. 31. "The financial revolution is linked to the telecommunications revolution, for the advance in telecommunications technology has directly affected financial markets."

[152] SCHERER, F. M.; ROSS, David. *Industrial market structure and economic performance*, p. 151.

Quadro 2 – Dispositivos da Lei 4.595/1964 com impacto sobre a definição do mercado relevante

Dispositivo	Conteúdo	Mercado relevante	
		Produto	Produto geográfico
Art. 3º	Objetivos da política do CMN	X	X
Art. 4º	Competência do CMN	X	X
Arts. 10 e 11	Competência do Bacen	X	X
Art. 12	Operações do Bacen	X	–
Art. 13	Atuação do Bacen por meio do Banco do Brasil	X	–
Art. 17	Objeto das instituições financeiras	X	–
Art. 18, §§ 1º e 3º	Demais atividades reguladas	X	–
Art. 19	Competência do Banco do Brasil	X	–
Art. 22, § 3º	Atuação das instituições financeiras públicas	X	X
Art. 29	Aplicação de depósitos públicos	–	X
Arts. 34, 35 e 36	Vedações gerais às instituições financeiras	X	–
Art. 49	Operações de crédito da União	X	–
Art. 50	Privilégios de instituições financeiras públicas	X	X

O dinamismo do impacto de mudanças normativas no SFN o diferencia de outros mercados. Assim, outro aspecto que deflui da legislação do SFN é o viés político de que se revestem seus dispositivos normativos, subordinados, pelo menos, às diretrizes estabelecidas em lei, diferentemente do que acontece com setores não regulados. Isso se justifica pelo fato de sua formação ser condicionada por normas que limitam a atuação das instituições financeiras, o que o afasta dos demais mercados, tais como os de aço, arroz ou automóveis, nos quais apenas incidentalmente mudanças normativas influenciam a definição dos mercados relevantes.

4.2 *Mercado relevante de produto*

A Lei 4.595/1964 traz alguns elementos que ajudam a definir o mercado relevante, mas é a legislação antitruste que fornecerá os critérios a serem usados. Apesar de se referir em vários trechos a "mercado relevante de bens e serviços", a Lei 8.884/1994 é omissa no tratamento do assunto, não fornecendo nenhuma indicação sobre como proceder nessa delimitação. O Cade sugere que, combinado com o teste do monopolista hipotético, o mercado relevante de produto compreende "todos os produtos ou serviços considerados substituíveis entre si pelo consumidor devido às suas características, preços e utilização".[153] Para tanto, devem ser analisados os seguintes aspectos:

> [...] a eficácia, a qualidade e a conveniência relativa dos produtos substitutos; a evolução dos preços relativos e das quantidades vendidas; os custos de consumir produtos substitutos provenientes da mesma ou de outras áreas; o tempo necessário para promover a eventual substituição; e evidências de que os consumidores desviariam sua demanda ou levariam em conta a possibilidade de desviá-la em função de mudança nos preços relativos ou em outras variáveis competitivas.[154]

A aparente cientificidade da definição do CADE esconde uma grande área de indefinição na qual "empirismo e pragmatismo" ainda desempenham papéis fundamentais na tomada de decisão,[155] particularmente no caso do mercado financeiro. Tal estado fomenta a insegurança jurídica, na medida em que o agente econômico é incapaz de aferir *ex ante* qual será a base para a análise concorrencial, salvo em mercados já bastante conhecidos. Dependendo da definição adotada, pode-se incluir ou excluir, por exemplo, o risco de uma negativa ao negócio pretendido com base na eliminação de concorrência potencial. A existência de múltiplos caracteres relacionados aos produtos dos mercados financeiros só complica ainda mais a determinação do mercado relevante.

---

[153] BRASIL. Cade. Resolução 20, de 9 de junho de 1999. Anexo II, item 2. No mesmo sentido, a Resolução n. 15, de 19 de agosto de 1998. Anexo V, item 1.6.1. "Mercado(s) relevante(s) do(s) produto(s). Um mercado relevante do produto compreende todos os produtos/serviços considerados substituíveis entre si pelo consumidor devido às suas características, preços e utilização. Um mercado relevante do produto pode eventualmente ser composto por um certo número de produtos/serviços que apresentam características físicas, técnicas ou de comercialização que recomendem o agrupamento."

[154] BRASIL. Cade. Resolução 20, de 9 de junho de 1999. Anexo II, item 2.1.2. A SDE e a Seae adotaram critérios semelhantes. BRASIL. SEAE. SDE Portaria conjunta 50, de 1º de agosto de 2001, itens 28 a 33.

[155] LAMANDINI, Marco. *Le concentrazioni bancarie*: concorrenza e stabilità nell'ordinamento bancario. Bologna: Il Mulino, 1998. p. 120.

Tampouco a distinção feita na Lei 4.595/1964 entre bancos comerciais, de investimento e de desenvolvimento, entre outros, pode ser usada. O advento do banco múltiplo, em 1988, tornou letra morta a diferenciação original, a qual poderia até apresentar alguma utilidade no passado. Hoje, para fins de delimitação do mercado relevante de produto, a classificação só é mencionada por razões históricas.

Ao longo dos últimos 30 anos, como resultado da inovação tecnológica e do relaxamento de certas proibições regulatórias, a gama de serviços oferecidos pelas instituições financeiras experimentou um grande crescimento, embora boa parte destes continue a ter por efeito o mesmo produzido pelo binômio depósito bancário-mútuo. Por exemplo, nos anos 1970 e 1980, a introdução da transferibilidade dos certificados de depósito bancário nos principais mercados financeiros mundiais representa um paradigma nesse contexto.[156] Ao lado dessa tendência, a tecnologia também possibilitou que outros serviços passassem a ser prestados por instituições financeiras, tais como aqueles associados aos diversos sistemas de pagamento existentes.

Especialmente a partir dessa época, os bancos podem ser caracterizados como empresas multiprodutos.[157] À guisa de ilustração, o Unibanco elenca os seguintes produtos como seus principais: empréstimos, investimentos, consórcios, imóveis, cartões, seguros, previdência, capitalização e serviços, e todos apresentam inúmeros subprodutos. Muitos destes não se enquadram na definição de intermediação financeira.[158] Outras instituições adotam classificações diferentes. A grande variedade de produtos bancários adiciona um elemento a mais para a identificação dos produtos relevantes.

Um tratamento sistemático é obrigatório, a fim de evitar a perda de foco. Em decorrência dessa grande variedade de produtos, três posturas metodológicas se abrem: (i) considerar o conjunto de produtos como um único mercado relevante, (ii) considerar cada um dos produtos como um mercado relevante distinto e (iii) considerar grupamentos de produtos como diversos mercados relevantes. A prática antitruste revela que a resposta adequada só pode decorrer de uma análise casuística, em que se deve formular uma série de indagações.

---

[156] VOGEL, Steven K. *Freer markets, more rules*: regulatory reform in industrial advanced countries, p. 33 e 34.

[157] LAMANDINI, Marco. *Le concentrazioni bancarie*: concorrenza e stabilità nell'ordinamento bancario, p. 120.

[158] Informação disponível em www.unibanco.com.br, às 11h14, em 14 de dez. 2004.

Considerar o conjunto de produtos como um único mercado relevante foi a opção dada pela Suprema Corte dos Estados Unidos.[159] Em operações envolvendo bancos, "influenciados pelas eficiências do lado da oferta", entende-se que todos os serviços ofertados deveriam ser aglutinados como se fossem um único produto com foco nos depósitos, caracterizando um *cluster market*.[160] As eficiências do lado da oferta seriam aquelas resultantes da economia de escopo.[161] Os consumidores de serviços bancários, em vez de procurarem várias instituições financeiras e compararem os produtos separadamente, optam pela escolha de um único banco para suprir suas necessidades. Separar a prestação de serviços por banco causaria embaraços e aumentaria os custos de transação. A vantagem dessa definição decorre do fato de ela facilitar a análise. Tal abordagem, porém, falha ao ignorar que o consumidor pode pautar sua ação por apenas um dos aspectos. No caso dos bancos, é possível identificar, pelo menos, depositantes e tomadores de empréstimo como grupos dotados de interesses bem diferentes.[162] Nos Estados Unidos, essa agregação continua sendo adotada pelas autoridades monetárias, mas foi abandonada pelo Departamento de Justiça.[163]

A segunda hipótese para o mercado relevante consistiria na sua atomização em tantos quantos forem os serviços distinguíveis. Se a decisão da Suprema Corte norte-americana simplifica demais o problema, essa opção o complica demais: a mera identificação dos produtos que deveriam ser incluídos demandaria enormes recursos, pois nem sequer há padronização da linguagem adotada entre as diversas instituições financeiras. A variação de algumas condições contratuais dificultaria esta tarefa: um empréstimo com garantia real seria o mesmo que outro sem garantia real? O prazo para pagamento poderia diferenciar um produto (curto, médio e longo prazo)? A finalidade do empréstimo (para consumo, capital de giro, investimento em

---

159 ESTADOS UNIDOS. *United States v. Philadelphia National Bank*, 374 U.S. 321, 356-7, 83 S.Ct. 1715, 10 L.Ed.2d 915 (1963).

160 SULLIVAN, Laurence A.; GRIMES, Warren S. *The law of antitrust*: an integrated handbook, p. 63.

161 HOVENKAMP, Herbert. *Federal antitrust policy*: the law of competition and its practice, p. 102-103. "In most cases, a cluster market based on economies of scope is nothing more than a way of identifying a particular facility or a particular productive system that, strictly speaking do not compete with each other."

162 SULLIVAN, Laurence A.; GRIMES, Warren S. *The law of antitrust*: an integrated handbook, p. 63.

163 LAMANDINI, Marco. *Le concentrazioni bancarie*: concorrenza e stabilità nell'ordinamento bancario, p. 137.

máquinas) também poderia diferenciar um produto? A tarefa, por demais hercúlea, não é adotada por nenhuma autoridade.

A terceira abordagem tem sido a da Comissão Européia, que identifica aqueles grupos de produtos dotados de alguma autonomia e então os agrupa. Em geral, o mercado é dividido em três: bancos de varejo, bancos voltados para empresas e mercados financeiros.[164] Essa divisão também está sujeita a críticas. Por que não apresentar uma subdivisão mais fracionada? Como a Comissão Européia pontua,

> [...] cada produto bancário é distinto, mas o grau de substitutibilidade entre diferentes produtos é difícil de apreciar. Não há substitutibilidade entre certos grupos de produtos, mas a divisão entre outros é muito menos clara. Bancos não oferecem geralmente apenas um tipo de conta ou empréstimo, de modo que há fortes ligações entre os diferentes produtos no setor bancário de varejo.[165]

Por essa razão, os agrupamentos básicos podem ser modificados.

No Brasil, o único caso relativo à intermediação financeira analisado pelo Cade adotou, de modo implícito, a doutrina do *cluster market*. Ao analisar o caso, o conselheiro Fonseca relatou que "o mercado atendido pelas duas empresas pode ser definido como o de serviços bancários em geral, visto que ambas instituições, BFB e Itaú, se caracterizam como bancos múltiplos".[166] A escassa fundamentação apresentada, relacionando o aspecto subjetivo das instituições financeiras envolvidas à definição do mercado relevante – ambas são bancos múltiplos –, tem o inconveniente de ignorar que, em um banco universal, os serviços podem variar em cada instituição

---

[164] COMISSÃO EUROPÉIA. Caso IV/342 (1993) – FORTIS/CGER. COMISSÃO EUROPÉIA. Caso IV/M.573 (1993) – ING/BARINGS.

[165] COMISSÃO EUROPÉIA. Caso IV/342 (1993) – FORTIS/CGER. "Each banking product is distinct, but the degree of substitutability between different products is difficult to appreciate. There is no substitutability between certain banking product groups but the division between others are far less clear. Banks do not generally offer only one type of account or loan so there are strong linkages between the different product groups within the retail banking sector." No mesmo sentido, ver também COMISSÃO EUROPÉIA. Caso IV/M.573 (1993) – ING/BARINGS.

[166] BRASIL. CADE. Ato de Concentração 87/1996. Requerentes: Banco Francês e Brasileiro S.A. e Americas Finance Company Limited (Grupo Itaú). Relatório do conselheiro-relator João Bosco Leopoldino da Fonseca. Observe-se que não há decisão do Cade sobre o mercado relevante neste caso. O conselheiro limitou-se a relatar o mercado relevante, sem decidir sobre o mesmo no voto.

financeira. Um banco com forte atuação no segmento corporativo pode ser desprezível como banco de varejo. A decisão do CADE sobre o mercado relevante de produto deverá ser reavaliada e não pode ser tomada como parâmetro para casos futuros.

Todavia, a questão da definição do mercado relevante, se restrita à atividade de intermediação financeira, comporta uma visão diversa. Do prisma exclusivo da intermediação financeira, as três classificações não afastam a dualidade básica depósito bancário-mútuo. Devido à característica bifurcada da intermediação financeira,[167] é possível vislumbrar certa rivalidade entre as instituições seja na captação de depósitos, seja na celebração de mútuos.[168] Nesse contexto, é lícito indagar o que o consumidor poderia considerar substitutos para o depósito bancário e o mútuo.

Da perspectiva funcional, parece haver poucas alternativas para quem pretende guardar suas economias e, ao mesmo tempo, tê-las à disposição assim que necessário. Os bancos competem pelos depósitos, pois estes representam a matéria-prima de seus negócios – sem os depósitos, não é possível celebrar mútuos. Investimentos em imóveis, ainda que transmitam a sensação de segurança, são desprovidos de liquidez. O mercado de ações poderia ser uma opção, mas não o é devido à baixa liquidez no Brasil e à volatilidade que o caracteriza.[169] Portanto, há somente um produto que atende às necessidades de liquidez e segurança ao mesmo tempo.

Usando-se a mesma metodologia, conclui-se que a situação do mútuo é um pouco diversa. Da perspectiva do consumidor que precisa de crédito para, por exemplo, adquirir um bem, pouco importa se os recursos são originários via cheque especial, por meio de cartão de crédito administrado por instituição financeira, crédito direto ao consumidor – estes três mecanismos relacionados à intermediação financeira –, carnês financiados pela própria loja, recursos de um parente ou cheque pré-datado – estas três sem o uso da intermediação financeira. Haveria pouca diferença entre as seis modalidade e, caso todas estejam disponíveis, o consumidor optará, se for racional, pela mais conveniente e barata, quer seja intermediação financeira ou não.

---

[167] TAVARES, Maria da Conceição. *Da substituição de importações ao capitalismo financeiro*, p. 145. "Na realidade, o setor opera simultaneamente em dois mercados."

[168] LOBO, Carlos Baptista. *Concorrência bancária?* Coimbra: Almedina, 2001. p. 411.

[169] A volatilidade pode ser ignorada caso se queira assumir maiores riscos.

Pessoas naturais podem ser fonte de dinheiro sob a forma de mútuo, mas é mais freqüente que isso ocorra, indiretamente, via intermediação financeira. Todavia, em tese, é possível emprestem suas economias a terceiros, mas o volume é desprezível.[170] Além das pessoas físicas, as empresas de *factoring* constituem uma possibilidade que se abre ao demandante de crédito.

Por outro lado, há serviços acessórios aos depósitos bancários e aos mútuos que são mais importantes para grande parte da população, desprovida de recursos para poupar ou com poucas perspectivas de acesso ao crédito. As facilidades de pagamento constituem um exemplo. Ao analisar a importância desses serviços, a abordagem dos *cluster markets* faz mais sentido. Poucos são os que procuram uma instituição financeira para, rapidamente, obter empréstimo. Este só é concedido após certo tempo de relacionamento ou com base em condições especiais, tais como o financiamento de automóveis. Sob essa ótica, o que se oferece é a totalidade dos serviços postos à disposição dos clientes, os quais são avaliados em conjunto. Um cliente de pequeno porte tenderá a centralizar suas operações bancárias numa única instituição por questão de facilidade – improvável é o caso daquele que usa o cheque de um banco, o cartão de débito de outro, o débito automático de um terceiro, e assim por diante.

4.3 *Mercado relevante geográfico*

À semelhança do que acontece com o mercado relevante de produto, a Lei 8.884/1994 é lacônica ao tratar da delimitação da sua extensão geográfica, limitando-se a afirmar que a lei é aplicável "às práticas cometidas no todo ou em parte no território nacional ou que nele produzam ou possam produzir efeitos".[171] A norma anterior também pouco esclarecia, uma vez que se referia apenas aos "mercados nacionais".[172]

---

170 ALHADEFF, David A. *Monopoly and competition in banking*, p. 13. "In the absence of definitive and comprehensive information, it seems probable that, except in certain areas and under unusual circumstances, lending by private individuals is probably slight compared to the volume of commercial banks lending. Furthermore, since private loans have no formal, institutional existence, they cannot be regarded as realistic alternatives for the majority of business borrowers."

171 BRASIL. Lei 8.884/1994. "Artigo 2º Aplica-se esta lei, sem prejuízo de convenções e tratados de que seja signatário o Brasil, às práticas cometidas no todo ou em parte no território nacional ou que nele produzam ou possam produzir efeitos."

172 BRASIL. Lei 4.131/1962. "Artigo 2º Consideram-se formas de abuso do poder econômico: I – dominar os mercados nacionais ou eliminar total ou parcialmente a concorrência por meio de: [...]."

Buscando detalhar a norma, o Cade definiu o mercado relevante geográfico como "a área em que as empresas ofertam e procuram produtos/serviços em condições de concorrência suficientemente homogêneas em termos de preços, preferências dos consumidores, características dos produtos/serviços".[173] Prevê a identificação das barreiras à entrada e o recurso ao teste do monopolista hipotético. O procedimento para aplicação desse conceito é o mesmo previsto para a do mercado relevante de produto.[174]

No que concerne ao SFN, a Lei 4.595/1964 tem pouca valia. A autorização concedida pelo Bacen para operar instituição financeira vale para todo o território nacional. Essa informação, porém, é insuficiente para delimitar o mercado relevante das instituições. Ela só serve para excluir a hipótese de um mercado em que barreiras interestaduais podiam ser erigidas por cada um dos Estados, como, em certa medida, ainda ocorre nos Estados Unidos, onde saber se um banco recebeu autorização para funcionar da União ou de algum Estado federado pode determinar, *a priori*, a existência de barreiras ao comércio interestadual.[175] Nesse país, a existência de barreiras regulatórias estaduais teria criado mercados relevantes distintos, alguns sujeitos a maior nível de competição, outros a menor.[176] Nos países da União Européia, o fato de um banco ser autorizado a operar no território nacional também tem valia limitada, pois "muito do direito europeu se preocupa com a eliminação de obstáculos ao livre movimento de bens, serviços, pessoas

---

173 BRASIL. Cade. Resolução 15, de 19 de agosto de 1998. Anexo V, item 1.6.2. "Mercado(s) relevante(s) geográfico(s). Um mercado relevante geográfico compreende a área em que as empresas ofertam e procuram produtos/serviços em condições de concorrência suficientemente homogêneas em termos de preços, preferências dos consumidores, características dos produtos/serviços. A definição de um mercado relevante geográfico exige também a identificação dos obstáculos à entrada de produtos ofertados por firmas situadas fora dessa área. As firmas capazes de iniciar a oferta de produtos/serviços na área considerada após uma pequena mas substancial elevação dos preços praticados fazem parte do mercado relevante geográfico. Nesse mesmo sentido, fazem parte de um mercado relevante geográfico, de um modo geral, todas as firmas levadas em conta por ofertantes e demandantes nas negociações para a fixação dos preços e demais condições comerciais na área considerada."

174 BRASIL. Cade. Resolução 20, de 9 de junho de 1999. Anexo II, item 2.1.2.

175 RUBIN, E. L. Deregulation, reregulation, and the myth of the market, p. 1253.

176 STIROH, K. J.; STRAHAN, P. E. Competitive dynamics of deregulation: evidence from U.S. banking. *Journal of Money, Credit and Banking*, v. 35, n. 5, p. 801-828, Oct. 2003.

e capital, remoção esta que em si mesma promove a concorrência dentro da comunidade".[177]

A única manifestação do Cade sobre o mercado relevante geográfico foi no mesmo ato de concentração entre o BFB e o Itaú antes mencionado. Naquela oportunidade, o mercado relevante da operação foi considerado como o nacional, "dado o alcance operacional das instituições envolvidas, em especial o Itaú, e a automação existente nos serviços bancários em geral, o que permite a concretização das mais diversas operações bancárias em qualquer ponto do país".[178] Uma vez mais, a definição adotada precisa ser aperfeiçoada. O alcance operacional decorrente da informatização é incapaz de fornecer, *in loco*, alguns serviços básicos como saques. Além disso, está implícita no relatório a adoção de uma presunção: a de que, ao ser autorizado a funcionar, o BFB atuaria em todo o território nacional. Enquanto essa presunção é parcialmente verdadeira para o Itaú – este banco com grande rede de agências não possui agências nos rincões do País, como o Banco do Brasil –, não o é em absoluto para o BFB. Ora, por que incluir no mercado relevante áreas nas quais inexiste a atuação do BFB? A solução mais adequada tenderia a identificar a área de atuação de cada uma das empresas e sobrepô-las em seguida.

Para auxiliar na argumentação, é preciso atentar para o consumidor, especialmente quando se amplia a dimensão do mercado relevante para abranger os serviços de pagamento prestados, que, no Brasil, incluem a rede de casas lotéricas e agências dos Correios. Por isso, identificam-se a seguir dos dois fatores que impactam a delimitação geográfica do mercado relevante: o porte do cliente, o dinamismo dos centros bancários e o tipo de atividade desempenhada pela instituição financeira (comercial ou de investimento).

4.3.1 *Porte do cliente*

O porte dos clientes delimita seu âmbito de atuação, quer seja na busca de instituições financeiras para depósito, quer seja para mútuo. Com

[177] WISH, Robert. *Competition law*, p. 50. "Much of EC law is concerned with the elimination of obstacles to the free movement of goods, services, persons and capital; the removal of these obstacles in itself promotes competition within the Community."

[178] BRASIL. Cade. Ato de Concentração 87/1996. Requerentes: Banco Francês e Brasileiro S.A. e Americas Finance Company Limited (Grupo Itaú). Relatório do conselheiro-relator João Bosco Leopoldino da Fonseca.

base na noção de custos de transação, é possível afirmar que, quanto maior a distância do tomador para o emprestador, maior será o custo de transação. Intuitivamente, percebe-se que é mais difícil para um consumidor depositar suas economias longe de sua residência ou do seu trabalho. Daí resulta a importância da distância entre o cliente e a instituição financeira.[179]

O custo de transação pode-se tornar insignificante conforme o porte do tomador aumente. Além disso, os ganhos oriundos da "escala" dos grandes investimentos influenciam o poder de barganha, na medida em que os grandes clientes tendem a depositar mais dinheiro em suas contas. Para um grande cliente, o custo de transação decorrente da distância da agência bancária é menor em comparação ao do pequeno cliente. Essas observações são inaplicáveis para a maioria dos clientes, mas não para uma pessoa jurídica de grande porte que tem necessidade de levantar, nos mercados financeiros internacionais, quantias para levar a cabo projetos de porte. Conseqüentemente, as categorias de clientes (pequenos, médios ou grandes) influenciam a definição do mercado relevante.[180]

O mesmo não se pode afirmar dos serviços voltados para pequenos e médios clientes. Estes limitam sua ação pela geografia, que progressivamente os afasta de mercados à medida que se distanciam de seu ponto de origem. Por isso, havia muito se entendia nos Estados Unidos o mercado relevante das instituições bancárias como sendo o local.[181]

Uma vez mais, deve-se prestar especial atenção aos desdobramentos das tecnologias de comunicação e processamento de dados. Apesar de constituir fator importante no relacionamento bancário, a presença física do cliente é cada vez mais dispensável. As operações via *call center* e *internet* representam parcela significativa do atendimento aos clientes. Em particular, o uso da *internet* tem crescido muito nos últimos anos, o que impõe novos parâmetros na delimitação dos mercados relevantes. Comparando-se o ano de 2003 ao de 2002, constata-se que o uso da internet

---

179 FERREIRA, Caio Fonseca. *Concorrência e* performance *do sistema bancário em um mercado heterogêneo*. Estudo para discussão que serviu de base para elaboração de tese defendida em 2005 na FEA/USP em São Paulo. p. 5. O autor correlaciona o poder de mercado à distância entre o consumidor, desprovido de opções, e a agência.

180 LAMANDINI, Marco. *Le concentrazioni bancarie*: concorrenza e stabilità nell'ordinamento bancario, p. 137.

181 ESTADOS UNIDOS. Board of Governors of the Federal Reserve System. BURKE, Jim. *Antitrust law, Justice Department Guidelines, and the limits of concentration in local banking*, p. 1-14.

apresentou aumento de 21% em relação a pessoas jurídicas e de 27% no tocante a pessoas físicas. Tal afirmação, todavia, não é aplicável a todas as situações: para a grande maioria da população brasileira, desprovida que é de acesso ao SFN, a presença física de agências ou pontos de atendimento bancário influencia na determinação do acesso às instituições financeiras. Programas que incluam no SFN essa parcela excluída devem considerar que o *call center* e a *internet* continuam sendo uma realidade bem distante do cotidiano das camadas mais pobres.[182]

Tabela 6 – Transações bancárias por origem (%)

	2000	2001	2002	2003	Variação 2003/2002
Automáticas externas (1)	2,8	2,8	2,8	2,6	1,8
Automáticas internas (2)	18,1	16,2	18,0	16,8	1,7
Auto-atendimento (3)	33,5	33,1	28,2	32,3	24,5
Home e Office Banking P.J. (4)	1,8	2,8	4,5	5,0	21,0
Internet Banking P.F. (5)	1,9	3,5	5,3	6,2	27,9
POS – Ponto de Venda no Comércio (6)	1,6	1,6	2,5	2,5	5,9
Transações de caixas de agências	20,4	22,1	20,6	18,9	-0,3
Nº de cheques compensados	13,3	11,1	11,1	9,6	-6,3
Call Center com intervenção atendente	0,7	1,0	1,8	1,4	-15,4
Call Center (Unidade Resposta Auditável)	5,9	5,7	5,2	4,2	-12,3
Correspondentes Bancários (7)	–	–	–	0,5	–
Total	100,00	100,00	100,00	100,00	8,7

(1) Débitos automáticos, crédito de salário, entre outros.
(2) Tarifas, taxas, IOF, CPMF, entre outros.
(3) Saque, depósitos, consultas, emissão de cheques, entre outros.
(4) Transferências de arquivos, consultas, pagamentos, investimentos, entre outros.
(5) Consultas, transferências, pagamentos, investimentos, empréstimos, entre outros.
(6) Pagamentos em lojas, supermercados, postos de gasolina, entre outros.
(7) Estabelecimentos comerciais, correios, casas lotéricas, entre outros.

Fonte: Febraban.

[182] O acirramento da concorrência no SFN pode ser um dos desdobramentos do aprofundamento das políticas públicas de inclusão digital. Entretanto, estas facilidades ainda precisam se disseminar muito mais, a fim de que seus efeitos para os segmentos mais desprovidos da população se façam sentir.

Deste modo, o desenvolvimento tecnológico pouco alterou até o momento a definição do mercado relevante para pequenos clientes.[183] Do mesmo modo, estudos indicam que o impacto das tecnologias foi maior sobre o segmento de depósitos bancários do que sobre o de empréstimos.[184] Com base nas observações feitas acima, o quadro abaixo traz uma sugestão sobre as possíveis definições de mercados relevantes, tendo por base os serviços financeiros genericamente considerados.[185]

Quadro 3 – Mercado relevante geográfico: antes e depois da revolução tecnológica

Dimensão do cliente	Antes da revolução tecnológica	Depois da revolução tecnológica
Pequenos	Local	Local
Médios	Local/Regional	Regional/Nacional
Grandes	Nacional	Internacional

4.3.2 *Dinamismo dos centros bancários*

Inúmeras pequenas localidades padecem da falta crônica de agências bancárias, e, por isso, seus habitantes têm de se deslocar para cidades vizinhas, aumentando a extensão do mercado relevante local. Por contraste,

183 FERREIRA, Caio Fonseca. *Concorrência e* performance *do sistema bancário em um mercado heterogêneo*, p. 4. "Os últimos anos testemunharam um avanço sem precedentes em tecnologias de comunicação e processamento de informações. Um mundo futuro sem limites de atuação para bancos e clientes é uma visão relativamente comum. Contudo, por enquanto, as distâncias observadas entre os bancos e seus clientes revelam-se pequenas."

184 Idem, p. 5. "Os efeitos da introdução de novas tecnologias de comunicação corroboram esta tese. Tecnologias como a internet podem possibilitar acesso a mercados mais distantes, diminuir custos irrecuperáveis e assim aumentar sua contestabilidade. Mas, novamente, estudos mostram diferenças entre o mercado de depósitos e de crédito. A adoção de tecnologias de comunicação mais avançadas parece aumentar de forma mais intensa a competição no mercado de depósitos do que no mercado de crédito (Corvosier e Gropp, 2001)."

185 Admite-se que a generalização, proposta com base nas leituras realizadas, possa ser sujeita a variações conforme se alterem os mercados relevantes de produtos.

nas grandes cidades, em cada esquina é comum encontrar uma agência bancária. Em grandes centros financeiros, a presença é ostensiva. Essa constatação reflete o dinamismo econômico dos grandes centros, onde a demanda por serviços financeiros é maior. Por isso, há certa relação entre a maior presença de agências bancárias nos grandes centros e sua ausência nos pequenos.[186]

No Brasil, uma grande quantidade de municípios é desprovida de atendimento bancário. De acordo com Venancio Jr., há 1.659 cidades, cuja população em 2000 somava 10.197.778 habitantes, sem agência bancária. Cerca de metade desses números se localiza na região Nordeste, a mais pobre do País.[187] Os dados da tabela abaixo indicam que o número de municípios não atendidos cresceu. Essa privação conduz ao aumento de assimetria informacional entre os clientes e os bancos e acentua o problema da assimetria de capital, o que redunda na expansão do poder econômico dos últimos, que, providos de informação, podem usá-la em seu proveito para se apropriar de renda.[188] Visando ao desenvolvimento das regiões

---

[186] ESTADOS UNIDOS. Board of Governors of the Federal Reserve System. BURKE, Jim. *Antitrust law, Justice Department Guidelines, and the limits of concentration in local banking*, p. 1-14.

[187] VENANCIO JR., Daniel. *O potencial de crescimento do setor bancário no Brasil.* Disponível em: <http:!www.univap.br/biblioteca/hp/Mono%202002%20Rev/020.pdf>, p. 7. As conclusões foram elaboradas com base em dados oficiais do Bacen e do IBGE.

[188] FERREIRA, Caio Fonseca. *Concorrência e* performance *do sistema bancário em um mercado heterogêneo*, p. 5. "A assimetria de informação permite aos bancos utilizarem a distância entre o cliente e os concorrentes para se apropriar de renda. Degryse e Ongena (2002) utilizaram dados de operações de empréstimos de um banco belga e verificaram que as taxas de empréstimos decrescem com a distância entre a firma e o banco credor e crescem com a distância entre o cliente e outros bancos alternativos. Estas conclusões são exatamente as previstas na seção anterior e, em geral, são compatíveis com modelos que permitem a discriminação espacial de áreas. As restrições impostas pela distância conferem aos bancos poder de mercado. Testes do nível de competição em diversos países europeus rejeitam a hipótese de concorrência perfeita, sugerindo que o mercado pode ser melhor caracterizado como de concorrência monopolística. Os testes revelaram ainda que a concentração bancária pode reduzir a competição e que o nível de competição enfrentado por bancos grandes, operando em mercados internacionais, é maior do que aquele enfrentado por bancos pequenos que operam prioritariamente em mercados locais (Bikker e Haaf, 2002)."

menos favorecidas, a legislação prevê mecanismos para compensar essas desvantagens competitivas.[189]

Tabela 7 – Atendimento bancário no País – municípios

	31.08.2004
Municípios	5.578
Municípios sem agência e sem PAB	1.719
Municípios com 1 atendimento	2.259
Uma agência	1.606
Com PAA	653

Fonte: Unicad.

5. Conseqüências da determinação do mercado relevante

No decorrer deste capítulo, arrolou-se e analisou-se uma série de elementos para determinar o mercado relevante, de modo a desnudar suas implicações para a análise antitruste. Deu-se especial atenção aos aspectos de direito privado envolvidos na intermediação financeira, pois a completa compreensão do processo só pode ser atingida pelas partes. Além disso, traçaram-se algumas relações e, com base nelas, apontaram-se desdobramentos possíveis. O esclarecimento de aspectos subjetivos e objetivos da intermediação explicitou o *modus operandi* do SFN para cumprir sua tarefa constitucional.

[189] BRASIL. Lei 9 4.595/1964. "Artigo 3º A política do Conselho Monetário Nacional objetivará: [...] XIV – determinar recolhimento de até 60% (sessenta por cento) do total dos depósitos e/ou outros títulos contábeis das instituições financeiras, seja na forma de subscrição de letras ou obrigações do Tesouro Nacional ou compra de títulos da Dívida Pública Federal, seja através de recolhimento em espécie, em ambos os casos entregues ao Banco Central do Brasil, na forma e condições que o Conselho Monetário Nacional determinar, podendo este: (Redação dada pelo Del. 1.959, de 14 de setembro de 1982) a) adotar percentagens diferentes em função; – das regiões geoeconômicas [...]." BRASIL. Conselho Monetário Nacional. Resolução 2.099, de 17 de agosto de 1994. Regulamento contido no Anexo II. "Artigo 1º [...] Parágrafo 2º Em se tratando de instituição que tenha sede e, no mínimo, 70% (setenta por cento) de suas dependências localizadas fora dos Estados do Rio de Janeiro e/ou de São Paulo, os valores de capital realizado e patrimônio líquido exigidos nos termos deste artigo terão redução de 30% (trinta por cento)."

A função do direito na definição de um mercado delimitado ostensivamente por normas foi explicitada seja por meio do recurso ao direito privado, seja por meio da análise da Lei 4.595/1964. O mercado relevante é fundamental na tomada de decisões pelas autoridades de defesa da concorrência, mas é desprezado no momento da elaboração das normas que impactam o SFN. Como neste a política de concorrência do Estado brasileiro se manifesta com mais intensidade por meio de normas, o legislador deve, ao menos, estar ciente da esfera na qual sua decisão produzirá efeitos.

Outro ponto a ressaltar é o grau de segurança jurídica existente no processo de delimitação do mercado relevante. Por vezes, uma definição mais restrita pode se adequar a dados objetivos, por vezes isso pode ser inconsistente com tais objetivos. Casos podem ser ganhos ou perdidos com base no mercado relevante. A natureza das regras de defesa da concorrência permite esse tipo de jogo de interesses, ainda que a despeito da criação de insegurança jurídica.

CAPÍTULO 4
A CONCORRÊNCIA ENTRE INSTITUIÇÕES FINANCEIRAS EM MOVIMENTO

No capítulo anterior, o estudo do mercado relevante das instituições financeiras forneceu elementos jurídicos que possibilitam submetê-lo a um exame baseado numa concepção estática de poder econômico. Neste capítulo, por contraposição ao poder econômico e à sua possibilidade de mensuração, explicou-se que o caráter dinâmico da concorrência dificultava sua decomposição, pois, à diferença do mercado relevante, não há elemento que permita congelá-lo e fotografá-lo para análise.

Em realidade, os mercados financeiros são reconhecidos como aqueles em que o elemento de dinamismo e, portanto, de movimento está muito presente. O funcionamento de uma instituição financeira produz efeitos sobre a outra e assim sucessivamente, o que pode ser aplicado inclusive à esfera global. Dependendo de sua carteira de negócios, uma instituição localizada em Hong Kong ou em Cingapura pode afetar negócios em São Paulo, tanto quanto outra situada em Porto Alegre ou Recife.

Por essa razão, a análise da concorrência em movimento reveste-se de características diversas da do poder econômico, que serão discutidas a seguir. Os aspectos gerais da rivalidade entre as empresas, como as barreiras à entrada e a estrutura interna de custos de cada uma, desempenham papel predominante. A dificuldade de sua quantificação, que pode até atingir certa precisão ao se ignorar a variável humana presente nas relações sociais, possibilita ao direito, no momento da valoração das provas, econômicas ou não, apresentar um papel mais decisivo na avaliação do impacto que a concorrência pode ter sobre o mercado. A correta compreensão da rivalidade no SFN pode fornecer indícios sobre se a tão discutida elevada taxa de juros resulta das características inerentes a um oligopólio ou se decorre de outras variáveis que não necessariamente correlatas à de um oligopólio.

1. Livre-iniciativa e barreiras à entrada: o segundo melhor

Quando a doutrina jurídica se debruça sobre a disciplina da autorização, tende a discorrer, em detalhes, sobre aspectos formais: requisitos, limites à discricionariedade e adequação do ato administrativo à pirâmide normativa. Tais aspectos jurídicos são importantes, mas não são os únicos. Há outra sorte de ponderações que devem orientar a interpretação e aplicação do regime de autorização. Os problemas decorrentes do confronto entre o princípio da livre-iniciativa e barreiras à entrada nascentes num regime de autorização ilustram um dilema, ao qual o jurista, focado apenas na norma, fecha os olhos.

A maioria das atividades econômicas submete-se a um regime geral de livre-iniciativa, no qual a entrada num dado mercado é livre de barreiras regulatórias. Em outras palavras, esse preceito, contido em vários trechos da Constituição de 1988, é informativo de todo o sistema econômico. Um empresário que deseja investir na produção de máquinas agrícolas ou na construção de prédios pode fazê-lo sem a necessidade de obter de autorização dos órgãos governamentais.[1]

Todavia, há exceções a esse princípio que, de certo modo, mitigam a possibilidade da livre-iniciativa incondicional. Algumas atividades demandam autorização específica para o seu desempenho, e a justificativa para a necessidade de autorização varia, constituindo uma escolha política sobre quais interesses devem receber tratamento diferenciado dos demais. O pretendente deve atender a certas exigências prescritas em normas. Presente o interesse estatal expresso numa lei, impõe-se a necessidade de obter autorização para o desempenho da atividade econômica. No Brasil, o objeto social das instituições financeiras constitui exemplo de atividade que necessita de autorização administrativa.

Esse estado das coisas suscita dois questionamentos. Primeiro: um regime de autorização é, de fato, necessário à atividade de intermediação financeira? Segundo: se é necessário, qual deve ser a rigidez das regras?

À primeira vista, a questão inicial pode parecer exagerada. A maioria dos sistemas jurídicos regula os mercados financeiros por meio de autorizações baseadas em justificativas plausíveis. Contudo, tende-se a relegar a segundo plano uma dimensão: o impacto negativo que limitações à entrada

---

1 Não se deve confundir autorização com certificação ou registro. As três constituem sistemas regulatórios, mas possuem diferentes características. Na autorização, o requerente precisa atender a certas condições para sua obtenção. O registro se dá perante uma autoridade, sem que haja dever de demonstrar capacidade específica para uma dada atividade, *v.g.*, os registros de comércio. A certificação não constitui entrave à prática da atividade, mas permite aos consumidores identificar entre os produtos certificados, submetidos em tese a certos critérios, e os produtos não certificados, não submetidos a esses critérios. Nos registros, as vantagens decorrem do acesso facilitado aos dados do agente econômico, ao passo que, na certificação, há uma indução na diferenciação de qualidade. OGUS, Anthony. *Regulation*: legal form and economic theory. Oxford: Clarendon Press, 1994. p. 215.

podem ter no nível de concorrência em dado mercado. Não se trata de desqualificar as justificativas para atuação regulatória do Estado no SFN. Analisar aspectos institucionais pressupõe questionar as próprias instituições, e, desse prisma, o sistema de autorizações constitui verdadeiro pilar do SFN, qualificando-se, pois, para esse teste.

É possível imaginar a organização dos mercados financeiros sem nenhum tipo de obstáculo à entrada neles. Na sua origem, até mesmo a emissão de papel-moeda não era controlada pelo Estado. Até 1979, o desenvolvido mercado financeiro do Reino Unido encontrava-se nessa situação, pois

> [...] qualquer sociedade, empresa ou indivíduo podiam receber dinheiro em depósito. Nenhuma licença era necessária e nenhuma empresa tinha de se preocupar com os ativos do negócio ou o modo como o negócio era conduzido. Para um negócio que recebia depósitos ser considerado banco dependia do tratamento recebido pelos demais bancos, o que com freqüência era acompanhado pelo reconhecimento dado pelo Banco da Inglaterra.[2]

Contudo, a resposta à primeira questão parece ser no sentido de indicar a necessidade de um regime de autorização. A justificativa não repousa no simples fato de a maioria dos sistemas regulatórios de mercados financeiros adotar a autorização como forma de controle, a qual se revela explicação insuficiente. Na realidade, há explicações fortes o bastante para justificar esse tipo de intervenção: os benefícios decorrentes da autorização superam os prejuízos que podem advir das externalidades negativas dos mercados financeiros. O Reino Unido decidiu adotar um sistema de autorização, ainda que a princípio pouco rígido, em parte, por causa da Segunda Diretriz Bancária da Comunidade Européia e, em parte, por causa de alguns escândalos financeiros que atingiram a credibilidade do mercado.[3] Desde então, em razão da entrada de inúmeras instituições estrangeiras no

---

2 MAYER, Colin. The regulation of financial services: lessons from the UK for 1992. In: BISHOP, Matthew; KAY, John; MAYER, Colin. *The regulatory challenge*. Oxford: Oxford University Press, 1995. p. 139. Esse reconhecimento pelos pares para ser considerado um banco suscitava questionamentos sobre a existência de práticas cartelizadoras.

3 Idem, ibidem, p. 139. Para ser autorizado, um banco necessitava preencher os seguintes critérios: "(i) it enjoyed a 'high reputation and standing in the financial community'; (ii) it provided 'either a wide range of banking services or a highly specialised banking service'; (iii) the business was performed 'with integrity and prudence'; (iv) it was under the direction of at least two individuals; and (v) it

mercado britânico não habituadas às práticas auto-regulatórias da *City*, o regime de autorização tem-se expandido.[4] Provavelmente, tendo em vista esse contexto, Stigler alerta para o risco de os mecanismos regulatórios, entre os quais se encontra a autorização, serem oriundos mais dos interesses dos regulados do que do público em geral.[5]

Tais observações conduzem, implicitamente, à segunda questão. Admitindo-se a existência de um sistema de autorização, é preciso inquirir da sua adequação às finalidades propostas. O ente regulador depara-se com outro dilema. Ao estabelecer um regime de autorização mais estrito, está-se indiretamente elevando as barreiras à entrada e diminuindo a concorrência, seja a efetiva, por meio da exclusão de agentes econômicos incapazes de se ajustar às novas condições, seja a potencial, por meio dos maiores requisitos à entrada que inibem a participação de novas instituições financeiras. Se, ao contrário, o ente regulador estabelece critérios mais frouxos para a autorização, pode haver o acirramento da concorrência no mercado financeiro à custa da higidez. A escolha apropriada é difícil e qualquer uma que seja feita será objeto de críticas.[6] A teoria econômica recomenda a busca da solução ótima, mas esta é difícil de ser identificada. Por isso,

---

met minimum net asset requirements that were stipulated in the Act but had to be also considered appropriate by the Bank of England".

4 MAYER, Colin. The regulation of financial services: lessons from the UK for 1992, p. 139. O *Financial Services and Markets Act* de 2000 é a lei mais recente a tratar de autorização para operar banco. Em palestra proferida em 2004 na London School of Economics and Political Science, Howard Davies, ex-presidente da Financial Services Authority (FSA) afirmou que, se bancos de países com mercados financeiros francamente regulados desejassem atuar na *City* londrina, deveriam atender a critérios até mais rígidos do que os previstos para bancos ingleses. Curiosamente, Howard Davies citou um banco brasileiro para ilustrar o que dizia. DAVID, H. Lecture given for the Course Regulation of Financial Markets at LSE on 22nd October 2004.

5 STIGLER, George. The economic theory of regulation. *Bell Journal of Economics and Management Science*, v. 2, n. 1, p. 3-5, Spring 1971.

6 CLAESSENS, Stijn; LAEVN Luc. What drives bank competition? Some international evidence. *Policy Research Working Paper* n. 3113. Banco Mundial, ago. 2003, p. 23. "While our results confirm much of traditional industrial organization theory that contestability rather than structure is the most important for competition, the fact that structure matters so little, or even in opposite ways to expectations, might surprise many involved with competition policy in the financial sector. Competition policy in the financial sector has traditionally centered on balancing franchise value, important for prudential concerns and related to the so-called special nature of banks, with allowing more competition forces with

> [...] não se pode determinar se uma decisão de política é ótima exceto com base na análise do equilíbrio geral da situação na economia como um todo, o que leva em consideração todos os modos em que o equilíbrio será alterado pela adoção de qualquer política em particular para qualquer parte da economia em particular – uma tarefa manifestamente impossível.[7]

Diante desse quadro, a autoridade reguladora depara-se com a possibilidade de escolha do segundo melhor ("2nd best"). Reconhece-se, *ex ante*, a impossibilidade de atingir o melhor resultado possível e, por isso, opta-se, conscientemente, pela segunda alternativa. Afinal,

> a contribuição importante da teoria do segundo melhor não é recomendar a aplicação de política alguma, mas sim enfatizar a necessidade de considerar, tanto quanto possível, as implicações para qualquer política da presença de condições subótimas em todos os lugares da economia.[8]

Embora não afastado na sua totalidade do raciocínio econômico, esse campo, mais afeito à discussão de valores pelos mecanismos de decisão política, pode ser auxiliado pelo direito, na medida em que este pode ajudar a conciliar os diversos interesses em conflito, sem ignorar os objetivos da maximização do bem-estar social. Desse ponto de vista, a segunda resposta sobre a adequada rigidez das regras se apresenta aberta.

1.1 *Barreiras institucionais: a livre-iniciativa no SFN*

Do ponto de vista antitruste, tanto a Tradição de Harvard quanto a Escola de Chicago concordam que imposições institucionais ou regulatórias de qualquer natureza que impactem a entrada em dado mercado devem ser

---

greater entry. This trade-off implied that the solution often was thought to be a more concentrated system with less entry, although that resulted in less competitiveness. But our results suggest that the trade-off need no be between a more concentrated system and a less competitive system. Having a contestable system may be more important to assure competitiveness than a system with low concentration".

7 KAHN, Alfred E. *The economics of regulation*: principles and institutions. Cambridge: The MIT Press, 1988. v. 1. p. 195.

8 Idem, ibidem, p. 196. "[...] therefore, the important contribution of the theory of the second best is not that it recommends a policy of no policy but that it emphasizes the need for considering, as best as one can, the implications for any particular policy of the presence of suboptimal conditions elsewhere in the economy [...]".

consideradas barreiras à entrada. O Cade reconhece a importância do tema para sua análise ao mencionar expressamente a necessidade de elas serem levadas em conta na decisão.[9]

Em relação ao SFN, foram introduzidas certas regras que regularam, de modo especial, o acesso ao mercado financeiro, criando um regime diferenciado para o princípio da livre-iniciativa. A redação dada pela Lei 4.595/1964 conferia às autoridades monetárias ampla discricionariedade no ato de autorização. A autorização para o funcionamento de instituições financeiras privadas depende de autorização do Bacen.[10] Essa decisão se submete, também, ao veto do CMN, que pode recusar pedido de autorização para operar instituição financeira no País.[11] Das instituições estrangeiras exige-se o requisito de um decreto presidencial autorizador.[12]

O conjunto dessas limitações foi utilizado para evitar o crescimento do número das instituições financeiras, em consonância com a política concentracionista no SFN dos anos 1970. Como decorrência dessa política, a

---

9 BRASIL. Cade. Resolução 20, de 9 de junho de 1999. "2.3. Análise das condições concorrenciais, efetivas e potenciais (barreiras à entrada), no(s) mercado(s) relevante(s) (incluindo condições institucionais)."

10 BRASIL. Lei 4.595/1964, art. 10. "Compete privativamente ao Banco Central da República do Brasil: [...] X – Conceder autorização às instituições financeiras, a fim de que possam: a) funcionar no País; b) instalar ou transferir suas sedes, ou dependências, inclusive no exterior; c) ser transformadas, fundidas, incorporadas ou encampadas; d) praticar operações de câmbio, crédito real e venda habitual de títulos da dívida pública federal, estadual ou municipal, ações, debêntures, letras hipotecárias e outros títulos de crédito ou mobiliários; e) ter prorrogados os prazos concedidos para funcionamento; f) alterar seus estatutos; g) alienar ou, por qualquer outra forma, transferir o seu controle acionário (Incluído pelo Decreto-lei n. 2.321, de 25/02/87)." BRASIL. Lei 4.595/1964, art. 4º, § 1º. "No exercício das atribuições a que se refere o inciso IX deste artigo, com base nas normas estabelecidas pelo Conselho Monetário Nacional, o Banco Central da República do Brasil estudará os pedidos que lhe sejam formulados e resolverá conceder ou recusar a autorização pleiteada, podendo (Vetado) incluir as cláusulas que reputar convenientes ao interesse público".

11 BRASIL. Lei 4.595/1964, art. 10, § 1º. "O Conselho Monetário Nacional, no exercício das atribuições previstas no inciso VIII deste artigo, poderá determinar que o Banco Central da República do Brasil recuse autorização para o funcionamento de novas instituições financeiras, em função de conveniências de ordem geral."

12 BRASIL. Lei 4.595/1964, art. 18. "As instituições financeiras somente poderão funcionar no País mediante prévia autorização do Banco Central da República do Brasil ou decreto do Poder Executivo, quando forem estrangeiras."

autorização para operar instituição financeira passou a ter valor econômico e, por conseqüência, se tornou passível de ser negociada. O aparecimento de novas instituições era exceção, não a regra. Aliás, do ponto de vista jurídico, a autorização se revelava inadequada para limitar o acesso, devendo ter sido escolhida a concessão para implementar essa política concentracionista. Há deturpação do instituto da autorização, pois

> [...] a distinção entre a autorização e a concessão decorre [...] do fato de não haver limitação às autorizações que podem ser concedidas, como ocorre com o exercício de determinadas atividades (hospitalares, de ensino); então, a autorização encontra sua significação mais antiga como o ato regulado que se outorga a todos os que preenchem determinadas condições.[13]

A Constituição de 1988 consolidou mudanças que estavam em curso, ao regular, com certo detalhamento, a estrutura e o funcionamento do SFN.[14]

---

13 VÁZQUEZ, José Ramón Parada. *Derecho administrativo*: organización y empleo público. 11. ed. Madrid: Marcial Pons, 1997. v. 2. p. 500. "[...] la distinción entre la autorización y la concesión resulta evidente, como se ha dicho, cuando no hay limitación de las autorizaciones que pueden ser concedidas, como ocurre para el ejercicio de determinadas actividades (hospitalarias, de enseñanza); entonces, la autorización encuentra su significación más prístina como acto reglado que se otorga a todos aquellos en quienes concurren determinadas condiciones."

14 Boa parte do debate à época era impulsionado pelo movimento desregulatório no mercado financeiro norte-americano que estava se acelerando. De fato, estudos para o contexto norte-americano demonstraram que algumas das restrições regulatórias eram prejudiciais a uma alocação adequada dos recursos. STIROH, Kevin J.; STRAHAN, Philip E. Competitive Dynamics of Deregulation: Evidence from U.S. Banking. *Journal of Money, Credit, and Banking*, vol. 35, n. 5, The Ohio State University, p. 825, Oct 2003. "We conclude that regulations imposed an important constraint on competitive reallocation effects in the U.S. banking industry. The steady market share of good banks in deregulating states and the apparent convergence of market share across all states provides strong support for our contention that interstate banking and intrastate branching deregulation were a causal factor behind this reallocation. Because the U.S. banking industry experienced other regulatory changes that affected all states equally, e.g., the removal of Regulation Q in 1986, the state-by-state variation provides the crucial identification. By unleashing competitive pressures, deregulation of banking markets successfully transferred a substantial portion of banking assets from low profit to high profit banks and contributed to the increased profitability of the industry as a whole". Como muitas das restrições regulatórias existentes no Brasil eram

No que tange às barreiras regulatórias, duas normas regulavam o tema: o inciso I e o § 1º do art. 192 da Constituição.

O inciso I do art. 192 determina que uma lei complementar regulará

> [...] a autorização para o funcionamento das instituições financeiras, assegurado às instituições bancárias oficiais e privadas acesso a todos os instrumentos do mercado financeiro bancário, sendo vedada a essas instituições a participação em atividades não previstas na autorização de que trata este inciso.[15]

Disso decorrem dois desdobramentos. Primeiro, há a previsão de uma lei complementar à autorização, lei que jamais foi votada. Por isso, entende-se que a Lei 4.595/1964 foi recebida como complementar, não se recepcionando os dispositivos incompatíveis com a nova ordem constitucional. Segundo, o dispositivo concede às instituições financeiras acesso a "todos os instrumentos do mercado financeiro bancário". Em outras palavras, essa regra constitucional, promulgada em 5 de outubro de 1988, pode ser lida como ratificadora de outra emitida alguns dias antes pelo CMN, a Resolução 1.524, de 21 de setembro de 1988, por meio da qual já se caminhava de uma estrutura segmentada de bancos para outra baseada em bancos universais. Entre outras medidas, o regulamento anexo a essa resolução determinava novos critérios para autorizar o funcionamento de instituição financeira, revelando uma reviravolta na política adotada. A tabela abaixo mostra o decréscimo de bancos de 1964 até 1988. Em 1989, o número aumenta vertiginosamente.[16]

---

semelhantes às dos Estados Unidos, parte dos efeitos benéficos também podem ter sido produzidos aqui.

15 BRASIL. Constituição da República Federativa de 1988, art. 192, I. Semelhante norma se verificava no inciso II, o qual prescrevia a necessidade de lei complementar para tratar da "autorização e funcionamento dos estabelecimentos de seguro, previdência e capitalização, bem como do órgão oficial fiscalizador e do órgão oficial ressegurador".

16 TROSTER, Luis Roberto. *Concentração bancária*, p. 2. O autor alerta para o fato de que o número de bancos não deve ser o único indicativo do nível de concorrência. "O número de bancos tem sido levantado como uma evidência forte de que o sistema bancário está se concentrando no Brasil. Entretanto, é uma proposição mal formulada, uma vez que a concentração não é função do número absoluto de bancos. A mesma quantidade de serviços pode ser oferecida por diferentes estruturas de indústria bancária como: muitos bancos pequenos, alguns médios e poucos grandes; ou muitos médios, nenhum pequeno e poucos grandes; ou ainda três megabancos, alguns grandes e nenhum médio e pequeno etc."

Tabela 8 – Número de bancos no Brasil

Ano	Número	Ano	Número	Ano	Número
1964	336	1982	115	1995	242
1966	313	1984	110	1996	231
1968	231	1986	105	1997	217
1970	178	1988	106	1998	203
1972	128	1989	179	1999	193
1974	109	1990	216	2000	192
1976	106	1992	234	2001	182
1978	107	1993	243	2002	167
1980	112	1994	246	2003	164

Fonte: Bacen, apud TROSTER, Roberto Luis. *Concorrência bancária*, p. 3.

O § 1º do art. 192 dispunha que

> [...] a autorização [...] será inegociável e intransferível, permitida a transmissão do controle da pessoa jurídica titular, e concedida sem ônus, na forma da lei do sistema financeiro nacional, a pessoa jurídica cujos diretores tenham capacidade técnica e reputação ilibada, e que comprove capacidade econômica compatível com o empreendimento.

Esse parágrafo devia ser lido não só em consonância com a Resolução 1.524/1988, mas também com a Resolução 1.649, de 25 de outubro de 1989, a qual, ao aprovar o regulamento dos bancos múltiplos, reforçava: "as autorizações serão inegociáveis intransferíveis e concedidas sem ônus". Além disso, a discricionariedade das autoridades era autolimitada pela norma, a qual, impondo mais critérios objetivos, afirmava que "o ingresso de novas instituições no mercado financeiro será condicionado a que os pretendentes apresentem situação econômica compatível com o empreendimento e seus dirigentes tenham capacidade técnica e reputação ilibada".[17]

Embora modificado pela Emenda Constitucional 40, a prática permanece a mesma nesse aspecto, consolidando a estrutura atual do SFN. As mudanças descritas mostram, uma vez mais, como é possível implementar políticas sobre a concorrência sem que haja qualquer participação de uma autoridade antitruste.

---

[17] BRASIL. Conselho Monetário Nacional. Resolução 1.649, de 25 de outubro de 1989, item I, "a" e "b".

1.2 *Adequação do capital e os Acordos da Basiléia*

Um dos requisitos para o registro do empresário ou a abertura de empresa é a previsão, no requerimento ou no contrato social,[18] do *quantum* do capital. Tal exigência justifica-se pela existência de mecanismos legais de limitação da responsabilidade patrimonial nas formas mais utilizadas.[19] A partir da estrutura adotada, podem-se tecer dois comentários.

Inicialmente, não há possibilidade de as autoridades encarregadas dos registros públicos se recusarem a proceder ao registro caso constatem que o capital pretendido é inadequado, quer seja por falta, quer seja por excesso. Nos termos da lei, basta haver menção ao valor do capital.[20] Alguém que decida abrir uma siderúrgica com R$ 1.000,00 poderá registrar esse contrato social sem nenhuma objeção das autoridades no que tange ao capital social. Outro que pretenda abrir uma mercearia com R$ 10.000.000,00 também terá seu contrato registrado. Como há sempre a possibilidade de alterar o capital para adequá-lo às necessidades, e seria impossível a qualquer autoridade fazer a verificação da razoabilidade do valor atribuído ao capital, a legislação permite que o particular decida o valor do capital social. Afinal, é o particular quem tocará o negócio, sendo a pessoa mais indicada para saber quanto capital necessitará.

Além disso, outro problema se apresenta: a mera indicação do capital no contrato social não é garantia de sua integralização. O valor indicado pode ter sido subscrito em parte ou não ter sido em absoluto. Embora a lei preveja desdobramentos para essas hipóteses, responsabilizando os sócios, o risco continua a ser suportado pelos contratantes com a empresa com insuficiente capitalização. Outro problema é a impossibilidade de garantir que o capital permaneça estável durante o desempenho da atividade empresarial, sendo possível o descompasso entre o capital de fato e o contábil.

Essas duas deficiências da legislação relativa ao capital são difíceis de contornar. No caso do SFN, as instituições participantes se submetem a um regime distinto em relação ao capital social, devendo seu controlador provar "situação econômica compatível com o empreendimento", inexistência de restrições cadastrais e "montante de capital integralizado" adequado nos termos da legislação vigente.[21] Afinal, as poupanças populares não podem ser entre-

---

[18] BRASIL. Lei 10.406, de 10 de janeiro de 2002, art. 968.

[19] Ver, por exemplo, BRASIL. Lei 10.406, de 10 de janeiro de 2002, art. 1.052.

[20] BRASIL. Lei 8.934, de 18 de novembro de 1994.

[21] BRASIL. Conselho Monetário Nacional. Resolução 2.099, de 17 de agosto de 1994. Regulamento contido no Anexo I. "Artigo 1º A concessão, por parte do Banco Central do Brasil, de autorização para o funcionamento de bancos múltiplos,

gues àqueles que são desprovidos de condições de conduzir seus negócios com segurança. Some-se a essa preocupação uma característica inerente aos bancos: a intermediação financeira implica a coexistência de obrigações líquidas que podem ser exigidas à vista e de direitos não-líquidos, cujo vencimento se protrai no tempo. Tal descompasso inerente à intermediação financeira representa um risco constante às instituições financeiras, o qual pode ser compensado pela imposição de critérios mais rígidos sobre o capital social. Tal risco pode ainda ser potencializado por ações temerárias das instituições financeiras.[22]

Por essa razão, um dos principais requisitos presentes nas autorizações para operar instituição financeira é a adequação do capital à atividade pretendida, seja no momento da abertura, seja durante o desenvolvimento dos negócios. A adequação do capital pode ser definida como "o nível mínimo de capital para uma instituição, visto como necessário ou desejável pelo regulador financeiro para a operação segura e confiável desta instituição".[23] No SFN, em caso de não-cumprimento dos requisitos, as autoridades convocarão, em cinco dias, os responsáveis para que apresentem um plano de regularização.[24]

---

bancos comerciais, bancos de investimento, bancos de desenvolvimento, sociedades de crédito, financiamento e investimento, sociedades de crédito imobiliário, sociedades de arrendamento mercantil, sociedades corretoras de títulos e valores mobiliários, sociedades distribuidoras de títulos e valores mobiliários e sociedades corretoras de câmbio está condicionada a: I – comprovação, pelos controladores, de situação econômica compatível com o empreendimento, observados os seguintes parâmetros: a) em se tratando de pessoa jurídica, o patrimônio líquido respectivo, deduzida a parte referente ao investimento na nova instituição, deve corresponder a, pelo menos, 220% (duzentos e vinte por cento) desse investimento; b) em se tratando de pessoa física, seu patrimônio, deduzida a parte referente ao investimento na nova instituição e eventual participação em pessoa jurídica referida na alínea anterior, deve corresponder a, pelo menos, 120% (cento e vinte por cento) desse investimento; II – inexistência de restrição cadastral aos administradores e controladores, inclusive em razão da declaração de propósito de que trata o art. 2º deste Regulamento; III – que o montante do capital integralizado corresponda, no mínimo, ao limite fixado para a instituição nos termos do Anexo II."

22 VALDEZ, Stephen; WOOD, Julian. *An introduction to global financial markets*, p. 30. "In 1984, for example, it was found that Johnson Mattey Bank in the UK had lent the equivalent of 115% of its own capital to just two borrowers." O Johnson Mattey Bank quebrou, e sua quebra foi apontada como uma das razões para a reforma da legislação bancária no Reino Unido em 1987.

23 NORTON, Joseph Jude. *Devising international supervisory standards*. Dordrecht: Martinus Nijhoff, 1995. p. XXX.

24 BRASIL. Conselho Monetário Nacional. Resolução 2.099, de 17 de agosto de 1994 (redação dada pela Resolução 2.815, de 24 de janeiro de 2001). "Artigo 2º [...] §

Dentre as vantagens apontadas desse mecanismo estão a criação de um sistema garantidor contra perdas inesperadas dos bancos, a transferência dos prejuízos decorrentes de uma quebra dos consumidores para os proprietários da instituição financeira e o aumento da confiança do mercado e do público.[25] Além disso, haveria uma diminuição do risco sistêmico para o SFN.

Os critérios devem ser iguais para todos os que pretendam operar um mesmo tipo de instituição financeira. As exceções minariam a utilidade desse controle de entrada – a única exceção refere-se aos "conselheiros financeiros", que no Reino Unido são considerados instituições financeiras para fins da regulação, embora não levem a efeito nenhuma atividade de intermediação.[26] Apesar de esta necessidade de tratamento uniforme ser apontada, ela já foi objeto de críticas que entendiam ser cabível a diferenciação conforme o porte da instituição.[27] Empresas que possam representar perigo às economias populares devem ser excluídas do mercado. É pertinente a analogia feita por Llewellyn com "a regulação sobre poluição que exclui algumas empresas do setor, porque elas não podem suportar técnicas de produção que satisfaçam os padrões de poluição, ou fabricantes de carros que não atendem aos critérios mínimos de segurança".[28] Em que pesem essas críticas sobre a ausência de diferenciação de requisitos de capital, em algumas situações as instituições financeiras podem considerar prudente deter mais capital do que o exigido por regulação.[29]

1º Constatado o descumprimento dos padrões de capital e/ou patrimônio líquido referidos neste artigo, o Banco Central do Brasil convocará representantes legais da instituição e, caso entendido necessário, seus controladores, para informarem acerca das medidas que serão adotadas com vistas à regularização da situação."

25 RICHARDSON, Jeremy; STEPHENSON, Michael. *Some aspects of regulatory capital*. London: FSA Occasional Papers, Mar. 2000. p. 19.

26 Idem, ibidem, p. 12.

27 CÂMARA DOS DEPUTADOS. Audiências da Comissão de Fiscalização e Controle. Sistema Financeiro – I. Reforma bancária no Brasil. Brasília, 1988, p. 36. Manifestação do Deputado Federal Luiz Gushiken. "Agora, noto que para transformar em banco múltiplo o Banco Central, para níveis de capitalização, não fez diferenciação no porte dos bancos, ou seja, no fundo, a transformação para banco múltiplo – no meu entender, é importante – inviabiliza os setores pequeno e médio. Na verdade, a legislação sobre os níveis de capitalização acaba mantendo o *status quo* do sistema financeiro. Quero registrar que essa afirmação não é minha, mas da Associação dos Bancos Comerciais."

28 LLEWELLYN, David. *The economic rationale for financial regulation*, p. 46.

29 ALFON, Isaac; ARGIMON, Isabel; BASCUÑANA-AMBRÓS. Patricia. *What determines how much capital is held by UK banks and building societies?* London: FSA Occasional Papers, p. 8, July 2004. "In practice, therefore, management need to weigh up different factors: the level of capital that the market demands for the

Tabela 9 – Limites mínimos de capital realizado e patrimônio líquido para as instituições financeiras e demais instituições autorizadas*

Tipo de instituição financeira	Valor dado pela Resolução 2.099, de 17.08.1994	Valor corrigido pelo IGP-M	Valor dado pela Resolução 2.607, de 27.05.1999
Banco comercial e carteira comercial de banco múltiplo	7.000.000,00	11.638.342,10	17.500.000,00
Banco de investimento, de desenvolvimento, correspondentes carteiras de banco múltiplo e caixa econômica	6.000.000,00	9.975.721,80	12.500.000,00
Sociedade de crédito, financiamento e investimento, de arrendamento mercantil ou correspondentes carteiras de banco múltiplo	3.000.000,00	4.987.860,90	7.000.000,00**
Companhia hipotecária	–	–	3.000.000,00
Sociedade corretora de títulos e valores mobiliários e sociedade distribuidora de títulos e valores mobiliários***	600.000,00	997.572,18	1.500.000,00
Sociedade corretora de títulos e valores mobiliários e sociedade distribuidora de títulos e valores mobiliários	200.000,00	332.524,06	550.000,00
Sociedade corretora de câmbio	200.000,00	332.524,06	350.000,00

* Valores em reais
** Inclui as sociedades de crédito imobiliário.
*** Aquelas que "administrem fundos de investimento nas modalidades regulamentadas pelo Banco Central do Brasil – exceto fundos de investimento em quotas de fundos de investimento – ou sociedades de investimento, que sejam habilitadas à realização de operações compromissadas, bem como realizem operações de garantia firme de subscrição de valores mobiliários para revenda, de conta margem e/ou de swap em que haja assunção de quaisquer direitos ou obrigações com as contrapartes".

Fonte: BRASIL. Conselho Monetário Nacional. Resolução 2.099, de 17 de agosto de 1994. Anexo II, art. 1º. BRASIL. Conselho Monetário Nacional. Resolução 2607, de 27 de maio de 1999 (nova redação conferida ao mesmo artigo).

risks taken (especially the level demanded by rating agencies to assign a given rating); the level of capital that shareholders think is appropriate; the regulatory minimum; and managers' own views and preferences on risk management. So regulatory requirements need not be decisive in determining capital holdings."

No Brasil, houve aumento real dos limites mínimos de capital realizado e patrimônio líquido para as instituições financeiras e demais instituições autorizadas. A tabela abaixo compara dois momentos recentes da regulação: a Resolução 2.099, de 17 de agosto de 1994, e a Resolução n. 2607, de 27 de maio de 1999. Aplicando-se o índice de correção monetária do IGP-M, observa-se que os valores mais recentes superam a inflação do período. Do ponto de vista da política da concorrência no SFN, essa medida representa um aumento das barreiras à entrada, dificultando o efeito regulador representado pela concorrência potencial.

Ao discorrer sobre adequação do capital, é imprescindível a referência ao Comitê da Basiléia (antigo Comitê de Supervisão Bancária da Basiléia), grupo que, após distúrbios no mercado financeiro em 1974, foi formado por iniciativa das autoridades monetárias de Bélgica, Canadá, França, Alemanha, Itália, Japão, Luxemburgo, Holanda, Espanha, Suécia, Suíça, Reino Unido e Estados Unidos.[30] Parte considerável das normas adotadas pelas autoridades brasileiras recebe influência direta das proposições desse grupo. De fato, muitos outros países seguem as sugestões do Comitê da Basiléia.[31] De particular importância são os seus "Princípios Essenciais para uma Supervisão Bancária Eficaz", que contêm disposições gerais.[32] A este se soma um "Compêndio (a ser atualizado periodicamente) das recomendações, orientações e normas do Comitê da Basiléia, às quais o documento dos Princípios Essenciais

---

30 CRANSTON, Ross. *Principles of banking law*, p. 63-64.

31 Idem, ibidem, p. 64. "The prestige and power of the committee's members have meant, however, that in practice many other countries adopt its standards. Banking supervisors in other parts of the world have formed parallel committees."

32 Isso se aplica inclusive em relação à adequação ao capital. Ver COMITÊ DE SUPERVISÃO BANCÁRIA DA BASILÉIA. "Princípios Essenciais para uma Supervisão Bancária Eficaz", Basiléia, setembro de 1997, p. 22. "Princípio 6: Os supervisores bancários devem estabelecer, para todos os bancos, requisitos mínimos, prudentes e apropriados, de adequação de capital. Tais requisitos devem refletir os riscos a que os bancos se submetem e devem definir os componentes de capital, levando em conta a capacidade de absorção de perdas de cada um. Pelo menos para os bancos com atuação internacional, esses requisitos não devem ser menos rigorosos do que os estabelecidos no Acordo de Capital da Basiléia".

faz muitas referências".[33] Logo, ambos os documentos devem ser lidos conjuntamente.

Nos anos 1980, como decorrência da liberalização dos mercados financeiros, a intensificação da concorrência entre instituições financeiras suscitou preocupações do Comitê sobre os riscos que estavam sendo assumidos pelos agentes econômicos. Temia-se que, no afã de obterem lucros, algumas instituições financeiras se expusessem muito acima de sua capacidade.[34] Além disso, a crise da dívida nos países em desenvolvimento também aumentou as incertezas sobre a saúde dos mercados financeiros.[35] Em 1988, para contornar esses riscos, o Comitê emitiu o *Basel Capital Accord* (Acordo da Basiléia sobre o Capital), por meio do qual perseguia, com a padronização, a criação de níveis de capitalização adequados e de igualdade para os agentes de mercado nas diversas jurisdições (*level playing field*), a fim de evitar que se atingisse elevado volume de transações sem que houvesse o correspondente nível de capital considerado necessário à solvabilidade do agente econômico.[36]

O acordo funda-se em três "pilares". O pilar 1 define a "razão mínima do capital entre os ativos ponderados de acordo com os riscos"; o pilar 2 impõe às autoridades o dever de "efetuar a revisão qualitativa das técnicas de alocação de capital dos seus bancos e a observância destes padrões"; e o pilar 3 estabelece mecanismos de *disclosure*, a fim de "facilitar a disciplina pelo mercado".[37]

---

33 COMITÊ DE SUPERVISÃO BANCÁRIA DA BASILÉIA. "Princípios Essenciais para uma Supervisão Bancária Eficaz", Basiléia, setembro de 1997, p. 1.

34 BANK FOR INTERNATIONAL SETTLEMENTS. Secretariado do Comitê da Basiléia para Supervisão Bancária. The New Basel Capital Accord: an explanatory note, p. 12. "The major impetus for the 1988 Basel Capital Accord was the concern of the Governors of the G10 central banks that the capital of the world's major banks had become dangerously low after persistent erosion through competition."

35 CRANSTON, Ross. *Principles of banking law*, p. 89.

36 BANK FOR INTERNATIONAL SETTLEMENTS. Secretariado do Comitê da Basiléia para Supervisão Bancária. The New Basel Capital Accord: an explanatory note, p. 12.

37 BANK FOR INTERNATIONAL SETTLEMENTS. Secretariado do Comitê da Basiléia para Supervisão Bancária. The New Basel Capital Accord: an explanatory note, p. 10. "Pillar 1: The rules that define the minimum ratio of capital to risk weighted assets. Pillar 2: The supervisory review pillar, which requires supervisors

O acordo contém, também, instruções sobre o risco do capital, que é dividido em duas categorias. O de 1ª linha, o melhor, inclui o capital subscrito do banco, lucros retidos e ações preferenciais, cujos dividendos não se juntarão irrevogavelmente ao capital social, caso o emitente não efetue o pagamento dos dividendos (*non-cumulative perpetual preference shares*). Já o de 2ª linha consiste das reservas reavaliadas contabilmente (*revaluation reserves*), reservas não divulgadas (*undisclosed reserves*) e empréstimos subordinados com prazo superior a cinco anos e ações preferenciais, cujos dividendos se juntarão irrevogavelmente ao capital social caso o emitente não efetue o pagamento dos dividendos (*cumulative perpetual preference shares*).[38] O capital de 1ª linha não representa risco algum, ou seja, recebe a nota máxima de 100%. Por seu turno, o de 2ª linha é avaliado e recebe "notas" (0%, 10%, 20%, 50% ou 100%), tomando-se por base critérios que incluem, por exemplo, a condição da outra parte.[39] Ao fim, pondera-se o capital de 1ª linha com o de 2ª linha e se obtém uma razão. O índice de solvabilidade estabelecido no pilar 1 para bancos é de 8%.[40] No Brasil, o mesmo valor era previsto,[41] mas foi alterado posteriormente para 10% e atualmente é de 11%.[42]

À primeira vista, tais regras poderiam conduzir ao "congelamento" da concorrência entre os bancos, na medida em que todos teriam de assumir riscos assemelhados proporcionalmente. Embora o pilar 1 pareça excessivamente inflexível, ele não direciona a maneira como os negócios dos bancos serão conduzidos, permitindo-lhes moldar seus negócios à nova regulação.[43] Um aspecto positivo seria forçar os bancos a diversificar os destinatários de

---

to undertake a qualitative review of their bank's capital allocation techniques and compliance with relevant standards. Pillar 3: The disclosure requirements, which facilitate market discipline."

38 VALDEZ, Stephen; WOOD, Julian. *An introduction to global financial markets*, p. 31.

39 CRANSTON, Ross. *Principles of banking law*, p. 90.

40 Ver COMITÊ DE SUPERVISÃO BANCÁRIA DA BASILÉIA. Princípios essenciais para uma supervisão bancária eficaz. Basiléia, setembro de 1997, p. 23.

41 BRASIL. Conselho Monetário Nacional. Resolução 2.099, de 17 de agosto de 1994. Regulamento contido no Anexo IV, art. 2º.

42 BRASIL. Conselho Monetário Nacional. Resolução 2.399, de 26 de junho de 1997.

43 CRANSTON, Ross. *Principles of banking law*, p. 91.

créditos, uma vez que isso reduziria os riscos. Assim, haveria uma tendência a conceder empréstimos em diversos setores, regiões e segmentos de renda e população.

Em 1998, os membros do Comitê da Basiléia decidiram que as regras estabelecidas tinham se tornado inadequadas, em razão, em parte, do desenvolvimento de técnicas de avaliação de risco. Apesar das revisões periódicas, iniciaram-se discussões e celebrou-se o Acordo da Basiléia II, que deverá entrar em vigor gradualmente nos próximos anos. Deve-se dar atenção ao seu conteúdo, pois, durante a elaboração, lhe foram dirigidas algumas críticas com impacto sobre a concorrência.[44] Outro ponto relaciona-se à tendência, incentivada pelo Acordo, de direcionar a ação dos bancos para o financiamento de negócios mais "seguros", desviando crédito ou tornando-o mais caro para os que dele mais necessitam, como as empresas e os países menos desenvolvidos. Outra crítica é mais específica para a concorrência entre bancos propriamente dita: ao permitir que o limite mínimo de 8% seja flexibilizado, o Acordo da Basiléia II estaria privilegiando os grandes bancos em detrimento dos pequenos. Isso se dá em decorrência do fato de que tal flexibilização somente será autorizada individualmente, na hipótese de o banco convencer as autoridades monetárias de que seus mecanismos de avaliação de risco são mais sofisticados do que os vigentes no pilar 1. Como apenas os grandes bancos têm sofisticados departamentos de regulação do risco, estarão em vantagem comparativa sobre os menores, posto que poderão operar abaixo do patamar de 8%.[45] No Brasil, a Associação Nacional das Instituições do Mercado Financeiro (Andima) também reconhece que o Acordo da Basiléia II poderá, além de dificultar às empresas "obter financiamento externo frente à nova metodologia padrão de cálculo do risco de crédito", intensificar o processo de concentração econômica "de acordo com o ritmo e padrão de introdução das novas regras pelos supervisores locais".[46]

---

[44] CRANSTON, Ross. *Principles of banking law*, p. 91. O governo alemão criticou a regra que agrava a situação dos empréstimos dirigidos às pequenas e médias empresas, o que poderá causar um desincentivo para financiar suas atividades e, por via reflexa, aumentar a concentração em outros mercados relevantes.

[45] O problema é mais agudo em alguns países do que em outros. Por exemplo, os Estados Unidos, por possuírem um sistema financeiro com milhares de bancos, mostram-se reticentes na adoção do Acordo da Basiléia II.

[46] BOECHAT, Dalton; BERTOLOSSI, Flávio Motta. Basiléia II: uma avaliação do impacto das novas regras nas regulações vigentes e captações externas. Disponível em: <http://andima.com.br/publicacoes/arq/2001basileia.pdf>, p. 7-8.

2. "Custos de produção" nas instituições financeiras: breves notas

A Lei 8.884/1994 reconhece a importância dos custos, ao afirmar que constitui prática anticoncorrencial "vender injustificadamente mercadoria abaixo do preço de custo"[47] e "importar quaisquer bens abaixo do custo no país exportador, que não seja signatário dos códigos Antidumping e de subsídios do GATT".[48] O custo também se torna variável importante na constatação da prática de aumento injustificado de preços.[49] Assim, é considerado legitimador de variações nos preços.

Entretanto, mais importante do que o seu uso como critério de legitimidade das variações de preço, é a sua influência sobre a mensuração da eficiência, a qual pode legitimar a dominação dos mercados.[50] O Cade relaciona-o diretamente às eficiências no item 1.9 do Anexo V da Resolução 15/1998, ao afirmar que "entende-se por eficiências aquelas reduções de custos de qualquer natureza, estimáveis quantitativamente e intrínsecas ao tipo de operação de que se trata, que não poderiam ser obtidas apenas por meio de esforço interno".[51] O *Guia para análise econômica de atos de concentração horizontal* também se refere a "custos" em várias passagens.[52]

---

47 BRASIL. Lei 8.884/1994, art. 21, XVIII.

48 BRASIL. Lei 8.884/1994, art. 21, XIX.

49 BRASIL. Lei 8.884/1994, art. 21, parágrafo único. "Na caracterização da imposição de preços excessivos ou do aumento injustificado de preços, além de outras circunstâncias econômicas e mercadológicas relevantes, considerar-se-á: I – o preço do produto ou serviço, ou sua elevação, não justificados pelo comportamento do custo dos respectivos insumos, ou pela introdução de melhorias de qualidade; [...] IV – a existência de ajuste ou acordo, sob qualquer forma, que resulte em majoração do preço de bem ou serviço ou dos respectivos custos."

50 BRASIL. Lei 8.884/1994, art. 21, II c/c § 1º.

51 BRASIL. Cade. Resolução Cade 15, de 19 de agosto de 1998. Anexo V, item 1.9.

52 Ver BRASIL. Seae/MF. SDE/MJ. Portaria conjunta 50, de 1º de agosto de 2001 ("Guia para Análise Econômica de Atos de Concentração Horizontal"). Itens 11, 25, 32, 33, 41, 42, 44, 52, 53, 54, 56, 67, 68, 61, 66, 70, 75, 76, 78, 81, 92. Em particular, a nota de rodapé n. 4 esclarece: "A noção de lucratividade se refere ao conceito de lucro econômico e não contábil. Lucros econômicos podem ser definidos como a diferença entre as receitas e os custos, incluindo na definição de custos econômicos o custo de oportunidade do capital investido".

Apesar de certas peculiaridades que cercam uma instituição financeira, esta se sujeita aos mesmos condicionamentos de custos que as empresas presentes nos demais setores da economia. Dessa forma, não procede a crença, quase comum em toda a sociedade, de que os bancos possuem recursos ilimitados à sua disposição. Para o leigo, as instituições financeiras são verdadeiras máquinas de imprimir dinheiro, das quais recursos podem provir quase que sem limites. O estereótipo, contudo, não corresponde à realidade. À semelhança de todas as empresas, essas instituições, incluídos os bancos, apresentam custos que devem ser computados para a formação do preço de seu produto e que condicionam sua liberdade de atuação.[53]

Quando se trata dos serviços ofertados (depósitos bancários, mútuos e serviços acessórios), os clientes mais comuns de instituições financeiras constituem indivíduos e pessoas jurídicas, que, consciente ou inconscientemente, deixam "ociosa" parte de suas economias por algum tempo.[54] Essa diferenciação entre indivíduos e pessoas jurídicas não esclarece a questão dos custos, pois as demandas podem ser assemelhadas em substância – uma pessoa jurídica de pequeno porte pode necessitar de poucos recursos para seu capital de giro, ao passo que um indivíduo pode demandar grandes somas para financiar um imóvel. Mais significativa é a distinção entre clientes de pequeno e grande porte.[55] Uma grande quantidade de clientes de pequeno porte precisa de uma grande e custosa estrutura administrativa. Do mesmo modo, um grande cliente pode exigir rentabilidade mais elevada em virtude de seu poder de barganha, representado por suas economias, fato que não sucede com o pequeno, que fica mais vulnerável ao poder econômico da instituição financeira. Muitas vezes, um cliente de grande porte responde sozinho por um movimento superior ao de uma agência

---

53 CARVALHO, Carlos Eduardo; STUDART, Rogério; ALVES JR., Antônio José. *Desnacionalização do setor bancário e financiamento das empresas*: a experiência brasileira recente, p. 65. "O corte de custos é, para qualquer empresa, um elemento-chave no processo competitivo. No caso dos bancos, incluem-se, nos custos que incidem sobre a formação das taxas de juros, a taxa de captação, as demais despesas operacionais e as despesas com créditos não pagos."

54 VALDEZ, Stephen; WOOD, Julian. *An introduction to global financial markets*, p. 3-4.

55 Ver capítulo 3, item 4.3.1, para a influência do cliente na delimitação do mercado relevante.

bancária inteira, sendo atendido por apenas um funcionário numa mesa com telefone.

Como corolário da busca da eficiência, outro fator a considerar é que os custos podem variar para mais ou para menos ao longo do tempo. No passado, os bancos costumavam ser proprietários das suas agências, mas hoje se torna cada vez mais freqüente a venda dos imóveis seguida pela celebração de contratos de locação de longa duração – as despesas decorrentes de aluguel podem ser deduzidas do Imposto de Renda, e as receitas obtidas com o produto da venda superam o valor pago aos novos proprietários dos imóveis. A folha de pagamento tende a ser estável, mas a presença de sindicatos de trabalhadores fortes pode constituir pressão. No início dos anos 1980, acreditava-se que os custos da compensação de cheques permaneceriam equivalentes aos do uso de meios eletrônicos de pagamento,[56] o que, à medida que a tecnologia se barateou, se revelou inconsistente.

Atualmente, os bancos brasileiros podem ser criticados por sua ineficiência administrativa. De acordo com Belaisch,

> despesas operacionais absorvem cerca de 90% do receita operacional no Brasil, o que é 30% a mais do que nos grandes países da América Latina onde o nível é até mesmo acima da região do euro, uma região em que os bancos padecem tradicionalmente de altos custos de mão-de-obra.[57]

Neste cenário, é importante analisar o impacto dos custos sobre o funcionamento de um banco.

2.1 *A mão-de-obra e o poder econômico no SFN*

Afastada a possibilidade de exercício do poder econômico, a instituição financeira deve legitimamente buscar o aumento de lucratividade mediante o crescimento de sua eficiência. A mão-de-obra é apontada

---

56 ESTADOS UNIDOS. Board of Governors of the Federal Reserve System. HUMPHREY, David. *Costs, scale economies, competition, and product mix in the U.S. payments mechanism*, p. 1.

57 BELAISCH, Agnes. Do Brazilian banks compete? *IMF Working Paper*, WP/03/113, p. 9, May 2003.

como uma grande variável a impactar sobre os custos das instituições financeiras,[58] e, por isso, é sobre ela que parte das ações de aumento de eficiência terá impacto. De fato, em fins dos anos 1980, o setor empregava quase 900.000 pessoas, o que revelava a importância do SFN como empregador.

Naquele contexto, o uso intensivo da mão-de-obra possibilitava o exercício de "poder de mercado" dos sindicatos. Estes podiam adotar estratégias de confronto, caso suas reivindicações não fossem atendidas. Tal quadro desmentia a percepção de Wieser, que, em 1926, afirmou figurar, entre as vantagens comparativas do capital financeiro sobre o de origem industrial, o fato de primeiro "ser menos exposto aos ataques do proletariado".[59]

O quadro se alteraria a partir de 1990. Já havia tendência à diminuição do número de empregados durante os anos 1980.[60] Inicialmente, a informatização das instituições financeiras foi aprofundada, e os benefícios decorrentes da inovação tecnológica devem ser ponderados. Estudos revelam que inexiste relação entre "progresso tecnológico diminuindo custos de produção e distribuição para instituições financeiras" e "maior ou melhor acesso ao financiamento".[61] Assim, a apropriação desses benefícios acontece somente por parte da instituição financeira. A tabela abaixo ilustra a queda do nível de emprego no SFN.

---

58 ALHADEFF, David A. *Monopoly and competition in banking*, p. 6.

59 WIESER, Friedrich von. *The law of power*, p. 361.

60 CARVALHO, Carlos Eduardo; STUDART, Rogério; ALVES JR., Antônio José. *Desnacionalização do setor bancário e financiamento das empresas*: a experiência brasileira recente, p. 43. "Os gastos com pessoal já vinham declinando desde meados dos anos 1980. Com as lições dos impactos das desinflações abruptas provocadas pelos congelamentos de preços, em especial no Plano Cruzado, os bancos de varejo trataram de reduzir seus custos administrativos e de pessoal, recorrendo, para isso, a grandes investimentos em informatização, tanto para o atendimento de clientes quanto para o processamento interno de dados." A propósito, vários dos grandes conglomerados financeiros possuem ou possuíram significativos investimentos no setor de informática, tendo se beneficiado, no passado, da política protecionista no setor.

61 CLAESSENS, Stijn; LAEVN, Luc. What drives bank competition? Some international evidence. *Policy Research Working Paper* n. 3113, Banco Mundial, p. 4, Aug. 2003.

Tabela 10 – Estoque estimado de empregos no SFN

Ano	Bancários*	Variação no ano	
		Absoluta	Relativa
1989	800.780	–	–
1994	567.031	-88.180	-13,5%
1996	483.165	-75.526	-13,5%
1998	426.442	-20.388	-4,6%
1999	406.315	-20.127	-4,7%
2000 (abril)	392.800	-13.515	-3,3%
Variação no período		-407.980	-50,9%

* Com exceção dos valores de 31.12.1999 e 30.04.2000, que são estimativas apuradas a partir do Caged e do Rais/1998, os demais foram extraídos do Rais e referem-se a 31.12 de cada ano.

Fonte: Ministério do Trabalho – Cadastro Geral dos Empregados e Desempregados (Caged) e Relatório Anual de Informações Sociais (Rais). Elaboração: Dieese – Linha Bancários.

Outro fator que minou o poder de barganha dos sindicatos foi a expansão de canais alternativos para atendimento bancário. Não se quer referir aqui apenas à internet ou ao *phone banking*. A estratégia de inclusão bancária por meio do aumento da capilaridade dos serviços bancários começou com a possibilidade de as casas lotéricas receberem pagamentos devido a sua vinculação à Caixa Econômica Federal. Posteriormente, outro passo dado foi o surgimento do "banco postal", por meio do qual o Bradesco, depois de ter vencido licitação da Empresa Brasileira de Correios e Telégrafos S.A., passou a ofertar serviços bancários simples em agências dos Correios.

3. Padrões de concorrência

Organizados os agentes econômicos no espaço mercado em situação de desigualdade, eles iniciam o processo de rivalidade, cuja finalidade é "agradar, seduzir e se ligar à clientela e, então, a cada instante, colocar em andamento valores que impeçam a clientela de se desviar da empresa e desviam, para seu proveito, a clientela até agora ligada a outras empresas".[62] Nesse sentido, a diferenciação de preço e de qualidade desempenha papel fundamental. Por outro lado, a reputação formada ao longo de uma relação contratual também impacta o comportamento dos consumidores.

[62] LE MOAL, Roger. *Droit de concurrence*, p. 88.

3.1 *Preço e qualidade*

A forma mais básica de diferenciação dos agentes econômicos é o preço cobrado por seus produtos. No caso das instituições financeiras, o perfil fortemente regulado do mercado e o caráter homogêneo do produto ofertado conspiram para uma convergência no preço ofertado (remuneração paga) aos clientes no depósito bancário.[63]

No que tange ao mútuo, ocorre certa diferenciação conforme o risco representado pelos clientes, embora, dentro de uma mesma categoria de riscos e condições, haja tendência à convergência dos preços (juros cobrados). Essa característica põe em dúvida o caráter competitivo do mercado. O caráter heterogêneo dos clientes, dificultando o controle sobre o contrato, poderia ser uma explicação alternativa para os *spreads* diferenciados para algumas categorias de clientes.[64]

Contudo, a diferenciação de preços apresenta dificuldades, sobretudo em virtude da ação das autoridades reguladoras, o que leva Lobo a concluir que "a concorrência entre bancos deverá residir, essencialmente, numa tentativa de melhoramento qualitativo dos serviços".[65] A qualidade dos serviços também é fator de diferenciação na atuação dos bancos. Enquanto alguns tentam atender a todos os perfis de clientes, como o Bradesco, o Itaú e o Real, outros se especializam no segmento empresarial ou de alta renda, como o Safra. Assim, o surgimento de agências especializadas, tais como os serviços *Prime*, *Personnalité* e *Van Gogh*, es encaixam no perfil destes bancos que pretendem atender a todos os segmentos. Quanto mais sofisticados os serviços, maiores tenderão a ser as tarifas bancárias.

Não se pode esquecer que, além de receber depósitos e fornecer empréstimos, os bancos se tornaram grandes prestadores de serviços. Grande parte das receitas dos bancos é oriunda de serviços não ligados diretamente à intermediação financeira.

---

63 FERREIRA, Caio Fonseca. *Concorrência e performance do sistema bancário em um sistema heterogêneo*, p. 39. "Depósitos bancários dispensam monitoramento e, assim, reduzem drasticamente as diferenças competitivas entre os bancos, principalmente nas operações a prazo, onde a conveniência não é tão relevante."

64 Idem, ibidem, p. 1-2. "Historicamente caracterizado por taxas médias elevadas e bastante dispersas entre as instituições financeiras, o *spread* desperta dúvidas sobre o real grau de competição entre os bancos no Brasil."

65 LOBO, Carlos Baptista. *Concorrência bancária?*, p. 154.

À guisa de ilustração, duas empresas de propriedade de instituições financeiras (Visanet e Redecard) são responsáveis por parte significativa dos meios de pagamento eletrônicos, prestando serviços à maioria dos setores econômicos. O Bacen, neste particular, já manifestou interesse em aumentar a eficiência desta atividade e, com isso, diminuir o custo dos serviços prestados, custos estes que são objeto de crítica constante por parte de seus usuários.[66]

3.2 *Reputação*

Subjacente à diferenciação por preço e qualidade está a noção de reputação, tanto da instituição financeira quanto do seu cliente. A reputação dos agentes econômicos influencia o seu comportamento no processo de concorrência, bem como as reações dos demais agentes econômicos, ainda que não envolvidos diretamente na intermediação financeira.

A reputação nos mercados financeiros sofre influência daquilo que se chama "seleção adversa". A seleção adversa resulta da assimetria informacional existente entre dois contratantes e se caracteriza pela incapacidade de uma parte identificar com precisão os riscos de se contratar com a outra parte, o que pode resultar na seleção de um contratante com o perfil contrário ao desejado. Assim,

> no caso dos empréstimos bancários, as taxas de juros são o instrumento de controle da concessão de financiamentos. Sempre que esta taxa estiver acima da previsão de retorno do investimento em si, os tomadores de crédito se recusarão a utilizá-la. Entretanto, para os maus pagadores, o recebimento de financiamento não necessariamente implica em um desembolso futuro e, desta forma, estão dispostos a continuar se financiando mesmo com um "preço" tão elevado.[67]

---

[66] Neste sentido, o Bacen, a Seae e a SDE celebraram um convênio em 14 de julho de 2006, no qual o objeto é a cooperação técnica "para a elaboração de análise e de estudos sobre concorrência na indústria de cartões de pagamento, no que se refere à estrutura do mercado vigente, à estrutura dos preços e tarifas, e a potenciais práticas anticompetitivas, tendo em vista a participação deste segmento no Sistema Brasileiro de Pagamentos".

[67] GALVEAS, Ernane. A taxa de juros. *Revista de Direito Bancário, do Mercado de Capitais e da Arbitragem*, São Paulo, n. 25, p. 367, 2004.

Este problema, representado pela possibilidade de inadimplemento na maioria das ocasiões, é corriqueiro na maioria das transações, mas nos mercados financeiros ele é ampliado, uma vez que, reflexamente, pode repercutir na esfera patrimonial de outros não envolvidos na relação jurídica inicial.[68] Por essa razão, as autoridades regulatórias buscam minimizar os riscos resultantes da possibilidade de seleção adversa por meio de normas que objetivam dispersar os riscos assumidos pelas instituições financeiras.

Do lado das instituições financeiras, a reputação é pré-requisito indispensável a suas operações: a má reputação equivaleria, no mercado financeiro, à confissão de insuficiência de recursos – vide as dificuldades noticiadas na mídia por que passou o Banco Rural após ser alvo de denúncias no Congresso Nacional. Constitui verdadeira barreira à entrada no mercado[69] e pode atuar na atração de mais clientes, na medida em que estes busquem uma instituição sólida.[70] É intuitiva a diferença entre um banco suíço e um argentino – o risco de inadimplemento do primeiro, cuja tradição de solidez é secular, é muito menor do que o de um da Argentina, país que, nos últimos quinze anos, tem experimentado sucessivas crises de credibilidade no mercado financeiro. O banco que se socorre do redesconto bancário[71] ou encontra-se inadimplente estaria automaticamente excluído

---

68 Apesar de existir esta possibilidade, ela não se deve exagerada. Pela própria natureza de sua atuação, os bancos dispõem de mecanismos de monitoramento que reduzem os efeitos da seleção adversa e do risco moral. Ver CAMINAL, Ramon. MATUTES, Carmen. Market power and banking failures. In: International Journal of Industrial Organization, v. 20, 2002, p. 1342.

69 KREPS, D.; WILSON, R. Reputation and imperfect information. *Journal of Economic Theory*, New York, v. 27, p. 253-254, Aug. 1982.

70 LOBO, Carlos Baptista. *Concorrência bancária?*, p. 155. "Identificada a reputação como factor crucial, poderá introduzir-se o conceito de diferenciação vertical na concorrência bancária. Nestes termos, se todos os bancos oferecessem as mesmas taxas e não existissem outros elementos diferenciais, os depositantes prefeririam os mais sólidos, não sendo difícil imaginar a situação onde os bancos de reduzido risco conseguissem as maiores margens de rentabilidade, de lucros e de quotas de mercado."

71 FERREIRA, Gabriel Jorge. A estrutura normativa e de supervisão do Sistema Financeiro Nacional. *Revista de Direito Bancário e do Mercado de Capitais*, v. 28, p. 35. Relata-se uma interessante mudança de percepção em relação ao redesconto bancário. "Retomando um pouco a função do Banco Central que são emitir moeda e regular o nível de liquidez da Economia, assegurando a liquidez aos bancos de depósitos, nos anos 60, ainda um pouco nos anos 70, o redesconto era muito usado. O redesconto era um instrumento típico de liquidez bancária. Os bancos descontavam

dos mercados interbancários, e nenhum banqueiro negociaria com o insolvente. Afinal, o crédito, noção inerente ao funcionamento dos mercados financeiros, liga-se a "acreditar".

Para o cliente, a reputação apresenta papel semelhante. Empresas que têm a contabilidade aberta e transparente tendem a ter acesso mais fácil a fontes de financiamento.[72] Todavia, a formação da reputação pessoal é um processo lento e gradual, construída no decorrer do relacionamento contratual. Com esse relacionamento, o banco será capaz de "produzir informação sobre o seu próprio cliente, tendo como base uma relação directa e repetida com ele, permitindo-lhe efectuar uma selecção activa e um controlo periódico relativamente a sua solvabilidade".[73] Com o objetivo de aumentar a difusão da informação sobre a reputação dos clientes, norma do SFN determina que, nas folhas de cheque, deverá constar a data da abertura da conta corrente, demonstrando o histórico de relacionamento entre o cliente e o banco.[74] Há, inclusive, quem considere que o talonário deveria ter a data de entrada do cliente no SFN como forma de aumentar sua reputação,[75] mas tal medida pode ser inócua, uma vez que o banco seria incapaz de prestar informações sobre períodos anteriores ao da relação contratual.

---

duplicatas e se houvesse, digamos, um 'estouro' na conta de compensação, eles iam ao Banco Central e se refinanciavam, via redesconto. Mas o redesconto virou assunto proibido com o tempo. O banco era olhado com uma certa suspeita. E é curioso como essas coisas mudam com o tempo. E tem muito a ver, um pouco, com o dito: *banco não pode dar prejuízo*. Nos anos 60, 70, havia um número enorme de bancos, muitos dos quais apresentavam prejuízos, e ninguém estranhava isso, pois fazia parte da vida, como todas as empresas que funcionavam na economia. Hoje, o banco que der prejuízo está fora do mercado, está inviabilizado. Ele é comprado, é uma luz vermelha que fica piscando."

72 FERREIRA, Caio Fonseca. *Concorrência e performance do sistema bancário em um sistema heterogêneo*, p. 41. "As conclusões deste trabalho enfatizam que a redução dos *spreads* e o aumento do volume de crédito concedido pelo setor bancário passam pelo acesso a informações fidedignas sobre os potenciais clientes. Assim tornam-se cruciais a redução da informalidade, regras contábeis que gerem demonstrações financeiras transparentes e ferramentas que permitam acesso a históricos de crédito."

73 LOBO, Carlos Baptista. *Concorrência bancária?*, p. 155-156.

74 BRASIL. Bacen. Diretoria Colegiada do BACEN. Comunicado 2.989, de 28 de junho de 2000, art. 1º.

75 SENADO FEDERAL. Projeto de lei do Senado 346, de 30 de novembro de 2004. Autoria do Senador Aloizio Mercadante.

Por essa razão, os bancos de dados mantidos por instituições financeiras, do qual a Serasa com 58 acionistas que são instituições financeiras é o maior exemplo, apresentam aspectos positivos ao difundir informações sobre a solvabilidade dos clientes. Ao terem acesso a informações confiáveis a um custo relativamente baixo, as instituições financeiras podem melhor avaliar a capacidade de pagamento do tomador do empréstimo e, em tese, adequar a taxa de juros ao perfil do cliente.[76]

4. Concorrência destrutiva no SFN?

Lideranças empresariais costumam reclamar da excessiva concorrência no mercado, que conduz ao que se chama "concorrência destrutiva". Na situação específica do mercado financeiro, até mesmo o Comitê da Basiléia vislumbrou sua existência, razão pela qual tomou as medidas necessárias para evitar suas conseqüências nefastas. Este considerava que, ausentes certas limitações regulatórias, os bancos assumiriam riscos excessivos, os quais, por seu turno, poderiam redundar no colapso do sistema financeiro.

A concorrência destrutiva, de fato, existe e pode ocorrer em duas situações. Na primeira delas, o setor pode estar completamente doente em razão de "um excesso de capacidade instalada" decorrente de inovação tecnológica, fim de encomendas durante o período de guerra ou queda de tarifas alfandegárias.[77] Um setor econômico doente tem sua viabilidade condenada por outros fatores, e a concorrência destrutiva se apresenta como uma causa possível de sua morte.

Na segunda hipótese, a concorrência destrutiva se dá durante crises cíclicas que induzem a corte de preços, mas não há excesso crônico de capacidade instalada – assim, os empresários têm interesse em manter a capacidade instalada para que, tão logo a recuperação ocorra, a indústria possa recuperar os ganhos.[78] O tratamento dessa hipótese difere do da an-

[76] O uso de bancos de dados de consumidores é tema de freqüente embate envolvendo associações de defesa do consumidor. O fato de o impacto de informações negativas sobre um dado cliente poder ter repercussões bastante graves devido à fácil disseminação decorrente da própria função dos bancos de dados impõe a necessidade de cautelas especiais. Sobre as normas aplicáveis aos bancos de dados, ver arts. 42 a 45 da Lei 8.078, de 11 de setembro de 1990.

[77] SCHERER, F. M.; ROSS, David. *Industrial market structure and economic performance*, p. 294.

[78] Idem, ibidem, p. 296. Os competidores que tenderão a ser eliminados antes são aqueles com menor capacidade financeira, tais como "the newer and smaller

terior, visto que medidas conjunturais podem ser a solução, permitindo-se, por exemplo, a formação de um cartel provisório para controlar a produção e os preços ou estabelecendo-se controle governamental sobre o setor.[79]

A fim de se evitarem os malefícios desses dois tipos de concorrência destrutiva, alternativas se esboçam para garantir a continuidade do setor econômico e, quando o caso, em particular no setor de serviços públicos, a manutenção do nível do atendimento ao público. O problema da concorrência destrutiva remeteria à questão do segundo melhor – proibi-la ou restringi-la em alguma medida – não fosse pela existência de consenso sobre suas conseqüências sociais negativas. Como última razão, a aquisição por um concorrente de uma empresa doente pode ser usada como argumento a favor de uma concentração anticompetitiva (*failing company defense*),[80] ocorrida possivelmente depois do processo de concorrência destrutiva. No Brasil, este tipo de defesa tem sido pouco usada.[81] Para evitar isso, um sistema regulatório emerge para remediar os seus malefícios.

Via de regra, esse não é o caso dos mercados financeiros, embora Tavares considere que a concorrência tenha sido um tanto destrutiva após o surgimento do SFN. Como a autora descreve,

---

organizations without well-developed banking connections". Curioso observar que, nesse aspecto, os autores se aproximam da explicação marxista que aponta em tais quesitos as principais razões para o fato de o capitalismo conduzir, inexoravelmente, à concentração de capitais.

79 O Cade teve oportunidade de se deparar com um caso que reproduzia as situações descritas acima. Tratava-se da constituição, em 1999, da Bolsa Brasileira de Álcool S.A., a qual congregaria 181 produtores de álcool, situados principalmente na região Centro-Sul do Brasil, e comercializaria álcool em regime de exclusividade. Ver Ato de Concentração 08012.004117/99-67.

80 SULLIVAN, Lawrence A.; GRIMES, Warren S. *The law of antitrust: an integrated handbook*, p. 614. Baseando-se em precedente judicial, os autores sintetizam os caracteres desta defesa: "[...] its proponents would have to show that the acquired firm was moribund, that all alternative ways of saving it were tried or explored and found wanting, and that no alternative buyer whose purchase might pose fewer competitive risks could be found".

81 O único caso encontrado na pesquisa realizada referia-se à fusão entre a TAM Transportes Aéreos Regionais S.A. e a Varig S.A. em 2003, arquitetada inclusive com o apoio do governo federal, a fim de evitar o colapso financeiro da segunda empresa. Posteriormente, o ato de concentração submetido ao SBDC perdeu objeto. Ver Ato de Concentração 08012.001291/2003-87.

> [...] o aumento e a diversificação das novas instituições [até o advento do SFN] foi seguido de um agudo processo de competição por recursos e clientes, que elevou os custos financeiros de operação e liquidou um certo número de agências tradicionais (bancos e pequenas financeiras) e deu lugar a um processo de intensa reorganização dos grupos financeiros privados.[82]

De fato, nos anos subseqüentes à instituição do SFN, houve uma substancial redução do número de bancos. Contudo, há outras explicações para essa reorganização do setor. Por exemplo, o programa governamental de concentração econômica em andamento à época dificulta a afirmação categórica de que a reestruturação tenha ocorrido em virtude dessa concorrência destrutiva apontada.

No SFN, grande parte das recentes quebras de bancos está mais associadas à gestão temerária e fraudulenta do que a qualquer fenômeno de concorrência destrutiva. A homogeneização dos padrões de rivalidade e da regulação tendem a afastar o radicalismo do SFN. Em realidade, os impactos sistêmicos da gestão temerária e fraudulenta causam muito mais prejuízo à concorrência, mesmo porque a existência de mecanismos de intervenção tem por efeito restringir a possibilidade desse tipo de exacerbamento da concorrência.[83]

Entretanto, está-se numa zona fronteiriça, com a qual os entes reguladores dos mercados financeiros se preocupam. A regulação dos mercados financeiros, ao buscar reduzir o risco de colapso sistêmico no mercado, cria mecanismos que, de certo modo, podem induzir as instituições financeiras a se comportar com "maior ousadia" na avaliação dos riscos envolvidos nas suas atividades. Nos mercados financeiros, esse efeito não desejado da regulação tem que ser regulado por outro tipo de regulação – a regulação do risco das operações financeiras das instituições financeiras. Logo, a existência do risco moral, tal como descrito acima, explica a possibilidade de existência de uma concorrência destrutiva em sentido diverso do exposto pela doutrina tradicional que trata da matéria.

---

[82] TAVARES, Maria da Conceição. *Da substituição de importações ao capitalismo financeiro*, p. 225.

[83] Sobre este assunto, ver capítulo 4, item 4.

5. O SFN em face do mercado financeiro internacional

Em 1976, Witteveen, presidente do Fundo Monetário Internacional (FMI), alertava:

> [...] o crescimento competitivo deste papel dos bancos privados poderia bem incentivar um clima de empréstimos fáceis demais para os países deficitários, portanto facilitando o financiamento inflacionário e o atraso na adoção de políticas de ajuste necessárias. [...] Em geral, portanto, uma política muito cuidadosa e equilibrada pelos bancos internacionais é necessária.[84]

Simonsen, então Ministro da Fazenda do Brasil, responde, afirmando "estar um tanto preocupado com as referências do Sr. Witteveen aos bancos comerciais: bancos deveriam naturalmente ser cautelosos ao emprestar, mas não somente para países estrangeiros". Noutra ocasião, critica o FMI por não vislumbrar "nenhum papel útil no papel de fornecedor de julgamentos, análises e previsões ao setor privado".[85]

O debate descrito expõe algumas das tensões intrínsecas às instituições do mercado financeiro internacional, as quais sempre recebem críticas de todos os lados. Governos desejam manter ao máximo sua esfera de autonomia, as organizações financeiras internacionais desejam impor sua *Weltanschaung* aos mercados, e os agentes econômicos desejam maximizar

---

[84] JAMES, Harold. Financial banks and the process of financial internationalization: a secular view. In: BATTILOSSI, Stefano; CASSIS, Youssef (Org.). *European banks and the American challenge*: competition and cooperation in international banking under Bretton Woods. Oxford: Oxford University Press, 2001. p. 210.

[85] Idem, ibidem, p. 211. "In the Interim Committee, Mário Henrique Simonsen, the Finance Minister of Brazil, in 1976, said that 'he was rather disturbed by Mr. Witteveen's reference to commercial banking: banks should naturally be cautious in lending, but not only to foreign countries'. In the following year, he was even more explicit in his insistence that the Fund should not give advice or attempt to influence the private sector: 'While they [the developing countries] would certainly welcome the technical assistance of the Fund and other institutions, in helping them to improve their own statistical and informational systems, the developing countries continued to feel that the Fund could play no useful role as a purveyor to the private sector of judgements, analyses, and forecasts." O FMI começava a engatinhar na tarefa de analisar os riscos de emprestar a países, função esta sempre cercada por polêmica, na medida em que envolve questionamentos à soberania e autonomia nacionais.

seus lucros. Todos são objetivos legítimos aos olhos dos que os defendem e, ao mesmo tempo, difíceis de conciliar.

A partir de então, ocorre a aceleração da globalização financeira, entendida como "um processo que supõe a eliminação da segmentação dos distintos mercados financeiros locais, assim como a interpenetração dos mercados monetários e financeiros nacionais e sua integração com os mercados mundializados".[86] Uma das notas características do mercado financeiro internacional é existir sob a égide de crises, algumas derivadas da competição acirrada que leva os agentes econômicos a ignorar a segurança em favor da lucratividade. Fischer, ex-diretor do FMI, reclamava, em janeiro de 1999, da "freqüência, virulência e disseminação global das crises financeiras nos países emergentes nos últimos cinco anos".[87]

O tema, recorrente, está longe de ser novidade. As crises afetam vários países, pois a interconexão dos diversos mercados financeiros é fenômeno antigo, no qual principalmente as instituições financeiras – por definição, sempre pertencentes a uma jurisdição – tomam a dianteira do processo de integração dos mercados e se tornam internacionais. Pessoas, empresas e governos são arrastados por um turbilhão e têm o destino influenciado pelas pressões desse crescente movimento de interconexão, cujas conseqüências são sentidas em todos os mercados. Como resultado desse quadro, no SFN as políticas de concorrência sofrem influência inequívoca das variáveis do mercado financeiro internacional.

5.1 *"Sistema financeiro mundial"*

Em vez de descrever exaustivamente as principais características do "sistema financeiro mundial", o objetivo deste item é focar seus pontos fortes e fracos. Com isso, pretende-se fornecer um quadro de como se dá o funcionamento do sistema e o impacto de sua reputação sobre a concorrência.

Particularmente depois da crise financeira na Ásia dos anos 1990, as deficiências nos mercados globais tornaram-se claras, mas há também certa percepção de que as principais vantagens do sistema são bastante

86 FREITAS, Maria Cristina Penido de; PRATES, Daniela Magalhães. La experiencia de apertura financiera en Argentina, Brasil y México. *Revista de la CEPAL*, n. 70, p. 53, abr. 2000.

87 VALDEZ, Stephen; WOOD, Julian. *An introduction to global financial markets*, p. 353.

perceptíveis.[88] No começo da década de 1990, era possível afirmar não haver um sistema de regulação financeira internacional apesar da existência de instituições financeiras internacionais (IFIs), tais como o Banco Mundial e o FMI.[89] Logo, a comparação com o SFN deve ser ponderada com cuidado, pois o âmbito internacional ainda carece de muitos elementos que permitam que essa aproximação terminológica seja genuína, mas, à falta de melhor opção,[90] ela é escolhida. Desde os anos 1990, emergiu o que se parece com um sistema mais coerente, mas ainda enfrentando limitações severas. Por essa razão, o atual sistema de regulação internacional está sujeito tanto a crítica quanto a elogios, pois apresenta pontos fortes e fracos.

O primeiro ponto forte do sistema é o que poderia ser visto como sua fraqueza: a informalidade. É difícil acreditar que, apesar dos temas sofisticados emergentes dos mercados financeiros internacionais, a maioria de sua estrutura e operação seja voluntária em essência. Há alguns poucos tratados internacionais ratificados que regulam os mercados financeiros, como o Tratado do FMI, o que significa que um número considerável de regras é não-vinculante e depende exclusivamente da vontade de cada país para ser obedecido. Conhecidos como *soft law*, dos quais o Acordo da Basiléia sobre Capital é um exemplo, esses códigos de prática informais são bem eficazes *vis-à-vis* o direito legislado[91] e regulam a conduta dos governos, não a das firmas globais. Produzidas separadamente, as regulações de várias entidades internacionais, tais como o FMI, o Banco Mundial, a OECD (Organisation for Economic Cooperation and Development), o IASB (International Accounting Standards Board), o IFAC (International Federation of Accountants), o CPSS (Committee on Payment and Settlement Systems), o FATF (Financial Action Task Force), o BCBS (Basel Committee on Banking Supervision), o Iosco (International Organization of Securities Commis-

88 VALDEZ, Stephen; WOOD, Julian. *An introduction to global financial markets*, p. 364-366.

89 NORTON, Joseph Jude. *Devising international supervisory standards*, p. XXIV.

90 O sentido atribuído à palavra "sistema", ao se referir ao "sistema financeiro mundial", diferencia-se do utilizado em "sistema financeiro nacional", no qual há uma estrutura jurídica bem delimitada, possuindo cada ente funções definidas em lei. Contudo, a literatura consultada faz uso freqüente da expressão "sistema financeiro mundial", razão pela qual se manteve o seu uso.

91 GIOVANOLI, M. A new architecture for the global financial market: legal aspects of international financial standard setting. In: *International monetary law*: issues or the new millennium. Oxford: Oxford University Press, 2000. p. 33-35.

sions) e o IAIS (International Association of Insurance Supervisors), foram reunidas pelo Financial Stability Forum (FSF) e denominadas como os *12 key standards for sound financial systems*, numa tentativa de sistematizar o mais relevante *soft law* aplicável aos mercados financeiros globais. Esses padrões compreendem normas sobre transparência das políticas monetária e financeira, transparência da política fiscal, disseminação de dados, insolvência, governança corporativa, contabilidade, auditoria, pagamento e transferência de valores, integridade dos mercados, supervisão bancária, regulação de ações e regulação de seguros.[92] Concorrência não é objeto de nenhum capítulo específico, mas se relaciona a diversos temas. A supervisão bancária possui, pelo menos, reflexos nítidos nos padrões de concorrência nos mercados internos, cuja integridade não pode ser tratada sem o entendimento do poder econômico. A governança corporativa liga-se às práticas empresariais, e as condutas anticoncorrenciais devem ser objeto de consideração, ainda que tangencialmente. Podem-se tecer comentários semelhantes sobre os demais assuntos tratados nos *12 Key standards for sound financial systems*.

Como resultado de tal organização informal, não há autoridade central encarregada de controlar o sistema financeiro mundial. O atual sistema permanece descentralizado e baseado nas legislações nacionais, promulgadas individualmente pelos países de acordo com as diretrizes fornecidas pelo *soft law*. Nem o FMI nem o Banco Mundial podem ser considerados responsáveis pelo papel de coordenação, embora ambos desempenhem tarefas importantes. O primeiro tem um papel restrito no campo de taxas de câmbio e de balança de pagamentos, enquanto o segundo é primariamente voltado para o desenvolvimento econômico.[93] Nas crises financeiras dos anos 1990, entre as quais se encontra a brasileira, o FMI atuou como emprestador de última instância (*lender of last resort*), o que motivou uma "quantidade sem precedentes de discussão e crítica".[94] Isso não significa que não haja controle, mas demonstra que as funções principais das IFIs tendem a ser desempenhadas a despeito de outras. Dentro da atual estrutura de coordenação e controle no âmbito internacional, o mesmo padrão de normas é encontradiço, ou

92 Ver FINANCIAL STABILITY FORUM, "Key standards for sound financial system".

93 GOLD, J. *Legal and institutional aspects of the international monetary system*: selected essays. Washington: International Monetary Fund, 1984. v. 2, p. 455 e 459.

94 JAMES, Harold. Financial banks and the process of financial internationalization: a secular view. In: BATTILOSSI, Stefano; CASSIS, Youssef (Org.). *European banks and the American challenge*: competition and cooperation in international banking under Bretton Woods, p. 214.

seja, a informalidade predomina. Nesse sentido, o FSF constitui o ambiente ideal para o desenvolvimento do *soft law*, pois ele é, fundamentalmente, formado pelas autoridades encarregadas de regular os centros financeiros mais importantes do mundo. Embora o FSF tenha a participação de alguns representantes de organizações internacionais e das IFIs, a maioria de seus assentos pertence às autoridades financeiras nacionais. Mesmo considerando tais inclusões, os membros do G-7 ainda predominam no FSF, pois os países do G-7 ainda detêm mais de 50% dos votos.[95] O restrito clube troca informações vitais[96] e detém o poder *de facto* para lidar com qualquer crise, decidindo, conseqüentemente, o que precisa ser feito em uma situação crítica e o que precisa ser feito para evitá-la.

Um último aspecto positivo do atual sistema relaciona-se com seu impacto sobre os reguladores nacionais. De acordo com Levy e Spiller, "a credibilidade e a efetividade de um arcabouço regulatório, bem como sua habilidade em incentivar investimento privado e apoiar eficiência na produção e uso do serviço, variam com as instituições políticas e sociais de cada país".[97] Como os países com os mercados financeiros mais fortes tendem a ser muito estritos no cumprimento dos padrões internacionalmente estabelecidos por eles próprios e como as instituições financeiras internacionais têm o desejo de estar presentes neles, há um movimento para elevar os padrões de conduta de negócios pelo mundo afora. Assim, se uma instituição financeira brasileira deseja atuar num outro país, cujo regime regulatório seja mais rígido, terá que se adaptar às novas condições e, possivelmente, importará as práticas para aplicação no Brasil.

Esse movimento altera o comportamento das empresas em relação às outras, impactando suas estratégias – vide o exemplo das regras de capitalização do Comitê da Basiléia. Levando-se em conta que os atuantes nos

95 Disponível em: <http://www.fsforum.org/about/who_we_are.html>. O ISF é formado por 6 representantes de IFIs, 7 de grupos de supervisão, regulação e estabelecimento de padrões internacionais, 2 de Comitês de Especialistas de Bancos Centrais, 1 do Banco Central Europeu e 26 autoridades financeiras nacionais. Entre estas 26, 21 são de países do G-7. Grupos maiores dificilmente concordam sobre algo além de padrões excessivamente abstratos e não seriam desejáveis para lidar com questões de tamanha complexidade num tempo aceitável economicamente.

96 Nesse sentido, o FSF está de acordo com a sugestão feita por JAMES, Harold. Ibidem, p. 214.

97 LEVY, B.; SPILLER, P. T. A framework for resolving the regulatory problem. In: *Regulations, institutions, and commitment: comparative studies of telecommunications*. Cambridge: Cambridge University Press, 1996. p. 1.

mercados globais tendem a adotar padrões mais estritos em sua atuação pelo mundo, é possível identificar uma corrida instintiva em direção aos melhores critérios entre as autoridades nacionais (*race to the top* ou *Californian effect*), mesmo entre aquelas nações que não tomaram parte nas discussões para o estabelecimento dos padrões. Quinn enfatiza: "enquanto os mecanismos de execução oficiais são atualmente fracos, as forças dos mercados estão ajudando a formar uma melhor prática internacional".[98] Esse movimento de elevação dos parâmetros ocorre tanto no âmbito de instituições financeiras privadas que querem atuar em escala mundial quanto no dos reguladores nacionais, os quais, seja por vontade própria, seja por inércia, são levados por essa tendência. Essa é a situação dos bancos brasileiros que desejam expandir suas atividades nos grandes centros financeiros mundiais.

Paradoxalmente, as críticas são dirigidas ao que é visto como pontos fortes do atual sistema financeiro mundial, o que permite afirmar que pontos fortes e fracos constituem os dois lados da mesma moeda. Por essa razão, a melhoria de determinadas fraquezas pode conduzir à deterioração do lado positivo de um ponto forte, e vice-versa.

Primeiro, a base informal do *soft law* pode não fornecer o grau necessário de segurança jurídica. Os mercados financeiros internacionais ainda não enfrentaram uma crise verdadeiramente séria, e o *soft law* pode não ser a resposta mais adequada devido ao seu caráter não-vinculante, gerando a oportunidade de alguns países se comportarem oportunisticamente em detrimento de outros. Para resolver problemas conjunturais na balança de pagamentos, um país pode ser tentado a não aplicar regulações mais restritivas, de modo a atrair mais investimento estrangeiro de curto prazo. Para ser eficaz, a maioria do *soft law* precisa ser *hard law* em cada país, perdendo seu caráter informal e flexível por causa da metamorfose de *soft law* em *hard law*.[99] Ademais, o *soft law* pode demorar a se tornar *hard law*. Quanto mais *soft law* se torna aplicável em cada país, tanto mais *hard law* ele deverá ser. Se o *hard law* aumenta, ameaça a própria efetividade do *soft law*, embora o primeiro seja relativamente mais bem equipado para lidar com certos casos

[98] QUINN, B. A model of financial regulation. In: McCRUDDEN. C. (Org.). *Regulation and deregulation*: policy and practice in the utilities and financial services industry. Oxford: Clarendon Press, 1999. p. 320. "[...] while official enforcement mechanisms are currently weak, market forces are helping form best international practice."

[99] GIOVANOLI, M. A new architecture for the global financial market: legal aspects of international financial standard setting. In: *International monetary law*: issues or the new millennium, p. 35.

extremos do que o último. Sob esse viés é possível afirmar que tanto o *soft law* quanto o *hard law* são suplementares[100] e, em certa medida, dois lados da mesma moeda. É claro que o *hard law* pode também ser alterado ou revogado, mas esses processos tendem a consumir muito tempo e ser transparentes. Nessas circunstâncias, o incentivo ao comportamento oportunista diminui muito, porque todos os países contratantes estarão capacitados a avaliar se, independentemente das fórmulas jurídicas a adotar, determinado país está perseguindo a política decidida em comum.

A flexibilidade do *soft* é feita à custa de toda preocupação com sua legitimidade. Além da super-representação dos países europeus em órgãos como o FSF, objeto de crítica por parte dos Estados Unidos, há ainda a supremacia dos países do G-7, o que agrava a completa ausência dos países em desenvolvimento. Alguns mercados emergentes, como México, China, Brasil e Índia, possuem sistemas financeiros maiores do que a média dos países europeus, o que é mais evidente considerando-se os dez países incluídos na União Européia. A atração dos principais mercados emergentes para o centro de decisões da regulação financeira internacional poderia aumentar a estabilidade dos mercados mundiais, porque tais países veriam a nova regulação como resultado do consenso que eles mesmos ajudaram a construir, e não apenas como uma imposição. Além disso, o *soft law* sofre de falta de transparência que lembra os arranjos diplomáticos secretos que foram lugar-comum entre as grandes nações até a II Guerra Mundial e conduziram a resultados imorais. De fato, um dos principais princípios do moderno direito internacional público é o multilateralismo, por meio do qual as nações alcançam, de modo transparente, um acordo razoável na arena mundial. A maneira pela qual o sistema atual de regulação financeira internacional opera é a própria negação do referido princípio, uma vez que as decisões são tomadas por uma minoria preocupada, *a priori*, com os próprios interesses, descartando qualquer outro tipo de consideração, comentário ou sugestão que possam ser feitos pelas nações em desenvolvimento. Giovanoli sintetiza bem a questão da legitimidade: "Esta observação diz respeito às críticas aos corpos tecnocráticos que estabelecem regras num ambiente relativamente fechado, fora do controle democrático e de mecanismos de prestação de contas, disso resultando a erosão da autoridade dos parlamentos domésticos".[101]

---

100 GIOVANOLI, M. A new architecture for the global financial market, p. 52-53.

101 GIOVANOLI, M. A new architecture for the global financial market: legal aspects of international financial standard setting. In: *International monetary law*: issues or the new millennium, p. 43.

Um exemplo pode ajudar a esclarecer melhor a questão. Novamente, o Acordo da Basiléia sobre o Capital e seus aditivos contêm regras aplicáveis às instituições bancárias sobre "o nível mínimo de capital" necessário ou desejável pelo regulador bancário, para que as operações de tal instituição sejam consideradas como "seguras e sólidas".[102] Uma crítica que lhe pode ser dirigida é que essa regulação estabelece critérios de adequação de capital em níveis altos, os quais podem ser adequados para economias desenvolvidas, mas trazem efeitos deletérios sobre a concorrência em nações menos desenvolvidas, ao aumentar as barreiras à entrada nos mercados financeiros por meio da regulação e, conseqüentemente, retirando os eventuais efeitos positivos que um sistema financeiro mais seguro poderia ter. Se países em desenvolvimento tivessem podido tomar parte no processo decisório, essa situação poderia não ter acontecido ou seus efeitos poderiam ser, de algum modo, diminuídos com as sugestões feitas. Dessa perspectiva, o déficit democrático na regulação financeira internacional poderia ser atenuado, permitindo-se às nações mais pobres ou, ao menos, a um grupo representativo de nações mais pobres tomar parte no processo decisório, mesmo que isso demandasse tempo adicional para atingir o consenso. Davies lembra que, mesmo nas negociações da Basiléia, houve atrasos substanciais, o que enfraqueceria o argumento de que a expansão do centro decisório poderia conduzir a atrasos.[103]

Além dessas duas fraquezas, a carência de uma autoridade mais centralizada também dificulta o tratamento das questões regulatórias. Uma autoridade poderia aprimorar ainda mais a coordenação entre os diferentes reguladores e controlar os agentes de mercado, especialmente aqueles com negócios globais. Embora o FSF conduza encontros regulares a cada seis meses, situação muito melhor do que a existente antes de sua criação, é incerto como o atual sistema operaria sob uma situação similar à da crise de 1929. Uma vez mais, nações oportunistas poderiam tomar vantagem da crise global, pois não há comando central para a regulação dos mercados financeiros internacionais. O FSF possui uma hierarquização frágil entre os reguladores, de modo que não há garantia de resposta adequada em caso de crise sistêmica. Mesmo as nações européias suspeitam do princípio do passaporte único (*single passport principle*), concebido como mecanismo para facilitar a integração financeira desde 1991, ocasião em que Luxemburgo foi

---

[102] NORTON, Joseph Jude. *Devising international supervisory standards*, p. XXX.

[103] DAVID, H. Lecture given for the Course Regulation of Financial Markets at LSE on 22nd October 2004. Mesmo o *soft law* às vezes pode demorar para se fazer efetivo – vide as negociações demoradas para o II Acordo da Basiléia sobre Capital.

acusado de não ter fiscalizado corretamente o BCCI, que foi à falência e, com isso, causou grandes prejuízos para investidores em outras jurisdições.[104]

O que necessita de correção é a abordagem dada ao problema: enquanto os operadores do mercado jogam e operam em todo o globo, os reguladores nacionais olham para seus respectivos mercados de forma reduzida, ignorando com grande freqüência os efeitos sistêmicos que suas decisões isoladas poderão ter sobre outros mercados financeiros. Por isso, diz-se haver "uma contradição inerente na fiscalização de empresas e mercados globais num âmbito nacional".[105] A solução seria a criação de uma autoridade financeira mundial, entidade que também deveria se preocupar com o desenvolvimento equilibrado dos diversos países. Tal autoridade mundial teria de, idealmente, ter poderes similares aos detidos hoje pelos reguladores nacionais, mas, como Eatwell e Taylor observam, "a maioria destas funções seria, em realidade, levada a cabo pelas autoridades nacionais agindo em conjunto com e como agentes da autoridade financeira mundial".[106] Norton, mais realista, acredita que o propósito da regulação em âmbito mundial deveria ser a criação de condições equânimes para os competidores (*level playing field*), estabelecendo uma regulação e supervisão uniforme nos países.[107] Qualquer coisa mais radical do que essa política poderia conduzir a considerável interferência com as IFIs existentes e implicariam negociações diplomáticas demoradas para alterar tratados internacionais e delegar parte da competência de reguladores nacionais à nova autoridade financeira mundial. Essa estratégia sugerida para o desenvolvimento da regulação mundial pode ser mais apropriada, considerando-se que nem mesmo a União Européia, onde a integração dos mercados está muito desenvolvida, logrou até o momento unificar todos os seus mercados financeiros.[108] Ao lado da tendência mundial de elevar os padrões regulatórios, o risco de crise sistêmica não está restrito a apenas um país. Como os mercados financeiros globais permanecem desregulados

---

[104] VALDEZ, Stephen; WOOD, Julian. *An introduction to global financial markets*, p. 51.

[105] POLGLAS, T. Globalisation and implications for cross-border regulation. In: McCRUDEN, C. (Org.). *Regulation and deregulation*: policy and practice in the utilities and financial services industry. Oxford: Clarendon Press, 1999. p. 358.

[106] EATWELL, J.; TAYLOR, L. *Global finance at risk*: the case for international regulation. Cambridge: Polity Press, 2000. p. 220-221.

[107] NORTON, Joseph Jude. *Devising international supervisory standards*, p. 34.

[108] HERTIG, G.; LEE, R. Four predictions about the future of EU securities regulation. *The Journal of Corporate Law Studies*, Cambridge, v. 3, n. 2, p. 359-377, Dec. 2003.

em grande parte, os mecanismos de controle devem ser aperfeiçoados para evitar o colapso generalizado. Essa necessidade somente traz à tona os riscos resultantes da inexistência da autoridade financeira mundial legitimamente estabelecida com base no *hard law*.

Tais observações não tencionam exaurir as implicações positivas e negativas sobre a concorrência que podem decorrer do atual sistema de regulação dos mercados financeiros internacionais. Contudo, fornecem visão clara do funcionamento do contexto internacional. Mediante esses mecanismos, parte significativa da regulação do SFN é, por via reflexa, produzida. Assim, a entrada de boa parte das normas do SFN se dá por meio do sistema financeiro mundial, em que as preocupações com a concorrência assumem aspecto secundário em face das com higidez. Na maioria dos casos, confere-se grande preocupação ao acesso e, em particular, ao de bancos estrangeiros aos mercados nacionais.

5.2 *Bancos estrangeiros no Brasil*

A evolução legislativa brasileira demonstra que o mercado financeiro foi objeto de preocupação constante de políticas nacionalistas. A profusão de normas autoriza a considerá-lo "estratégico" à economia nacional, a ponto de ter sido objeto principal de programas concentracionistas específicos ao longo de sua história. Nos anos 1970, discutia-se abertamente a forma pela qual o processo concentracionista no SFN ocorreria, enfatizando-se a necessidade de evitar o predomínio do capital estrangeiro, abundante à época do milagre brasileiro.[109]

[109] TAVARES, Maria da Conceição. *Da substituição de importações ao capitalismo financeiro*, p. 253. "Os argumentos do setor bancário nacional seriam a favor da primeira forma sob a alegação de que os bancos de investimento têm maior participação estrangeira. Na verdade, quase todos os grandes bancos comerciais estão ligados aos 30 bancos de investimento existentes, dos quais apenas 10 têm ligações ostensivas com grupos estrangeiros, somente dois dos mais fortes parecem ser nacionais. O problema está, uma vez mais, em que todo o setor financeiro se encontra numa acelerada expansão e reconcentração, na qual é difícil impedir a penetração do capital estrangeiro, mormente a avalanche de capital de curto e médio prazo que tem entrado no país nos últimos anos. Além do mais, o forte processo de abertura de capital das empresas nacionais, acompanhado da participação crescente das financeiras nas operações em bolsa, levará, provavelmente, a uma perda de controle patrimonial por parte das empresas menores, sem que por isso lhes seja garantido aquilo que verdadeiramente lhes interessaria, ou seja, uma forma de conglomeração em que o banco controlador tivesse poder emissor ilimitado em seu

O conceito de estratégico atrela-se às políticas econômicas nacionalistas, que privilegiam a atuação do Estado ou do empresariado nacional em determinado setor. Vários dispositivos do capítulo sobre a ordem econômica da Constituição de 1988 posicionavam as empresas estrangeiras em situação de inferioridade em relação às nacionais, destacando-se o art. 171.[110] Reforçando as restrições, o art. 52 do Ato das Disposições Constitucionais Transitórias vedava, até a regulamentação por lei complementar do art. 192 da Constituição, a "instalação de novas agências de instituições financeiras domiciliadas no exterior" e o "aumento do percentual de participação, no capital de instituições financeiras com sede no País, de pessoas físicas ou jurídicas residentes ou domiciliadas no exterior". O funcionamento das instituições financeiras já operantes ficava, portanto, inalterado.

Contudo, diversamente do que acontecia com a definição de empresa estrangeira, que era categórica, a norma do art. 52 permitia certa flexibilidade em seu parágrafo único. Este mantinha, em seu conteúdo, o previsto no *caput* do art. 18 da Lei 4.595/1964: a autorização para funcionamento de instituições financeiras estrangeiras poderia ser concedida pelo presidente da República. O art. 52 diferenciava-se do art. 18 da Lei 4.595/1964 por autorizar a entrada de instituições financeiras como decorrência de

favor. Isto permitiria converter o endividamento externo em dívida intergrupo, o que diminuiria a taxa de risco para o processo de acumulação integrada das empresas afiliadas."

110 BRASIL. Constituição de 1988. "Artigo 171. São consideradas: I – empresa brasileira a constituída sob as leis brasileiras e que tenha sua sede e administração no País; II – empresa brasileira de capital nacional aquela cujo controle efetivo esteja em caráter permanente sob a titularidade direta ou indireta de pessoas físicas domiciliadas e residentes no País ou de entidades de direito público interno, entendendo-se por controle efetivo da empresa a titularidade da maioria de seu capital votante e o exercício, de fato e de direito, do poder decisório para gerir suas atividades. § 1º A lei poderá, em relação à empresa brasileira de capital nacional: I – conceder proteção e benefícios especiais temporários para desenvolver atividades consideradas estratégicas para a defesa nacional ou imprescindíveis ao desenvolvimento do País; II – estabelecer, sempre que considerar um setor imprescindível ao desenvolvimento tecnológico nacional, entre outras condições e requisitos: a) a exigência de que o controle referido no inciso II do *caput* se estenda às atividades tecnológicas da empresa, assim entendido o exercício, de fato e de direito, do poder decisório para desenvolver ou absorver tecnologia; b) percentuais de participação, no capital, de pessoas físicas domiciliadas e residentes no País ou entidades de direito público interno. § 2º Na aquisição de bens e serviços, o Poder Público dará tratamento preferencial, nos termos da lei, à empresa brasileira de capital nacional."

"acordos internacionais, de reciprocidade, ou de interesse do Governo Brasileiro".[111]

Mesmo assim, o ingresso ficaria restringido por causa dessa regra até 1995, quando se iniciou a mudança do modelo econômico brasileiro. A globalização financeira acelerou bastante nos anos 1990.[112] A Emenda Constitucional 6, de 15 de agosto de 1995, finda a distinção entre empresa de capital nacional e empresa de capital estrangeiro. Logo após, embora o art. 52 tenha permanecido intocado, o Presidente da República aprova a recomendação do Ministro da Fazenda, contida na Exposição de Motivos 311, em que se recomenda a abertura do SFN ao capital estrangeiro "de interesse do governo brasileiro".[113] Assim, para a abertura de instituição financeira, haverá processo administrativo prévio que resultará, sucessivamente, na aprovação pelo CMN e pelo Presidente da República.[114]

Ao contribuir para a mudança estrutural dos sistemas financeiros locais, quatro vantagens eram apontadas como decorrentes da abertura: fortalecimento dos sistemas financeiros nacionais, queda no *spread* bancário

---

111 BRASIL. Constituição de 1988. Atos das Disposições Constitucionais Transitórias. "Artigo 52. Até que sejam fixadas as condições do art. 192, são vedados: I – a instalação, no País, de novas agências de instituições financeiras domiciliadas no exterior; II – o aumento do percentual de participação, no capital de instituições financeiras com sede no País, de pessoas físicas ou jurídicas residentes ou domiciliadas no exterior. Parágrafo único. A vedação a que se refere este artigo não se aplica às autorizações resultantes de acordos internacionais, de reciprocidade, ou de interesse do Governo brasileiro."

112 CARVALHO, Carlos Eduardo; STUDART, Rogério; ALVES JR., Antônio José. *Desnacionalização do setor bancário e financiamento das empresas*: a experiência brasileira recente, p. 13. "O aumento da participação estrangeira no sistema financeiro de economias em desenvolvimento configurou-se como forte tendência na década de 1990, em especial em sua segunda metade. Segundo dados do *World Economic Report 2000*, do FMI, em 1994 essa participação era, em média, de 7,8%, de 17,9% e de 0,8% na Europa Central, na América Latina e na Ásia, respectivamente; e saltou para 56,9%, 25,5% e 13,2% no fim de 1999."

113 BRASIL. Ministério da Fazenda. Exposição de Motivos 311, de 23 de agosto de 1995. A recomendação consistia no "uso da prerrogativa que lhe confere o parágrafo único do art. 52 do Ato das Disposições Constitucionais Transitórias para reconhecer como de interesse do governo brasileiro a participação ou o aumento do percentual de participação de pessoas físicas ou jurídicas, residentes ou domiciliadas no exterior, no capital das instituições financeiras nacionais."

114 BRASIL. Bacen. Diretoria de Normas e Organização do SFN. Comunicado 5.796, de 9 de setembro de 1997. Comunicado 10.844, de 19 de março de 2003.

devido à introdução de novos hábitos, "aumento da concorrência e diminuição dos custos operacionais" e elevação dos volumes de crédito ofertados.[115] Também poderia haver o aproveitamento de tecnologias existentes no exterior para aperfeiçoar o sistema de pagamentos. Mais especificamente, autoridades governamentais à época explicaram as razões da conveniência no caso brasileiro:

> [...] sabe-se que crises bancárias decorrem da conjunção de fatores microeconômicos, determinados pelas características individuais das instituições financeiras, e fatores macroeconômicos, representados por choques macroeconômicos que ocasionam pressões sobre o sistema financeiro de um país. Dessa forma, quanto mais fortes forem as instituições financeiras em uma economia, maior será a capacidade do sistema financeiro de absorver choques macroeconômicos. Assim, a entrada de bancos estrangeiros para atuar na economia brasileira vai ao encontro do desejo de fortalecer o sistema financeiro doméstico.[116]

A resposta à nova orientação econômica foi rápida, e, como se constata na tabela abaixo, no fim dos anos 1990, a participação dos bancos com controle estrangeiro no montante de ativos atingia 33% ante menos de 10% em 1988.

---

[115] CASILDA, Ramón, CALDERÓN, Álvaro. La estrategia de los bancos españoles en América Latina. *Revista de la CEPAL*, Santiago, n. 70, p. 88, abr. 2000. "– El fortalecimiento de los sistemas financieros locales, dada la mayor capacidad de los bancos extranjeros para obtener recursos a menor costo en los mercados internacionales. – Una rebaja de los márgenes de intermediación, por el incremento de la competencia y porque los bancos extranjeros están acostumbrados a trabajar con menores márgenes de ganancia (3% en Estados Unidos y el Reino Unido en comparación, por ejemplo, con 6.3% en Brasil). Con tal rebaja, quienes tomen créditos verán reducirse sus costos financieros. – Un incremento de la competencia y una reducción de los costos operacionales, lo que obligaría a los bancos locales a elevar su eficiencia y atenuar su vulnerabilidad. – Un aumento de la intermediación financiera, derivado de una mayor oferta de nuevos y más sofisticados productos por parte de las entidades que operan en los mercados locales."

[116] BARROS, José Roberto Mendonça de; ALMEIDA JR., Mansueto Facundo de. *Análise do ajuste do sistema financeiro no Brasil.* Brasília: Secretaria de Política Econômica do Ministério da Fazenda, maio de 1997.

Tabela 11 – Participação percentual das instituições nos ativos do grupo de bancos em funcionamento

Tipo de instituição	31.12.1988	31.12.2000
Bancos com controle estrangeiro	9,62%	33,11%
Bancos privados nacionais	56,85%	42,56%
Bancos públicos	33,53%	24,33%

Fonte: Bacen – Cosif – Deorf/Copec.

Entretanto, as expectativas iniciais sobre os efeitos benéficos das instituições financeiras estrangeiras foram frustradas pelos fatos. No que tange à estabilidade, não se registraram quebras de instituições estrangeiras, mas aumentou o risco de contágio sistêmico no Brasil por causa de problemas no país-sede. Além disso, durante as crises financeiras recentes, o comportamento dessas instituições caracterizou-se pela fuga, vulnerando o país quando deveria lhe emprestar estabilidade, exceção feita a eventuais políticas de longo prazo.[117] Com relação aos padrões de concorrência, estes permaneceram os mesmos, e, deve-se notar, o comportamento dos bancos estrangeiros não diferiu do dos nacionais. Assim, o crédito continuou escasso e caro, bem como os serviços financeiros prestados se assemelham aos ofertados pelos bancos brasileiros.[118] Ademais, o desenvolvimento tecnológico

[117] CARVALHO, Carlos Eduardo; STUDART, Rogério; ALVES JR., Antônio José. *Desnacionalização do setor bancário e financiamento das empresas:* a experiência brasileira recente, p. 30. "Na crise asiática de 1997/1999 predominaram atitudes de fuga (*cut and run*). O crédito bancário internacional retraiu-se, tanto o dos bancos que mantinham apenas operações *cross-border* quanto o daqueles que tinham filiais nos países afetados. Os estrangeiros agiram com maior 'prudência' e fugiram dos riscos, e, com isso, as operações mais difíceis e problemáticas ficaram concentradas nos bancos domésticos. No caso da Ásia, destaca-se o peso dos problemas enfrentados pelos bancos japoneses em seu próprio país, ao contrário do ocorrido nas crises latino-americanas dos últimos anos, em que os bancos dos EUA não adotaram atitudes de fuga. Em suma, o fator decisivo na atitude das matrizes são as considerações de longo prazo sobre os seus interesses no país hospedeiro."

[118] Idem, ibidem, p. 8. Mais adiante, na p. 62, os autores concluem: "Contudo, essa causalidade nem sempre se aplica, especialmente em economias em desenvolvimento, como tem sido o caso brasileiro recente: *(i)* um sistema bancário microeconomicamente eficiente nem sempre leva a um volume de crédito e a uma maior eficiência da alocação de crédito; *(ii)* os bancos estrangeiros que estão entrando no país não são necessariamente mais eficientes que os nacionais; *(iii)* mesmo que a abertura do mercado tenha estimulado a competição entre bancos

dos meios de suporte ao sistema de pagamentos não dependeu de recurso ao *know-how* de outros países, aprimorado que foi com base na experiência nacional pretérita.

5.3 *"Livre comércio de serviços" e concorrência: perspectivas para o SFN*

A redução da margem de manobra imposta pela globalização já é, em si mesma, sentida com alguma intensidade na condução de diversas políticas públicas e com especial intensidade nas relacionadas ao SFN.

Maiores desdobramentos se esboçam na direção de condicionar a soberania dos países-membros da Organização Mundial do Comércio (OMC) por meio de progressiva liberalização da economia, inclusive no setor financeiro.[119] Concebe-se, no caso dos mercados financeiros, a aplicação uniforme de princípios regulatórios, visando à criação de condições equânimes para a atuação das instituições financeiras através das fronteiras (*level playing field*).[120]

A OMC é o campo de onde isso pode provir. O tratado da OMC contém, em um de seus anexos, o General Agreement on Trade in Services (GATS), que prevê o compromisso de liberalização progressiva dos serviços entre os países.[121] Existe até um "Understanding on commitments in financial services", que traça definições aplicáveis ao processo de liberalização dos mercados financeiros.[122] O GATS reconhece quatro modos distintos,

estrangeiros e nacionais, isso não tem levado a ganhos significativos de eficiência microeconômica; *(iv)* os ganhos de eficiência macroeconômica até aqui são muito reduzidos e não é possível afirmar que ganhos mais altos teriam sido alcançados com o aumento da presença dos estrangeiros".

119 Ao se incluir a condução da política monetária, a soberania traz para seu campo a totalidade das políticas públicas relacionadas ao SFN. Afinal, em grande medida, as políticas de concentração econômica no Brasil foram usadas para obtenção de objetivos que eclipsaram a defesa da concorrência.

120 NORTON, Joseph Jude. *Devising international supervisory standards*, p. 34. "Internationally, the precept is that an efficient banking system requires a 'level playing field' for all banking institutions, with the national rules to be applied as uniformly as possible. Divergent national rules or gaps in the rule-making or supervision are to be eliminated, so that neither regulatory burdens or unfair competitive advantages can be exploited."

121 BRASIL. Decreto 1.355, de 30 de dezembro de 1994. Anexo 1B, art. XIX.

122 BRASIL. Decreto 1.355, de 30 de dezembro de 1994. *Understanding on commitments in financial services*.

que correspondem às formas pelas quais se efetivam os serviços em geral: (i) serviço prestado do território de um país para o território de outro país (modo 1); (ii) serviço prestado no território de um país para o consumidor localizado no território de outro país (modo 2); (iii) por um fornecedor de serviço de um país mediante a presença comercial noutro país (modo 3); e (iv) pelo fornecedor de um país pela presença de pessoas físicas no território de outro país (modo 4).[123]

Nem sempre todos os modos estão presentes com igual intensidade nos diversos setores de serviços. As negociações ocorrem caso a caso: o resultado na advocacia pode diferir do resultado nas telecomunicações, que também é diferente dos serviços financeiros. Cada setor possui peculiaridades e graus de liberalização diversos. Por exemplo, é possível que, no âmbito do SFN, a exigência imposta às instituições financeiras estrangeiras pelo *caput* do art. 18 da Lei 4.595/1964 – decreto presidencial como requisito para funcionamento – tenha de ser revista. Essa regra discricionária não tem sido usada no Brasil para vedar o acesso, mas o processo de liberalização poderá redundar noutras restrições à política monetária e, de modo indireto, à de concorrência no SFN, que tem sido realizada por normas administrativas, não pela aplicação do antitruste.

Tendo-se isso por pano de fundo, esboça-se também a uniformização da aplicação das regras de defesa da concorrência. A importância que o direito da concorrência teve para a construção da União Européia, com a remoção de barreiras ao comércio entre os países, pode induzir a se desenhar uma relação entre livre comércio e concorrência. Todavia, o surgimento da União Européia está ligado mais a um processo de integração do que ao mero livre comércio.[124] Prova disso é o fato de ser permitida também a livre circulação de pessoas.

Assim, inexiste correlação direta e necessária entre livre comércio e livre concorrência, pois os efeitos obtidos por meio do livre comércio também podem sê-lo por meio de uma legislação antitruste.[125] Analisan-

---

[123] BRASIL. Decreto 1.355, de 30 de dezembro de 1994. Anexo 1B, art. I.2.

[124] GERBER, David. J. *Law and competition in twentieth century Europe*: protecting Prometheus, p. 335.

[125] HOEKMAN, Bernard M.; MAVROIDIS, Petros C. Competition, competition policy, and the GATT. *Policy Research Working Paper*, Washington, The World Bank, n. 1228, p. 4, Dec. 1993. "In theory, of course, free trade is neither necessary nor sufficient to ensure competitive outcomes. It is not necessary because in principle other policies – i.e., competition policy – can be used to achieve the same outcome."

do-se apenas os efeitos positivos e desconsiderando-se os negativos, pode-se especular sobre alguns dos resultados associados ao livre comércio e à concorrência. Para uma pequena nação sem legislação antitruste, os efeitos positivos podem ser proporcionados pela aplicação eficaz da lei antitruste, desde que seja uma economia aberta. Do mesmo modo, uma economia de grandes dimensões pode ser mais fechada e obter os resultados decorrentes do livre comércio, desde que persiga uma vigorosa política antitruste. Só indiretamente, concorrência e livre comércio se relacionam, o que não significa que o comércio interno seja diferente do internacional.

A mediação entre o comércio interno e o internacional se dá por meio da soberania das políticas públicas internas de cada país. Na visão do livre comércio, porém, "a abolição de barreiras comerciais seria um meio muito mais efetivo e barato de favorecer resultados competitivos".[126] A mesma visão pode ser transposta para os mercados financeiros, nos quais a alocação apropriada de recursos deveria conduzir à redução da taxa de juros – logo, à semelhança das mercadorias, o dinheiro deveria circular livremente,[127] e, por conseqüência, os atores que com ele lidam.

Por isso, mais correto é identificar a relação entre livre comércio e livre concorrência como resultado, em grande parte, de demandas do setor privado.[128] Os governos, entendendo serem pertinentes as demandas, incluíram a política de concorrência nas negociações da OMC em 1996. Assim, a declaração mi-

---

126 HOEKMAN, Bernard M.; MAVROIDIS, Petros C. Competition, competition policy, and the GATT, p. 4.

127 KEYNES, John Maynard. *The collected writings of John Maynard Keynes*. MacMillan-Cambridge University Press for the Royal Economic Society, 1980. v. 25, p. 149. "Freedom of capital movements [...] assumes that it is right and desirable to have an equalization of interest rates in all parts of the world. It assumes that is to say that if the rate of interest that promotes full-employment in Great Britain is lower than the appropriate rate in Australia, there is no reason why this should not be allowed to lead to a situation in which the whole of British savings are invested in Australia, subject only to different estimations of risk, until the equilibrium rate in Australia has been brought down to the British rate. In my view the whole management of the domestic economy depends upon being free to have the appropriate interest rate without reference to the rates prevailing in the rest of the world. Capital controls is a corollary to this."

128 OWEN, Bruce. *Imported antitrust*, p. 15. "With increased international trade and deepening economic interdependence has come pressure for harmonization and coordination of competition policy. This pressure rises largely from the private sector, which fears expensive and slow parallel reviews of proposed transactions and possible inconsistent standards and policies in other matters."

nisterial de Cingapura determinou o estudo das relações entre livre comércio e concorrência nas negociações,[129] mas até agora os avanços são desprezíveis.

Tendo esse cenário por pano de fundo, Estados Unidos e União Européia competem, ansiosamente, pela exportação de seus modelos de legislação antitruste. O Departamento de Justiça dos Estados Unidos possui um setor especial para cooperação internacional.[130] A União Européia, do mesmo modo, tem programas semelhantes.[131]

Um país das dimensões do Brasil não pode nem deve prescindir de legislação antitruste. Tampouco deve importar modelos sem considerar as suas peculiaridades. Na Lei 8.884/1994, o duplo caráter da regra da razão, mesclando elementos do antitruste americano e europeu, sugere que tenha havido um aprendizado. Contudo, em outras áreas, sobretudo na aplicação da legislação, muito ainda tende a ser importado.

Na conjuntura atual de negociações internacionais, os riscos representados pela importação de modelos de defesa da concorrência aumentam. A inclusão do tema concorrência nas negociações da OMC, aparentemente sepultada com o fracasso inicial das negociações para liberalização dos serviços, previsto no General Agreement on Trade in Services, pode ressuscitar nas próximas rodadas.[132] Uma das possíveis estratégias da União Européia será barganhar concorrência por subsídios

---

[129] ORGANIZAÇÃO MUNDIAL DO COMÉRCIO. Declaração Ministerial de 13 de dezembro 1996, item 20.

[130] PITTMAN, Russel. Why competition policy: especially for developing countries. *USIA Electronic Journal*, v. 4, n. 1, fev. 1999.

[131] MARTÍ, Juan Antonio Rivière. Competition policy in Latin America: a new area of interest for the European Union. *EC Competition Policy Newsletter*, v. 3, n. 1, 1997. "13. Areas of cooperation. We are currently looking at the scope for cooperation between the competition authorities of the European Union and of Latin American countries. The options fall into three main groups: 1. Training: this could include exchanges or in-service training with competition authorities, lectures, seminars and university courses, promoting practical knowledge of the application of competition rules. 2. Institutional links: to foster cooperation between competition authorities in order to promote the exchange of information on management and on improving procedures. 3. Promotion of economic integration: this requires the culture of competition to be put on a firmer footing, involving both business and competition circles, with the legal framework being developed at the same time."

[132] De acordo com informações extra-oficiais obtidas pelo autor, União Européia e Estados Unidos chegaram a um acordo para, na próxima rodada de negociações da OMC, incluir a concorrência nas discussões.

agrícolas. O estabelecimento de critérios mundiais para a aplicação da defesa da concorrência poderia reduzir ainda mais a margem de manobra de outras políticas públicas em países em desenvolvimento, entre os quais se encontra o Brasil.[133] A adoção de modelos importados facilitaria a eventual uniformização do direito da concorrência à custa de liberdade de ação na política antitruste, restringindo, por exemplo, a já limitada possibilidade de implementar políticas setoriais.[134]

6. O SFN caracteriza um oligopólio?

Tomando-se por base os dados nacionais da tabela abaixo,[135] o HHI do mercado é abaixo de 1.000, o que, conforme as *Horizontal Merger Guidelines* do Departamento de Justiça dos Estados Unidos,[136] caracteriza um mercado desconcentrado. Isso se aplica igualmente ao C4, que resulta em 53 %, abaixo dos 75% que o *Guia de análises para atos de concentração horizontal* entende como aptos a suscitar preocupações sobre o exercício coordenado.[137] Estudos

---

[133] Sobre esta possibilidade, ver antiga declaração de autoridade da Comissão Européia. BRITTAN, Leon. *European competition policy*: keeping the playing field level, p. 108. "The next GATT Round should include restrictive business practices and cartels on its agenda. The aim should be to draw up common rules, lay down the principle that restrictive arrangements are not enforceable at law and the governments are responsible internationally for the implementation of these rules and procedures. [...] For mergers, common rules should also be established, as well as common commitment to enforce them."

[134] Somente os desdobramentos das negociações poderão revelar de que forma tais discussões acontecerão. Seguir os países da OCDE na disciplina da concorrência nos mercados financeiros pode-se revelar um verdadeiro cavalo de Tróia – hoje, tal conformação até pode ser a mais adequada, mas, no futuro, toda tentativa de mudança poderá ser prejudicada. Todavia, não está claro que tipo de barganha pode advir de política de subsídios agrícolas e de concorrência, de modo que os primeiros permanecessem pouco alterados, como tem sido a posição da União Européia.

[135] Neste ponto, não se tem por objetivo decidir qual o melhor critério para ser utilizado no cálculo do poder de mercado. O uso do valor dos ativos é apenas ilustrativo, e, considerando-se que os valores aproximados dos outros indicadores possíveis (montante de depósitos e valores financiados) não se diferenciam substancialmente, os resultados serão assemelhados. Isso não significa que a discussão sobre qual critério a ser adotado seja desnecessária.

[136] ESTADOS UNIDOS. 1982 Merger Guidelines of the Department of Justice. Item 1.51 (a).

[137] Ver BRASIL. Seae/MF. SDE/MJ. Portaria conjunta 50, de 1º de agosto de 2001 ("Guia para Análise Econômica de Atos de Concentração Horizontal"). Item 36.

mais detalhados atingem as mesmas conclusões, adotando-se outras bases de cálculo para a definição do mercado relevante.[138] Paradoxalmente, os dois maiores bancos brasileiros são estatais, o que forneceria mais argumentos contra uma estrutura voltada para lesar o interesse público.

Tabela 12 – Maiores bancos brasileiros por valor de ativos

Posição	Banco	Ativos totais em Jun./2006	Percentual sobre o total
1	Banco do Brasil	R$ 273.835.582	17,5 %
2	CEF	R$ 199.551.958	12,8 %
3	Bradesco	R$ 187.663.049	12,0 %
4	Itaú	R$ 166.225.579	10,7 %
5	Unibanco	R$ 92.453.146	5,9 %
6	Santander Banespa	R$ 85.944.524	5,5 %
7	ABN AMRO	R$ 86.524.952	5,5 %
8	Safra	R$ 56.595.243	3,6 %
9	HSBC	R$ 51.316.786	3,3 %
10	Votorantim	R$ 51.156.221	3,3 %
Total *		R$ 1.560.429.049	100,0 %

* Inclui os demais

Fonte: Bacen.

De fato, essa foi a conclusão do Cade no único caso em que ele efetivamente se manifestou sobre o SFN. De acordo com o conselheiro-relator do caso,

> [...] no Brasil, o setor bancário conta com um número relativamente grande de empresas, com as mais diversas características de atuação.

[138] PALLATA, Rogério. Estudo apura que o Sistema Financeiro é menos concentrado do que se supõe. *Valor*, 6 set. 2006. A reportagem, baseada em estudo formulado pela Consultoria Tendências, concluiu: "No caso do sistema bancário brasileiro, o IHH apurado ficou em 2000 ficou em 0,13, ligeiramente superior ao de 0,12 calculado em 1994 – mas inferior ao 0,14 do setor no México. Nesse espaço de tempo, o número de bancos brasileiros diminuiu de 245 para 193; e, no México, de 36 para 23. A fatia do mercado de depósitos dos três maiores bancos passou de 49,9% em 1994 para 55,2% em 2000; e a dos dez maiores, de 78,8% para 85,6%".

> Existem bancos de tamanhos bem variados e os maiores, entre os quais está o Itaú, apresentam atuação bastante importante em todo o território nacional, com agências, pelo menos, na grande maioria das capitais e principais cidades. De forma geral pode-se dizer que é um setor bastante competitivo, tanto no que se refere aos serviços oferecidos, como linhas de crédito, facilidades operacionais, padrão de atendimento, público-alvo, como as tarifas cobradas.[139]

Contudo, estas conclusões podem ser criticadas. Primeiro, a concentração econômica dos dez maiores bancos, considerando-se apenas os ativos, é de cerca de 80,2%, o que é significativo para o mercado bancário. Não houve a segmentação do mercado relevante nos aspectos geográfico e de produto. Não se cogitou em segmentar os clientes e os bancos conforme seu porte. As considerações feitas anteriormente ilustram o quão ricas e variadas podem ser as possibilidades de se definir o mercado relevante. Esta tarefa só pode ser empreendida diante de um problema concreto apresentado, uma vez que as múltiplas possibilidades dificultam a formulação de uma resposta em abstrato. Assim, não se pode descartar, de plano, que haja concentração maior ou menor conforme a definição de mercado relevante que vier a ser adotada.

Além disso, o fato de inexistir uma estrutura olipolística não significa, automaticamente, que os bancos se comportem como se estivessem próximos ao modelo de concorrência perfeita – afinal, um mercado estruturalmente desconcentrado pode se comportar como um oligopolista ou, até mesmo, monopolista. O SBDC tem uma série de casos analisada, envolvendo dezenas de postos de combustível – estrutura *a priori* que dificulta a formação de um cartel –, mas nos quais se comprova a existência de práticas que distorcem a concorrência. Belaisch aponta essa incongruência entre a estrutura e o desempenho, mas não afirma que isso resulta da existência de conduta concertada.[140] No caso do SFN, outras

---

139 BRASIL. Cade. Ato de Concentração 87/1996. Requerentes: Banco Francês e Brasileiro S.A. e Americas Finance Company Limited (Grupo Itaú). Relatório do conselheiro-relator João Bosco Leopoldino da Fonseca.

140 BELAISCH, Agnès. Do Brazilian banks compete? *IMF Working Paper*, WP/03/113, p. 15-19, May 2003. "The results show that Brazilian banks behave oligopolistically [...]. The sum of the input factor price coefficients of the data panel estimation is significantly larger than zero, thus rejecting the hypothesis that bank behave monopolistically. At the same time, the sum of the coefficients is significantly less than one, rejecting the hypothesis of perfect competition in

variáveis que não necessariamente condutas concertadas podem conduzir a um comportamento oligopolístico.

Por fim, há outros critérios que apontam que pode haver abusos. Há fundadas críticas para a utilização destes índices para determinar o poder de mercado.[141] Os elevados *spreads* cobrados e as práticas de abuso de posição contratual seriam indícios de que o SFN não é um mercado no qual vigora um ambiente sadio, como convidam a concluir os números acima. Além disso, a posição dos maiores bancos brasileiros, muito fortalecida nos períodos de elevada inflação, coloca-os em condição de resistir às pressões competitivas do mercado.[142] Tal cenário desmente o automatismo de conclusões precipitadas associadas ao funcionamento dos mercados de forma geral e, em particular, aos financeiros.[143]

---

the banking system. Banks' revenues are not sufficiently sensitive to their costs to signal that they are under the pressure of perfect competition. The individual years regressions show no clear pattern of an increase in competition during the last few years. Competition cannot then be taken as a significant driven force behind the fall in banks' interest margins reported [...] for Brazil. As regards the nature of Brazilian banks' costs, the coefficients on the price of funds and on other costs are significantly greater than zero, while unit labor costs are not correlated with total revenues. This is consistent with the stylized fact that overhead costs bear a heavier burden on total cost than personnel costs. The results from fixed and random effects model are very similar".

141 Neste sentido, ver GOLDBERG, Daniel. Notas sobre concorrência no sistema bancário. *Revista de Direito Bancário e do Mercado de Capitais*, v. 23, p. 55. No caso específico da intermediação financeira, os bancos encontram-se, ao mesmo tempo, à jusante e à montante da "cadeia produtiva". Assim, as críticas dirigidas ao uso do poder econômico para auferir o poder compensatório podem ser transpostas mediante algumas adaptações metodológicas.

142 CARVALHO, Carlos Eduardo; STUDART, Rogério; ALVES JR., Antônio José. *Desnacionalização do setor bancário e financiamento das empresas*: a experiência brasileira recente, p. 65.

143 Idem, ibidem, p. 62. "A eficiência do sistema bancário é comumente definida do ponto de vista microeconômico, com base em considerações sobre custos operacionais e lucratividade, por exemplo. Assume-se também que bancos microeconomicamente mais eficientes levam a melhores resultados macroeconômicos, ou seja, a condições de crédito (oferta e custos) também melhores (maior eficiência macroeconômica). Uma visão compartilhada por grande parte dos analistas é, portanto, a de que a entrada dos bancos estrangeiros, supostamente mais eficientes nos seus mercados de origem, aumentaria a 'eficiência' do sistema bancário brasileiro (e.g. Levine, 1996; Peek e Rosengreen, 2000)."

Tabela 13 – Sistema Financeiro Nacional e de outras jurisdições (2000) (percentual do PIB)

País	Sistema bancário*			Títulos de dívida pendentes por emissor				Capitalização do mercado de ações	Total de ativos financeiros
	Depósitos	Empréstimos	Ativos	Total	Empresas	Instituições financeiras	Setor público		
Brasil	29,3	24,8**	77,1	49,4	0,4	7,8	41,2	35,0	161,5
Argentina	27,8	21,4	57,4	29,9	n.d	19,8	10.1	58,2	145,4
México	18,3	21,6	25,0	6,3	0,4	1,5	5,0	22,1	53,4
Chile	54,9	70,0	98,4	n.d.	19,1	n.d.	16,7 ***	86,4	221,6
EUA	42,6	45,3	77,3	146,5	24,0	41,1	81,4	152,0	376,9
Japão****	94,8	84,7	142,0	127,9	16,1	16,1	95,6	68,0	338,9
Zona do Euro	78,9	103,7	258,3	110,4	6,6	48,8	55,0	89,0	458,77

* Somente são considerados bancos universais tomadores de depósito.

** Dados incluem o *leasing* comercial.

*** Pelo valor de mercado. Para outros países, os valores são os contábeis.

**** Os dados dos bancos relativos ao Japão são de Março de 2001.

Fonte: BELAISCH, Agnes. Do Brazilian banks compete? *IMF Working Paper*, WP/03/113, p. 4, May 2003.

De fato, examinou-se uma série de elementos que permitem desenhar um quadro bem diferente: o SFN é um mercado caracterizado por diversas instâncias de competição, no qual a assimetria de informações entre instituição financeira e cliente facilita as práticas de abuso de poder econômico em situações individualmente consideradas. Como resume Ferreira, embora não se possa afirmar que o setor opere sob concorrência perfeita, estudos empíricos descartam a hipótese de monopólio e presença de cartéis,[144] especialmente ao se segmentarem os setores de atuação. Além disso, existem evidências de bancos que operam sob diferentes graus de competição, de tal modo a permitir que alguns deles cubram, sistematicamente, taxas mais elevadas.

Portanto, é difícil emitir um juízo de valor sobre se o nível de concorrência no SFN é elevado, moderado, baixo ou inexistente. A presença de um grande número de empresas afasta o SFN do conceito clássico de oligopólio, mas contra esse raciocínio pode-se alegar que apenas um seleto grupo de grandes instituições financeiras é importante, as quais atuariam como líderes. A estrutura do mercado oligopolista no SFN poderia enquadrar-se na descrição de Scherer e Ross:

> [...] a rivalidade oligopolista é jogada num ambiente incerto e sob constante mutação. Se, por um lado, a evolução deste ambiente permite aos gerentes aprender sobre as condições do mercado e sobre as intenções dos rivais, por outro, também cria o perigo constante de que o rival cortará a estrutura de preços existente na busca de vantagens competitivas. A coordenação de políticas de preço não é fácil.[145]

Mesmo assim, em que pese o fato de as duas maiores instituições financeiras pertencerem ao governo federal e inexistir indicação de que recebam instruções para atuar de modo anticoncorrencial, há espaço para dúvidas. Diante dessas condições, a resposta aos problemas do mercado financeiro no Brasil reside, com grande probabilidade, noutros aspectos que não a sua estrutura de mercado.

---

144 FERREIRA, Caio Fonseca. *Concorrência e performance do sistema bancário em um mercado heterogêneo*. Estudo para discussão que servira de base para elaboração de tese a ser defendida em 2005 na FEA/USP em São Paulo.

145 SCHERER, F. M.; ROSS, David. *Industrial market structure and economic performance*, p. 226.

Capítulo 5

ASPECTOS INSTITUCIONAIS DA DEFESA DA CONCORRÊNCIA ENTRE INSTITUIÇÕES FINANCEIRAS

Um texto jurídico tem muito a ganhar com a adoção da interdisciplinaridade, pois o direito, ao lidar com valores, deveria possuir a capacidade de traduzir as informações das diversas ciências em regras. Contudo, as dificuldades inerentes à adoção dessa concepção de direito afastaram-no da noção romana do *ius est ars boni et aequi*, optando este por se apartar da realidade. Isso ocorre com muita força no Brasil, onde, como Holanda observa, "um amor pronunciado pelas formas fixas e pelas leis genéricas, que circunscrevem a realidade complexa e difícil dentro do âmbito dos nossos desejos, é dos aspectos mais constantes e significativos do caráter brasileiro".[1]

Desse modo, o positivismo, que impregnou o discurso jurídico brasileiro, trata com absoluto desprezo de questões que não estão na lei: o *de lege lata* ignora peremptoriamente o *de lege ferenda*, e vice-versa, abrindo uma lacuna a ser preenchida por trabalhos de outros ramos do saber. Questionamentos sobre a conveniência de uma norma ou investigações filosóficas a respeito de institutos jurídicos não são encarados como assuntos "de direito", pois este seria um sistema de lógica formal em que os valores são ignorados e os silogismos assumem preponderância. Tal concepção resulta na restrição de sua função na sociedade.

Essa visão míope do direito é incompatível com o plano metodológico deste livro, dado que a formação do SFN, alicerçada na presença de poder econômico por toda a economia brasileira, é reflexo das condições sociais, políticas e econômicas do País.[2] Identificar como o processo de formação do mercado financeiro no Brasil impactou a conformação do SFN, moldando-lhe diversas características, algumas encontradiças em outros países do mundo e, por isso, passíveis de comparação, outras não, é tarefa que requer

---

[1] HOLANDA, Sérgio Buarque de. *Raízes do Brasil*, p. 157-158.

[2] EISNER, Marc Allen. *Regulatory politics in transition*. London: The John Hopkins University Press, 1993. p. XV: "A regulatory regime is a historically specific configuration of policies and institutions which establishes certain broad goals that transcend the problems specific to particular industries".

tratamento interdisciplinar. Contudo, isso não significa que a *lege lata* será ignorada: sua correta interpretação será analisada neste capítulo, a fim de lhe extrair conseqüências que extravasem meros formalismos.

Com freqüência, os aspectos institucionais são ignorados pelo direito. Em sentido amplo, instituições seriam "regras formais e informais que estruturam a interação humana".[3] Sob esse prisma, até mesmo práticas privadas, concorrencialmente lícitas ou ilícitas, estariam inclusas. Essa definição apresenta o inconveniente de aumentar muito o campo de estudo, e, considerando-se que tais aspectos já foram objeto de análise, opta-se por um conceito mais estreito, de modo a focar o aspecto público das instituições. Dessa maneira, instituições são tomadas como "o conjunto de papéis, regras e procedimentos decisórios que definem os trabalhos internos das organizações públicas e privadas e as relações entre as organizações públicas e particulares no processo político".[4]

Desse ângulo, é necessário iniciar a análise pela Constituição, para que, em seguida, sejam abordados temas subjacentes.

1. A Constituição de 1988 impõe a necessidade de um sistema de livre concorrência no SFN?

No Brasil, há certa tendência ao insulamento do SFN e, por via reflexa, ao insulamento do direito que lhe é aplicável. Na esteira dessa tendência, teses são desenvolvidas sobre a relação entre o SFN e a defesa da concorrência. Sintetizando o pano de fundo desse insulamento, Troster afirma que

> [...] os bancos são diferentes não só por sua importância na economia como multiplicadores da poupança da sociedade, multiplicadores da moeda e emprestadores capazes de gerar mais consumo, produção e investimento, mas também por sua vulnerabilidade a corridas dos depositantes, a partir do momento em que se disseminam simples boatos sobre as dificuldades de uma instituição, o que não é raro num processo de negociação, especialmente quando submetido a um processo público demorado de avaliação e aprovação, como são os submetidos ao Cade.[5]

---

3 EISNER, Marc Allen. *Regulatory politics in transition*. London: The John Hopkins University Press, 1993. p. 10.

4 Idem, ibidem.

5 TROSTER, Roberto Luis. Os bancos são diferentes?. In: CAMPILONGO, Celso Fernandes; ROCHA, Jean Paul Cabral Veiga da; MATTOS, Paulo Todescan Lessa

Isso não nega a existência da concorrência em si no SFN, mas enfatiza o seu caráter especial, sobre o qual a publicidade, no sentido jurídico, poderia ter impactos negativos.

Situações especiais são comuns em direito. A doutrina de direito administrativo reconhece a existência de situações especiais em que determinadas atividades econômicas sofrem intensa regulamentação para o seu exercício, fato que as caracterizariam como uma espécie atípica de serviço público. Segundo Parada, "a sujeição destas atividades a um regime de autorização, que é a porta aberta para uma situação jurídica de sujeição geral, tem levado a se considerar estas autorizações como uma relação especial de sujeição".[6] Ademais, tais situações especiais, em geral, são fiscalizadas não só no momento da autorização, mas também durante o desenvolvimento das atividades, conduzindo a uma idéia de relação de trato sucessivo que não se coaduna com o conceito tradicional de ato administrativo. A administração reserva-se, conforme a relevância social da atividade, o direito de dar instruções concretas a todos ou alguns agentes, instruções essas dotadas de caráter normativo e cogente. Sob certa ótica, o SFN poderia ser considerado um serviço público impróprio, na medida em que seu regramento jurídico especial afastasse os demais.

Uma das formas que essa visão sobre o SFN assume é a tese jurídica de que a Lei 8.078/1990[7] não seria aplicável às relações de consumo rela-

(Org.). *Concorrência e regulação no sistema financeiro*, p. 287. A estas considerações pode-se adicionar a importância para a sociedade que tarefas relacionadas ao sistema de pagamentos desempenha. O pagamento de aposentadorias e pensões do INSS, o recolhimento de impostos devidos e a liquidação de contratos privados são alguns exemplos que atravessam o sistema de pagamentos do SFN. Para a maioria da população, totalmente desprovida de acesso ao crédito, estes serviços são muito mais significativos do que a intermediação financeira.

[6] VÁZQUEZ, José Ramón Parada. *Derecho administrativo:* organización y empleo público, p. 500.

[7] BRASIL. Lei 8.078, de 11 de setembro de 1990 (Código de Proteção e Defesa do Consumidor), art. 3º. "Fornecedor é toda pessoa física ou jurídica, pública ou privada, nacional ou estrangeira, bem como os entes despersonalizados, que desenvolvem atividade de produção, montagem, criação, construção, transformação, importação, exportação, distribuição ou comercialização de produtos ou prestação de serviços. [...] § 2.° Serviço é qualquer atividade fornecida no mercado de consumo, mediante remuneração, inclusive as de natureza bancária, financeira, de crédito e securitária, salvo as decorrentes das relações de caráter trabalhista."

tivamente às instituições financeiras.[8] O CMN baixou resolução na qual incorpora ao SFN a maioria dos princípios dessa lei e os bancos reconhecem a existência de certos direitos decorrentes dessa relação.[9] Apesar da clareza com que a referida legislação define fornecedor de serviços, incluindo os financeiros, argumenta-se que a natureza de lei ordinária das regras de proteção ao consumidor constituiria ofensa ao art. 192 da Constituição, o qual prevê a necessidade de lei complementar para regular o SFN. Defende-se que "as instituições financeiras não trabalham com dinheiro próprio, mas de terceiros" e, aplicadas as regras de proteção ao consumidor a elas, "a proteção de alguns 'consumidores' representaria, na verdade, violação ao direito de outros 'consumidores'".[10] Esta tese não encontrou guarida no STF, tendo sido julgada improcedente a referida ação em 7 de julho de 2006.

Poder-se-ia aplicar a mesma conclusão para afastar a concorrência do SFN utilizando-se fundamentos diversos. O sistema, na realidade, seria um microssistema. Sztajn formula teoria sobre o impacto do microssistema no SFN, a qual conferiria a competência ao Bacen não em virtude de a Lei 4.595 ser complementar ou especial. A existência de um regramento específico para a entrada no SFN afastaria a competência do Cade.

> As regras do art. 170 e parágrafo 4º ao art. 173 da Constituição da República aplicam-se, entendo, aos casos em que a livre-iniciativa é absoluta, em que não há, salvo as exigências comuns a

---

8 BRASIL. Conselho Monetário Nacional. Resolução 2.878, de 26 de julho de 2001. "Dispõe sobre procedimentos a serem observados pelas instituições financeiras e demais instituições autorizadas a funcionar pelo Banco Central do Brasil na contratação de operações e na prestação de serviços aos clientes e ao público em geral."

9 FEBRABAN. *Você e seu banco:* um guia para facilitar seu relacionamento com seu banco. 2. ed. São Paulo: 2004. p. 5. "O relacionamento diário com os bancos é uma realidade inseparável da vida da maioria das pessoas. Poucos setores da sociedade têm contato tão freqüente com a população. Praticamente tudo passa pelos bancos: pagamento e recebimento de salários, pensões, aposentadorias, taxas, contas, compras, impostos, investimentos, empréstimos, depósitos, saques em dinheiro e transferência de valores."

10 BRASIL. Supremo Tribunal Federal. Ação Direta de Inconstitucionalidade 2.591, proposta em 26 de dezembro de 2001 pela Confederação Nacional do Sistema Financeiro. Petição inicial, p. 10. Como desdobramento natural do raciocínio exposto, a Emenda Constitucional 40, ao reescrever o art. 192, teria reformulado o padrão de concorrência, extinguindo o regramento específico de entrada e encaminhando, assim, SFN à aplicação das regras gerais de concorrência.

qualquer atividade econômica, barreiras à entrada. Livre-iniciativa inexiste sem livre concorrência, repito. Mas a regra do art. 192, inciso I, não é a da livre-iniciativa, inclui-se nas exceções. Ora, se não há livre-iniciativa, a livre concorrência há de ser modulada de forma distinta.[11]

Outra linha de argumentação afirma que a Constituição de 1988 teria criado um arcabouço especial para o SFN no art. 192, e tal especificidade afastaria a aplicação da defesa da concorrência. O capítulo IV da Carta, ao conter todos os regramentos do art. 192 sobre o SFN, constituiria um microssistema em que a concorrência seria substituída por outro critério estruturador. Assim, ao prescrever que o SFN deve ser "estruturado de forma a promover o desenvolvimento equilibrado do país e a servir aos interesses da coletividade", ter-se-ia criado um microssistema jurídico apartando a principiologia do art. 170 da Constituição, que seria aplicável a todos os demais setores. Além dessa mútua exclusão dos princípios da ordem econômica e do SFN, a inexistência de livre concorrência no conteúdo do capítulo IV decorreria da noção de que a lei especial (art. 192) afasta a incidência da lei geral (art. 170).

Embora consistente do ponto de vista lógico, tal conclusão merece alguns comentários. Primeiro, o direito não pode negar que as instituições financeiras concorrem entre si no mundo dos fatos. Bancos competem pelos clientes, oferecendo descontos e promoções diversas. Há, até mesmo, certo clamor pelo acirramento da concorrência, considerada benéfica.[12] Até esse ponto, não haveria nada de anormal, na medida em que o SFN poderia viver um processo concorrencial, mas este processo não seria tutelado pelo princípio da livre concorrência.

---

[11] SZTAJN, Rachel. Regulação e concorrência no sistema financeiro. In: CAMPILONGO, Celso Fernandes; ROCHA, Jean Paul Cabral Veiga da; MATTOS, Paulo Todescan Lessa (Org.). *Concorrência e regulação no sistema financeiro*, p. 250. O argumento de que, em razão da ausência da livre-iniciativa no SFN, a livre concorrência deveria ser "modulada de forma distinta" perdeu força com a revogação do inciso I do art. 192 da Constituição da República com a Emenda Constitucional 40/2003.

[12] Crédito imobiliário é arma para cortar juro. *Folha de S.Paulo*, São Paulo, 7 jun. 2003. "Segundo estudos, outra medida fundamental para reduzir os 'spreads' é a transferência para o Cade (Conselho Administrativo de Defesa Econômica) da fiscalização da concorrência entre os bancos, pois o órgão teria condições efetivas de ver a existência de cartéis."

Segundo, deve-se indagar se, do ponto de vista substancial, haveria alguma diferença entre "assegurar a todos existência digna conforme os ditames da justiça social" (art. 170) e "promover o desenvolvimento equilibrado do País e a servir aos interesses da coletividade" (art. 192). Ora, justapondo-se esses dois dispositivos para interpretar o alcance do Título VII da Constituição, tanto o art. 170 quanto o art. 192 possuem a mesma finalidade, ou seja, o SFN pode até mesmo consistir num microssistema, mas seus objetivos seriam os mesmos dos demais setores da economia. Se os propósitos são os mesmos, restaria apenas margem de manobra quanto aos meios a escolher para perseguir os fins do art. 192. Nesse sentido, é possível afirmar que, diversamente dos demais setores da economia, haveria a possibilidade de se estruturar o SFN a despeito dos princípios do art. 170, quer seja por meio de estatização completa, quer de planejamento, quer de desregulação absoluta, quer de qualquer outra forma imaginada.[13]

Essa liberdade quanto aos meios de atuação para "promover o desenvolvimento equilibrado do País e servir aos interesses da coletividade" remete ao terceiro comentário: qual seria a lógica de tal dispositivo? Afinal, se os demais setores da economia se encontram estruturados sob a égide da livre concorrência, por que o SFN, fulcro do sistema econômico descentralizado, poderia viver sob o espectro de outra forma de organização econômica? A única explicação possível seria o desejo de preservar liberdade de ação para mudar a estrutura do SFN, caso se conclua que este não esteja atingindo suas finalidades de modo satisfatório.

Por fim, a interpretação acima exposta poderia conduzir a um verdadeiro "vazio" no que diz respeito aos meios para atingir as finalidades do art. 192. Embora isso seja possível, uma interpretação sistemática do art. 170 imporia ao art. 192 a necessidade de observar, na perseguição de suas finalidades, os princípios da ordem econômica, porque, retomando-se uma perspectiva fática, o SFN não se encontra insulado do sistema econômico no qual todo o País se encontra. Além disso, as finalidades perseguidas no art. 192 não seriam incompatíveis com os princípios elencados nos incisos do art. 170, dentre os quais se encontra a livre concorrência.

13 A história revela que as Constituições de 1934 e 1937 optaram por formas de organização do mercado financeiro diversas daquela baseada na livre concorrência. Em outras palavras, do ponto de vista normativo, a livre concorrência até poderia eventualmente ser uma nota informadora do SFN, mas não seria necessariamente um princípio norteador para se atingir as finalidades do art. 192 da Constituição.

2. Notas sobre a controvérsia entre Cade e Bacen

A partir de 1994, a estabilização do nível de inflação abaixo de 10% ao ano atraiu a atenção para o destino do SFN, o qual, acreditava-se, dificilmente conseguiria se adaptar ao ambiente desprovido de elevadas taxas e retornar à sua função básica de receber depósitos e fornecer crédito. Mudanças no processo competitivo no bojo do SFN, iniciadas em fins dos anos 1980, foram catalisadas com a queda da inflação, verificando-se a diminuição do número de partícipes da intermediação financeira por meio de fusões e aquisições, bem como o acesso mais amplo de grandes conglomerados internacionais ao mercado brasileiro. Em síntese, o novo cenário se caracterizou por (i) maior concentração econômica entre as instituições financeiras e, em especial, entre os bancos, e (ii) pela expansão significativa do número de instituições financeiras controladas, direta ou indiretamente, a partir do exterior. A defesa da concorrência entre instituições financeiras tornava-se um dos assuntos do momento, quando o Cade começou a analisar atos de concentração e condutas anticoncorrenciais ocorridos no SFN em fins dos anos 1990, envolvendo-se numa querela por competência com o Bacen.

2.1 *Os fatos e o direito*

Desde a promulgação da Lei 4.595/1964, a competência para tratar de assuntos concorrenciais no SFN era considerada do Bacen. O § 2º do art. 18 conferia competência para repressão às condutas anticoncorrenciais,[14] e dispositivos do art. 10, para o controle de concentrações econômicas.[15] Com a Lei 8.884/1994, a situação permaneceria a mesma, uma vez que essa lei, por se tratar de norma de caráter geral, não poderia revogar a norma especial (dispositivos citados da Lei 4.595).

Todavia, tal situação mudaria a partir do recebimento pelo Cade do ofício CVM 139/1995, por meio do qual a CVM informava sobre a aquisição

[14] BRASIL. Lei 4.595/1964. "Art. 18, § 2º. O Banco Central da República do Brasil, no exercício da fiscalização que lhe compete, regulará as condições de concorrência entre instituições financeiras, coibindo-lhes os abusos com a aplicação da pena (Vetado) nos termos desta lei."

[15] BRASIL. Lei 4.595/1964. "Artigo 10. Compete privativamente ao Banco Central da República do Brasil: X – Conceder autorização às instituições financeiras, a fim de que possam: [...] c) ser transformadas, fundidas, incorporadas ou encampadas; [...] g) alienar ou, por qualquer outra forma, transferir o seu controle acionário. (Incluído pelo Decreto-lei n. 2.321, de 25/02/87)."

do BFB pela Afinco, empresa do Grupo Itaú. Em 27 de outubro de 1995, o ofício foi autuado como ato de concentração, mas a SDE e a Seae não se pronunciaram no caso por entenderem que a matéria deveria ser aprovada pelo Bacen. Em resposta a ofício enviado pelo Cade, o Bacen se manifestou no mesmo sentido que a Seae e a SDE. Ainda assim, o Cade julgou o caso em 26 de julho de 2000.[16] A lentidão do Cade para tomar sua decisão revela que um ato de concentração simples do ponto de vista concorrencial foi conduzido em "banho-maria" por cinco anos, o que mostra, no mínimo, hesitação em decidir sobre a matéria. Adotou-se procedimento semelhante em outros casos que envolviam instituições financeiras.[17] Diante do impasse, a Advocacia-Geral da União (AGU) foi instada a se manifestar, e, em 25 de abril de 2001, foi publicado o parecer GM-020, favorável à posição do Bacen, com a aprovação presidencial,[18] nos termos do art. 41 da Lei Complementar 73/1993,[19] devendo, portanto, ser cumprido pela administração pública.

Em síntese, o parecer GM-020 se baseia em dois argumentos. O primeiro é a já referida especialidade da Lei 4.595/1964, que deve prevalecer sobre o regime geral da Lei 8.884/1994. O segundo é o caráter de lei complementar da Lei 4.595/1964. A redação anterior e a atual do art.

---

16 BRASIL. Cade. Ato de Concentração 87/1996. Requerentes: Banco Francês e Brasileiro e Americas Finance Company Limited (Grupo Itaú). Voto do conselheiro-relator João Bosco Leopoldino da Fonseca em 26 de julho de 2000.

17 Ver as seguintes decisões administrativas. BRASIL. Cade. Ato de Concentração 08012.005424/99-00. Requerentes Daimlerchrysler Administradora de Consórcios S/C Ltda., Starexport Trading S.A. e CIM – Comercial e Importadora Ltda. Voto do conselheiro-relator João Bosco Leopoldino da Fonseca em 23 de agosto de 2000. Este caso não é isento de notificação ao Cade, por não se tratar de aquisição de banco. BRASIL. CADE. Ato de Concentração 08012.000765/00-41. Requerentes: Banco Credibanco S.A., Credibanco S.A. Distribuidora de Títulos e Valores Imobiliários, Marcep S.A. Consultoria, Estudos e Planejamento, Creditrading Fomento Comercial Ltda., Marcep Overseas Trust Limited, Marcep International Trade Finance Limited e BNY International Financing Corporation. Voto do conselheiro-relator Thompson Andrade em 4 de outubro de 2000.

18 BRASIL. Advocacia-Geral da União. Parecer GM-020, aprovado pelo presidente da República. Publicado no *Diário Oficial* 80-E, de 25 de abril de 2001, p. 13.

19 BRASIL. Lei Complementar 73, de 10 de fevereiro de 1993. "Artigo 40. Os pareceres do Advogado-Geral da União são por este submetidos à aprovação do Presidente da República. § 1º O parecer aprovado e publicado juntamente com o despacho presidencial vincula a Administração Federal, cujos órgãos e entidades ficam obrigados a lhe dar fiel cumprimento."

192 da Constituição determinam, de maneira explícita, que o SFN será regulamentado por lei complementar. Contudo, decisão do STF, datada de 29 de agosto de 1996, abre a possibilidade de considerar que partes da Lei 4.595/1964 não seriam recepcionadas como lei complementar, mas sim como lei ordinária.[20] O assunto não mereceria ser tratado aqui, caso o Cade não tivesse usado a decisão como um de seus fundamentos para expandir sua competência em direção ao SFN. Para o Cade, essa decisão corroboraria seu ponto de vista de que apenas a parte relativa à regulação do SFN fora recepcionada como lei complementar pelo art. 192 da Constituição. Assim, a parte relativa à concorrência seria tratada como lei ordinária e teria sido revogada pela Lei 8.884/1994, implicando a existência de competência complementar entre o Cade e o Bacen. Tal argumento não foi aceito pela AGU sob o fundamento de que a matéria excluída do âmbito da lei complementar diz respeito aos servidores do Bacen, o que não se relaciona à estrutura do SFN em absoluto. Ainda que o argumento do Cade prevalecesse, não havia como afastar a singeleza da especialidade da Lei 4.595/1964 em relação à Lei 8.884/1994.

A polêmica estaria resolvida se o Cade tivesse acatado o parecer GM-020. No segundo semestre de 2001, uma decisão administrativa, que ficaria conhecida como caso Finasa Seguradora,[21] revelaria a predisposição do Cade para rejeitar a determinação contida no parecer da

[20] BRASIL. Supremo Tribunal Federal – Pleno. Ação Direta de Inconstitucionalidade 449/DF. Relator Ministro Carlos Velloso. Julgamento em 29 de agosto de 1996 (publicado no *DJ* em 22 de novembro de 1996, p. 45.683). "Ementa: constitucional. Administrativo. Servidor público. Banco Central do Brasil: Autarquia: regime jurídico do seu pessoal. Lei 8.112, de 1990, art. 251: inconstitucionalidade. I – O Banco Central do Brasil é uma autarquia de direito público, que exerce serviço público, desempenhando parcela do poder de polícia da União, no setor financeiro. Aplicabilidade, ao seu pessoal, por força do disposto no art. 39 da Constituição, do regime jurídico da Lei 8.112, de 1990. II – As normas da Lei 4.595, de 1964, que dizem respeito ao pessoal do Banco Central do Brasil, foram recebidas, pela CF/88, como normas ordinárias e não como lei complementar. Inteligência do disposto no art. 192, IV, da Constituição. III – O art. 251 da Lei 8.112, de 1990, é incompatível com o art. 39 da Constituição Federal, pelo que é inconstitucional. IV – ADIn julgada procedente."

[21] Neste sentido, ver todos os que opinaram sobre a matéria. BRASIL. CADE. Ato de Concentração 08012.006762/2000-09. Conselheira relatora Hebe Teixeira Romano. Requerentes: Banco Finasa de Investimento S.A., Brasmetal Indústria S.A. e Zurich Participações e Representações. Em outras palavras, o caso não existiu de fato.

AGU.[22] A grande quantidade de argumentos utilizados pelos conselheiros do Cade é difícil de ser resumida, mas dois pontos principais devem ser mencionados. É reforçada a tese da complementaridade das funções do Cade e do Bacen, defendendo-se

> [...] a identificação de precisos e distintos âmbitos de validade normativa e de construção técnico-dogmática (sistema financeiro e direito concorrencial) e diferentes planos de operacionalização jurídica da ordem econômica (regulação prudencial e adjudicação concorrencial).[23]

Além disso, a desobediência do Cade é justificada com base na política legislativa de "conferir-lhe absoluta independência e autonomia decisória, seja pelas características especiais de seus conselheiros (requisitos para nomeação, mandato fixo, vedações), seja pela soberania de suas decisões".[24] Nessa linha de argumentação, implícita está a eleição da livre concorrência como um dos paradigmas da ordem econômica que deverá ser implementado por um órgão apolitizado, como o Cade. O contraste com o SFN, em que a política de concorrência é conduzida com ênfase em objetivos políticos variados, é nítido.

---

22 Observe-se que a decisão apenas revela a predisposição para não respeitar o parecer da AGU, uma vez que o objeto da concentração econômica está fora do âmbito da competência do Bacen. SZTAJN, Rachel. Regulação e concorrência no sistema financeiro. In: CAMPILONGO, Celso Fernandes, ROCHA, Jean Paul Cabral Veiga da; MATTOS, Paulo Todescan Lessa (Org.). *Concorrência e regulação no sistema financeiro*, p. 233. "O tema é, materialmente, de seguros privados. Não envolve, sob esse aspecto, área financeira, mas apenas uma carteira de instituição financeira (Finasa), entendendo que é atribuição do Cade examinar todos e quaisquer atos de concentração, incluídos os relacionados com o setor financeiros (bancos) no caso de compartilhamento com o Bacen, em conflito positivo de competência das autarquias."

23 BRASIL. Cade. Ato de Concentração 08012.006762/2000-09. Conselheira relatora Hebe Teixeira Romano. Requerentes: Banco Finasa de Investimento S.A., Brasmetal Indústria S.A. e Zurich Participações e Representações. Voto de vista do conselheiro Celso Fernandes Campilongo.

24 BRASIL. Cade. Ato de Concentração 08012.006762/2000-09. Conselheira relatora Hebe Teixeira Romano. Requerentes: Banco Finasa de Investimento S.A., Brasmetal Indústria S.A. e Zurich Participações e Representações. Voto de vista do conselheiro Roberto Pfeiffer.

Em seguida, o Cade analisou os casos envolvendo o SFN e aplicou multas por intempestividade com base nos seus critérios. Os valores das multas, a princípio, não eram altos o bastante para incentivar sua contestação judicial, mas o princípio constitucional da revisão dos atos administrativos constitui uma garantia válida no ordenamento jurídico vigente.[25] Todavia, em maio de 2002, um prejudicado contestou judicialmente a multa imposta e obteve êxito na exclusão da multa na 1ª instância. Apesar de um dos argumentos utilizados no mandado de segurança ter sido a incompetência do Cade, a fundamentação do juiz era contrária ao parecer da AGU.[26]

Enquanto as decisões do Cade implicavam apenas o pagamento de multas, elas em realidade não atingiam diretamente a questão da competência em si. No Ato de Concentração 08012.002381/2001-23,[27] em junho de 2002, o Cade foi mais ostensivo e determinou a notificação da aquisição do

---

25 BUENO, Cassio Scarpinella. Quatro variações sobre o tema: regulação e concorrência no setor financeiro. In: CAMPILONGO, Celso Fernandes; ROCHA, Jean Paul Cabral Veiga da; MATTOS, Paulo Todescan Lessa (Org.). *Concorrência e regulação no sistema financeiro*, p. 65. Ilustrativa de certa corrente de opinião sobre a limitação da atuação do Judiciário sobre assuntos relacionados ao Cade é a seguinte manifestação: "Aí reside o ponto que merece destaque para a discussão existente entre o Cade e o Bacen. Não competia – e continua não competindo – o nosso Supremo Tribunal Federal (assim como na Argentina) decidir acerca da governabilidade do país ou acerca do alto grau do risco sistêmico e da falência da nação. É esta – por mais crua que possa parecer – a grande verdade. O ambiente de discussão do Judiciário é totalmente diverso, não obstante a fundamentação jurídica possa derivar – como de resto deriva – dos mais variados tipos de influência ou, para empregar palavra não ambígua, valores, impressões e preocupações pessoais de seus prolatores. Mesmo assim, no entanto, trata-se de decisão jurídica, unicamente jurídica, a ser apresentada e formalizada juridicamente. E de ser mesmo uma decisão jurídica, mormente em países, como o nosso, em que não se vota e nem há qualquer condição de escolha ou participação nos membros da Corte Constitucional". A afirmação ignora o fato de que temas como o risco sistêmico nunca chegam ao Judiciário dessa forma, mas sim transformados. Por exemplo, risco sistêmico pode ser transformado em *periculum in mora*, e a luta político-ideológica entre Cade e Bacen se transforma em conflito de competência. Assim, a ação do Judiciário e, especialmente, do STF é politizada, mas sob o manto do jurídico.

26 BRASIL. Seção Judiciária do Distrito Federal. 3ª Vara Federal. Juiz Osmane Antonio dos Santos. Mandado de segurança 2002.34.00.014981-0. Impetrantes: Brascan Participações Financeiras Ltda. e Mellon International Investment Corporation. Impetrado: Presidente do Cade. Sentença publicada em 24 de marco de 2003.

27 BRASIL. CADE. Ato de Concentração 08012.002381/2001-23. Requerentes: Alliance Capital Management Corporation of Delaware e Banco BCN S.A.

BCN S.A. pelo Bradesco S.A., operação que havia sido realizada há quase cinco anos. Após a rejeição dos embargos de declaração pelo Cade, os dois prejudicados impetraram mandado de segurança,[28] o qual obteve liminar para suspender a determinação do Cade e foi julgado procedente em 1ª instância, aguardando o julgamento da apelação no TRF da 1ª Região.[29]

Os riscos inerentes ao impasse podem ser considerados elevados. O § 7º do art. 54 da Lei 8.884/1994 condiciona a eficácia dos atos de concentração à aprovação pelo Cade,[30] e a segurança para a realização de negócios no SFN ficaria comprometida caso, no futuro, uma decisão judicial definitiva considerasse imprescindível uma aprovação antitruste específica. Como resultado dessa polêmica, o Executivo enviou ao Congresso Nacional o Projeto de Lei Complementar 344/2002,[31] que altera a redação da Lei 4.595/1964, a fim de permitir a participação do Cade na análise de concentrações envolvendo instituições financeiras, ressalvados os casos que "afetem a higidez

Conselheiro-relator Celso Fernandes Campilongo. Acórdão publicado em 13 de junho de 2002.

28 BRASIL. Seção Judiciária do Distrito Federal. 14ª Vara Federal. Juiz Charles Renaud Frazão de Moraes. Mandado de Segurança 2002.34.00.033475-0. Impetrantes: Banco BCN S.A. e Banco Bradesco S.A. Impetrado: Presidente do Cade. Sentença publicada em 17 de julho de 2003.

29 BRASIL. Tribunal Regional Federal da 1ª Região. 5ª turma. Desembargadora relatora Selene Maria de Almeida. Apelação 2002.34.00.033475-0.

30 BRASIL. Lei 98.8484/1984. "Artigo 54. [...] § 7º A eficácia dos atos de que trata este artigo condiciona-se à sua aprovação, caso em que retroagirá à data de sua realização; não tendo sido apreciados pelo Cade no prazo estabelecido no parágrafo anterior, serão automaticamente considerados aprovados. (Redação dada pela Lei n. 9.021, de 30.3.95)."

31 BRASIL. Presidência da República. Projeto de Lei Complementar 344/2002. "Artigo 1º O art. 10 da Lei n. 4.595, de 31 de dezembro de 1964, passa a vigorar com as seguintes alterações: XIII – decidir acerca de atos de concentração entre instituições financeiras que afetem a higidez do sistema financeiro. [...] 3º No exercício da competência a que se refere o inciso XIII deste artigo, se o Banco Central do Brasil, após concluído o exame do caso, entender que o ato de Concentração não afeta a higidez do sistema financeiro, encaminhará, de imediato, a matéria às autoridades responsáveis pela defesa da concorrência." (NR) "Artigo 2º Compete ao Banco Central do Brasil o exame dos atos de concentração e a punição das condutas lesivas à concorrência praticados por instituições financeiras anteriormente à vigência desta Lei Complementar. Artigo 3º Esta Lei Complementar entra em vigor na data de sua publicação. Artigo 4º Fica revogado o § 2º do art. 18 da Lei n. 4.595, de 31 de dezembro de 1964."

do sistema financeiro". O projeto esclarece que a competência para punir condutas anticoncorrenciais pertence ao Cade.

O choque com o Bacen poderia ser entendido num contexto maior, no qual a política de defesa da concorrência colidiu com outra política pública relacionada ao SFN. Quer a discussão seja sobre qual é a melhor forma em tese, quer seja sobre a solução jurídica correta, a resposta estará sempre eclipsada por esses dois vieses de disputa pelo poder. É difícil distinguir o ponto de divisão em que predomina a defesa do que se entende por correto e as vaidades pessoais. Como Noll relata,

> [...] uma forma de carreirismo que pode acontecer, enfatizada pela literatura acadêmica sobre burocracia (e.g. Wildalsky e Niskanen), é promover o crescimento e o poder da agência como um fim em si mesmo, talvez pela tentativa de estender a ação da agência em atividades não totalmente contempladas na sua instrução legislativa, mas também não excluídos.[32]

Isso seria uma forma de demonstrar o talento da burocracia da agência. A situação do Cade no episódio se presta a confirmar esse comportamento. A política implementada por ele corresponde a um dos efeitos não-antecipados da criação de agências de defesa da concorrência.[33]

2.2 *Experiência de outras jurisdições*

Um dos argumentos utilizados a favor do Cade para sustentar sua posição faz referência ao arranjo institucional de outros países, especialmente os da Organização para Cooperação e Desenvolvimento Econômico (OCDE). Estes adotaram o modelo segundo o qual a competência para defesa da concorrência no mercado financeiro é tratada como se fosse de

---

32 NOLL, R. G. Economic perspective on the politics of regulation. In: SCHMALENSEE, R. R.; WILIG, D. (Org.). *Handbook of industrial organization*. Amsterdam: North-Holland, 1989. v. 2, p. 1253-1287.

33 WILKS, S., BARTLE, I. The unanticipated consequences of creating independent competition agencies. *West European Politics*, v. 25, n. 1, p. 148, Spring 2002. "The consequence of creating agencies has been to populate the policy area with actors (agents) who have their own priorities, interpretations, and influence. It is therefore possible to analyse the working out of a classic principal – agent relationship in which the agents have become entrenched and influential, although they have also responded to the changing preferences of changing principals."

um outro setor da economia qualquer.[34] Antes de se adotar este argumento, há três aspectos que devem ser considerados.

Primeiro, o Brasil não participa da OCDE, que congrega 22 países, em sua maioria desenvolvidos. Conseqüentemente, se houver algum conteúdo de recomendação, este não pode ser aceito sem ponderar cuidadosamente sobre as conseqüências que podem advir.[35]

Segundo, o simples fato de outros países adotarem dado arranjo não significa que tal estrutura seja adequada ao Brasil. O recurso à comparação e às experiências estrangeiras é produtivo, sendo uma característica constante neste trabalho. Lembre-se de que as

> [...] análises empíricas das agências reguladoras enfrentam imediatamente o problema de que as definições de agências reguladoras variam através dos países, dependendo largamente das doutrinas legais. Para permitir a comparação entre países, uma agência reguladora deve ser avaliada com base no seu *status* institucional formal, não nos rótulos específicos nacionais. Uma agência reguladora é um ente com poderes e responsabilidades próprias dados sob o direito público, não é organizacionalmente separada dos ministérios nem é diretamente eleita ou dirigida por funcionários eleitos.[36]

Entretanto, mesmo tomando-se as precauções para o alerta feito, esse método não deve ser usado como argumento *ex autoritate*: como a maioria dos países adota dado posicionamento, este está correto. Nesse ponto, deve-se tomar particular cuidado com a importação do direito da concorrência.

---

34 OLIVEIRA, Gesner. Defesa da concorrência e regulação no setor bancário. In: CAMPILONGO, Celso Fernandes; ROCHA, Jean Paul Cabral Veiga da; MATTOS, Paulo Todescan Lessa (Org.). *Concorrência e regulação no sistema financeiro*, p. 155. "Note-se que, na maioria dos países analisados, não há competência exclusiva do Banco Central em matéria de defesa da concorrência. O sistema de competências complementares é o mais freqüente, secundado pelo de competências concorrentes."

35 A OCDE apresenta, pelo menos, uma posição conflitante com a defendida pelo Brasil, no que tange aos Tratados Bilaterais de Proteção ao Investimento.

36 THATCHER, Mark. Regulation after delegation: independent regulatory agencies in Europe. *Journal of European Public Policy*, v. 9, n. 6, p. 956.

Por fim, parece não haver consenso entre os membros da OCDE sobre qual a melhor forma. A simples presença da Alemanha, país com desenvolvido sistema bancário com forte tradição na defesa da concorrência, entre os que adotam isenção antitruste é, por si só, capaz de invalidar qualquer tentativa de inferência. Três países optam por isenção antitruste, nove preferem um sistema de competências concorrentes entre autoridades de defesa da concorrência e monetárias e dez escolhem um sistema de competências complementares. Visto de outro ângulo, há mais divisão do que acordo.[37]

Somente tendo-se bem claras essas restrições, o recurso à comparação com outros países pode ser feito sem riscos. De fato, há uma tendência de agrupar a defesa da concorrência de toda a economia num só órgão. Como se verá a seguir, esta estrutura possui algumas vantagens institucionais sobre o modelo que atribui a competência concorrencial ao órgão regulador.

2.3 *Critérios normativos de uma autarquia da concorrência: Cade versus Bacen*

O atual modelo de regulação econômica, surgido em meados da década de 1990, tem como um de seus paradigmas a independência do ente regulador.[38] No Brasil, à semelhança de outros países, a legislação das autarquias

---

[37] OLIVEIRA, Gesner. Defesa da concorrência e regulação no setor bancário. In: CAMPILONGO, Celso Fernandes; ROCHA, Jean Paul Cabral Veiga da; MATTOS, Paulo Todescan Lessa (Org.). *Concorrência e regulação no sistema financeiro*, p. 153-154. De acordo com o autor, as escolhas são as seguintes para os mercados financeiros: a) isenção antitruste: Alemanha, Turquia e Espanha; b) competências concorrentes: Noruega, Suíça, Estados Unidos, México, Itália, França, Canadá, Japão e Áustria; c) competências complementares: Austrália, República Tcheca, Finlândia, Grécia, Hungria, Polônia, Suécia, Inglaterra, República Eslovaca e União Européia.

[38] MAJONE, Giandomenico. From the positive to the regulatory state: causes and consequences of changes in the mode of governance. *Journal of Public Policy*, p. 152, 1997. O autor sintetiza as mudanças ocorridas: "Among the most obvious structural consequences of the shift to a regulatory mode of governance is the rise of a new breed of specialised agencies and commissions operating at arm's length from central government. Income distribution and macroeconomic management require a high level of centralisation in policy making and administration. Hence, a unified civil service, large nationalised enterprises and expansive welfare bureaucracies are characteristic institutions of the positive state. The administrative demands of rule making, however, are quite different. Such demands are best met by flexible, highly

prevê mandatos fixos para os conselheiros, bem como a impossibilidade de estes serem demissíveis *ad nutum*. A causa dessa despolitização da ação do Estado é o temor dos investidores de que, no ambiente institucional tradicional, a necessária segurança jurídica para seus investimentos fique comprometida.[39]

Tendo-se essas diretrizes a orientar a ação normativa, ao se conceber um órgão responsável pela defesa da concorrência,[40] dever-se-iam considerar cinco binômios, de acordo com o ideário hoje predominante na política da concorrência: a) independência e responsabilização final (*accountability*); b) perícia e imparcialidade; c) transparência e confidencialidade; d) eficiência administrativa e devido processo legal; e e) previsibilidade e flexibilidade. A ponderação desses dez objetivos é complexa, e qualquer decisão tomada se sujeita a críticas, na medida em que envolve decisões valorativas conflitantes.[41] Por exemplo, a concessão de independência cria dificuldades nos

---

specialised organisations enjoying considerable autonomy in decision making: the independent regulatory agencies."

39 TOUBOUL, Charles. *L'action des pouvoirs publics dans les offres publiques bancaires. Aspects juridiques*: l'affaire BNP, Société Générale, Paribas. Paris: Panthéon-Assas, 2001. p. 33. O autor identifica a falta de ação pública no caso da fusão de três bancos franceses devido a essa despolitização, sintetizando os temores do mercado. "La méfiance des marchés envers toute soumission aux 'caprices de la vie politique' est un élément décisif pour la compréhension de l'impuissance du gouvernement. Elle explique les motifs qui ont entraîné le régime juridique de son action pendant les offres: un régime privant le pouvoir politique de toute capacité juridique d'intervention. Mais cette méfiance explique également le comportment concret, au cours des offres de l'été de 1999, d'un gouvernement cantonné à un jeu d'influence."

40 Está-se ciente da discussão sobre o caráter de agência reguladora de órgãos encarregados da defesa da concorrência. Do mesmo modo, a estrutura institucional do Bacen não o qualificaria como agência reguladora, em razão de sua falta de independência, embora seu campo de atuação seja um dos típicos das agências reguladoras. Mesmo assim, para fins de comparação entre o Cade e o Bacen, ambos serão tomados como agências reguladoras, ainda que impuras, uma vez que o instrumental teórico sobre o tema pode ser aplicável às duas com algumas adaptações.

41 TREBILCOCK, Michael J.; IACOBUCCI, Edward M. Designing competition law institutions. *World Competition*, v. 25, n. 3, p. 363 e ss. "Obviously, in balancing these various (ten) values, a complex, subjective, and inevitably highly contentious optimising calculus is involved. Moreover, the complexity of this calculus is in fact greater than the primary bipolar value tensions identified above, in that many of

mecanismos de responsabilização; a perícia das decisões pode conduzir a uma exagerada tecnocratização; a transparência encontra limites na manutenção da confidencialidade das informações; ganhos de eficiência administrativa podem ocorrer em detrimento do devido processo legal, e a flexibilidade da autoridade impacta a sua previsibilidade.

Tais critérios devem servir de parâmetro no arranjo institucional que norteie o processo legislativo de criação da agência de defesa da concorrência. Na hipótese dos mercados financeiros, alguns desses critérios normativos merecem especial atenção. As instituições financeiras preferem a existência de um ente independente a mecanismos de responsabilização, pois aquele lhes pode garantir isolamento do processo decisório político, o qual, por natureza, é atribulado.[42] Há nítida preferência pela perícia, devido à complexidade dos mercados financeiros, em detrimento da imparcialidade, bem como pela confidencialidade, aspecto forte do SFN, devido às regras de sigilo bancário, em detrimento da transparência. O mesmo se afirma sobre a eficiência administrativa, que se sobrepõe às regras do devido processo legal para a resolução dos problemas, e da flexibilidade, que se sobrepõe à previsibilidade da ação regulatória – em outras palavras, a ênfase é na existência de uma decisão que trate dos problemas o mais rápido possível, ainda que seja passível de críticas.

Uma comparação feita com base nesses critérios normativos entre as duas autarquias revela uma situação de empate.[43] O Bacen não possui independência prescrita em lei, o que o deixaria em desvantagem nesse quesito, em que pese a sua independência de fato nos últimos anos e os projetos que pretendem lhe outorgar autonomia. A responsabilização final revela-se um problema em toda a administração pública, podendo ser atribuída nota negativa para ambas as autarquias, embora no Bacen a demissibilidade *ad nutum* de seus dirigentes traga desdobramentos mais sérios. No critério

---

the ten values interact with each other in polycentric, mutually reinforcing or antithetical ways."

[42] TOUBOUL, Charles. *L'action des pouvoirs publics dans les offres publiques bancaires. Aspects juridiques*: l'affaire BNP, Société Générale, Paribas. Paris: Panthéon-Assas, 2001. p. 33 e ss.

[43] Reconhece-se que pode haver arbitrariedade na determinação desses julgamentos. A metodologia adotada buscou diminuir esse problema, que, mesmo assim, persiste. Todavia, ainda que haja equívocos na tabela, o balanço entre as duas autarquias não deve ser substancialmente alterado, na medida em que seis dos dez critérios foram analisados com base em lei. Os quatro critérios restantes (responsabilização final, perícia, eficiência administrativa e flexibilidade) se baseiam em comparações.

perícia, o quadro de funcionários do banco lhe confere vantagem sobre a escassa estrutura administrativa do Cade. A imparcialidade das decisões pode ser prejudicada pela falta de independência do Bacen, o que não ocorreria em tese com o Cade. Tanto este quanto aquele têm o dever legal de realizar consultas e audiências públicas, pontuando ambos positivamente no quesito transparência. O mesmo se aplica em relação ao dever de confidencialidade. Embora o Bacen sofra críticas em alguns aspectos de sua atuação, decisões importantes tendem a ser tomadas com certa agilidade, ao passo que o Cade é visto como ineficiente pelos que atuam na área. Novamente, no que tange ao devido processo legal, ambas se encontram submetidas a idênticos critérios, de modo que não é possível afirmar qual se conforma melhor. As duas possuem arcabouço regulatório que reduz a imprevisibilidade das decisões tomadas. Por fim, o mesmo ocorre quanto à flexibilidade, uma vez que ambas atuam discricionariamente quando sentem necessidade.[44]

A tabela a seguir sintetiza a análise feita, arrolando os aspectos positivos e os negativos do Cade e do Bacen no que concerne à defesa da concorrência. Ela mostra que tanto um quanto outro se igualam nos aspectos positivos e negativos que devem ser considerados para a criação de uma agência de defesa da concorrência. Tomando-se por base apenas os critérios mais importantes para os mercados financeiros, a contabilidade apresenta-se ligeiramente mais favorável ao Bacen. Em síntese, a comparação entre os prós e os contras revela que, do ponto de vista da melhor escolha institucional, Cade e Bacen são muito parecidos no contexto brasileiro.

Tal constatação não deveria surpreender. A associação direta entre o modelo regulatório que começou a ser implantado em meados dos anos 1990 e a eficiência do ente regulador é premissa falsa. Primeiro, porque "a regulação pode ser implementada por uma variedade de entes, e a natureza das instituições reguladoras pode afetar não meramente o estilo da regulação e as estratégias empregadas, mas também o sucesso com que os fins regulatórios são atingidos".[45] As agências reguladoras podem ser criadas com base nos mais perfeitos arranjos institucionais e carecerem de condições

---

[44] A análise foi elaborada com base nos seguintes dados: (a) *Relatório sobre o Sistema Brasileiro de Defesa da Concorrência*, pesquisa feita pelo grupo de estudos sobre agências regulatórias da Amcham (novembro de 2004); (b) informações obtidas na revista *Banker* e (c) petições diversas apresentadas no processo administrativo que culminou com a exaração do Parecer da Advocacia-Geral da União GM-020, aprovado pelo presidente da República.

[45] BALDWIN, R.; CAVE, M. *Understanding regulation*: theory, strategy, and practice, p. 63.

fáticas para funcionar – há vários exemplos que corroboram essa afirmação, inclusive em países europeus, como a Irlanda.[46] Por outro lado, mesmo sem as garantias de independência, uma burocracia forte e bem estruturada é capaz de desempenhar com sucesso as tarefas de regulação.[47]

Tabela 14 – Critérios normativos para a defesa da concorrência: Cade *v.* Bacen

Critério		Cade	Bacen
1º binômio	Independência*	+	-
	Responsabilização final (*accountability*)	-	-
2º binômio	Perícia*	-	+
	Imparcialidade	+	-
3º binômio	Transparência	+	+
	Confidencialidade*	+	+
4º binômio	Eficiência administrativa*	-	+
	Devido processo legal	+	+
5º binômio	Previsibilidade*	+	+
	Flexibilidade*	+	+

* Critério de especial relevância no SFN relativos ao Bacen obtidos comparando-se com os resultados do Cade.

Fonte: O autor.

2.3.1 *Independência em relação aos regulados*

Há um consenso sobre a necessidade premente de independência do órgão de defesa da concorrência. A forma de estruturação da independência suscita questionamentos quanto à responsabilização final da agência: é inconcebível que, num regime democrático, estruturas ligadas ao Estado fiquem à deriva na estrutura administrativa,[48] o que dá azo às críticas do

46 MAHER, Imelda. *Competition* law: alignment and reform. Dublin: Round Hall Sweet & Maxwell, 1999. p. 75 e ss.

47 THATCHER, Mark. From industrial policy to a regulatory state: contrasting institutional change in Britain and France. In: HAYWARD, J. E. S.; MENON, A. *Governing Europe*, p. 314 e ss.

48 TREBILCOCK, Michael J.; IACOBUCCI, Edward M. Designing competition law institutions. *World Competition*, v. 25, n. 3, p. 364. "Notwithstanding the

déficit democrático dos entes reguladores. Um modelo policêntrico de organização estatal não é, em si mesmo, melhor do que o outro: é apenas e tão-somente uma opção de política legislativa, a qual poderá ser objeto de revisão no futuro. Assentado que a independência é um requisito ideológico das agências reguladoras, incluindo a de defesa da concorrência, o seu exame é necessário, a fim de identificar a sua essência. Para isso, o apelo à noção de captura é útil para desmistificar a independência do regulador.

Uma das facetas da regulação, não importa por quem ela seja produzida, é a troca de informações entre reguladores e regulados num processo de comunicação constante.[49] Isso nem poderia ser diferente, pois "a própria natureza da regulação com freqüência permite a participação direta dos interesses privados afetados no processo de decisão administrativa".[50] Todavia, a captura do regulador não se limita à mera participação do regulado no processo regulatório: ela acontece sempre que houver influência *lato sensu* da parte regulada de modo tão poderoso que molda o comportamento do regulador de acordo com seus interesses. Em outras palavras, a captura regulatória é um fenômeno por meio do qual as agências reguladoras se tornam, consciente ou inconscientemente, ligadas aos interesses das indústrias reguladas, afastando-se dos objetivos institucionais que deveriam perseguir.[51] Definição tão ampla suscita questionamentos sobre em que medida a captura é universal ou não e, subsidiariamente, se haveria arranjos institucionais mais suscetíveis a ela. Nesse contexto, grande parte da discussão sobre a competência para a atuação administrativa da defesa da concorrência

---

virtues of independence, it is difficult in a representative democracy to defend institutional independence without some form of accountability."

[49] CLUNE, G. A. Implementation as autopoietic interaction of autopoietic organizations. In: TEUBNER, G.; FEBBRAJO, A. (Org.) *State, law and economy as autopoietic systems*: regulation and autonomy in new perspective. Milan: Giuffrè, 1992. p. 486-487.

[50] HORN, M. J. *The political economy of public administration*: institutional choice in the public sector. Cambridge: Cambridge University Press, 1985. p. 40.

[51] HOOD, C. *Explaining economic policy reversals*. Buckingham: Open University Press, 1994. p. 21. Um regulador pode ser capturado por outros grupos que não o das indústrias reguladas, o que acontece com freqüência no campo da defesa do consumidor e do meio ambiente. Entretanto, via de regra, levando-se em consideração que pela Teoria da Regulação Econômica, tal como proposta por Stigler, a "regulação é adquirida pela indústria e é desenhada e operada primariamente no seu interesse, o caráter da captura do regulador segue esta argumentação". Ver STIGLER, G. The economic theory of regulation. *Bell Journal of Economics and Management Science*, v. 2, n. 1, p. 3.

no SFN se travou em torno da conveniência de um ente independente, característica preenchida pelo Cade. Para avaliar a questão, é necessário focar quatro pontos relacionados à extensão da captura regulatória: o tipo de custos e benefícios decorrentes da regulação, a influência do ambiente institucional sobre as agências reguladoras, o espectro dos setores regulados e o comportamento das agências.

O tipo de interesses regulados desempenha papel importante na avaliação da probabilidade de uma agência reguladora ser capturada ou não. É necessário estabelecer diferenciação entre os custos gerados e os benefícios advindos da regulação produzida por certa agência em relação àqueles que deverão suportar os primeiros e gozar dos segundos. Tanto os custos quanto os benefícios podem ser concentrados ou dispersos. Se concentrados, há incentivo à participação, porque os custos de transação para reunir os interesses são comparativamente baixos. Se dispersos, semelhante incentivo inexiste, uma vez que os custos de transação são mais altos, sendo mais complicado organizar um grupo de pressão de defesa do consumidor e facilitando a captura pela indústria.[52] Essas premissas podem ser clarificadas com o auxílio de dois exemplos. Considere-se inicialmente uma agência concebida para executar uma política de proteção aos consumidores. É relativamente fácil para estes organizarem-se para pressionar por seus interesses perante o órgão governamental, o que lhes permite participação mais ativa. Esse órgão tenderá a ser mais receptivo à proteção dos consumidores, pois é a sua própria *raison d'être*, e grupos de defesa do consumidor consideram razoável receber não só um bom tratamento, mas também respostas adequadas às suas demandas.

Todavia, esse quadro dificilmente corresponde à realidade, pois os benefícios aos consumidores encontram-se muito dispersos tanto no tempo quanto no espaço. O espectro dos assuntos sujeitos à atuação governamental é muito amplo, e, por causa disso, muitas indústrias podem fazer *lobby* de modo consistente com a análise custo-benefício. Na maioria dos casos, é preferível para uma indústria de uma agência antitruste suportar uma decisão negativa a gastar dinheiro com a participação efetiva no funcionamento da agência. A agência antitruste se caracteriza pela tutela de benefícios dispersos para os consumidores, mas sua atuação ininterrupta em todos os setores da economia torna proporcionalmente altos seus custos de participação para as empresas, desestimulando a captura por um agente econômico ou grupo. Sob essas circunstâncias, há baixa probabilidade de que qualquer setor eco-

[52] WILSON, J. Q. The politics of regulation. In: *The politics of regulation*. New York: Basic Books, 1980. p. 384.

nômico seja bem-sucedido na captura da agência. Tomando-se como base para a análise outros tipos de agências, tais como aquelas encarregadas de regular o setor elétrico, no qual os benefícios para os consumidores continuam dispersos, a relação dos reguladores e regulados se altera. Mesmo se os consumidores fizerem *lobby* junto à agência, o que nem sempre ocorre de modo consistente em razão dos elevados custos envolvidos, eles teriam de competir com outras preocupações regulatórias, como o fornecimento regular de energia e a proteção ao investidor.[53] Quanto mais dispersos forem os benefícios para os consumidores, mais fácil será a indústria defender seus interesses e capturar o regulador. Embora "o custo de obter acesso efetivo ao processo político se tenha reduzido dramaticamente",[54] a afirmação anterior continua válida, pois os grupos possivelmente afetados além da indústria podem não estar interessados ou organizados para fazer *lobby*. Os benefícios e os custos da atuação do Cade se encontram dispersos, na medida em que é uma agência reguladora de quase toda a economia. Por sua vez, embora os benefícios da atuação do Bacen sejam dispersos, os custos são suportados diretamente pelos partícipes do SFN.

Outro ponto que impacta o grau de independência real das agências em relação às indústrias reguladas é o ambiente institucional no qual estão imersas. A independência das agências também se aplica aos interesses privados que são regulados e é um dos elementos de governança regulatória. Assim, "escolhas sobre governança regulatória são limitadas pelos dons institucionais específicos da nação, o que determina a forma e a severidade dos problemas regulatórios do país e a gama de opções para resolvê-los".[55] A assertiva significa que não importa quão geniosa uma estrutura regulatória possa ser para evitar captura, pois esta pode acontecer se a nação não possuir instituições que apóiem o regime adotado. O Brasil é um país em que o histórico de populismo, fisiologismo e coronelismo o credencia para que qualquer órgão administrativo seja extremamente suscetível a tais práticas.[56] Nesse sentido, é ingenuidade defender uma ou outra repartição

53 WILSON, J. Q. The politics of regulation. In: *The politics of regulation*, p. 385.

54 Idem, ibidem, p. 385.

55 LEVY, B.; SPILLER, P. T. A framework for resolving the regulatory problem. In: *Regulations, institutions, and commitment*: comparative studies of telecommunications, p. 4.

56 Neste sentido, ver LEAL, Victor Nunes. *Coronelismo, enxada e voto*. Nota do Prof. Basílio de Magalhães e prefácio de Barbosa Lima Sobrinho. 2. ed. São Paulo: Alfa-Ômega, 1975. O correr dos anos levou a sucessivas atualizações da obra por ocasião de sua reedição, na medida em que a influência crescente da televisão e o

pública sob o argumento de que se é imune à captura: a história política demonstra um impressionante grau de permanência dessas práticas.[57]

A assertiva também significa que, dependendo do país, as agências podem ser desnecessárias para levar a efeito políticas públicas. Além disso, as instituições do Legislativo e do Executivo, as instituições do Judiciário, "normas que tacitamente limitem a ação dos indivíduos ou instituições", os interesses sociais em disputa e seu balanceamento, bem como a máquina administrativa pública,[58] interagem como variáveis numa equação cujo resultado pode ser previsto com certa precisão, tendo-se em vista o comportamento anterior. Uma burocracia fraca pode ser susceptível a captura, mas esse pode não ser o caso onde houver um Judiciário poderoso, que deseja executar políticas públicas diante das pressões da sociedade civil ou do Ministério Público. Essas combinações são múltiplas e apresentam correlações com a vida política real. Na França, a implementação de uma política industrial muito forte demandou o envolvimento íntimo entre o governo e os interesses particulares, e, conseqüentemente, o estabelecimento de agências tendeu a ser influenciado pelas tradições históricas, conduzin-

crescimento das cidades com o despovoamento dos campos produziram uma nova situação social no País. O coronelismo diminuiu como prática política e se retirou para longe dos grandes centros, enquanto ao mesmo tempo entrava em cena a figura do populista. Sua persistência, enquanto instituição de direito público costumeiro brasileiro, é impressionante, podendo ser constatada grandemente no Nordeste e no Centro-Oeste. Contudo, a simbiose entre os espaços público e privado permanece.

57 VIANA, Francisco José de Oliveira. *Instituições políticas brasileiras*. São Paulo: Itatiaia, 1986. v. 1, p. 94. Como o autor explica, referindo-se, dentre outras situações, à brasileira, "a estabilidade e a resistência às inovações caracteriza, destarte, os complexos culturais. Estes instalam-se na própria personalidade do homem. Quaisquer mudanças apresentam a tendência a influir só no aspecto exterior, deixando os elementos imanentes (sentimentos, emoções, idéias, julgamentos de valor) intactos. Quando algum elemento cultural é transplantado de fora da cultura, caso venha com grande força, ocupa a crosta do complexo cultural. O núcleo, porém, resta ileso. Assim, o decreto de Estado (lei), que estabelece a norma, cria apenas a norma – e isto não é bastante, porque a norma, elemento objetivo, é apenas um elemento do complexo – e não todo o complexo."

58 LEVY, B.; SPILLER, P. T. A framework for resolving the regulatory problem. In: *Regulations, institutions, and commitment*: comparative studies of telecommunications, p. 4.

do a um grau muito alto de captura regulatória.[59] Ao contrário, o Reino Unido, onde, ao longo da história, no setor industrial, as conexões entre os setores público e privado foram fracas, tende a possuir um grau mais baixo de captura do regulador.[60]

Nesse contexto, a idéia de responsabilização final (*accountability*) permeia a relação entre captura e instituições,[61] critério para o qual nem o Cade nem o Bacen estão qualificados. Quanto mais as agências são transparentes e responsabilizáveis, mais fácil é para a sociedade civil perceber a captura do regulador. Outro ponto a mencionar é a questão democrática, a qual, com freqüência, os críticos das agências enfatizam em decorrência da descentralização dos centros de tomada de decisão na estrutura estatal.[62] Quanto mais restrita a participação popular na agência, mais fácil para a indústria capturá-la, porque ninguém estará prestando atenção ao que acontece na máquina burocrática. Bons indicadores de transparência podem ser a justificação de suas decisões e a participação popular, refletindo indiretamente se há prova de captura ou não.[63] De fato, tanto a responsabilização final quanto as questões democráticas constituem diferentes aspectos do mesmo problema. Como Majone afirma, "o meio mais simples e mais básico de melhorar a transparência é a responsabilização final de uma agência e requerer que os reguladores apresentem justificativas de suas decisões".[64] Tal

---

[59] THATCHER, Mark. From industrial policy to a regulatory state: contrasting institutional change in Britain and France. In: HAYWARD, J. E. S.; MENON, A. *Governing Europe*, p. 324-325.

[60] Idem, ibidem, p. 324-325.

[61] Baldwin, R.; Cave, M. *Understanding regulation*: theory, strategy, and practice, p. 313.

[62] MAJONE. G. From the positive to the regulatory state: causes and consequences of changes in the mode of governance. *Journal of Public Policy*, n. 139, p. 159-163.

[63] Neste aspecto, a participação efetiva deve ser computada. Em outras palavras, a mera abertura de consulta pública é insuficiente, caso haja uma predisposição para defender com afinco as posições previamente assumidas pela agência.

[64] MAJONE, G. From the positive to the regulatory state: causes and consequences of changes in the mode of governance. *Journal of Public Policy*, n. 139, p. 160. O art. 50 da Lei 9.784, de 21 de janeiro de 1999, não prevê a necessidade de justificar o ato administrativo de escolha de uma dada regulação. Assim, a escolha de uma dada regulação continua a ser matéria considerada "mérito administrativo", sujeita apenas e tão-somente a um juízo de conveniência e oportunidade do regulador. O dever de melhor atender aos fins públicos, limitando ou, para alguns, afastando completamente a discricionariedade técnica, por vezes se sobrepõe ao próprio mérito

prática permite avaliar o grau de influência dos regulados sobre o regulador, se houver algum.

A amplitude dos setores regulados também influencia a existência de captura regulatória – nesse campo, o Cade leva vantagem sobre o Bacen. Para o propósito desta argumentação, as agências podem ser divididas em duas categorias: horizontais e verticais. A primeira espécie está encarregada de regular uma grande amplitude de setores, ao passo que a segunda tem alvos mais estreitos, geralmente restritos a apenas um setor econômico específico.[65] Um exemplo de agência horizontal é a agência antitruste, que é responsável por monitorar o comportamento da indústria em todos ou na maioria dos setores econômicos e, por isso, é menos vulnerável à captura pelos regulados. Como Wilks e Bartle descrevem, "as agências de defesa da concorrência são relativamente impermeáveis ao *lobby* das indústrias e não priorizam as opiniões dos líderes e organizações industriais".[66] Os autores fundamentam sua opinião descrevendo o funcionamento das agências de defesa da concorrência em países desenvolvidos como não influenciado pela indústria e enfatizando sua independência política. De modo inverso, as agências verticais tendem a ser mais facilmente capturadas, na medida em que trabalham mais próximo dos regulados e dependem mais da colaboração destes para ter acesso às informações relevantes, sem as quais não podem trabalhar.[67] Os reguladores segmentados dos mercados financeiros, criados para substituir a "auto-regulação cavalheiresca" (*gentlemanly self-regulation*) na maioria dos países,[68] são provavelmente o outro extremo, na medida em que seu objetivo é manter a estabilidade, o que quase sempre significa regular o setor para manter o *status quo*, não importando se isso significa perseguir algum tipo de interesse público maior ou não. A diferença entre essa classificação e aquela baseada no tipo dos interesses regulados reside no fato de a última focar apenas a estrutura da agência, enquanto a primeira considera os custos e os benefícios da regulação. Embora algumas vezes as conclusões possam ser as mesmas, elas se diferenciam metodologicamente. Ainda assim, pode-se imaginar uma agência vertical não capturada cujos

administrativo, o que pode reduzir, consideravelmente, o campo para o juízo de conveniência e oportunidade.

65 WILKS, S.; BARTLE, I. The unanticipated consequences of creating independent competition agencies. *West European Politics*, v. 25, n. 1, p. 149.

66 Idem, ibidem, p. 170.

67 BALDWIN, R.; CAVE, M. *Understanding regulation*: theory, strategy, and practice, p. 2.

68 HOOD, C. *Explaining economic policy reversals*, p. 29.

benefícios regulatórios estejam dispersos e os custos, concentrados – um único regulador para todo o setor financeiro poderia ser um exemplo, pois continua como regulador vertical do setor, mas com competência expandida a todos os mercados financeiros, não apenas a parte deles.

Por fim, o comportamento das agências também deve ser mencionado quando a captura do regulador está sob análise. Num texto clássico sobre o assunto, Bernstein descreve o processo de envelhecimento das agências, que tendem a sofrer uma perda no seu entusiasmo regulador à medida que o tempo passa, identificando, em seguida, quatro fases: o estágio preparatório, denominado gestação; a juventude, em que, apesar do forte desejo de perseguir seus objetivos institucionais, são inexperientes e manobráveis; a idade madura, quando, findo o apoio político, já adquiriram conhecimento técnico e começam a prestar atenção às demandas da indústria; e, finalmente, a idade senil, quando perdem todo o entusiasmo e tendem a servir mais aos interesses da indústria do que aos do público em geral. Nessa fase, a indústria dita a agenda regulatória, e a captura se torna nítida. Quanto mais velha a agência, mais provável a captura.[69] Pelo critério da idade, o Cade está em vantagem sobre o Bacen, pois este foi criado em 1964 e aquele, em 1994. O problema é que tal explicação simplifica por demais a realidade, desconsiderando diversas nuanças do comportamento humano que se refletem nas instituições. Quem nunca encontrou um idoso vigoroso ou um adolescente apoplético? Os estereótipos nem sempre correspondem à realidade. Tal justificativa se aplica ao Cade e ao Bacen: sua evolução revela momentos diferentes, nos quais o vigor da atuação é maior ou menor.[70] Todavia, o valor da teoria do ciclo da vida repousa na identificação da atuação regulatória mutante no decorrer do tempo, mas tais transformações não seguem necessariamente o ciclo da vida. Uma agência pode nascer muito ativa, perder vitalidade e, algum tempo depois, recuperar poder e vontade para se afastar da influência da indústria. Então, uma regra melhor para o comportamento das agências seria a seguinte: quanto mais proativa a agência, menos provável será a captura.

---

69 BERNSTEIN, M. H. *Regulating business by independent commission*. Westport, Conn.: Greenwood Press, 1977. p. 1-25. Por outro lado, não se pode esquecer a crítica feita por Bello acerca da "era dos compromissos de desempenho". Ver BELLO, C. A., *Autonomia frustrada*: o Cade e o poder econômico, p. 24-25.

70 Desde 1994, o Bacen goza de autonomia relativamente elevada na condução da política monetária. De acordo com a *Global Competition Review*, o Cade tem obtido notas inferiores todo ano após 2001 na comparação com agências de concorrência de outros países.

A análise centrou-se nos aspectos significativos das agências que desnudam a relação entre o setor privado (representado pela indústria) e o setor público (representado pelas agências), para avaliar sua independência não da arena política, mas dos negócios que elas deveriam regular com vistas ao interesse público. O raciocínio pode ser transposto, com algumas modificações, aos demais setores da administração pública que não são caracterizados como agências. Ao mostrar os vários elementos que influenciam o comportamento das agências, bem como as relações entre elas e os setores econômicos, demonstra-se que, para que se dê de acordo com a teoria tradicional das agências reguladoras, a captura do regulador depende de certas circunstâncias.[71]

2.4 *O futuro da concorrência no SFN*

Muitos argumentos foram arrolados para defender a competência do Cade ou do Bacen. Enquanto argumentos, todos são corretos e passíveis de críticas. Defender que a tutela da concorrência no SFN é mais ineficiente administrativamente se for feita pelo Bacen em vez de pelo Cade e, ao mesmo tempo, aceitar o sistema dual vigente para o setor de telecomunicações parece contraditório.[72] Da mesma forma, defender a competência do Bacen em questões concorrenciais quando este promove a própria reorganização concentracionista do SFN também parece contraditório, na medida em que uma política se sobrepõe a outra.[73]

A Constituição de 1988 poderia fornecer diretrizes para a solução desse conflito. Uma delas seria a possibilidade de o SFN não se submeter,

---

[71] O leitor cético poderá argumentar que as conclusões da teoria da captura, em grande parte, carecem de comprovação empírica. De fato, este autor concorda com esta crítica. Todavia, não se pode negar certa verossimilhança nos raciocínios utilizados. O texto mostrou o quão rico podem ser os diversos fatores envolvidos na definição do comportamento das agências reguladoras e esta riqueza, certamente, dificulta o automatismo de certas demonstrações empíricas que só levam em conta uma ou duas variáveis para descrever o comportamento de uma instituição.

[72] SUNDFELD, Carlos Ari. Concorrência e regulação no sistema financeiro. In: CAMPILONGO, Celso Fernandes; ROCHA, Jean Paul Cabral Veiga da; MATTOS, Paulo Todescan Lessa (Org.). *Concorrência e regulação no sistema financeiro*, p. 29-47.

[73] TROSTER, Roberto Luis. Os bancos são diferentes?. In: CAMPILONGO, Celso Fernandes; ROCHA, Jean Paul Cabral Veiga da; MATTOS, Paulo Todescan Lessa (Org.). *Concorrência e regulação no sistema financeiro*, p. 294-295.

necessariamente, a um regime de livre concorrência. Se esse raciocínio pode parecer absurdo até mesmo para os defensores da competência do Bacen, pelo menos indica que no SFN a concorrência não é um fim em si mesmo. De tal perspectiva normativa, há a tendência a considerar que a competência é do Bacen. Se esse raciocínio é verdadeiro, também o é o fato de não se afirmar, em nenhuma passagem da Constituição, que a defesa da concorrência deverá ser feita por uma agência. A Carta se refere apenas ao Estado. Então, a defesa da concorrência pode estar espraiada em outros entes da administração, inclusive o Bacen. O Cade costuma mencionar, em suas decisões, que leva a cabo "política de Estado (e não de governo)", mas ignora que o Estado vai além do Cade. Para concluir, a Constituição não toma posição a respeito.

De uma perspectiva histórica, o crescente ativismo do Cade, tentando afirmar sua competência, é fenômeno verificado em outras jurisdições,[74] resultado talvez da propagação da idéia de que a defesa da concorrência é algo que deve ser tutelado pela sociedade. O Cade modificou ativamente a política concentracionista vigente no Brasil até o fim dos anos 1980, passando a desaprovar algumas concentrações econômicas. Se é omisso sobre o combate aos cartéis, ao menos envia sinais para o setor privado no sentido de desestimular negócios anticompetitivos.[75] A execução de parte da política de defesa da concorrência, inscrita na ordem constitucional como dever do Estado, foi conscientemente delegada ao Cade, que a aplica conforme seus parâmetros ou, melhor, conforme os parâmetros de seus conselheiros.[76] Ademais, questões relacionadas ao arranjo institucional da

[74] WILKS, S.; BARTLE, I. The unanticipated consequences of creating independent competition agencies. *West European Politics*, v. 25, n. 1, p. 148 e ss. "The agencies had a strong symbolic element and had a 'constitutional' significance. They were not expected to be very active in developing policy or in its implementation. As time has passed, however, the agencies have become more activist and have contributed to policy through a demonstration effect, showing what can be done; as a source of technical expertise; and as an available agency of implementation to be enhanced or adapted by subsequent governments."

[75] Ver PAGOTTO, L. U. C. Are the Brazilian competition authorities being responsive? An analysis based on the Benign Big Gun model. *World Competition*, London, v. 29, n. 2, p. 285-314, jun. 2006. Contudo, tem havido mudanças a partir de 2003 que permitem afirmar que esta crítica não é mais pertinente. Mesmo assim, ainda é cedo para avaliar os efeitos desta mudança na política antitruste.

[76] WILKS, S.; BARTLE, I. The unanticipated consequences of creating independent competition agencies. *West European Politics*, v. 25, n. 1, p. 148. "The extent to which governments have created independent agencies to administer competition

tutela da concorrência indicam ser recomendável a atribuição dessa tarefa ao Cade.

De acordo com a exposição dos itens 2.3 e 2.3.1, deste capítulo, o melhor arranjo institucional seria incumbir o Cade da defesa da concorrência, uma vez que a sua estrutura administrativa evitaria o risco de influência política e dos regulados nas suas decisões. Tal posicionamento não condiz com os fatos, pois o substrato institucional que circunda o Cade o polui, tanto quanto as agências verticalizadas. A observação de Viana acerca da importação de estruturas políticas para o Brasil, sem que estas fossem aclimatadas, é pertinente.[77] Mesmo que se submetessem a um processo de aclimatação ao país, os resultados poderiam ser diferentes dos esperados.

Um impasse se produz. De um lado, o Cade apresentaria melhores perspectivas para lidar com a concorrência; de outro, suas falhas são similares às atribuídas a órgãos desprovidos de independência decisória. Como superar o paradoxo? Para evitar uma posição niilista, que, após destruir, se esquiva de construir, é possível apresentar duas alegações.

A primeira consiste na identificação dos objetivos políticos, conjunturais e constitucionais que devem nortear a política de concorrência no SFN. Esse passo já foi dado no Projeto de Lei Complementar 344/2002,[78]

---

law and policy is quite remarkable, both in its consistency and in the depth of delegation. There are available a series of theoretical explanations as to why such levels of independence should have been established, what is less well theorised is the consequences of such delegation."

77 VIANA, Francisco José de Oliveira. *Instituições políticas brasileiras*, v. 1, p. 121. O autor foi um dos primeiros a alertar sobre a importação de modelos, ainda que partindo de uma perspectiva pouco democrática. Para Oliveira Viana, era necessário que as instituições políticas de um povo – expressas em suas *Chartas*, entendidas como o sistema das normas constitucionais – correspondessem, para que fossem dotadas de plena eficácia, às instituições do direito costumeiro. Adota, desse modo, a concepção do direito constitucional inglês de constituição, pelo qual esta brota da vida da nação – exemplo máximo é o *self-government* que irriga boa parte da sociedade. Todo o problema político brasileiro decorreria, então, da adoção de uma *Charta* que não corresponde à realidade do nosso direito costumeiro.

78 BRASIL. Presidência da República. Projeto de Lei Complementar 344/2002. "7. O afastamento das autoridades responsáveis pela defesa da concorrência da competência para examinar os atos de concentração que possam afetar a higidez do sistema financeiro têm [sic] por objetivo garantir a prevalência de

em cuja justificativa fica evidente a opção de, só em caso de risco sistêmico, conferir a primazia da ação ao Bacen.

A segunda vislumbra a capacidade de melhorar o ambiente institucional pela escolha de uma forma ótima de arranjo de competências. A submissão do SFN ao Cade teria o condão de espalhar nesse importante setor da economia as indicações trazidas por suas decisões. O substrato cultural em que o Cade e o SFN estão imersos passariam a se beneficiar das eventuais melhorias oriundas da atuação de ambas as autarquias (Cade e Bacen) e iniciariam um círculo virtuoso de rompimento das práticas tidas como negativas.

2.5 *Crítica à condução da polêmica entre Cade e Bacen*

Independentemente de qual repartição pública tenha razão, em essência a discussão é formalista, pois discute apenas e tão-somente a competência administrativa em matéria antitruste, o que pode ser feito a partir da mera interpretação dos textos legais, como analisado acima. Nunca se cogitou do estudo sério de aspectos substanciais para julgar os casos concretos que viessem à baila. No auge da polêmica, não houve nenhum estudo jurídico ou econômico sistemático por parte das autoridades envolvidas que ultrapassasse os limites estreitos da disputa entre o Cade e o Bacen sobre a competência.

Pesquisando-se a literatura jurídica estrangeira sobre a matéria, à diferença do que ocorre no Brasil, a questão sobre quem é competente para aplicar a lei antitruste ocupa plano secundário. Dá-se mais atenção à análise dos aspectos materiais que circundam a concorrência entre instituições

considerações pertinentes ao fortalecimento do sistema sobre questões relativas a possíveis lesões potenciais à ordem econômica, sem, contudo, descuidar-se da defesa da concorrência entre instituições financeiras. Assim, defere-se à autoridade reguladora, mais próxima da realidade do mercado sob sua supervisão, a competência para decidir definitivamente acerca da matéria. 8. Em razão do dinamismo e da complexidade do sistema financeiro, não convém estabelecer exaustivamente as hipóteses em que a competência cabe ao Banco Central, sob pena de se limitar a eficiência da regulação bancária. Destarte, competirá genericamente ao Banco Central a aprovação dos atos de concentração que possam afetar a higidez do sistema financeiro nacional, como, por exemplo, aqueles cuja rejeição implique crise de confiança ou quebra de alguma das instituições envolvidas na operação, prejuízo excessivo aos credores, ou danos ao sistema de pagamentos ou à supervisão bancária."

financeiras. Saber se a autoridade antitruste ou se o regulador monetário vai aprovar atos de concentração ou punir condutas anticoncorrenciais é apenas um dos pontos institucionais que norteiam os estudos.[79]

Visto de outra perspectiva, o surgimento da polêmica num momento de reorganização do SFN foi oportuno para iniciar o debate sobre o papel que a concorrência deve, efetivamente, desempenhar num setor regulado e, no caso específico, sobre qual o papel que a concorrência tem a desempenhar no SFN.

A partir deste ponto, o livro enfatizará a identificação das peculiaridades do SFN que produzem impactos sobre os critérios para a avaliação da concorrência no Brasil. Do mesmo modo, não será ignorada a influência do Estado brasileiro sobre o mercado financeiro: por meio de normas administrativas e ações concretas que tratam de suas preocupações conjunturais, o governo distorce a concorrência com vistas a solucionar o problema do momento, ignorando que as conseqüências de suas ações podem estar em colisão com os princípios constitucionais. Nesse sentido, grande parte das políticas adotadas tende a diminuir o grau de concorrência no SFN, uma vez que, sem exclusão de outras conseqüências, induzem a comportamentos paralelos, incentivam aquisições e dificultam a entrada nos mercados relevantes.

3. Conseqüências jurídicas da ausência da defesa da concorrência no SFN

Salomão Filho defende que a inércia do Bacen legitimaria a atuação do Cade na defesa da concorrência. Assim,

---

[79] Para o Reino Unido, ver BATTILOSSI, Stefano; CASSIS, Youssef (Org.). *European banks and the American challenge*: competition and cooperation in international banking under Bretton Woods. Para a França, ver TOUBOUL, Charles. *L'action des pouvoirs publics dans les offers publiques bancaires*. *Aspects juridiques*: l'affaire BNP, Société Générale, Paribas. Para Portugal, ver LOBO, Carlos Baptista, *Concorrência bancária?*. Para a Espanha, ver CASAS, Pilar Maestre. *Aplicabilidad del derecho de la competencia a la banca*. Madrid: Eurolex, 1997. ALHADEFF, David A. *Monopoly and competition in banking*. Para a Itália, ver POLO, Michele (Ed.). *Industria bancaria e concorrenza*. Bologna: Il Mulino, 1999. LAMANDINI, Marco. *Le concentrazioni bancarie*: concorrenza e stabilità nell'ordinamento bancario. Para os Estados Unidos, ver HAYES III, Samuel L. A.; SPENCE, Michel; MARKS, David Van Praag. *Competition in the investmet banking industry*.

> [...] competências – em matéria regulatória – não se definem, mas sim se constroem. Em face do imperativo constitucional segundo o qual todo princípio constitucional não derroga os demais, mas com eles convive, é imperiosa a consideração do princípio constitucional pelos órgãos competentes em matéria bancária. A virtual desaplicação do princípio concorrencial pelo Banco Central requer, portanto, que o Cade exerça a sua [competência], independentemente de qualquer discussão sobre a existência ou não de competência específica para atuação no setor financeiro.[80]

Essa linha de argumentação apresenta uma falha. Apesar de seu raciocínio poder ser aplicável em outras jurisdições, as conclusões são ilegais do ponto de vista do direito administrativo brasileiro vigente.

Um dos pilares do Estado de Direito é o princípio da legalidade, o qual é aplicável também e em particular ao campo da administração pública. É certo que a legalidade administrativa se apresenta como um princípio em que a tensão entre os direitos individuais e as prerrogativas públicas tende a privilegiar estas últimas. Mesmo com essa concessão, um dos desdobramentos lógicos do princípio da legalidade permanece: a competência administrativa, quer seja para regulamentação, quer seja para regulação, quer seja para qualquer outra atividade administrativa, é elencada de modo exaustivo na lei. Todo ato praticado fora do que estiver enumerado é *ultra vires* e, conseqüentemente, nulo. Embora se admita a existência de delegação de competência administrativa, a qual é até mesmo

---

80 SALOMÃO FILHO, Calixto. Regulação e antitruste: fronteiras e formas de interação no setor financeiro. In: CAMPILONGO, Celso Fernandes; ROCHA, Jean Paul Cabral Veiga da; MATTOS, Paulo Todescan Lessa (Org.). *Concorrência e regulação no sistema financeiro*, p. 146. A idéia do autor talvez tenha sido a precursora da disputa pela competência em matéria concorrencial no SFN. Já em 1998, na 1ª edição de seu livro *Direito concorrencial*: as estruturas, Salomão Filho expõe a mesma idéia. O trecho foi repetido sucessivamente em outros estudos doutrinários, constando inclusive do voto da conselheira relatora do Cade no caso Finasa. BRASIL. CADE. Ato de Concentração 08012.006762/2000-09. Conselheira relatora Hebe Teixeira Romano. Requerentes: Banco Finasa S.A., Brasmetal Indústria S.A., Zurich Participações e Representações. Item IV, "Outros critérios da jurisdição americana".

um dos princípios da administração pública federal,[81] não há delegação de competência administrativa de maneira implícita.[82]

Assim, a inércia de um órgão da administração pública não legitima a invasão de competência pelo outro. A propósito, esse princípio é desdobramento implícito da doutrina da separação dos poderes: a inércia do Judiciário não autoriza o Legislativo a julgar casos, nem a omissão legislativa legitima o uso de decretos do Executivo para legislar.

A conseqüência jurídica que deve advir da inércia de um dos órgãos da administração pública, tal como o Bacen, é de longa data conhecida e compõe o conjunto ordinário do direito administrativo e criminal. O fato de inexistir o costume de responsabilizar os agentes públicos por prevaricação também não legitima qualquer usurpação de competência. O direito administrativo prevê responsabilização para semelhante situação, ao dispor, no art. 100 do Decreto-lei 200,[83] que "instaurar-se-á processo administrativo para a demissão ou dispensa de servidor efetivo ou estável, comprovadamente ineficiente no desempenho dos encargos que lhe competem ou desidioso no cumprimento de seus deveres". Do mesmo modo, o Código Penal considera crime de prevaricação, punível com pena de detenção de três meses a um ano e multa, "retardar ou deixar de praticar, indevidamente, ato de ofício, ou praticá-lo contra disposição expressa de lei, para satisfazer interesse ou sentimento pessoal".[84] Nesse caso, a lei penal é explícita ao considerar funcionário público também aquele que, "transitoriamente ou sem remuneração, exerce cargo, emprego ou função pública", possibilitando a responsabilização dos responsáveis hierárquicos, se for o caso.[85]

Logo, o atual sistema de direito administrativo já fornece os instrumentos jurídicos necessários, caso se considere haver alguma omissão dos agentes públicos responsáveis.

---

[81] BRASIL. Decreto-lei 200, de 25 de fevereiro de 1967, art. 6º. "As atividades da Administração Federal obedecerão aos seguintes princípios fundamentais: I – Planejamento. II – Coordenação. III –Descentralização. IV – Delegação de competência. V – Contrôle."

[82] BRASIL. Decreto-lei 200, de 25 de fevereiro de 1967, art. 12, parágrafo único. "O ato de delegação indicará com precisão a autoridade delegante, a autoridade delegada e as atribuições objeto de delegação."

[83] BRASIL. Decreto-lei 200, de 25 de fevereiro de 1967, art. 100.

[84] BRASIL. Decreto-lei 2.848, de 7 de dezembro de 1940 (Código Penal), art. 319.

[85] BRASIL. Decreto-lei 2.848, de 7 de dezembro de 1940 (Código Penal), art. 327.

4. Impactos dos custos da regulação sobre a concorrência

Um dos temas que permeiam os debates sobre desregulação é o custo que o cumprimento das normas acarreta para os regulados. Aqueles que não vivem sob regime regulatório específico, com freqüência, consideram a burocracia algo insuportável: preencher a declaração de imposto de renda, justificar a ausência do voto durante as eleições e comparecer à Justiça como testemunha cria, para o leigo, embaraço que lhe consome tempo e recursos. Uma empresa já se depara com um conjunto de exigências maiores, tais como as de caráter contábil e de registro nos órgãos da administração pública.

Afora essas exigências cotidianas para todas as empresas, há situações excepcionais nas quais o interesse público motiva maior controle pelo Estado. Às vezes, o regime regulatório impõe fardos sobre os regulados, os quais têm o dever de preencher inúmeros formulários, participar de avaliações, receber inspeções do órgão regulador e justificar ações, entre outros. Apesar de parecerem simplórias à primeira vista, elas demandam esforços para ser cumpridas. Quase sempre, as empresas sujeitas a esses requerimentos precisam ter profissionais dedicados a lidar com questões regulatórias. Dependendo do tamanho da empresa e do setor de atuação, os funcionários podem constituir um departamento específico dentro da organização. Na maioria das situações, as instituições financeiras se enquadram nesta última categoria.

A imposição desse tipo de fardos produz efeitos colaterais não previstos ou desejados pelo regulador, efeitos esses que se refletiriam nos custos das instituições financeiras e, em última instância, seriam repassados aos consumidores, seja por meio de custos maiores para a concessão de crédito, seja mediante a cobrança de tarifas pela prestação de serviços. Não se discute a finalidade de tais exigências, tampouco se critica a utilidade delas. Se bem desenhados, os arranjos regulatórios podem cumprir funções legítimas e, ao mesmo tempo, contribuir para a formação de riquezas, compensando seus custos sociais. Ao se tutelar o consumidor, talvez ele próprio venha a pagar os custos da proteção, por meio do mero repasse de custos ou por meio da diminuição da concorrência no mercado financeiro.[86] O mesmo se pode imaginar em relação aos acionistas minoritários e aos tomadores de crédito. Mormente no SFN, em que a atuação estatal

[86] BENSTON, G. J. Regulating financial markets: a critique and some proposals. *Hobart Paper*, London: Institute of Economic Affairs, n. 135, 1998.

normativa é muito ativa, a "regulação, embora bem-intencionada, tem o potencial de comprometer a concorrência e fechar os olhos para, se não em alguns casos, endossar barreiras à entrada injustificadas, práticas restritivas e outros mecanismos anticompetitivos por natureza".[87] No caso específico dos mercados financeiros, a regulação tem-se caracterizado por criar obstáculos à concorrência, mas isso não é um traço peculiar dela: regulação e concorrência devem ser complementares. Regras de *disclosure*, regulatórias por natureza, podem fomentar a concorrência no SFN, permitindo aos consumidores comparar as condições e preços com maior facilidade.[88] O *site* do Bacen, ao fornecer informações sobre preços, tarifas e reclamações contra instituições financeiras, pode diminuir as assimetrias informacionais e facilitar a decisão do cliente, sobre qual instituição financeira escolher.[89]

Todavia, a política regulatória pode ter objetivos que restrinjam o campo de atuação das instituições financeiras a certas atividades, proibindo-as de expandir serviços ou abrir filiais. Em 1933, entre as medidas do *New Deal*, os Estados Unidos proibiram aos bancos o "pagamento de juros em contas correntes e autorizaram a direção do *Federal Reserve* a limitar o pagamento de juros em depósitos a prazo".[90]

Nesse quadro, embora a regulação possa conter algumas vantagens,[91] as instituições financeiras podem ficar vulneráveis a outros agentes econômicos que ofertem crédito e não se sujeitem a custos da regulação. Fontes

---

87 LLEWELLYN, David. *The economic rationale for financial regulation*, p. 45.

88 Idem, ibidem, p. 45.

89 É importante ressaltar, uma vez mais, que estas informações só poderão ser acessadas por uma pequena parcela da população, a qual dispõe de renda e conhecimento para tomar decisões minimamente racionais. A maioria, ainda que tivesse acesso, pouco proveito saberia tirar destas informações. Mesmo dentre os que preenchem os requisitos de acesso e conhecimento, somente uma parcela tomará uma decisão baseada nos dados disponíveis.

90 RUBIN, E. L. Deregulation, reregulation, and the myth of the market. *Washington and Lee Law Review*, n. 1.249, p. 1250.

91 CORRIGAN, E. Gerald. Are banks special? In: ESTADOS UNIDOS. Federal Reserve Bank of Minneapolis. *1982 Annual Report Essay*. "The fact of a heavy regulatory burden on banks is beyond dispute, but in some cases it is also true that regulation – relating to, for example, deposit insurance or access to the discount window-provides powerful incentives for individuals and businesses to maintain relationships with banks."

alternativas de crédito, tais como as faturizadoras, se tornam mais atraentes e colocam-se como viáveis aos consumidores. As restrições ao funcionamento dos bancos, no último exemplo, levaram à perda de competitividade em relação a fontes alternativas de crédito, que não sofriam as mesmas restrições. Em particular, os fundos de curto prazo, ofertados por entidades que não bancos, experimentaram crescimento acelerado a partir do aumento da inflação nos anos 1970 e 1980. Por causa disso, os Estados Unidos retiraram tais restrições nos anos 1980.[92]

Além disso, a possibilidade de entes não regulados pelas autoridades monetárias concorrerem com os regulados pode impor a estes uma desvantagem concorrencial excessiva que, ao acirrar a concorrência, pode conduzir a quebras. O problema é particularmente grave nos mercados financeiros, nos quais a higidez do sistema é uma das preocupações que norteiam a ação regulatória.[93]

4.1 O factoring *como fator de desintermediação financeira no Brasil*

No Brasil, as *factorings* ou (as faturizadoras) poderiam representar risco semelhante às instituições financeiras. As faturizadoras são empresas cuja atividade consiste "na aquisição e cobrança de crédito", incluindo, para tal finalidade, a "prestação de serviços de controle das vendas e seu planejamento, aquisição de créditos com responsabilidade restrita dos vendedores e cobrança desses créditos".[94] Portanto, não realizam interme-

92 RUBIN, E. L. Deregulation, reregulation, and the myth of the market. *Washington and Lee Law Review*, n. 1.249, p. 1250. Em 1980, parte das restrições foi retirada nos Estados Unidos. Contudo, "when this proved insufficient to halt the growth of nonbank money market funds, it followed with the Garn-St. German Act, which permitted banks to offer money markets accounts on essentially the same terms as their competitors. With that, the elimination of interest rate restrictions was essentially complete".

93 NORTON, Joseph Jude. *Devising international supervisory standards*, p. 15. "But the concerns are not simply intra-banking, they go cross-industry into finance companies. If such other entities are either to escape capital regulation or are to be subject to less rigorous and less costly requirements, then the bank requirements may in fact lead to a disintermediation, which in turn will strain the financial health of a bank and the banking industry."

94 BULGARELLI, Waldírio. Empresa de *factoring* e suas atividades. Acusação de operar como instituição financeira. Fundamentos equivocados e insustentáveis a respeito. *Revista de Direito Bancário, do Mercado de Capitais e da Arbitragem*, São Paulo, n. 14, p. 206, out. 2001.

diação financeira,[95] estando sujeitas apenas à legislação de direito privado. Conseqüentemente, tais empresas não suportam o dever jurídico de cumprir as exigências normativas das instituições financeiras.

Apesar de o crescimento das faturizadoras estar de algum modo associado ao "estrito controle" das instituições financeiras pelo SFN,[96] a conjuntura brasileira é diversa da americana dos anos 1970 e 1980, momento em que as regras eram desfavoráveis aos bancos. À diferença do que acontecia com outros tipos de instituições norte-americanas, as faturizadoras não podem receber depósitos. Assim, o potencial de concorrência representado por elas é pequeno, pois seu capital tende a ser menor do que o das instituições financeiras. Além disso, é lógico presumir que uma faturizadora, ao atingir condições de se transformar em instituição financeira, optará por fazê-lo, livrando-se das restrições que a impedem de receber depósitos. Logo, há tendência a que atuem apenas marginalmente no mercado, transformando-se, quando possível e conveniente, em instituição financeira.[97]

Ainda assim, o tratamento dado às faturizadoras pelas autoridades monetárias brasileiras tem sido ambíguo.[98] No início dos anos 1980, proibiram-se as *factorings* sob o argumento de que elas faziam intermediação financeira,[99] mas decisões judiciais posteriores forçaram a revogação da

---

95 SUPERIOR TRIBUNAL DE JUSTIÇA. 5ª Turma. HC 7463/PR. Ministro Félix Fischer. Julgamento em 13.10.1998. Publicado no *DJ* em 22.02.1999. "*Habeas corpus*. Crime societário. Falta de justa causa e inépcia da denúncia. Atividades privativas de instituição financeira. *Factoring*. Individualização da conduta. I – *Factoring* não se confunde com Instituição Financeira, sendo vedada à empresa de *factoring* a prática de qualquer operação com as características privativas das instituições financeiras autorizadas a funcionar pelo Banco Central. [...]."

96 SALOMÃO NETO, Eduardo. *Atividade privativa de instituição financeira*, p. 153. Sobre o *factoring*, o autor afirma que "tal negócio cresceu muito no Brasil recentemente, impulsionado pelo estrito controle a que têm sido sujeitas as instituições financeiras como política de contenção inflacionária, com aumento dos encargos a que estão expostas e decorrente aumento das taxas de juros".

97 Não são raros, entretanto, os casos noticiados pela imprensa de *factorings* que recebem depósitos do público ilegalmente.

98 Idem, ibidem, p. 158.

99 BRASIL. Banco Central do Brasil. Circular 703, de 16 de julho de 1982. "Em face das disposições da Lei n. 4.595, de 31.12.64, em especial as contidas em seus arts. 2º, 3º, inciso V, 4º, incisos VI e VIII, 10, inciso V, 11, inciso VII, e 44, parágrafo 7, o Banco Central do Brasil, ouvido o Conselho Monetário Nacional, em sessão realizada nesta data, decidiu tornar públicos os seguintes esclarecimentos: – As

norma.[100] Em 1995, o CMN, buscando regular "sobre operações de 'factoring' e operações privativas de instituições financeiras", baixa resolução[101] que, segundo Salomão Neto,

> [...] é produto evidente de preocupação mais econômica do que jurídica das autoridades monetárias, as quais resolveram restringir a liquidez do comércio como parte de sua política de contenção inflacionária. Isso levou provavelmente à tentativa de redação de texto que criasse incerteza sobre a eventual ilicitude do 'factoring' segundo o ponto de vista das autoridades monetárias, e que por conseguinte inibisse a prática dos negócios.[102]

Quaisquer observações sobre o impacto concorrencial dessa medida, objetivando inibir concorrentes no fornecimento de crédito, também não foram levadas em consideração e, se o foram, foram sobrepostas pelas preocupações com a estabilização monetária.

---

operações conhecidas por 'factoring', 'compra de faturamento' ou denominações semelhantes – em que, em geral, ocorrem a aquisição, administração e garantia de liquidez dos direitos creditórios de pessoas jurídicas, decorrentes do faturamento da venda de seus bens e serviços – apresentam, na maioria dos casos, características e particularidades próprias daquelas privativas de instituições financeiras autorizadas pelo Banco Central. II – Assim, e até que a matéria seja regulamentada pelo Conselho Monetário Nacional, as pessoas físicas ou jurídicas não autorizadas que realizarem tais operações continuam passíveis, na forma prevista no parágrafo 7 do art. 44 da Lei n. 4.595, de 31.12.64, das penas de multa pecuniária e detenção de 1 (um) a 2 (dois) anos, ficando a estas sujeitos, quando pessoas jurídicas, seus administradores."

100 BRASIL. Banco Central do Brasil. Circular 1.359, de 30 de setembro de 1988. "Comunicamos que a Diretoria do Banco Central do Brasil, em sessão realizada em 08.09.88, decidiu revogar a Circular n. 703, de 16.06.82, relativa às operações de 'factoring'."

101 BRASIL. Conselho Monetário Nacional. Resolução 2.144, de 22 de fevereiro de 1995. "Art. 1º Esclarece que qualquer operação praticada por empresa de fomento mercantil ('factoring') que não se ajuste ao disposto no art. 28, parágrafo 1º, alínea 'c.4', da Lei n. 8.981, de 20.01.95, e que caracterize operação privativa de instituição financeira, nos termos do art 17, da Lei n. 4.595, de 31.12.64, constitui ilícito administrativo (Lei n. 4.595, de 31.12.64) e criminal (Lei n. 7.492, de 16.06.86)."

102 SALOMÃO NETO, Eduardo. *Atividade privativa de instituição financeira*, p. 159.

5. Condutas anticoncorrenciais referendadas por autoridades públicas

Como apontado por Smith, os capitalistas dificilmente se reúnem para diversão, mas sim para formar cartéis. O desenvolvimento posterior do antitruste alterou essa cultura empresarial, a ponto de excluir tais práticas do que seria considerado lícito. Tal restrição à autonomia privada e ao direito de contratar foi assimilada, e, hoje, há um consenso generalizado, até entre as lideranças empresariais que já não combatem a legislação de defesa da concorrência, de que tais regras são razoáveis para assegurar a livre concorrência. Um encontro de empresários da indústria automobilística é algo suspeito aos olhos do antitruste.

Há problemas em transferir essa prevenção para o SFN sem tomar algumas precauções. Ao se analisarem os elevados *spreads* bancários, "observa-se que o fornecimento agregado de empréstimos aumenta em resposta a um pequeno aumento no fornecimento de empréstimo de um banco individualmente considerado", o que estaria em contradição com a concepção atomística de mercado.[103] Grande parte dos negócios de um banco é feita tendo como contraparte outro banco. Assim, uma das características estruturais do mercado financeiro é a existência de contratos em rede que assumem várias formas. Basicamente, haveria três tipos de redes contratuais, embora seja possível a combinação delas: em forma de cadeia, de transações bilaterais e sindicatos. Na primeira modalidade, "A, em Londres, usa seu banco X para pagar fundos em dólar na conta de B, em seu banco Y, em Cingapura: o banco X pode contatar seu correspondente em Nova Iorque, o qual por seu turno contata o correspondente do banco Y lá".[104] As transações bilaterais, envolvendo dois bancos sem a intermediação de uma câmara de compensação, podem ser interligadas umas nas outras. Por fim, nos sindicatos, um banco assume a posição de líder e contata outros bancos para dividir o risco de um empréstimo excessivamente alto ou para vender títulos. Nenhuma dessas transações, por ser da própria essência do negócio de intermediação financeira, pode ser tachada de anticoncorrencial. O alto grau de "cooperação necessário" conduz à aplicação mitigada

---

103 BELAISCH, Agnès. Do Brazilian banks compete? *IMF Working Paper*, WP/03/113, p. 13, May 2003. De acordo com a autora, por outro lado, essa característica excluiria a possibilidade de que o SFN seja uma estrutura monopolítica perfeita.

104 CRANSTON, Ross. *Principles of banking*, p. 37.

do direito antitruste, na medida em que os benefícios dessa cooperação são reconhecidos.[105]

O problema é que as condições contratuais nas quais esses contratos são fechados podem ou não caracterizar condutas anticoncorrenciais. Por vezes, estas contam com a chancela das autoridades, mas isso nem sempre ocorre. Uma vez mais, o confronto de interesses de política monetária e fiscal com a de defesa da concorrência pode acarretar a legitimação de situações essencialmente anticoncorrenciais. Em outubro de 1994, após o fim do processo de liberalização das taxas de juros no Japão, a maioria esmagadora dos bancos manteve estáveis as taxas de juros nas contas correntes, apresentando variações mínimas da ordem de 0,22% a 0,25%, valores insignificantes mesmo para padrões daquele país. Tal estado motivou a apresentação de denúncia à autoridade concorrencial japonesa para investigar a colusão entre os bancos no pagamento de taxas de juros.[106] Neste exemplo, uma prática referendada pelo Estado por muitos anos encontra-se em contradição com as novas atitudes concorrenciais esperadas dos bancos.

Nos Estados Unidos, a atenção dispensada pelas autoridades antitruste aos mercados bancários foi menor do que a dada a outros setores da economia, pois a estrutura do mercado, no qual a intermediação financeira via bancos é apenas uma das formas de financiamento, e a condução da política de concorrência, marcada por forte regulação governamental por muitas décadas, desestimularam o ímpeto de investigações anticoncorrenciais. O caso mais relevante envolvendo instituição financeira relaciona-se a controle de estruturas – United States *v*. Philadelphia National Bank – e é caracterizado, principalmente, pela presunção de que a alta concentração de mercado conduzia à ilegalidade da operação, incumbindo ao réu a reversão dessa presunção.[107] Especificamente sobre condutas anticoncorrenciais, é possível encontrar várias leis que regulam vendas casadas, originando alguns litígios.[108]

---

[105] CASAS, Pilar Maestre. *Aplicabilidad del derecho de la competencia a la banca*, p. 199.

[106] VOGEL, Steven K. *Freer markets, more rules*: regulatory reform in industrial advanced countries, p. 180.

[107] HOVENKAMP, Herbert. *Federal antitrust policy*: the law of competition and its practice, p. 519. ESTADOS UNIDOS. United States v. Philadelphia National Bank, 374 U.S. 321, 83 S. Ct. 1715 (1963).

[108] Idem, ibidem, p. 712. De acordo com o autor, a legislação específica é mais rígida do que a antitruste, na medida em que é desnecessária a prova do poder de mercado, assemelhando-se à sistemática da legislação brasileira protetiva do consumidor. O

Todavia, a experiência da formação da União Européia contém características diferentes. A presença mais forte do dirigismo estatal, a simbiose entre os setores bancários e a condução de políticas monetárias e fiscais constituíram fatores alimentadores de práticas anticoncorrenciais que, a princípio, foram toleradas, mas, com a formação do espaço econômico comum, tornaram-se incompatíveis. O primeiro caso que confirmou a competência da Comissão Européia sobre o setor bancário foi o acórdão Züchner, em que foi afirmado que:

> [...] no vocábulo "comércio" se albergavam quaisquer actividades comerciais, incluindo a prestação de serviços tais como os oferecidos por bancos e companhias de seguro e os serviços públicos, dado que os bancos não "vendem dinheiro", mas fornecem crédito, de natureza diversa da moeda em sentido físico.[109]

Posteriormente, o Tribunal de Justiça "declarou, explicitamente, que "a noção de comércio intracomunitário abrange, igualmente, as trocas monetárias".[110]

Após convite feito pelas autoridades concorrenciais européias, os bancos anunciaram que ou notificariam os acordos existentes ou abandonariam as práticas. Desde então, as autoridades de defesa da concorrência européia analisaram um grande número de acordos nos mercados bancários.[111] O

Banking Holding Company Act prevê, por exemplo, que as vendas casadas não sejam "anormais".

[109] LOBO, Carlos Baptista. *Concorrência bancária?*, p. 218. O acórdão Züchner (Caso 172, julgado pelo Tribunal de Justiça em 14 de julho de 1981) surgiu a partir de um litígio privado entre Gerhard Züchner e o Bayerische Vereinsbak A.G., no qual se discutia um acordo entre diversos bancos alemães. Estes acordaram a cobrança de uma comissão bancária uniforme de 0,15% do valor a ser transferido para fora da Alemanha, comissão esta superior à cobrada para transferências dentro da Alemanha.

[110] LOBO, Carlos Baptista. *Concorrência bancária?*, p. 218.

[111] CACHAFEIRO, Fernando García. *Derecho de la competencia y actividad bancaria*: estudios de los acuerdos sobre precios en los sistemas de pago electrónicos. Madrid: La Ley, 2003. p. 254. O acordo tácito reconhecia, de certo modo, que as práticas poderiam conter benefícios e, por essa razão, deveriam ser mantidas ou não serem multadas. CASAS, Pilar Maestre. *Aplicabilidad del derecho de la competencia a la banca*, p. 151. "Siempre, hasta hoy, todas las decisiones de la Comisión han sido adoptadas tras una notificación voluntaria de las asociaciones bancarias nacionales, en calidad de representantes de los intereses del sector bancario en cuestión."

estudo das decisões permite reuni-las em quatro grupos maiores: acordos proibidos, acordos fora do âmbito do antitruste, acordos isentos e acordos com "reserva de posição". Os dois últimos só apresentam interesse para o direito comunitário, uma vez que se referem a questões processuais.[112]

Os acordos proibidos consistem na prática de fixação uniforme de comissões para a prestação de serviços bancários. A princípio, tais acordos estavam protegidos sob o argumento de serem essenciais para a política monetária dos países-membros.[113] Contudo, o já referido acórdão Züchner mudou a orientação, repelindo os acordos dessa natureza. Mesmo assim, é possível identificar brechas que permitem a sua aceitação. Caso haja prova de que as comissões elevadas reflitam custos operacionais elevados, os acordos podem ser aprovados.[114] Casas identifica três critérios que devem ser atendidos para a aprovação do acordo: o serviço tem de ser prestado a todo o público e não só aos clientes habituais, o serviço deve ter caráter internacional, e os preços pagos devem sê-lo somente nas relações interbancárias.[115]

---

112 CASAS, Pilar Maestre. *Aplicabilidad del derecho de la competencia a la banca*, p. 156-160. Os acordos isentos seriam aqueles que "obedecem ao critério da melhor distribuição de serviços bancários e a promoção do progresso técnico". Em substância, às vezes se confundem com os conteúdos considerados fora do âmbito de aplicação do direito da concorrência. Por seu turno, nos acordos sobre taxas de juros, a reserva de posição da Comissão Européia apresenta variadas justificativas de conveniência.

113 LOBO, Carlos Baptista. *Concorrência bancária?*, p. 394. Até 1979, todos os acordos celebrados sob a égide da autoridade monetária eram legítimos e estavam isentos da aplicação do direito da concorrência. Em resposta a uma consulta, a Comissão Européia iniciou uma mudança de posição, prescrevendo que eram legítimos os acordos celebrados sob a iniciativa das autoridades monetárias.

114 COMISSÃO EUROPÉIA. Eurocheques [1985] OJ L35/43. O caso dos Eurocheques (*Eurocheques International Co-operative Company*) consistia no estabelecimento de uma comissão máxima na troca de cheques no exterior, comissão esta inicial de 1,24%, aumentada depois para 1,6%. Para a Comissão, o acordo diminuiria custos de transação, ao evitar que os partícipes negociassem individualmente com o outro banco um acordo sobre a forma de pagamento do cheque. Além da restrição temporal de cinco anos, inerente ao tipo de isenção requerida no caso, a única restrição imposta foi a necessidade de informar os clientes sobre as condições operacionais, uma vez que sobre eles recairiam os encargos do uso dos eurocheques no exterior.

115 CASAS, Pilar Maestre. *Aplicabilidad del derecho de la competencia a la banca*, p. 154.

Os acordos fora do âmbito do antitruste consistem naqueles que não têm impacto sobre a concorrência, ligando-se tão-somente a aspectos operacionais das atividades bancárias. Dentre os aspectos considerados incapazes de afetar a concorrência figuram normas operacionais sobre o fechamento de câmbio, gestão de documentação, acordo sobre linhas telefônicas entre agentes de câmbio e bancos.[116] Noutro caso, também foi considerado sem impacto sobre a concorrência o estabelecimento de regras comuns para o sistema de débito automático e de compensação de créditos, mas a uniformização de horários de funcionamento foi considerada prejudicial ao mercado.[117]

A exposição dos casos acima pode ajudar na aplicação ao Brasil, pois as práticas bancárias são mais ou menos uniformes nos diversos países. Descabida é a preocupação com o horário de funcionamento das agências, uma vez que o tema é regulado pelo Bacen. Contudo, outros aspectos, como a fixação de tarifas comuns, podem apresentar alguma importância para o contexto brasileiro, embora a observação dos preços hoje vigentes desautorize a afirmação de conduta concertada no setor. No caso do mercado de câmbio, que tanto preocupou a Comissão Européia, os valores cobrados por emissão de ordem de pagamento para pessoa física, em 22 de dezembro de 2004, variam R$ 0,00, valor praticado por seis bancos, até R$ 380,00, percebendo-se ampla variação no espectro dos preços, o que sugere a existência de certo nível de concorrência nesse mercado.[118]

Noutros casos, tais como nos sistemas de pagamento, deve haver maior preocupação das autoridades envolvidas com defesa da concorrência, porque práticas anticoncorrenciais podem surgir de arranjos contratuais. O Cade cogitou de impor restrições à operação realizada entre os grupos de grandes instituições financeiras atuantes no Brasil, tendo por finalidade a formação de *joint venture* voltada para atuação no "segmento de vales-benefício", cujo objeto social seria "a implantação e administração de sistemas e/ou convênios de meios de pagamento ou benefícios, tais como vale refeição e alimentação". As prestadoras de tais serviços se submetem à regulamentação especial e podem, inclusive, "cancelar o credenciamento dos estabelecimentos comerciais que não cumprirem as exigências sanitárias e nutricionais

[116] Idem, ibidem, p. 155. Ver COMISSÃO EUROPÉIA. Nederlandse Bankiersvereniging (NDV) e Nederlandse Vereniging van Banken (NVB). Decisão 89/512/CEE. OJ L253/1.

[117] COMISSÃO EUROPÉIA. Irish Banks Standing Committee (IBSC). OJ L 295/28.

[118] Fonte: Bacen. Remessa de recursos – ordem de pagamento – pessoa física.

e, ainda, que, por ação ou omissão, concorrerem para o desvirtuamento do PAT", o que, por si só, já lhes confere um grande poder.[119] A integração vertical poderia propiciar práticas anticoncorrenciais, embora não concluísse pela existência de poder de mercado.[120] Mais tarde, o conselheiro-relator reavaliou sua posição, defendendo a aprovação incondicional da operação, pois havia "(i) entrada de agente econômico no mercado revestida de uma série de justificativas e eficiências agregadas e (ii) ausência de poder de mercado e possibilidade de seu exercício de forma abusiva".[121]

Também devem suscitar alguma preocupação os acordos operacionais para compartilhamento de informações. A Lei Complementar 105/2001, aliás, no § 3º do art. 1º, considera esse compartilhamento não-violador do sigilo bancário.[122] Embora se reconheçam as vantagens de tais acordos, os quais, à semelhança da Serasa S.A., cujo quadro acionário consiste de inúmeros bancos, possibilitam a diminuição da assimetria de informações, eles

---

119 BRASIL. Ministério do Trabalho e Emprego. Portaria 03/2002, de 1º de março de 2002, art. 12, IV.

120 BRASIL. Cade. Voto de 3 de março de 2004. Ato de Concentração 08012.007912/2001-74. Conselheiro-relator Fernando de Oliveira Marques. Requerentes: Banco ABN AMRO Real S.A., Banco Bradesco S.A., BB Banco de Investimento S.A., Visa International Service Association. Dentre as restrições sugeridas no 1º voto do conselheiro-relator, figuravam as seguintes: "(i) não praticar regime de exclusividade e/ou qualquer forma de discriminação entre administradoras de cartões de crédito, débito (magnéticos, inteligentes etc.), bem como com instituições financeiras; (ii) não praticar regime de exclusividade e/ou qualquer forma de discriminação entre estabelecimentos credenciados e operadores de vales-benefício; (iii) não condicionar a comercialização do vale-benefício com empresas clientes, nem com os usuários finais do benefício, à aquisição de outros produtos das requerentes (*v.g.*, estabelecendo contratos de adesão para a oferta dos vales-benefício PAT e demais produtos incluindo serviços financeiros); (iv) não estabelecer mecanismos que possam restringir o acesso, uso, participação, organização ou estabelecimento de outras redes de aceitação de vales alimentação e refeição por parte dos estabelecimentos credenciados [...]".

121 Idem.

122 BRASIL. Lei Complementar 105/2001. "Artigo 1º [...] § 3º Não constitui violação do dever de sigilo: I – a troca de informações entre instituições financeiras, para fins cadastrais, inclusive por intermédio de centrais de risco, observadas as normas baixadas pelo Conselho Monetário Nacional e pelo Banco Central do Brasil; II – o fornecimento de informações constantes de cadastro de emitentes de cheques sem provisão de fundos e de devedores inadimplentes, a entidades de proteção ao crédito, observadas as normas baixadas pelo Conselho Monetário Nacional e pelo Banco Central do Brasil; [...]."

tendem a influir na uniformização das práticas comerciais, particularmente na concessão de crédito. Por óbvio, nenhum banco concederia crédito a um inadimplente, mas a forma peremptória pela qual os bancos encaram tais cadastros pode significar, em tese, prática concertada.

Outro exemplo é a Câmara Brasileira de Liquidação e Custódia (CBLC) que atua no auxílio à compensação no SFN, tendo ajudado o Bacen a implementar o Sistema Brasileiro de Pagamentos (SBP). Tem, entre seus sócios, setenta bancos e corretoras, além da Bolsa de Valores de São Paulo e da Bovespa Serviços e Participações S.A.,[123] e seus membros são agentes de custódia habilitados a intermediar para o público títulos da dívida pública federal.[124] O SBP representa um importante fator de modernização do SFN, na medida em que possibilita o adimplemento quase que automático de obrigações contratuais que envolvam transferência de recursos de uma instituição financeira para outra. Com isso, ocorre uma redução no risco dos problemas decorrentes da seleção adversa e do risco moral no SFN.

6. Auto-regulação e concorrência no SFN

A finalidade da regulação é corrigir falhas de mercado[125] que podem ser atribuídas, direta ou indiretamente, ao livre funcionamento de suas forças. O Estado, um terceiro estranho ao mercado, adota medidas que compensam o funcionamento inadequado deste, de forma que os resultados de sua ação correspondam aos que seriam obtidos no funcionamento do mercado sob o regime de concorrência perfeita.

Por auto-regulação, entende-se a situação na qual "um grupo de empresas ou indivíduos exerce controle sobre sua própria filiação e seu comportamento".[126] Em tese, os objetivos da auto-regulação são parecidos com o da regulação estatal. Sua atuação, porém, se diferencia da regulação por ser levada a efeito pelos próprios regulados, ou seja, há uma identidade

---

[123] Informação disponível em: <http://www.cblc.com.br/cblc/ACBLC/Propriedade.asp?tit=1>. Acesso em: 23 dez. 2004, às 16h16.

[124] Dado disponível em: <http://www.tesouro.fazenda.gov.br/tesouro_direto/servicos/cadastro/index.asp>. Acesso em: 23 dez. 2004, às 16h18.

[125] MAJONE, Giandomenico. From the positive to the regulatory state: causes and consequences of changes in the mode of governance. *Journal of Public Policy*, v. 1, n. 1, p. 141. "Regulatory policies are aimed at correcting various types of 'market failure': monopoly power, negative externalities, incomplete information, insufficient provision of public goods."

[126] BALDWIN, R.; CAVE, M. *Understanding regulation:* theory, strategy, and practice, p. 125.

subjetiva entre o regulador e o regulado. Os próprios partícipes do jogo do mercado, cientes de que sua ação livre pode conduzir a malefícios, impõem restrições a sua conduta, visando à manutenção das condições do mercado – é o que se chama de regulação cavalheiresca (*gentlemanly regulation*). Seus mecanismos se afastam dos usados pelo Estado na medida em que são desprovidos dos atributos de imperatividade e auto-executoriedade, característicos da ação administrativa. Os auto-reguladores recorrem ao direito privado e, por meio de arranjos contratuais, outorgam-se direitos e obrigações recíprocos, por meio dos quais suas condutas são limitadas no interesse comum.

Essa limitação do comportamento em nome do interesse comum lembra, em vários aspectos, um cartel, acordo ilícito em que os membros agem, principalmente por meio de aumentos de preços e restrições ao volume de produção, para obter lucros extraordinários. Às vezes, as restrições se dão nas limitações à entrada de novos agentes econômicos. Um caso examinado pela Comissão Européia ilustra como mecanismos de auto-regulação podem ser distorcidos. Em 1978, a Sarabex Ltd., sociedade corretora de divisas no Oriente Médio, pleiteou acesso ao mercado londrino, requerendo inscrição na Foreign Exchange and Currency Deposit Broker's Association (FECDBA), ente auto-regulador reconhecido pelo Banco da Inglaterra que, entre outras funções, controlava o acesso ao mercado, exigindo que pelo menos seis de seus dezesseis associados concordassem com a entrada de novo membro. A associação era requisito *sine qua non* para atuar no mercado, pois os bancos só podiam negociar moedas estrangeiras por meio de um dos associados da FECDBA. Além disso, as regras desta obrigavam os associados a praticar a mesma taxa de corretagem. Tais características descrevem exatamente um cartel, mas que estava travestido de uma associação. A Comissão Européia negociou mudanças no sistema, e, como resultado, o Banco da Inglaterra se tornou responsável pelas autorizações e as taxas de corretagem se tornaram limites máximos a cobrar dos clientes.[127]

O exemplo constitui uma das razões por que a auto-regulação sempre foi encarada com reservas por setores da sociedade. Além disso, não há ga-

[127] LOBO, Carlos Baptista. *Concorrência bancária*, p. 396-400. "Neste caso particular, a Comissão teve impacto directo no sistema de admissões nos mercados de mercadorias londrinos (*London Sugar Futures Market*; *London Cocoa Terminal Market Association Ltd.*; *Coffee Terminal Market Association of London*; *London Rubber Terminal Market Association Ltda.*)." As mercadorias são produtos de exportação brasileiros, e não é difícil imaginar quantos prejuízos indiretos causaram para o país. Ver também COMISSÃO EUROPÉIA, 8º Relatório sobre Política da Concorrência, 1979, item 37.

rantia de que os auto-reguladores atuarão contra seus interesses e a favor dos da sociedade. Somente nas hipóteses em que há coincidência de interesses entre o grupo de particulares e a sociedade pode ser factível a existência da auto-regulação. Todavia, tais situações nem sempre são nítidas.

Por causa das próprias características dos mercados financeiros, por cujo controle os Estados começaram a se interessar somente nos últimos duzentos anos, a auto-regulação antecedeu a regulação estatal. Desde o princípio, a comunidade homogênea de banqueiros entendeu que alguma autolimitação era necessária. No caso brasileiro, esta possibilidade era reconhecida no Código Comercial de 1850.[128] O avanço da regulação estatal diminuiu a possibilidade de que ocorram práticas como a do caso Sarabex, mesmo no ambiente liberalizado dos mercados financeiros após os anos 1970.[129]

Nesse ambiente, o papel da auto-regulação é mais acessório do que principal, visando a atingir os objetivos atribuídos à regulação estatal, como o aumento da eficiência e a garantia da viabilidade dos mercados.[130] É pertinente distinguir entre co-regulação, hipótese em que "a auto-regulação da associação setorial é feita com a supervisão e/ou ratificação do governo", e auto-regulação executável, hipótese em que há "negociações entre o Estado e cada empresa, a fim de estabelecer regulações específicas para cada empresa".[131] No Brasil, a ação das bolsas de valores e de mercadorias

---

[128] BRASIL. Lei 556, de 25 junho de 1850. "Artigo 32. Praça do comércio é não só o local, mas também a reunião dos comerciantes, capitães e mestres de navios, corretores e mais pessoas empregadas no comércio. Este local e reunião estão sujeitos à polícia e inspeção das autoridades competentes. O regulamento das praças do comércio marcará tudo quanto respeita à polícia interna das mesmas praças, e mais objetos a elas concernentes."

[129] MAJONE, Giandomenico. Paradoxes of privatization and deregulation. *Journal of European Public Policy*, v. 1, n. 1, p. 54. "Neither in the United States, nor in Europe has deregulation meant an end to all regulation [...] Note, too, that deregulation often means less restrictive or rigid regulation, rather than no regulation".

[130] MAJONE, Giandomenico. From the positive to the regulatory state: causes and consequences of changes in the mode of governance. *Journal of Public Policy*, p. 141, 1997.

[131] BALDWIN, R.; CAVE, M. *Understanding regulation*: theory, strategy, and practice, p. 133. "Co-regulation they take to refer to industry-association self-regulation with some oversight and/or ratification by government. Enforced self-regulation, in contrast, involves negotiations between the state and individual firms so as to establish regulations that are particular to each firm."

e futuros, associada à da CVM, pode ser considerada do primeiro tipo.[132] Ações flexíveis de fiscalização do Bacen para adequar instituições financeiras com problemas podem ser consideradas do segundo tipo.

7. A análise de concentrações econômicas no SFN

Desde o início da liberalização dos mercados financeiros, um dos movimentos mais acentuados dos agentes econômicos tem sido a concentração econômica. Nos Estados Unidos, os dados são impressionantes: relata-se que o processo tem ocasionado a redução média de 1,7 instituição financeira por dia desde 1981.[133] O movimento se fez sentir presente no Brasil a partir de meados dos anos 1990.

Por isso, outro ponto a merecer atenção é a situação do sistema de notificação dos atos de concentração. A despeito de que entidade administrativa é competente para aplicar a legislação antitruste, no bojo das discussões sobre a competência foi suscitado o tema da inadequabilidade da Lei 4.595/1964. Campilongo sintetiza esta opinião:

---

132 BRASIL. Lei 6.385, de 7 de dezembro de 1976. "Artigo 17. As Bolsas de Valores, as Bolsas de Mercadorias e Futuros, as entidades do mercado de balcão organizado e as entidades de compensação e liquidação de operações com valores mobiliários terão autonomia administrativa, financeira e patrimonial, operando sob a supervisão da Comissão de Valores Mobiliários. § 1º Às Bolsas de Valores, às Bolsas de Mercadorias e Futuros, às entidades do mercado de balcão organizado e às entidades de compensação e liquidação de operações com valores mobiliários incumbe, como órgãos auxiliares da Comissão de Valores Mobiliários, fiscalizar os respectivos membros e as operações com valores mobiliários nelas realizadas."

133 DIMSKY, G. The bank merger wave. New York & London: M. E. Sharpe, 2000. Apud CARVALHO, Carlos Eduardo; STUDART, Rogério; ALVES JR., Antônio José. *Desnacionalização do setor bancário e financiamento das empresas:* a experiência brasileira recente, p. 16. "De 1981 até hoje, as fusões de bancos causaram uma redução média do número de bancos de 1,7 por dia. Entre 1980 e o fim de 1998 ocorreram, aproximadamente, 8 083 fusões bancárias amigáveis e 1.160 não amigáveis. Houve, por meio dessas fusões, uma transferência de cerca de $ 2,5 trilhões de propriedade de ativos bancários – mais de metade do total nos EUA. Com mais de 600 fusões ocorrendo por ano, cerca de 6% do setor desaparece anualmente. As fusões somaram destruição e consolidação. Os 25 maiores bancos controlam 70% de todos os ativos, e espera-se que venham a controlar 85% dos ativos bancários em uma década – a maioria mediante fusões."

> [...] O que está em questão é o controle de estruturas, e não o controle de condutas, sugerido pelo referido art. 18. Ora, as penalidades aventadas no art. 44, § 2.°, "b", referem-se ao mesmo art. 18 da Lei n. 4.595/64, o que sugere serem elas aplicáveis no controle de condutas, e não de estruturas. Admita-se: basta um simples exame da complexa processualística e da variedade de condutas ilícitas anticoncorrenciais expressas da Lei n. 8.884/94 para se perceber, ao compará-la com a Lei n. 4.595/64, que esta última não foi talhada para a defesa da concorrência. A lei que criou o Bacen não oferece, sequer minimamente, a construção de qualquer tipo jurídico-dogmático concorrencial. Fala, genericamente, em "abusos de concorrência". Nem cita o cartel, que é a mais famosa das condutas anticoncorrenciais.[134]

Caso haja mudança legislativa que transfira ao Cade a competência para assuntos de defesa da concorrência no SFN, a discussão se torna estéril. Esse argumento, usado para defender a competência do Cade sobre o SFN, merece ser analisado, uma vez que dele decorrem implicações sobre o tema que poderiam justificar a atual inexistência de preocupação com a defesa da concorrência pelo Bacen.

No trecho transcrito acima está implícito o pensamento de que uma lei só pode aplicar conceitos ou ferramentas jurídicas que estejam insertas nela própria. Por isso, o Bacen não pode lançar mão da Lei 8.884/1994 para defender a concorrência, pois o sistema da Lei 4.595/1964 impossibilitaria o recurso ao controle de estruturas e a repressão às condutas anticoncorrenciais. Tal interpretação é míope e conduz à atrofia de todo o sistema jurídico. Se levada às últimas conseqüências, a legislação extravagante sobre alimentos seria inaplicável, porque não define as relações de parentesco, as quais se encontram regradas no Código Civil.

Nem é possível argumentar que a Lei 4.595/1964 não faça referência expressa à legislação antitruste, ainda que à passada. Isso é desnecessário, visto que o intérprete capacitado consegue identificar suporte normativo para sua posição, mesmo porque o "direito não se interpreta em tiras". Por muito tempo, a jurisprudência sobre danos morais repousou numa referência

[134] BRASIL. Cade. Ato de Concentração 08012.006762/2000-09. Voto de vista do conselheiro Celso Fernandes Campilongo em 28 de novembro de 2001. Requerentes: Banco Finasa de Investimento S.A., Brasmetal Indústria S.A. e Zurich Participações e Representações.

aparentemente obscura ao Código Brasileiro de Aeronáutica.[135] Em 1964, a relação entre as Leis 4.137/1962 e 4.595/1964 era mais nítida ainda.

Quando da promulgação da Lei 4.595/1964, a legislação antitruste no Brasil era nova. A Lei 4.137/1962 fora promulgada havia pouco, e evitou-se uma transposição inútil de conceitos para a Lei 4.595/1964. O operador do direito deveria ser capaz de compreender em que local buscar os subsídios para aplicar o direito, cuja competência fora outorgada ao Bacen. Naquela época, ainda havia certa preocupação com os princípios de boa prática legislativa. Se atualmente a prática de todo diploma legislativo novo é repetir conceitos já existentes em outros lugares, isso conduz à maior propensão a confusões do que antes. Logo, a competência conferida pela Lei 4.595/1964 ao Bacen vinha acompanhada de meios para o cumprimento da finalidade. O argumento sobre a falta de referência na Lei 4.595/1964 ao cartel também é falho. Corroborando tal posição, milita a favor o veto parcial do § 2º do art. 17, que excluiu a expressão "nos termos desta lei".[136] Ora, semelhante veto só pode significar que as autoridades criadas pela Lei 4.595/1964 farão a defesa da concorrência com base nas outras normas vigentes no ordenamento, o que, à época, representava a Lei 4.137/1962 e, hoje, a Lei 8.884/1994. Solução semelhante à proposta é a dada pela sistemática norte-americana.[137]

Portanto, caso o Bacen deseje implementar de imediato o controle de estruturas e a repressão às condutas anticoncorrenciais, há instrumentos jurídicos à disposição.

---

[135] BRASIL. Lei 7.565, de 19 de dezembro de 1986 (Código Brasileiro de Aeronáutica), art. 257. "A responsabilidade do transportador, em relação a cada passageiro e tripulante, limita-se, no caso de morte ou lesão, ao valor correspondente, na data do pagamento, a 3.500 (três mil e quinhentas) Obrigações do Tesouro Nacional – OTN, e, no caso de atraso do transporte, a 150 (cento e cinqüenta) Obrigações do Tesouro Nacional – OTN." Como se observa, nada ligaria, num primeiro momento, este dispositivo à indenização por dano moral.

[136] BRASIL. Lei 4.595/1964. "Artigo 17. [...] § 2º O Banco Central da República do Brasil, no exercício da fiscalização que lhe compete, regulará as condições de concorrência entre instituições financeiras, coibindo-lhes os abusos com a aplicação da pena (Vetado) nos termos desta lei."

[137] HOVENKAMP, Herbert. *Federal antitrust policy:* the law of competition and its practice, p. 712. "[...] the Bank Merger Act of 1960 (amended 1966), provides for special procedures to be used in evaluating bank mergers, although the substantive standards to be applied mimics that of Clayton Act § 7º."

7.1 *A análise de concentrações econômicas no art. 54 da Lei 8.884/1994*

Considerando-se que é dever do administrado verificar a necessidade de notificar ou não um ato às autoridades competentes, é razoável supor que os parâmetros estabelecidos sejam claros o bastante. Essa clareza está longe de constituir uma inutilidade, pois do não-cumprimento desse dever resultam sanções para o administrado. Portanto, a observância aos princípios do processo administrativo previstos na Lei 9.784/1999, sobretudo os dos incisos VIII e IX do § 2º,[138] é fundamental, sob pena de fulminar de nulidade o ato administrativo em caso de prejuízo ao administrado.

Por essa razão, outro ponto a merecer atenção é a aplicação do art. 54 da Lei 8.884/1994, dispositivo que regula a notificação dos atos de concentração ao Cade. A efetivação do sistema de controle de estruturas ocorre como desdobramento do dever inscrito no *caput* de notificar os "atos sob qualquer forma manifestados". A extensão conferida a esse dispositivo poderá causar problemas adicionais, caso o Cade venha a ter competência sobre o SFN ou o Bacen adote os critérios já desenvolvidos pelo Cade.

O primeiro contato com o dispositivo demonstra que ele é de fato amplo. Conjugado aos outros critérios previstos no § 3º do art. 54, poucos atos conseguem escapar à rede jogada pela Lei 8.884/1994. O raciocínio por trás disso é a crença de que, necessariamente, a autoridade antitruste precisa ter acesso a uma gama significativa de casos para compreender o funcionamento do mercado e, ao mesmo tempo, verificar quais seriam prejudiciais à livre concorrência. Um filtro menos rígido teria por conseqüência permitir que atos prejudiciais a ela ficassem fora do crivo antitruste.

Essa redação imprecisa, aliás, é bastante comum quando se trata de defesa da concorrência. Documento da Comissão Européia critica a norma que previa a notificação de ato no Tratado da Comunidade Européia, ao afirmar que, embora o sistema de notificação tenha sido de alguma valia, a interpretação desse dispositivo era incerta.[139] Comentando a situação

---

[138] BRASIL. Lei 9.784/1999. Art. 2º, parágrafo único. "Nos processos administrativos serão observados, entre outros, os critérios de: [...] VIII – observância das formalidades essenciais à garantia dos direitos dos administrados; IX – adoção de formas simples, suficientes para propiciar adequado grau de certeza, segurança e respeito aos direitos dos administrados [...]."

[139] COMISSÃO EUROPÉIA. White paper on modernisation of the rules implementing articles 85 and 86 of the EC Treaty. "77. The notification system proved useful as long as the interpretation of Article 85 and in particular of paragraph 3 was uncertain;

dos Estados Unidos, Hovenkamp elucida: "[...] o *Sherman Act* condena 'todo contrato, combinação [...] ou conspiração que restrinja o comércio' ou 'toda pessoa que monopolize', sem dar nenhuma pista sobre o que estas expressões querem dizer".[140] Nessas duas jurisdições, a insegurança jurídica é contrabalançada por uma rica casuística, judicial ou administrativa, e por orientações escritas das autoridades antitruste, expressas nas *guidelines* do Departamento de Justiça ou nas *notices* da Comissão Européia.

No que concerne à existência de orientações por escrito das autoridades antitruste, não houve nenhuma tentativa de dizer o que deveria e não deveria ser notificado. O Cade, por estar em seus primeiros anos de efetiva independência, parece ter buscado afirmar-se pela adoção da interpretação mais extensiva, conhecendo quase todos os atos notificados. A única exceção que pode ser acompanhada de modo consistente ao longo da existência do Cade é a desnecessidade de notificar reestruturações societárias intragrupo, nas quais não ocorra transferência de ações para outro centro decisório. Exemplos de interpretação extensiva do Cade são abundantes e servem para gerar insegurança jurídica desnecessária. O Cade já decidiu ser competente para julgar aquisição de ações preferenciais que não implicavam nenhuma alteração na condução dos negócios. Venda de ativos de massa falida, aluguel de ativos, compartilhamento de infra-estrutura e a aquisição de concessão para explorar aproveitamento de potencial hidroelétrico já foram objeto de notificação.[141]

Semelhante quadro é desalentador considerando-se as características dos contratos celebrados no SFN. A aplicação pura e simples de interpretação

but it no longer makes it possible to detect the most serious infringements of the competition rules, and thus to ensure "effective supervision" within the meaning of Article 87. As evidence of this, it is only extremely rarely that notifications lead to prohibition decisions, and the Commission has made only exceptional use of Article 15(6) of Regulation No 17, which empowers it to withdraw notifying undertakings' immunity from fines. In a system of *ex post* control, undertakings would have to make their own assessment of the compatibility of their restrictive practices with Community law, in the light of the legislation in force and the case-law; this would certainly lighten the administrative burden weighing on them, but it would also require them to take on added responsibility."

140 HOVENKAMP, Herbert. *Federal antitrust policy:* the law of competition and its practice, p. 47.

141 BRASIL. Cade. Ato de Concentração 08012.007402/2001-05. Conselheiro-relator Thompson Almeida Andrade. Requerentes: Companhia Estadual de Energia Elétrica, Companhia Vale do Rio Doce, Foz do Chapecó Energia S.A. e Serra da Mesa Energia S.A. Julgamento em 18.12.2002.

atual do Cade sobre o dever de notificar pode conduzir a um número desnecessariamente elevado de notificações, a maioria esmagadora das quais desprovida de qualquer impacto sobre a concentração econômica no SFN. Uma das principais vantagens econômicas dos mercados financeiros, incluindo o de intermediação financeira, é a redução dos custos de transação, vantagem que seria minimizada por uma interpretação extensiva do dever de notificar.

A estrutura e a função dos mecanismos de intermediação financeira repousam numa série de contratos e, portanto, são "atos sob qualquer forma manifestados", nos termos do *caput* do art. 54 da Lei 8.884/1994. Grande parte dos negócios ordinariamente realizados por bancos é, indiretamente, celebrada com outros bancos em mercados formalizados,[142] nos quais fica mitigada a possibilidade de alteração nas relações de concorrência. Pelas próprias características desses mercados, seria difícil vislumbrar como o Cade incluiria no âmbito de sua competência os negócios indiretamente realizados entre instituições financeiras. Alguns destes, porém, ocorrem no mercado interbancário, que, como o próprio nome indica, implica a "contratação com outro banco no atacado", mercados também conhecidos como *over-the-counter* (OTC).[143] Nestes, as partes se colocam frente a frente e, na maioria das vezes, celebram significativa quantia de contratos. Nos mercados não formalizados, a atual interpretação extensiva do Cade permitiria a imposição do dever de notificar tais contratos.

Tais mercados não formalizados podem se prestar a práticas colusivas. De forma geral, por disporem de maior quantidade de informação e monitoramento constante, as entidades regulatórias do SFN estão melhor equipadas para lidar com este problema do que a defesa da concorrência.

No que tange à concentração econômica, a interpretação da legislação antitruste vigente deverá ser reformulada para adequar-se a um mercado no qual o seu próprio objeto é aquilo que hoje o Cade entende serem "atos sob qualquer forma manifestados". Se mantida tal interpretação extensiva, a atuação antitruste ficaria bastante prejudicada, impedindo que se atinjam as suas finalidades.

---

142 CRANSTON, Ross. *Principles of banking law*, p. 50. Nos mercados formalizados, as relações contratuais não são bilaterais. Logo, juridicamente, um banco não celebra contrato com outro banco, mas sim com uma câmara de compensação.

143 Idem, ibidem, p. 45. "Banks constantly contract with one another in wholesale, over-the-counter (OTC) markets." Por oposição lógica aos mercados formalizados, nos mercados não-formalizados existe uma relação contratual direta entre os dois bancos contratantes. Entretanto, alguns produtos, tais como os derivativos, podem ser negociados tanto nos mercados formais quanto nos informais.

8. Sigilo bancário como obstáculo para a efetiva defesa da concorrência

Um dos traços característicos das atividades desenvolvidas por instituições financeiras é o sigilo que envolve os dados de seus clientes. A Lei 4.595/1964 já previa a proteção dos dados bancários,[144] e a Lei Complementar 105/2001 detalhou o tratamento a ser conferido ao assunto[145] – afinal, as regras de sigilo "tornam as fraudes mais fáceis na atividade bancária do que em outros negócios",[146] demandando um tratamento específico dos procedimentos para a sua quebra. Em virtude dessa norma, a proposta de transferência de competência da defesa da concorrência no SFN do Bacen para o Cade poderá se revelar inócua devido a certas limitações, caso não sejam feitas de modo apropriado.

Essas limitações decorrem, em princípio, da abrangência conferida, do ponto de vista subjetivo, às instituições financeiras pelos §§ 1º e 2º do art. 1º da Lei Complementar 105/2001, abrangendo, inclusive, o *factoring*.[147] Assim, há um amplo campo de atividades que, embora possam estar ligadas a instituições financeiras, não era materialmente objeto de regulação da concorrência pelo Bacen e que agora se submete a um regime jurídico especial relativo ao sigilo bancário.

Adicionalmente, a Lei Complementar 105/2001 elencou quem pode requerer informações bancárias, em quais situações e o modo como

---

[144] BRASIL. Lei 4.595/1964, art. 38. "As instituições financeiras conservarão sigilo em suas operações ativas e passivas e serviços prestados."

[145] BRASIL. Lei Complementar 105/2001, art. 1º "As instituições financeiras conservarão sigilo em suas operações ativas e passivas e serviços prestados."

[146] LASTRA, Rosa Maria. *Central banking and banking regulation*, p. 269.

[147] BRASIL. Lei Complementar 105/2001. "Artigo 1º, § 1º São consideradas instituições financeiras, para os efeitos desta Lei Complementar: I – os bancos de qualquer espécie; II – distribuidoras de valores mobiliários; III – corretoras de câmbio e de valores mobiliários; IV – sociedades de crédito, financiamento e investimentos; V – sociedades de crédito imobiliário; VI – administradoras de cartões de crédito; VII – sociedades de arrendamento mercantil; VIII – administradoras de mercado de balcão organizado; IX – cooperativas de crédito; X – associações de poupança e empréstimo; XI – bolsas de valores e de mercadorias e futuros; XII – entidades de liquidação e compensação; XIII – outras sociedades que, em razão da natureza de suas operações, assim venham a ser consideradas pelo Conselho Monetário Nacional. § 2º As empresas de fomento comercial ou *factoring*, para os efeitos desta Lei Complementar, obedecerão às normas aplicáveis às instituições financeiras previstas no § 1º."

isso deve ocorrer. Em nenhuma das hipóteses, o Cade, a SDE, a Seae ou a defesa da concorrência na esfera administrativa estão listados. Todavia, no desempenho de suas funções de análise de atos de concentração, o Cade considera necessário receber informações sobre cinco maiores clientes e fornecedores das empresas nos termos das suas resoluções em vigor,[148] o que conflita com as limitações impostas pela Lei Complementar 105/2001. Por isso, a sugestão de adaptar o item VI.1 do Anexo I da Resolução – Cade 15/1998, visando a substituir a expressão "5 maiores clientes e fornecedores" por "5 maiores depositários e tomadores",[149] deve apresentar dificuldades. Os diversos dispositivos da Lei 8.884/1994 que tratam do poder de requisitar conferido ao Cade não se sobrepõem ao disposto na Lei Complementar 105/2001, pois esta dispõe de matéria que, de acordo com a Constituição, deveria obrigatoriamente ser regulada por lei complementar por se tratar da organização do SFN.[150] A Lei Complementar

148 BRASIL. Cade. Resolução 15/1998. "Anexo I [...] Parte VI – Condições gerais nos mercados relevantes. [...] VI.1. Os 5 maiores clientes e fornecedores independentes nos mercados relevantes de cada requerente. (Indicar nome, endereço, número do telefone, número do fax e e-mail da pessoa de contato) [...] Anexo II [...] Parte VI – Condições gerais nos mercados relevantes [...] Estrutura da oferta [...] VI.1. Relacione os 10 (dez) maiores fornecedores independentes de cada requerente, indicando os respectivos insumos adquiridos. Forneça nome, número de telefone, número de fax, endereço do correio eletrônico, além de nome e cargo de funcionário da área comercial dos fornecedores citados. VI.2. Estimativa da capacidade instalada e do grau de ociosidade da indústria como um todo, em cada mercado relevante. VI.3. Principais características da distribuição no mercado relevante, estimando as participações relativas das vendas diretas e indiretas. [...] Estrutura da demanda [...] VI.6. Os 10 (dez) maiores clientes de cada Requerente nos mercados relevantes, o valor das vendas para cada um deles e as respectivas participações no total das vendas de cada Requerente nesses mercados. Indicar para cada cliente, nome, número do telefone e número do fax do funcionário da área de compras. Apresentar as mesmas informações para 5 (cinco) clientes considerados, pela empresa, de porte médio e 5 (cinco) pequenos. [...] Anexo V [...] 1.7. CLIENTES E FORNECEDORES INDEPENDENTES. Clientes e fornecedores independentes são aquelas empresas que não participam de nenhum dos grupos das requerentes."

149 OLIVEIRA, Gesner. Defesa da concorrência e regulação no setor bancário. In: CAMPILONGO, Celso Fernandes; ROCHA, Jean Paul Cabral Veiga da; MATTOS, Paulo Todescan Lessa (Org.). *Concorrência e regulação no sistema financeiro*, p. 177.

150 BRASIL. Lei 8.884/1994, art. 7º. "Compete ao Plenário do Cade: [...] IX – requisitar informações de quaisquer pessoas, órgãos, autoridades e entidades públicas ou privadas, respeitando e mantendo o sigilo legal quando for o caso, bem como determinar as diligências que se fizerem necessárias ao exercício das suas funções." Idem, art. 9º. "Compete aos Conselheiros do Cade: [...] III – submeter ao Plenário a requisição de informações e documentos de quaisquer pessoas, órgãos, autoridades

não prevê a possibilidade de quebra de sigilo no caso de infração ou crime a ordem econômica.[151]

Nesse sentido, manter a competência para a aprovação de atos de concentração com o Bacen poderia ser mais eficaz, visto que a autarquia disporia dos meios adequados para requisitar as informações necessárias, não só em relação aos clientes, mas também às demais instituições financeiras. Ao Cade restaria a possibilidade de firmar convênios com o Bacen e a CVM, objetivando apenas a fiscalização,[152] a qual corresponde, no SBDC, aos processos administrativos para investigação de práticas anticoncorrenciais. Assim, a competência para analisar de concentração no SBDC seria prejudicada pela impossibilidade de se requisitarem dados, mas a investigação de condutas anticoncorrenciais seria possível na hipótese de ser firmado convênio com o Bacen e a CVM.

9. O papel do direito privado na defesa da concorrência no mercado financeiro

Numa primeira abordagem, o estudioso da defesa da concorrência pode estranhar o apelo ao estudo do direito privado para o entendimento de uma questão de direito antitruste, ramo do direito fortemente atrelado à ação estatal e, por isso, sempre levado a cabo sob a égide do direito administrativo, que é direito público por definição. Apesar disso, nos currículos

---

e entidades públicas ou privadas, a serem mantidas sob sigilo legal, quando for o caso, bem como determinar as diligências que se fizerem necessárias ao exercício das suas funções." Idem, art. 14. "Compete à SDE: V – requisitar informações de quaisquer pessoas, órgãos, autoridades e entidades públicas ou privadas, mantendo o sigilo legal quando for o caso, bem como determinar as diligências que se fizerem necessárias ao exercício das suas funções."

151 BRASIL. Lei Complementar 105/2001, art. 1º, § 4º.

152 BRASIL. Lei Complementar 105/2001, art. 2º, § 4º. "O Banco Central do Brasil e a Comissão de Valores Mobiliários, em suas áreas de competência, poderão firmar convênios: I – com outros órgãos públicos fiscalizadores de instituições financeiras, objetivando a realização de fiscalizações conjuntas, observadas as respectivas competências; II – com bancos centrais ou entidades fiscalizadoras de outros países, objetivando: a) a fiscalização de filiais e subsidiárias de instituições financeiras estrangeiras, em funcionamento no Brasil e de filiais e subsidiárias, no exterior, de instituições financeiras brasileiras; b) a cooperação mútua e o intercâmbio de informações para a investigação de atividades ou operações que impliquem aplicação, negociação, ocultação ou transferência de ativos financeiros e de valores mobiliários relacionados com a prática de condutas ilícitas."

universitários brasileiros, a defesa da concorrência é tratada às vezes pelo direito comercial, às vezes pelo direito econômico.

Sob certo ponto de vista, associar o direito antitruste ao direito comercial, ou direito privado, conteria uma contaminação de ranço privatista que, paradoxalmente apoiada no dogma da autonomia da vontade, impediu por tanto tempo o surgimento e o desenvolvimento do direito antitruste. Outra crítica é o fato de tal abordagem se coadunar com o espírito do movimento de desregulação, o qual recentemente forçou a retirada de uma série de normas restritivas da atuação dos agentes econômicos, concedendo novo ímpeto à concorrência entre eles.

Embora seja possível ao particular prejudicado recorrer ao Judiciário na defesa de seus direitos patrimoniais afetados por desrespeito à Lei 8.884/1994, não se nega o forte elemento publicista no direito antitruste, especialmente quando se atenta para seu caráter de ordem pública. O fato de às partes ser vedado excluir sua aplicação por mera convenção e a necessidade premente de um ente estatal para sua implementação na esfera administrativa, ainda que com impulso inicial provindo de um particular, justificam sua inserção naquilo que tradicionalmente se intitula direito público. Por essa razão, não incumbe às partes decidir, previamente, se os atos a serem notificados causam prejuízo à livre concorrência sob o pretexto de a Constituição de 1988 proteger a livre-iniciativa e a livre concorrência – preenchidos os critérios objetivos previstos no art. 54 da Lei 8.884/1994, a notificação é dever daqueles que participam do ato.

A discussão sobre a que ramo do direito – público ou privado – pertence o direito antitruste é despicienda, importando apenas e tão-somente a forma pela qual ele é aplicado. Por um lado, os publicistas apontam o seu objeto de estudo como o das normas de ordem pública, ignorando que o direito privado também possui normas inderrogáveis por mera convenção. Por outro lado, às vezes o privado necessita de atuação estatal para existir – é o caso do casamento, contrato que, para determinados fins, somente pode ser considerado se celebrado perante o Estado. Logo, apenas num dos critérios de diferenciação,[153] esta não é fácil. Desse modo, a dicotomia é "confusa e sem nitidez", fazendo "da separação entre direito público e privado tarefa difícil de realizar-se".[154] Assentado que a dicotomia direito público-direito privado somente auxilia na sistematização dos princípios organizadores de cada bloco e que tais princípios nem sempre são mutuamente excludentes,

[153] Sobre os demais critérios de diferenciação, ver FERRAZ JR., Tercio Sampaio. *Introdução ao estudo do direito*: técnica, decisão, dominação, p. 135-137.

[154] Idem, ibidem, p. 135.

cumpre indagar qual a função exata do direito privado no entendimento da defesa da concorrência.

O ponto em que se apóia a metodologia adotada diz respeito ao funcionamento dos mercados. Inegável o papel da autonomia da vontade para delinear a gestão empresarial, que pode ser qualificada pela presença do poder econômico, hipótese em que merece especial atenção. Nesse caso, a autonomia privada, nas suas mais diversas acepções pode atuar livremente, desde que não ultrapasse certos limites tipificadores de ilícitos.

Como o sistema econômico descentralizado, baseado na concorrência, assenta-se no direito privado, é difícil desconsiderar que este desempenha uma função na análise antitruste. Como exemplo, analise-se o contrato. Se, mesmo nos sistemas econômicos centralizados, o contrato desempenhava função relevante, ao articular a atuação dos agentes com vistas a implementar o plano predefinido, seu papel não poderia deixar de ser central nas economias em que a formação do preço ocorre de modo descentralizado. É no preço e nos seus pontos tangenciais que reside a maior parte das preocupações que unem o direito da concorrência e o direito privado. Esses tópicos podem ser detalhados, surgindo deles vários desdobramentos, tais como o impacto institucional das associações, o paralelismo dos tipos contratuais nos negócios de massa, a uniformidade das taxas de juros e a cláusula de não-concorrência.

Esta última serve de prova nítida de que a interface entre o público e o privado é maior do que se imagina à primeira vista. A cláusula de não-concorrência é de grande importância nos contratos que envolvem a transferência de fundos de comércio, na medida em que impacta sobre o preço do negócio. O art. 1.147 do Código Civil estabelece que, "não havendo autorização expressa, o alienante do estabelecimento não pode fazer concorrência ao adquirente, nos cinco anos subseqüentes à transferência".[155] As decisões administrativas do Cade, em sua maioria, impõem o mesmo prazo-limite na esfera administrativa, muito embora os parâmetros sobre os quais se deveriam basear tais decisões sejam diferentes.[156]

[155] BRASIL. Lei 10.406, de 10 de janeiro de 2002, art. 1.147.

[156] Isso não significa que, em situações especiais, o Cade não tenha adotado prazo máximo diferente. Neste sentido, ver Ato de Concentração 08012.006197/2005-86 (requerentes: Bunge Alimentos S.A. e Perdigão Agroindustrial S.A.; relator: Conselheiro Luiz Carlos Delorme Prado); Ato de Concentração 08012.005571/2005-26 (requerentes: Sartomer Company, INC.; The Goodyear Tire & Rubber Company; relator: Conselheiro Roberto Augusto Castellanos Pfeiffer); Ato de Concentração 08012.005540/2004-94 (requerentes: E. I. Du Pont de Nemours and Company, Du Pont do Brasil S.A. e BioSentry, Inc.; relator: Conselheiro Luiz Carlos Delorme

Nesse contexto, os mecanismos de intermediação financeira, levados a cabo pelos bancos, se dão via instrumentos contratuais de direito privado, em que pese a importância da regulação pública. Os depositantes celebram uma grande quantidade de contratos com o banco, e este faz o mesmo com os tomadores de crédito. Como resultado dessa verdadeira malha contratual, com vértice na instituição financeira, esta se torna um centro de poder mesmo sem ser proprietária de tais numerários. Esse efeito decorre da natureza jurídica dos contratos celebrados, os quais enfatizam a igualdade formal entre os contratantes, ignorando que a repetição de tais instrumentos inúmeras vezes é capaz de alterar-lhes a substância. Em outras palavras, o direito contratual se apresenta como "uma técnica regulatória com finalidades instrumentais capazes de estabelecer parâmetros, monitoramento e execução". Embora à primeira vista haja a demolição do direito privado, sua força teórica possibilita-lhe transpor para o diálogo político alegações sociais e econômicas, readaptando seu raciocínio.[157]

A análise de parte dessa mutação de simples obrigações consideradas isoladamente em redes contratuais foi empreendida com o recurso à teoria geral do direito, preferencialmente o estudo dos tipos contratuais relacionados à intermediação financeira, com ênfase na sua estrutura e função. Demonstrou-se como a formação do poder ocorre quase que naturalmente no sistema capitalista, o qual possui como tendência a acumulação de capitais e, como característica a ser defendida, a concorrência. O estudo de noções básicas de intermediação financeira, privilegiando seu aspecto dinâmico, tem utilidade para identificar o objeto a ser tutelado pela defesa da concorrência, bem como verificar, eventualmente, se eles facilitam ou dificultam a atuação estatal.

9.1 *A autonomia da vontade e a concorrência*

Historicamente, associam-se o direito privado e um de seus conceitos basilares, a autonomia da vontade, ao liberalismo econômico na sua forma extremada e, por conseqüência, à própria negação de qualquer atuação estatal fora das clássicas do Estado gendarme. Em outras palavras, seria

Prado); Ato de Concentração 08012.008073/2004-54 (requerentes: Griffin LLC Valdosta, Griffin Brasil Ltda e Proficol USA, Inc.; relator: Conselheiro Ricardo Villas Bôas Cueva); Ato de Concentração 08012.004804/98-54 (relator: Marcelo Procópio Calliari); Ato de Concentração 177/1997 (requerentes: Cia. Brasileira de Estireno e Unigel).

157 COLLINS, H. *Regulating contracts*, p. 46.

um paradoxo ligar autonomia da vontade, liberdade contratual e defesa da concorrência, posto serem conceitos díspares.

A autonomia da vontade, em sua acepção liberal, "é um ideal de autocriação, de pessoas exercendo controle sobre seus destinos. Uma vida autônoma consiste na busca de atividades, objetivos e relações livremente escolhidas".[158] Curiosamente, a mesma autonomia da vontade, se observada por outro ângulo, também fornece justificativa para a atuação estatal sobre a economia. Como assevera Ribeiro,

> [...] mesmo entre os mais estrénuos defensores de uma concepção ético-subjetiva da autonomia privada, como instrumento jurídico da livre realização da personalidade individual, é comum a invocação do mecanismo da livre concorrência como uma suplementar razão legitimadora do reconhecimento daquele princípio.[159]

Assim, para os liberais convictos, a função auto-reguladora da concorrência desempenha papel significativo para a preservação da própria autonomia da vontade.

É possível, porém, avançar noutra direção. A autonomia da vontade, elemento do núcleo dos negócios jurídicos, fragiliza-se ante o poder econômico. Até mesmo a própria identificação das situações em que houve abuso de posição dominante é dificultada por dois motivos numa relação contratual. A autonomia da vontade torna difícil diferenciar entre a manifestação da vontade e o abuso[160] – se assinou o contrato, a parte o fez em virtude de as cláusulas lhe serem convenientes. Ademais, a adequação dos contratos às tipologias legais cria uma presunção mental de legitimidade[161] – o contrato está de acordo com o previsto em lei. As duas características criam uma verdadeira miragem sobre os abusos do poder econômico. O Cade afirma não tratar de demandas individuais sem impacto sobre o mercado. De fato, uma das defesas mais comuns contra acusações de abuso de posição dominante é o argumento de que a controvérsia diz respeito ao direito privado, rechaçando a aplicação do direito da concorrência. Pouquíssimas violações

---

[158] KIMMEL, Dori. Neutrality, autonomy, and freedom of contract. *Oxford Journal of Legal Studies*, v. 21, n. 3, p. 482.

[159] RIBEIRO, Joaquim de Souza. *O problema do contrato*: as cláusulas contratuais gerais e o princípio da liberdade contratual. Coimbra: Almedina, 1999. p. 177.

[160] PENTEADO, Luciano Camargo. Abuso do poder contratual e boa-fé. *Revista de Direito Privado*, n. 11, p. 143.

[161] Idem, ibidem, p. 143.

contratuais são consideradas como abuso de posição dominante, quando estas podem perfeitamente ocorrer no bojo da relação contratual.[162]

Considerando-se a autonomia da vontade como um dos corolários do liberalismo e do contrato e, ao mesmo tempo, reconhecendo-se que a existência do poder econômico inerentemente a cerceia, quer direta, quer indiretamente, não é de estranhar que haja uma tentativa de corrigir os rumos do mercado a partir de fora, ou seja, a partir do Estado. Esta é a "tensão fundamental" entre o direito da concorrência e o direito privado: "liberdade contratual é um pré-requisito necessário para mercados competitivos, mas o direito da concorrência restringe aquela liberdade à medida que ela refreie indevidamente a concorrência".[163] Recorde-se uma vez mais a máxima de que "é necessário proteger o capitalismo dos capitalistas". Como visto, o abuso de posição dominante pode ocorrer com ou sem situações de abuso de direito no espaço das relações jurídicas atomizadas. Contudo, tal relação não é totalmente afastada e pode haver sobreposição. No campo do direito privado, Penteado sintetiza:

> [...] como parte, relaciona-se ao todo, podendo afetá-lo, inclusive em sua estrutura nuclear: é o que faz a cláusula abusiva, rompendo o necessário equilíbrio do regramento contratual e impedindo a concreção do suporte fático concordante com o modelo jurídico legal, que é sinalagmático. Por essa contrariedade o direito recebe a sanção da invalidade em seu mais alto grau, a nulidade.[164]

---

162 Ver TOMASETTI JR., Alcides. Abuso de poder econômico e abuso de poder contratual. Regime jurídico particularizado. Denunciabilidade da relação contratual a tempo indeterminado. Contrato de fornecimento interempresarial. Monopólio estatal de sociedade fornecedora. Aumento arbitrário de lucros. Ilícitos constitucionais e direito comum. Providências processuais corretivas. *Revista dos Tribunais*, v. 715. O parecer descreve uma típica situação na qual as esferas da defesa da concorrência e do direito privado se sobrepõem.

163 MAHER, Imelda. Regulating competition. In: PARKER, C. et al. *Regulating law*. Oxford: Oxford University Press, 2004. p. 1. A autora associa a estrutura processual do direito da concorrência à aproximação de um destes pólos. Se a ênfase é na liberdade contratual, o sistema de defesa da concorrência tenderá a se estruturar com base nos litígios privados. Se a ênfase é na restrição da liberdade contratual, um regime de tutela administrativa da defesa da concorrência surgirá provavelmente.

164 PENTEADO, Luciano Camargo. As cláusulas abusivas e o direito do consumidor. *Revista dos Tribunais*, n. 725, p. 94. No campo do direito econômico é apropriado expandir as conclusões da primeira frase para compreender, inclusive, os fatores não relacionados a uma relação contratual e que caracterizam abuso de posição dominante.

No direito privado dos códigos civis, os mecanismos de correção revelam-se insuficientes para essa tarefa, mas não deve ser ignorada. A sistemática dos defeitos do negócio jurídico tem alcance limitado para tratar da defesa da concorrência no SFN. O erro,[165] o dolo,[166] a coação,[167] o estado de perigo,[168] a fraude contra credores[169] e a lesão[170] apresentam-se como instrumentos no trato de relações contratuais atomizadas entre a instituição financeira e o cliente, servindo para contrabalançar eventuais situações individualizadas de abuso do poder econômico. Essa observação também se aplica ao disposto no art. 39 da Lei 8.078/1990,[171] desde que o conflito não seja tratado pelos mecanismos de tutela coletiva.

---

165 BRASIL. Lei 10.046/2002, art. 138. "São anuláveis os negócios jurídicos, quando as declarações de vontade emanarem de erro substancial que poderia ser percebido por pessoa de diligência normal, em face das circunstâncias do negócio."

166 BRASIL. Lei 10.046/2002, art. 145. "São os negócios jurídicos anuláveis por dolo, quando este for a sua causa."

167 BRASIL. Lei 10.046/2002, art. 151. "A coação, para viciar a declaração da vontade, há de ser tal que incuta ao paciente fundado temor de dano iminente e considerável à sua pessoa, à sua família, ou aos seus bens."

168 BRASIL. Lei 10.046/2002, art. 156. "Configura-se o estado de perigo quando alguém, premido da necessidade de salvar-se, ou a pessoa de sua família, de grave dano conhecido pela outra parte, assume obrigação excessivamente onerosa."

169 BRASIL. Lei 10.046/2002, art. 158. "Os negócios de transmissão gratuita de bens ou remissão de dívida, se os praticar o devedor já insolvente, ou por eles reduzido à insolvência, ainda quando o ignore, poderão ser anulados pelos credores quirografários, como lesivos dos seus direitos."

170 BRASIL. Lei 10.046/2002, art. 157. "Ocorre a lesão quando uma pessoa, sob premente necessidade, ou por inexperiência, se obriga a prestação manifestamente desproporcional ao valor da prestação oposta."

171 BRASIL. Lei 8.078, de 11 de setembro de 1990, art. 39. "É vedado ao fornecedor de produtos ou serviços, dentre outras práticas abusivas: I – condicionar o fornecimento de produto ou de serviço ao fornecimento de outro produto ou serviço, bem como, sem justa causa, a limites quantitativos; II – recusar atendimento às demandas dos consumidores, na exata medida de suas disponibilidades de estoque, e, ainda, de conformidade com os usos e costumes; [...] V – exigir do consumidor vantagem manifestamente excessiva; VI – executar serviços sem a prévia elaboração de orçamento e autorização expressa do consumidor, ressalvadas as decorrentes de práticas anteriores entre as partes; [...] VIII – colocar, no mercado de consumo, qualquer produto ou serviço em desacordo com as normas expedidas pelos órgãos oficiais competentes ou, se normas específicas não existirem, pela Associação Brasileira de Normas Técnicas ou outra entidade credenciada pelo Conselho

Com base nessas deficiências, o direito privado adotou outra estratégia de conteúdo processual: aglutinar interesses semelhantes e conferir-lhes tratamento conjunto ante o interesse que se encontra em situação fática material privilegiada. A legislação trabalhista coletiva foi pioneira nessa seara, e hoje se invoca o direito do consumidor para lidar com inúmeras situações que caracterizam ou não choque com o poder econômico. Um dos mecanismos à disposição são as convenções coletivas de consumo.[172]

Ora, o abuso do poder econômico comporta duas dimensões: a do mercado tomado como um todo, objeto imediato da disciplina da concorrência, e a de cada relação jurídica individualmente vista, objeto mediato da disciplina da concorrência.[173] É nesta que o tratamento dado aos defeitos do

Nacional de Metrologia, Normalização e Qualidade Industrial (Conmetro); IX – recusar a venda de bens ou a prestação de serviços, diretamente a quem se disponha a adquiri-los mediante pronto pagamento, ressalvados os casos de intermediação regulados em leis especiais; X – elevar sem justa causa o preço de produtos ou serviços. XI – Dispositivo incluído pela MPV n. 1.890-67, de 22.10.1999, transformado em inciso XIII, quando da conversão na Lei n. 9.870, de 23.11.1999. XII – deixar de estipular prazo para o cumprimento de sua obrigação ou deixar a fixação de seu termo inicial a seu exclusivo critério. XIII – aplicar fórmula ou índice de reajuste diverso do legal ou contratualmente estabelecido."

172 BRASIL. Lei 8.078, de 11 de setembro de 1990, art. 107. "As entidades civis de consumidores e as associações de fornecedores ou sindicatos de categoria econômica podem regular, por convenção escrita, relações de consumo que tenham por objeto estabelecer condições relativas ao preço, à qualidade, à quantidade, à garantia e características de produtos e serviços, bem como à reclamação e composição do conflito de consumo." Ver, por exemplo, o Termo de Ajustamento de Conduta, celebrado entre o Departamento de Proteção e Defesa do Consumidor da Secretaria de Direito Econômico e as associadas da Associação Brasileira das Empresas de Cartões de Crédito e Serviços (ABECS), em 4 de dezembro de 1998.

173 PENTEADO, Luciano Camargo. As cláusulas abusivas e o direito do consumidor. *Revista dos Tribunais*, n. 725, p. 95. Exemplo de abuso de poder econômico individualmente considerado, mas que reflete a desigualdade, são as cláusulas, presentes em contratos de mútuo e de cartão de crédito, por meio das quais o consumidor autorizava a instituição financeira a emitir notas promissórias em nome do cliente para facilitar a cobrança de valores devidos em caso de inadimplemento. O Cade não considera que situações desta natureza sejam de sua competência por envolver questões essencialmente privadas. O autor concorda com esta assertiva, mas acredita que as situações de abusividade que caracterizam "litígios privados" precisam ser melhor aclaradas pelo Cade, especialmente porque há casos limítrofes em que as justificativas não foram explicitadas. Ver Processo Administrativo 08012.000573/1998-93 (Representante: Douranet Informática Ltda., Representada: Menthor Informática).

negócio jurídico pode ter algum efeito sobre a concorrência – o respeito ou o desrespeito aos direitos dos clientes pode influir na escolha da instituição financeira.[174] Sob outra ótica, considerando-se o efeito conjunto produzido pela aplicação desses institutos jurídicos, haveria regulação do mercado financeiro, que teria de se adequar às decisões judiciais que considerassem ilícitas determinadas práticas.[175]

Além disso, a expressão "livre concorrência" reflete, em certa medida, a preocupação do direito civil com a autonomia da vontade livre desses vícios. Se a concorrência não é livre, é impossível ao indivíduo-consumidor exercer a sua plena autonomia: deixará de consumir ou consumirá menos do que desejava, porque o agente econômico se apropriou ilegitimamente de parcela de sua renda. Bem nítida no bojo das relações contratuais em que um contratante está diante do outro, a liberdade contratual do direito civil influencia a formulação original da defesa da concorrência. Afinal, o mercado não é tutelado por si só; é tutelado na medida em que pode gerar benefícios aos indivíduos que nele negociam e nele celebram contratos.

Podem despontar, ainda, duas observações a esse respeito. Em primeiro lugar, ao se enfatizar a importância do consumidor, o indivíduo assume papel significativo no debate, ressaltando a relação entre a proteção do consumidor e a defesa da concorrência, o que nem sempre pode ser correto – embora a Escola de Chicago associe ambos quase que automaticamente, é possível conceber situações em que a maximização do bem-estar social (um dos possíveis objetivos da política antitruste) reflita uma diminuição do bem-estar do consumidor. Longe de negar qualquer papel ao indivíduo ou ao consumidor, a questão é determinar qual o seu papel exato, sem exagerar nem reduzir suas possibilidades de influenciar o mercado. O bem-estar do consumidor é um objetivo do antitruste, mas não se deve esquecer que (i) este conceito é controverso e que (ii) há outros fins que se podem perseguir. Em segundo lugar, a mudança de foco, substituindo-se a tutela do mercado

[174] O Bacen mantém em seu sítio dados estatísticos sobre as reclamações contra cada uma das entidades fiscalizadas. Disponível em: http://www.bacen.gov.br/?RANKING (acesso em 6 dez. 2004, à 1h04). No mesmo sentido, o Sistema Nacional de Defesa do Consumidor (Sindec), criado no âmbito do Departamento de Proteção e Defesa do Consumidor da SDE, pode desempenhar função semelhante. Disponível em: http://www.mj.gov.br/dpdc/sindec/ (Acesso em: 20 set. 2006).

[175] Esta função de controle exercida pelo Judiciário encontra-se nas jurisdições, nas quais a resposta a uma demanda é rápida. No Brasil, onde causas costumam se perpetuar, as instituições financeiras contam com a lentidão do Judiciário para continuar com suas práticas abusivas. Mesmo os instrumentos processuais contidos na Lei 8.078/1990 perdem sua eficácia na lentidão do Judiciário.

pela da liberdade contratual, implica algumas conseqüências que extravasam as terminológicas. A Lei 8.884/1994 elege a coletividade como titular de suas preocupações,[176] o que fez muitos considerarem-na protetora dos direitos difusos. Essa denominação, voltada principalmente para o aspecto processual do direito do consumidor, menospreza a atuação da pessoa, física ou jurídica, no mercado. Se preservado tal viés, o direito privado retornaria à situação indesejável do voluntarismo jurídico, dificultando qualquer tentativa de melhor compreensão dos mecanismos de concorrência.

Uma empresa que pague menos pelos juros num empréstimo ou um depositante que obtenha melhores taxas por seu depósito podem ser o reflexo sentido diretamente por cada pessoa que atue no referido mercado. Parece inadequado considerar o antitruste apenas como um interesse difuso, pois, diferentemente do que ocorre com a propaganda ofensiva ou o desflorestamento na Amazônia, é possível, na maioria dos casos, quantificar pecuniariamente o dano sofrido por uma conduta anticompetitiva. O máximo que se pode afirmar é que os interesses tutelados pelo antitruste são de natureza individual homogênea, uma vez que os titulares deles são perfeitamente identificáveis em boa parte das situações.[177]

9.2 *A autonomia da vontade e os contratos incompletos*

A complexidade dos contratos dos mercados financeiros confere ao ofertante condição de superioridade em relação às informações necessárias. A legislação protetiva dos consumidores, quer seja por meio de leis, quer seja a regulação administrativa, visa a suprir esse desnível e colocar ambos os contratantes em condições formalmente mais balizadas, visando diminuir as conseqüências das desigualdades materiais pela ênfase nos "direitos do consumidor".[178] Logo, o ideário da autonomia da vontade é condicionado por normas dessa natureza.

---

[176] BRASIL. Lei 8.884/1994, art. 1º, parágrafo único: "A coletividade é a titular dos bens jurídicos protegidos por esta lei".

[177] Não fosse assim, a litigiosidade antitruste nos EUA não seria possível, uma vez que as indenizações triplas são estabelecidas a partir do dano sofrido pelo autor da ação.

[178] A imposição de regulação assimétrica nestas relações jurídicas é uma forma de balizar o desnível entre as partes contratantes. Impondo-se deveres aos fornecedores de serviços financeiros que, por seu turno, não encontram equivalente do lado do consumidor, pretende-se diminuir o desnível existente. No Reino Unido, a figura do conselheiro financeiro (*financial adviser*) se confunde com a de um vendedor, o que gera situações de conflito de interesse bastante fortes. Para lidar com esta assimetria informacional, o conselheiro financeiro é obrigado a fornecer explicações detalhadas

Mesmo assim, o problema persiste, especialmente depois da celebração dos contratos. Muitos destes só podem ter sua qualidade aferida pelos consumidores depois de certo lapso temporal. Esses tipos de contratos são chamados de incompletos devido ao fato de, na sua origem, não preverem condições ou eventos que, durante sua execução, deveriam ser sido regulados à época de sua assinatura.[179] Na medida em que as instituições financeiras estão em melhores condições de avaliar os contratos, sua posição se fortalece em razão da assimetria de informações, reforçando o seu poder econômico. Uma regulação preocupada com a defesa da concorrência deveria tentar reduzir esse tipo de desvantagem das instituições financeiras. Contudo, deve-se ponderar o exato grau de proteção a ser conferida sob pena de desequilibrar a equação econômico-financeira do produto vendido.

10. Custos de transação: recebimento de salários e a conta-investimento

No contexto da expansão das atividades dos serviços e sistemas de pagamento, um dos fatores que influenciam a concorrência entre instituições financeiras é a capacidade de os clientes insatisfeitos mudarem de prestador de serviço. Para que isso seja facilitado, o ônus decorrente da mudança tem de ser o menor possível. Em outras palavras, o custo de transação deve ser baixo, a fim de não atuar como "custo afundado" na saída de uma relação contratual. Em princípio, a livre circulação de capitais dentro do território nacional já garantiria que isso ocorresse. Entretanto, a existência da CMPF e de outros encargos tributários dificultam esta livre circulação, mesmo numa mesma localidade, impondo significativos ônus aos clientes que desejem transferir recursos de uma instituição financeira para outra. Nesse sentido, dois aspectos merecem atenção: a forma de recebimento de salários e a conta-investimento.

Atualmente, os empregados das empresas recebem o seu salário numa conta-corrente, aberta com sua concordância num banco próximo ao local de trabalho.[180] Caso desejem, podem receber cheques a serem descontados,

aos consumidores. No Brasil, as normas do Bacen e a legislação consumerista desempenham papel equivalente.

179 LLEWELLYN, David. *The economic rationale for financial regulation*, p. 42-43.

180 BRASIL. Decreto-lei 5.452, de 1º de maio de 1943 (Consolidação das Leis do Trabalho), art. 464, parágrafo único. "Terá força de recibo o comprovante de depósito em conta bancária, aberta para esse fim em nome de cada empregado, com o consentimento deste, em estabelecimento de crédito próximo ao local de trabalho. (Parágrafo incluído pela Lei n. 9.528, de 10.12.1997.)."

mas as facilidades geradas pelo recebimento direto em conta tornam remota tal hipótese. Comparando-se as duas possibilidades, receber na conta-corrente representa para o empregado um custo de transação menor do que descontar o cheque no banco. Em decorrência dessas regras, o poder de barganha do empregador aumenta perante o banco, uma vez que também poderá negociar a abertura de contas para que os empregados recebam salário. Sem possibilidade de escolha, estes dificilmente recebem as vantagens que os bancos oferecem àquele pelo pacote da conta da empresa/contas dos empregados.[181] Como decorrência dessa regra, os bancos competem mais pela obtenção da fidelidade da empresa do que pela dos empregados, pois estes acompanharão aquela na maioria das vezes. Nessas condições, os empregados acabam tendo tratamento muito inferior ao que lhes seria conferido caso tivessem livremente optado pelo banco.

Visando a corrigir tal distorção, foi apresentado no Senado o Projeto de Lei 304/2004, de autoria do Senador Mercadante. O empregado poderá escolher livremente o estabelecimento bancário em que deseja receber o salário. Além disso, o projeto ainda enfatiza a possibilidade de a convenção ou acordo coletivo acertarem o depósito num banco específico, o que possibilita a negociação de melhores condições pelos sindicatos.[182] Se aprovadas, tais mudanças poderiam melhorar algo na posição frágil dos pequenos clientes ante os bancos. Além disso, a estratégia destes teria de se adaptar à nova realidade, prestando atenção também aos assalariados e não apenas aos empregadores.

O outro aspecto ligado ao custo de transação com impactos diretos sobre a concorrência entre instituições financeiras é a existência da Contribuição Provisória sobre Movimentação ou Transmissão de Valores e de Créditos de Direitos de Natureza Financeira (CPMF). Na sua versão original, a CPMF

---

181 SENADO FEDERAL. Projeto de Lei do Senado 304, de 24 de novembro de 2004. Autoria do Senador Aloizio Mercadante. Justificativa. "A atribuição ao empregador do direito de escolha da instituição financeira em que o empregado receberá sua remuneração causa uma série de distorções no mercado bancário. A mais importante delas é o aumento descabido do poder de mercado dos bancos, que, protegidos pelo mercado cativo que os empregados representam, sentem-se à vontade para exorbitar nas tarifas e no *spread* praticado em seus empréstimos. Agregue-se que os bancos costumam adotar o artifício de cobrar tarifas elevadas de transferência interbancária, de forma a desestimular a migração de seus clientes."

182 SENADO FEDERAL. Projeto de Lei do Senado 304, de 24 de novembro de 2004. Autoria do Senador Aloizio Mercadante. "Artigo 464 [...] § 1º Terá força de recibo o comprovante de depósito em conta bancária do empregado, aberta por ele em estabelecimento bancário de sua livre escolha. [...] § 4º Convenção ou acordo coletivo de trabalho poderá estabelecer que a empresa efetue o pagamento da remuneração de seus empregados em instituição financeira por ela escolhida, mediante depósitos em contas correntes, especialmente abertas para esse fim (NR)."

tinha grande abrangência, não havendo exceções a sua incidência.[183] Com isso, a taxação incidia sobre um grande número de operações e desestimulava transferência de valores entre diversos tipos de investimento, quer seja na mesma instituição financeira, quer seja entre diversas instituições. Assim, por representar custo de transação, a CPMF desestimulava a concorrência entre diversos produtos pelas instituições financeiras, uma vez que as movimentações se tornavam mais caras, o que necessitava ser compensado por maior rentabilidade. Mudanças introduzidas pela Lei 10.892/2004[184] abrandaram a incidência da CPMF, permitindo, por meio da conta-investimento, que o saque de uma aplicação não pagasse a contribuição, caso fosse transferido para outra conta-investimento ou para outra aplicação na mesma instituição financeira. Com isso, os custos de transação para migração de um investimento para outro diminuirão e, sob a perspectiva da concorrência, poderão possibilitar aos clientes trocar de instituição financeira sem encargos adicionais.

Todavia, não se devem superestimar os efeitos destas iniciativas. Embora contribuam para diminuir as assimetrias informacionais, ainda persistem barreiras que dificultam a livre circulação das economias. Primeiro, existe uma série de custos envolvidos na mudança de um relacionamento comercial que já vem se sedimentando há algum tempo – a pesquisa do novo banco, o tempo a ser gasto com o fechamento da conta e transferência de contas em débito automático, por exemplo, dificultam uma ágil mudança, especialmente para o pequeno investidor.

---

183 BRASIL. Lei 9.311, de 24 de outubro de 1996, art. 1º, parágrafo único. "Considera-se movimentação ou transmissão de valores e de créditos e direitos de natureza financeira qualquer operação liquidada ou lançamento realizado pelas entidades referidas no art. 2.°, que representem circulação escritural ou física de moeda, e de que resulte ou não transferência da titularidade dos mesmos valores, créditos e direitos."

184 BRASIL. Lei 9.311, de 24 de outubro de 1996, art. 8º (redação dada pela Lei 10.892/2004). "Art. 8.° A alíquota fica reduzida a zero: [...] III – nos lançamentos em contas correntes de depósito das sociedades corretoras de títulos, valores mobiliários e câmbio, das sociedades distribuidoras de títulos e valores mobiliários, das sociedades de investimento e fundos de investimento constituídos nos termos dos arts. 49 e 50 da Lei n. 4.728, de 14 de julho de 1965, das sociedades corretoras de mercadorias e dos serviços de liquidação, compensação e custódia vinculados às bolsas de valores, de mercadorias e de futuros, e das instituições financeiras não referidas no inciso IV do art. 2.°, bem como das cooperativas de crédito, desde que os respectivos valores sejam movimentados em contas correntes de depósito especialmente abertas e exclusivamente utilizadas para as operações a que se refere o § 3.° deste artigo; [...] VII – nos lançamentos a débito em conta corrente de depósito para investimento, aberta e utilizada exclusivamente para realização de aplicações financeiras de renda fixa e de renda variável, de qualquer natureza, inclusive em contas de depósito de poupança."

CAPÍTULO 6

MOEDA E DEFESA DA CONCORRÊNCIA NO SFN

As instituições financeiras têm sido objeto de extensa regulação pelos órgãos governamentais; entre as principais justificativas para legitimar tal atuação, apresentam-se as seguintes: (i) o papel dos bancos para o bom funcionamento da economia como um todo e (ii) a vulnerabilidade dos bancos a corridas de saques.[1] Tais considerações, contudo, deixam de lado aspecto essencial da atuação do Estado: seus interesses na condução da política relacionada à moeda. Sob esse prisma, na maior parte do tempo, a política de defesa da concorrência tende a ser eclipsada por outros objetivos de política estatal.

O detentor de moeda reveste-se de uma modalidade especial de poder econômico, a qual lhe confere especiais características em relação aos demais setores da economia. O poder econômico e a concorrência no SFN determinam e são determinados, em grande medida, pelo tratamento estatal conferido à moeda.

Cumpre precisar o significado da locução "tratamento estatal conferido à moeda". Não se trata de reforçar as técnicas de defesa da concorrência. O primeiro desses temas liga-se ao *de lege lata* e à instrumentalização da defesa da concorrência, ao passo que o segundo centra-se no *de lege ferenda*, fornecendo comentários que possam servir de subsídios a mudanças institucionais. O objetivo é mais ambicioso, pois busca ligar a moeda, elemento da soberania estatal de acordo com a teoria geral do Estado e à defesa da concorrência, elemento de uma política ratificada constitucionalmente, analisando-se as tensões resultantes dessa dicotomia.

Metaforicamente, a polêmica entre o Cade e o Bacen poderia representar esse tipo de tensão. De um lado, o Cade expressaria a intransigente defesa da concorrência, e, de outro, o Bacen se posicionaria no campo da defesa da moeda. Entretanto, o viés conferido pelas autoridades lembra mais uma luta por mera competência administrativa do que um conflito entre políticas públicas. Na sua argumentação, o Cade cogitou de uma suposta

---

[1] MAYER, Colin. The regulation of financial services: lessons from the UK for 1992. In: BISHOP, Matthew; KAY, John; MAYER, Colin. *The regulatory challenge*, p. 145.

divisão de competências segundo a qual se incumbiria da defesa da concorrência, enquanto o Bacen se responsabilizaria pelos assuntos relacionados à moeda. O problema é que a tese esposada não encontra substrato em norma alguma.

Se o Cade estivesse correto, a investigação seria facilitada por certa separação formal entre a instância monetária e a de concorrência, desnudando, de algum modo, a teia de relações existentes. Estas existem desde que a defesa da concorrência surgiu, mas são de difícil identificação. O mais comum é compartimentalizar cada um dos ramos do direito – teoria da moeda e defesa da concorrência – e analisá-los separadamente, lançando mão de metodologias específicas para guiar os trabalhos. A necessidade do intercâmbio resulta da identificação dos vasos comunicantes que impactam ambos os sistemas.

1. Moeda e poder: do indivíduo ao Estado

A moeda sempre foi vista por alguns setores da sociedade como algo negativo. Sociedades agrárias preferem a propriedade imóvel a móvel, a qual é encarada como corruptora dos indivíduos. No apogeu da civilização grega, os magistrados eram proibidos de receber qualquer tipo de remuneração. Por muitos anos, as atividades parlamentares não foram remuneradas. Embora julgue o capitalismo uma força progressista ao longo da história, Marx considera o dinheiro

> [...] uma força *demolidora* para o indivíduo e para os laços sociais, que alegam serem *entidades* auto-subsistentes. Ele converte a fidelidade em infidelidade, amor em ódio, ódio em amor, virtude em vício, vício em virtude, servo em senhor, boçalidade em inteligência e inteligência em boçalidade.[2]

Desde que surgiu, a moeda molda comportamentos sociais, sobretudo no que tange à manifestação do poder na vida política. Lane descreve:

> [...] em algumas sociedades, poder e influência são as moedas básicas de troca, no sentido de que as pessoas os acumulam ou poupam, baseiam suas reputações neles, negociam-nos e os empregam para adquirir outros bens. [...] Nas economias de mercado, o dinheiro pre-

[2] MARX, Karl. O poder do dinheiro nas sociedades burguesas. *Manuscritos econômicos e filosóficos*: terceiro manuscrito. Tradução de José Carlos Bruni. São Paulo: Nova Cultural, 1987.

enche muitas das funções desempenhadas pelo poder em economias dirigidas e [...] pelo parentesco em economias domésticas.[3]

Seja com base na experiência histórica, seja com base no cotidiano, é possível intuir a existência de relações entre a detenção de moeda e a detenção de poder político.

Em razão da influência que a moeda e o poder político possuem reciprocamente, é importante identificar as relações que se originam nesse contexto. Há efeitos da posse da moeda na motivação dos indivíduos? A posse de poder inspira o desejo por moeda? A resposta a tais questionamentos é aberta, mas podem-se identificar alguns padrões de comportamento. Para tanto, devem-se distinguir duas situações: o efeito produzido pelo poder sobre seu detentor e o efeito produzido pelo dinheiro sobre seu detentor. Aquele que detém poder político, em geral, tem um papel a desempenhar na sociedade. Quatro regras podem ser identificadas a esse respeito.

Primeiro, suas idéias serão aceitas com maior facilidade pelos demais, e, por isso, tenderá a acreditar que as suas idéias são superiores.[4] Afinal, a sua condição de superioridade na hierarquia política impõe a necessidade de transigir constantemente com valores, e os seus subordinados, de modo intuitivo, tendem a seguir o mesmo padrão. Nesse campo, Espinosa descreve o poder como o "comando sobre a mente humana", conceito expandido por Wieser para ser aplicado à noção de "poder social", o qual seria "comando sobre as mentes dos indivíduos da sociedade".[5]

Segundo, as pessoas demonstrarão algum tipo de deferência ao detentor do poder, o qual poderá passar a considerar adequado esse comportamento, esperando que o padrão se repita.[6] Tal deferência não se traduz, necessariamente, em rituais, embora possa sê-lo. Mais comum é o detentor do poder esperar a concordância com suas idéias como o comportamento adequado a ser seguido por seus subalternos.

---

3 LANE, Robert. Experiencing money and experiencing power. In: SCHAPIRO, Ian, REEHER, Grant (Org.). *Power, inequality, and democratic politics*: essays in honor of Robert A. Dahl. Boulder: Westview Press, 1988. p. 80.

4 LANE, Robert. Experiencing money and experiencing power. In: SCHAPIRO, Ian; REEHER, Grant. (Org.). *Power, inequality, and democratic politics*: essays in honor of Robert A. Dahl, p. 83.

5 WIESER, Friedrich von. *The law of power*, p. 3.

6 LANE, Robert. Experiencing money and experiencing power. In: SCHAPIRO, Ian; REEHER, Grant. (Org.). *Power, inequality, and democratic politics*: essays in honor of Robert A. Dahl, p. 83.

Terceiro, ao ser adulado, o detentor de poder tenderá a acreditar que a adulação é verdadeira.[7] Está-se, então, diante de um círculo vicioso que reforça a crença, tanto na sociedade quanto naquele, de que tudo está certo e nada deve mudar. Por isso, o poder tende à estabilização, mesmo nos movimentos que defendem as transformações sociais mais revolucionárias. O exercício do poder necessita de estabilidade para ser efetivo.[8]

Quarto, ao supervisionar, dirigir e orientar o comportamento dos outros, o detentor de poder está inclinado a ver a conduta dos subordinados como decorrente das suas ordens. Nesse processo, estes poderão aceitar ou não a opinião daquele.[9] Tal situação suscita discussões sobre a legitimidade do detentor do poder político, seja por sua própria existência, seja por seu exercício. Nas atuais sociedades democráticas, esse debate continua vivo, embora prevaleça o consenso de que a identidade entre legitimidade constitucional e legalidade política é desdobramento do ato instaurador de normas constitucionais, ato essencialmente resultante de uma decisão política.

Por esses motivos, do ponto de vista psicológico, o poder influencia o desejo de seus detentores possuírem mais poder, na medida em que o poder político reforça a si próprio.

Pode-se observar certa semelhança no comportamento daqueles que possuem quantia considerável de moeda. Contudo, não há a mesma tendência de acumulação de poder, ou seja, inexiste correlação necessária entre a detenção de dinheiro e o desejo de ter mais dinheiro.[10] O detentor

---

7 LANE, Robert. Experiencing money and experiencing power, p. 83.

8 O mesmo se aplica ao detentor do poder econômico. Para que o monopolista exerça seu poder econômico, ele precisa estar certo de que seu domínio é incontestável. O exercício do poder econômico num cartel também é muito mais factível na ausência do comportamento oportunista.

9 LANE, Robert. Experiencing money and experiencing power. In: SCHAPIRO, Ian; REEHER, Grant (Org.). *Power, inequality, and democratic politics*: essays in honor of Robert A. Dahl, p. 83. O autor reporta uma experiência na qual estudantes de administração de empresas foram divididos em dois grupos para realizar dada tarefa com um grupo de subordinados, sendo o primeiro dotado de poderes de direção (ameaça de demissão, punições, dentre outros) e o segundo, desprovido de tais poderes. Os dotados de poderes fizeram uso deles, e, ao fim da experiência, a maioria deles não desejava encontrar seus subordinados. Por seu turno, os desprovidos de poderes tiveram de lançar mão de técnicas de convencimento e interação com seus pares para realizar a tarefa. Ao fim, a maioria dos desprovidos de poderes demonstrou certo interesse em manter relacionamento com outros subordinados.

10 Idem, ibidem, p. 86. Esta constatação aplica-se às pessoas normais e não àquelas que se desviam da média.

de dinheiro pode conviver com outros, sem a necessidade de eliminar ou controlá-los, diferentemente do que acontece com o detentor de poder. O dinheiro é um bem a ser almejado como qualquer outro, e há hipóteses em que as pessoas se satisfazem, por exemplo, com a religião ou o casamento. Além disso, à semelhança dos outros bens, o dinheiro parece ter uma utilidade marginal decrescente: "quanto mais se tem, menos urgente é o desejo por mais".[11]

Dessas observações deflui uma relação importante entre dinheiro e poder: "possuir dinheiro parece aumentar a probabilidade de aumentar o desejo por mais poder do que o desejo por mais dinheiro. Contudo, possuir menos dinheiro que outros estimula o desejo por mais dinheiro".[12] Expandindo-se o horizonte da afirmação, conclui-se que os detentores de dinheiro têm desejo de adquirir poder político, ao passo que os desprovidos de dinheiro, entre os quais podem ser incluídos os políticos, têm certa motivação para aumentar sua riqueza. Conseqüentemente, o desejo de transformar dinheiro em poder conduz à afirmação de que "dinheiro é poder".[13]

No campo do poder econômico, entre o indivíduo e o Estado, posiciona-se a empresa. Nesta, as motivações e relações traçadas acima se concretizam e, sob certa medida, se potencializam conforme a empresa. Afinal, enquanto instituições, as empresas necessitam da participação de pessoas, as quais podem ter inúmeras motivações, não necessariamente lógicas, racionais ou maximizadoras do lucro ou do bem-estar. Um agente econômico racional não se esforçaria tanto para obter uma unidade adicional de riqueza, caso não houvesse um aumento considerável de seu bem-estar – os *workaholics* exemplificam essa afirmação. À semelhança disso, há pessoas desmotivadas que não sentem necessidade de obter uma unidade adicional de riqueza, ainda que isso lhes melhore a situação de bem-estar – os religiosos ascetas fornecem o contra-exemplo. Tal sorte de considerações faz parte da vida da empresa e é importante para conferir a devida dimensão à racionalidade do agente econômico. O poder econômico dos indivíduos comporta uma racionalidade condicionada por eles próprios. Por essa razão,

---

11 LANE, Robert. Experiencing money and experiencing power, p. 87.

12 Idem, p. 88.

13 LANE, Robert. Experiencing money and experiencing power. In: SCHAPIRO, Ian; REEHER, Grant (Org.). *Power, inequality, and democratic politics*: essays in honor of Robert A. Dahl, p. 93. "[...] in societies where power is the predominant currency, power may be converted into money at something of a discount. Similarly, where money is the dominant currency, money may be converted into power at a discount – a discount whose precise value, of course, will be disputed."

afora a tendência à racionalidade do agente econômico, pouco mais pode ser prescrito sobre como os indivíduos influenciam a gestão da empresa. Berle Jr. identifica seis comportamentos pelos quais se pode manifestar a ação dos indivíduos por trás do poder econômico: (i) determinação de "quando, onde e como os negócios serão realizados"; (ii) poder de compra de serviços e matérias-primas; (iii) capacidade de ofertar produtos, condicionada às condições tecnológicas; (iv) determinação dos preços, induzida em escala variável pelo recurso à propaganda e ao *marketing*; (v) capacidade de distribuir dividendos e (vi) capacidade de praticar filantropia.[14]

Ao tratar das relações entre defesa da concorrência e SFN, essas considerações devem estar sempre presentes, pois, por mais abstratas que sejam as instituições, por trás delas sempre haverá pessoas sujeitas a essas regras de comportamento. Embora de modo não determinista, elas indicam a racionalidade que permeia o comportamento humano ao tratar da relação entre dinheiro e poder e, indiretamente, entre poder econômico e poder político. Em especial, as instituições financeiras se situam numa zona cinzenta em que o poder econômico, qualificado pela detenção de algo ligado à soberania, como é o dinheiro, as coloca sob o interesse direto do sistema político. Em vista disso, as regras de defesa da concorrência podem servir de uns dos instrumentos de influência do elemento político sobre o SFN.

2. A moeda inserta no campo da soberania

O poder, presente em todos os meandros da vida social, não é exclusivo da organização política. Entretanto, é inerente a qualquer organização política. Pode-se mesmo contrapor o poder político, exercido no âmbito do Estado, aos demais tipos, exercidos nas diversas instâncias da sociedade civil. A comunidade política, descreve Weber, reserva para si um âmbito de ação no qual age por meio de uma pessoa ou de um grupo de pessoas, no interesse do conjunto, e, se necessário, faz uso da força para efetivar tal ação.[15] O Estado, sendo uma comunidade política, usa esse poder de forma imperativa e faz prevalecer sua ação sobre tudo e todos que se encontrem em seu território, inclusive outras "comunidades" políticas. É possível identificar esse poder dominante, denominado *imperium*, com a soberania no âmbito interno.[16]

---

14 BERLE JR., Adolf A. *Power without property*: a new development in American political economy, p. 82-83.

15 Weber, Max. *Economia e sociedade*, v. 2, p. 613.

16 Dallari, Dalmo de Abreu. *Elementos de teoria geral do Estado*. 19. ed. atual. São Paulo: Saraiva, 1995. p. 93-94.

Conseqüentemente, a soberania é uma manifestação de poder. A teoria democrática afirma que seu detentor é o povo. Todavia, independentemente de por qual justificativa,[17] é mais fácil identificar a soberania com o Estado que a detém. Do feudo ao Estado moderno, à medida que o povo foi sendo considerado a origem do poder estatal, a manifestação do poder expressa na soberania se fortaleceu com a centralização política, que, seja de modo gradativo, seja de modo abrupto, eliminou do território do país os demais focos decisórios.[18]

Junto da centralização política, o Estado passou a deter condições de fato para impor sua vontade sobre um território. Uma dessas vontades incluiu a exclusividade na cunhagem de moedas, mas não, a princípio, o monopólio na emissão de papel-moeda. A identificação de tal vinculação entre soberania e moeda não é recente e tem sido aceita no direito internacional. Reconhece-se o poder de emitir moeda como um dos atributos da soberania estatal, podendo esse poder excluir o dos demais Estados e das organizações internacionais. Nesse sentido, tal poder é tido como inserto na reserva de soberania de cada país, conforme o art. 2.7 da Carta das Nações Unidas.[19] Decisões da Corte Permanente de Justiça Internacional já ratificavam esse entendimento, mesmo antes da Carta das Nações Unidas. No caso dos empréstimos sérvio e brasileiro, a Corte Permanente de Justiça Internacional já tinha afirmado isso em 12 de julho de 1929.[20]

A competência para cunhar moedas foi ampliada para outros campos relacionados. Como Mann explica,

---

[17] O debate sobre o detentor da soberania estatal é abundante. Todavia, ele não será analisado, pois, do ponto de vista prático, qualquer que seja a conclusão, esta em nada influenciará a relação entre concorrência e o SFN.

[18] JOUVENEL, Bertrand de. *Sovereignty*: an inquiry into the political good. Tradução para o inglês de J. F. Huntington. Cambridge: Cambridge University Press, 1957. p. 169-180.

[19] NAÇÕES UNIDAS. Carta das Nações Unidas. "Article 2.7. Nothing contained in the present Charter shall authorize the United Nations to intervene in matters which are essentially within the domestic jurisdiction of any state or shall require the Members to submit such matters to settlement under the present Charter; but this principle shall not prejudice the application of enforcement measures under Chapter VII."

[20] CORTE PERMANENTE DE JUSTIÇA INTERNACIONAL. Case concerning the payment of various Serbian loans issued in France. Case concerning the payment in gold of the Brazilian federal loans issued in France. Julgamentos n. 14 e 15. N. 20/21; Judgments n. 1-24. Reel: 2, Series A.

ela compreende também a totalidade das políticas monetária, creditícia, fiscal e orçamentária, bem como aquelas medidas que os economistas tendem a incluir no conceito de moeda, isto é, seu fornecimento e uso, controle da inflação, taxas de juros, controles de câmbio, e assim por diante.[21]

Disso se conclui que "uma moeda em específico é nada mais do que a conseqüência da soberania política".[22] É, assim, uma das manifestações da inconstratabilidade do poder político em dado território expresso na soberania.

Nos últimos decênios, a visão tradicional da soberania tem sido corroída por causa da globalização. Embora ainda haja certa margem de manobra na condução de políticas independentes,[23] os reflexos produzidos pela globalização nos mercados financeiros reduziram-na em muito, se se comparar ao que se entendia por soberania no passado. Algumas nações delegaram a terceiros sua competência para emitir moedas, do que a unificação monetária da União Européia é o exemplo mais contundente.[24] Outras renunciaram a essa parcela da soberania e passaram a utilizar moedas estrangeiras, como aconteceu com o Equador.[25] Além disso, há considerável

21 MANN, F. A. *The legal aspect of money with special reference to comparative private and public international law*. 5. ed. Oxford: Clarendon Press, 1997. p. 15.

22 Idem, ibidem, p. 15.

23 FREITAS, Maria Cristina Penido de; PRATES, Daniela Magalhães. La experiencia de apertura financiera en Argentina, Brasil y México. *Revista de la* CEPAL, n. 70, p. 53, abr. 2000. "El movimiento no fue homogéneo, debido a los diferentes grados de apertura y las políticas macroeconómicas adoptadas. En lo que toca a las inversiones de cartera, los efectos de la apertura se concentración en segmentos distintos y por ello tuvieron impactos diferenciados sobre los sistemas financieros. Las experiencias recientes de esos países muestran que todavía hay espacio de maniobra para las políticas económicas nacionales en el contexto de la globalización financiera, aunque sea limitada la capacidad de esas políticas para atenuar los efectos perversos de las corrientes financieras."

24 LEITE NETO, Alcino. Estréia do euro em 1º de janeiro cria segundo pólo monetário do mundo. *Folha de S.Paulo*, 26 dez. 2001. "O ano de 2001 foi de grandes transformações para a história. A próxima delas acontecerá na passagem do ano, dentro de seis dias. Em 1º de janeiro de 2002 deixam de existir as atuais moedas de 12 Estados europeus e será adotada uma nova, comum a todos eles: o euro." LOBO, Carlos Baptista. *Concorrência bancária?*, p. 123.

25 DUAILIBI, Júlia. Dolarização dá estabilidade, mas tira competitividade do Equador. *Folha de S.Paulo*, 8 set. 2004. "O Equador abria mão de sua capacidade de realizar

debate sobre a subordinação de políticas monetárias às diretrizes de instituições financeiras internacionais, tais como o Banco Mundial e o Fundo Monetário Internacional.

3. Moeda entre o público e o privado

3.1 *Moeda: do privado ao público*

Antes do uso generalizado dos metais, é possível imaginar as dificuldades que poderia ocasionar o uso do sal, do gado ou de dentes de tubarão, mercadorias que eram muito utilizadas como denominadores comuns nas trocas.[26] Tais objetos foram reconhecidos pela sociedade, por meio do costume, como mercadoria de troca.[27]

Por razões práticas, a maioria das sociedades passou a usar metais como mercadorias de troca. Nos estágios mais básicos da história da moeda, enxerga-se apenas o valor intrínseco do metal (autometalismo): este vale pelo que é.[28] Tal fato se deve ao realismo que ainda associa o metal à sua utilidade. O cobre pode ser usado para a confecção de armas, e a prata e o ouro, para ornamentação. Há uma relação direta entre as obrigações constituídas num regime autometálico e o modo de solvê-las: uma dívida de cinco quilos de ouro deve ser paga com cinco quilos de ouro.[29]

À medida que o Estado percebe que tal mecanismo lhe escapa ao controle e a extensão da sua soberania sobre ele pode representar um aumento de poder, a situação começa a mudar. Nesse período inicial, pouco importava a sua cunhagem ou não. Mesmo quando o Estado a fazia, não

política monetária, como a de emitir de moeda. Em troca, apostava na estabilidade. E ela veio. De uma taxa de inflação de 91% em 2000, passou para 22,4% em 2001, 9,4% em 2002 e 6,1% em 2003 (no Brasil, para dar uma idéia, o IPCA de 2003 fechou em 9,3%)."

26 KENT, Raymond. *Money and banking*, p. 14.

27 KNAPP, Georg Friedrich. *The state theory of money*. Tradução do alemão para o inglês de H. M. Lucas e J. Bonar. London: McMillan, 1924. p. 3. "The general exchange-commodity is, accordingly, an institution of social intercourse; it is a commodity which has obtained a special use in society, first by custom, then by law."

28 Idem, ibidem, p. 4-5.

29 Idem, p. 12.

havia necessariamente o monopólio estatal sobre ela.[30] O Estado fazia valer seus interesses mediante a indução de comportamentos dos agentes econômicos. Como assinala De Chiara, "o Estado desenvolvia paralelamente influência no curso do desenvolvimento das formas monetárias, na medida em que ampliava sua presença no cenário econômico, atuando, sobretudo, como importante comprador nos mercados".[31]

Aos poucos, a abstração da realidade deslocou do âmbito privado para o público os meios de pagamento. A primeira parte do processo surge com a instituição do monopólio legal da emissão da moeda. Em seguida, a forma mais antiga de desprendimento do autometalismo é a atribuição às moedas, pelo Estado, de valor nominal diverso do correspondente à quantidade de metal utilizada na sua cunhagem ou na sua alteração. Nesse caso, a moeda deveria valer pelo valor de face, não pelo correspondente em metal.[32] Como explica Knapp,

> [...] a definição da nova unidade, portanto, consiste na declaração de quantas novas unidades são legalmente correspondentes a uma unidade antiga. Tal definição não tem absolutamente nada a ver com o material de que os velhos meios de pagamento consistiam, nem mesmo o novo. Ela contém apenas a proporção da nova em relação à antiga unidade de valor, i.e., relaciona as novas às velhas.[33]

Surge a presunção de que as dívidas devem ser pagas conforme as unidades que expressam.[34] Uma dívida de cinco quilos de ouro não deve, necessariamente, ser paga com cinco quilos de ouro, mas sim com o valor correspondente em moeda no momento da tomada do empréstimo, valor que pode ser inferior, igual ou superior ao necessário para comprar cinco quilos de ouro no momento do pagamento.

Com o advento do nominalismo, a moeda se publiciza. Nesse ambiente, a transferência da moeda do espaço privado para o público se completa com a imposição de seu curso legal, "cujo efeito é a obrigatória aceitação da moeda nos pagamentos de débitos de qualquer natureza", e de seu curso

---

30 DE CHIARA, José Tadeu. *Moeda e ordem jurídica*, p. 34.

31 DE CHIARA, José Tadeu. *Moeda e ordem jurídica*, p. 34.

32 KNAPP, Georg Friedrich. *The state theory of money*, p. 21.

33 Idem, ibidem, p. 21-22.

34 Idem, p. 20. "If a 'real' debt is meant, this must be explicitly stated. If it is not, the debt is nominal."

forçado, que "diz respeito ao próprio conteúdo de valor da unidade do instrumento monetário, impedindo a sua conversão em metal precioso".[35] Com a ruptura da vinculação da moeda a um padrão metálico, a desmaterialização permite aos Estados manipulá-la mais facilmente, pois o suporte do ouro ou da prata torna-se desnecessário. Ainda que atinja de modo diferente os diversos agentes econômicos,[36] a desmaterialização fortalece o papel do Estado no sistema econômico. Na síntese de De Chiara, "desde as formas de controle da emissão das notas de banco, até a definição do regime de monopólio para o exercício dessa atividade, verifica-se a presença de um atributo de soberania dos Estados, traduzido no poder de emitir moeda".[37]

No Brasil, a moeda encontra detalhada regulamentação na seara do direito público. A Constituição de 1988 regula a matéria como de competência da União e como devendo contar com a participação do Congresso Nacional.[38] O curso legal e o curso forçado da moeda são disciplinados pela matéria do Decreto-lei 857/1969.[39] Outras disposições podem ser encontradas espalhadas por diversas normas.

3.2 *Moeda: do público ao privado*

O avanço da intervenção estatal sobre a moeda representou a publicização de uma área antes considerada privada. O processo poderia parecer semelhante ao verificado em outros setores da economia: por meio de normas, o Estado impunha sua vontade sobre a empresa de telecomunicação, que se via forçada a obedecer estritamente às regras sob pena de ser punida, ou, como se verificou com freqüência, essa vontade vinha permeada da

---

35 DE CHIARA, José Tadeu. *Moeda e ordem jurídica*, p. 38-39.

36 Idem, ibidem, p. 44.

37 DE CHIARA, José Tadeu. *Moeda e ordem jurídica*, p. 40.

38 BRASIL. Constituição de 1988. "Art. 21. Compete à União: [...] VII – emitir moeda." Idem, "Art. 48. Cabe ao Congresso Nacional, com a sanção do Presidente da República, não exigida esta para o especificado nos arts. 49, 51 e 52, dispor sobre todas as matérias de competência da União, especialmente sobre: [...] XIV – moeda, seus limites de emissão, e montante da dívida mobiliária federal."

39 BRASIL. Decreto-lei 857, de 11 de setembro de 1969. "Art. 1º São nulos de pleno direito os contratos, títulos e quaisquer documentos, bem como as obrigações que exeqüíveis no Brasil, estipulem pagamento em ouro, em moeda estrangeira, ou, por alguma forma, restrinjam ou recusem, nos seus efeitos, o curso legal do cruzeiro."

estatização da atividade, confundindo-se vontade estatal com o próprio Estado.

Todavia, processo diferente ocorre com as instituições financeiras, resultando numa relação atípica entre os domínios público e privado. Salvo nos casos de estatização completa do sistema das instituições financeiras, o que dificilmente ocorreu mesmo nas economias com elevado grau de intervencionismo estatal, a tensão público-privado foi erigida da contradição decorrente dos desdobramentos da atividade de intermediação financeira. Em que essa atividade se afasta de outras reguladas, como os serviços de telecomunicação?

Inicialmente, lembre-se de que os bancos foram e continuam sendo grandes parceiros dos Estados no financiamento de suas dívidas – desde o processo de centralização política na figura do monarca, em fins da Idade Média, os Medicis, os Rothschilds e os Fuggers, para citar algumas casas bancárias, financiam os déficits públicos de diversos governos, sejam nacionais, sejam estrangeiros. Somente essa característica, porém, é insuficiente para justificar o interesse estatal em seu controle. Em realidade, tal interesse liga-se à própria soberania do Estado no campo monetário.

A crescente regulação estatal sobre a moeda, a qual, na origem, especialmente na forma de papel-moeda, nascera no espaço do privado, centra-se no controle da multiplicação do crédito. Mesmo com o controle estatal por meio de mecanismos diversos, como o depósito compulsório no Banco Central, as instituições financeiras detêm liberdade de ação para, no desenvolvimento das suas atividades, "criar moeda".

Essa geração é de natureza contábil por excelência, visto que o poder de emitir moeda é monopólio constitucional do Estado – daí essa moeda ser denominada "escritural".[40] Assim, se não é impressa pelos bancos, o mecanismo de geração ocorre no campo do direito privado, ainda que sujeito a forte controle estatal. Embora presente apenas nos livros dos bancos, ela se origina da dinâmica da atividade de intermediação financeira.

O banqueiro, desde o princípio de sua atividade, percebeu que nem todo dinheiro que lhe confiavam em depósito era reclamado no curto prazo. Havia, pois, um tempo médio de permanência, no qual era retirada apenas uma fração do que fora depositado. Como esse processo era contínuo, com

[40] DE CHIARA, José Tadeu. *Moeda e ordem jurídica*, p. 83. "A moeda escritural tende a instrumentar a maioria dos pagamentos que se efetuam nos mercados, constituindo-se na forma mais acabada de desmaterialização da moeda e que a integra definitivamente com os mecanismos de crédito."

depósitos e retiradas seguindo determinado padrão, a relação encaixe/depósitos permitia que o dinheiro remanescente fosse emprestado. O dinheiro depositado continuava a existir ao lado do emprestado, sem que tivesse havido emissão pelo poder público.[41] Na hipótese de os depósitos superarem as disponibilidades financeiras do banco, a este restam duas opções: obter tais recursos de outros bancos nos mercados interbancários ou, dependendo da gravidade da situação, recorrer ao banco central, considerado emprestador de última instância (*lender of last resort*). Os mercados interbancários também, dessa perspectiva, realizam intermediação financeira, ao distribuir recursos das instituições financeiras que dispõem em excesso para aquelas que estão carentes. Freitas refina o raciocínio:

> [...] quando um banco concede um empréstimo ou compra um título, ele faz uma criação ativa do depósito em favor do tomador ou do vendedor [...]. Visto que os depósitos são meios de pagamento, os bancos podem acreditar que os recursos que eles criam ativamente serão captados através da criação passiva de depósito, à medida que tais recursos são gastos pelos clientes que receberam os meios de pagamento criados recentemente.[42]

Dessa maneira, o "ciclo da vida" da moeda escritural se encerra no mesmo lugar onde começou, conduzindo a um certo equilíbrio.

Tais características tornam os bancos "especiais" perante o próprio direito público e o Estado. Essencialmente no campo da hierarquia normativa, o risco sistêmico, apontado com freqüência como justificativa para todas as ações estatais sobre os campos monetário e financeiro, subordina-se à própria existência do Estado, e não o subordina. A mera admissibilidade da existência dessa qualidade multiplicadora da moeda constitui uma invasão do domínio privado sobre o público.

3.3 *As funções da moeda: a sua multilateralidade e o poder econômico das instituições financeiras*

As funções da moeda não são tema pacífico na doutrina. Ao contrário, como afirma Mann, "uma multidão de funções conduz a uma multidão de

---

41 DE CHIARA, José Tadeu. *Moeda e ordem jurídica*, p. 82. KLEIN, John J. *Money and the economy*. New York: Harcourt, Brace & World, 1965. p. 76 e ss.

42 FREITAS, Maria Cristina Penido de. *Concurrence bancaire, speculation et instabilité financière*: une lecture hétérodoxe de l'evolution récente du système financier international, p. 55.

significados".[43] A compreensão da moeda como conceito jurídico ajuda a esclarecer as suas relações com o Estado e o seu processo de publicização. Conquanto não exista consenso sobre quantas seriam suas funções, enumerá-las facilita a caracterização do poder econômico decorrente de sua detenção.

A função mais básica da moeda é a de meio de troca. As dificuldades inerentes ao escambo impelem a sociedade a usá-la como denominador comum das trocas, atuando como "forma superior de troca".[44] Apesar de importante, tal função não é a única. Podem-se apontar quatro outras: reserva de valor, padrão de valor, procura efetiva e liquidez. Uma quinta função, a de qualificadora do poder de compra, também pode ser arrolada.

Enquanto meio de troca, a moeda serve para trocar um bem por outro, atrelando-se à subsistência humana. No estágio mais rudimentar das trocas, os bens eram consumíveis e se deterioravam com relativa rapidez. Enquanto a eficiência econômica não produzia excedentes comercializáveis, a única função era a de meio de troca. Quando surgiram os excedentes, estes passaram a ser acumulados no bem inconsumível denominado moeda, do que resulta a sua função de reserva de valor.[45] Como descreve Marx, "o dinheiro, já que possui a propriedade de comprar tudo, de apropriar objetos para si mesmo, é, por conseguinte, o objeto por excelência. O caráter universal dessa propriedade corresponde à onipotência do dinheiro, encarado como ser onipotente".[46]

Na atualidade, como corolário do nominalismo, decorre a função de padrão de valor. Ao se fracionar e padronizar o valor da moeda, as trocas são muito facilitadas. Nesse sentido, ela facilita a comparação de bens de diversas naturezas: um livro é cotado em reais, não em horas de trabalho ou quilos de trigo ou litros de água.[47]

Como desdobramentos da reserva e do padrão de valor, o titular da moeda pode-se comportar conforme seus interesses pessoais. Se pretende

---

43 MANN, F. A. *The legal aspect of money with special reference to comparative private and public international law*, p. 3.

44 DE CHIARA, José Tadeu. *Moeda e ordem jurídica*, p. 21.

45 KENT, Raymond. *Money and banking*, p. 12.

46 MARX, Karl. O poder do dinheiro nas sociedades burguesas. *Manuscritos econômicos e filosóficos*: terceiro manuscrito.

47 MANN, F. A. *The legal aspect of money with special reference to comparative private and public international law*, p. 8-9.

poupar seus excedentes, acumulando-os, coloca-se na posição de liquidez,[48] na qual a figura da instituição financeira se apresenta como depositária desses recursos – na linguagem do mundo dos negócios, os ativos líquidos dizem respeito àqueles que podem facilmente ser transformados em dinheiro. Caso o detentor pretenda consumir, sua posição no mercado caracteriza a função de procura efetiva,[49] conduzindo os recursos para a circulação de bens e serviços e, apenas indiretamente, para as instituições financeiras. Na decisão entre se posicionar com liquidez ou com procura efetiva, o agente econômico considerará "o custo de manter a moeda, comparado com o da sua obtenção por empréstimo se configurada a necessidade sobre a qual repousa o motivo" e "determina a decisão de conservar ou não a liquidez decorrente da moeda".[50]

Defluindo das funções de liquidez e de procura efetiva, a função de poder de compra qualifica o detentor da moeda com a liberdade de ação no campo econômico.[51] Num sistema econômico descentralizado, as decisões são tomadas pelos indivíduos, dotados de liberdade. Logo, eles são livres para utilizar a função poder de compra da moeda da melhor forma que lhes apetecer. Direta ou indiretamente, o poder de compra é um dos elementos que viabilizam práticas anticoncorrenciais, desde que o seu detentor o possua em nível suficiente para influenciar o mercado.

Na teoria jurídica tradicional, as relações jurídicas são divididas em unilaterais, se produzem efeitos sobre a esfera jurídica de um indivíduo ou grupo de indivíduos, ou em bilaterais, se produzem efeitos sobre as esferas jurídicas de dois sujeitos contrapostos.[52] Tal esquema, condizente com o voluntarismo do *pacta sunt servanda*, enquadra-se num regime jurídico, o qual privilegia a igualdade no seu aspecto formal.

---

[48] DE CHIARA, José Tadeu. *Moeda e ordem jurídica*, p. 26.

[49] Idem, ibidem, p. 26.

[50] Idem, p. 27.

[51] Idem, p. 31-32.

[52] LUMIA, Giuseppe. *Elementos de teoria e ideologia do direito*, p. 100. "Com os conceitos de bilateralidade e de reciprocidade pretende-se destacar que das relações jurídicas surgem poderes e deveres correlatos: no duplo sentido de que ao poder de um corresponde no outro um determinado dever (nisso corresponde a bilateralidade) e que um sujeito não pode agir de uma maneira com relação ao outro, sem com isso legitimar no outro, nas mesmas condições, um comportamento análogo no que diz respeito a ele próprio (no que consiste a reciprocidade)."

Contudo, no desenvolvimento da vida social, raras são as hipóteses em que os efeitos se restringem aos partícipes. Talvez, nos sistemas de escambo, os efeitos se limitem às partes contratantes, mas, no momento em que a moeda participa das trocas,

> [...] a função poder de compra que se qualifica na possibilidade de os agentes econômicos atuarem nos mercados, exercendo a procura por bens e serviços (procura efetiva) ou de conservar a própria moeda (liquidez), confere ao que recebe a moeda a especial condição de estar se relacionando com todos os demais agentes do mercado, em conseqüência do ato de troca.[53]

Nas trocas instrumentalizadas por moeda, o grau do relacionamento entre os sujeitos varia de acordo com o *quantum* de moeda objeto da troca. A simples compra e venda de alimentos para a subsistência de uma família é de pouco impacto. Todavia, à medida que o *quantum* cresce, a sua essência é potencializada, transformando-se.[54] Noutras circunstâncias, a ação individual de poupar, gerando liquidez, ou de gastar, gerando procura efetiva, impacta também o preço e, por vezes, a própria moeda.

Há pontos de contato entre a multilateralidade da moeda e o poder econômico que se refletem nas instituições financeiras. O poder é concebido numa relação jurídica e constitui um dos elementos da bilateralidade. O poder econômico, porém, expande seus horizontes para além das relações jurídicas individualmente consideradas, transcendendo a bilateralidade dessas relações jurídicas individualmente consideradas. Portanto, o poder econômico também se caracteriza pela multilateralidade.

Afinal, se, em ambos os casos, a presença da influência sobre o comportamento alheio está presente, qual a relação entre os efeitos multilaterais das trocas instrumentalizadas por moeda e poder econômico? São a mesma coisa? O primeiro é espécie do segundo? O segundo é espécie do primeiro?

Tanto os efeitos multilaterais das trocas instrumentalizadas por moeda quanto o poder econômico podem impactar o preço das mercadorias, mas o fazem por caminhos diversos. A existência de certo poder econômico pode

---

53 DE CHIARA, José Tadeu. *Moeda e ordem jurídica*, p. 59.

54 Idem, ibidem, p. 76. "A atuação dos agentes econômicos titulares de maior e menor disponibilidade de moeda, e de diferentes graus para influenciar a dinâmica dos mercados afeta a liberdade e a igualdade consideradas desde a verificação das diferenças de liquidez e de exercício da procura efetiva pelos agentes nos mercados."

até favorecer o desenvolvimento eficiente dos mercados financeiros.[55] Já os efeitos multilaterais são capazes de gerar procura efetiva por um bem ou serviço e, no decorrer dessa ação, influenciam o preço. O poder econômico impõe o preço *a priori* aos demais agentes econômicos, os quais, sem opção, acedem às condições impostas. Ambos se definem pela influência no preço, mas de perspectivas diversas.

Caminha-se numa zona cinzenta em que a confusão entre ambos os conceitos é possível, particularmente ao se tratar do assunto entre bancos. Ao influir na esfera de liberdade dos outros agentes econômicos, o detentor de grande liquidez age à semelhança do detentor do poder econômico. Embora os efeitos decorrentes dessa ação sejam normais, há situações que podem caracterizar abusos, os quais não são necessariamente punidos.[56] O abuso no uso dos efeitos multilaterais da moeda, passível de repressão pela legislação de defesa da concorrência, é aquele em que se faz sentir a influência de seu *status* de detentor de situação de liquidez considerável. O agente que influencia a taxa de juros abusa de sua situação de liquidez ou posição dominante e se sujeita à legislação de defesa da concorrência.

3.3.1 *A taxa de juros como manifestação principal do poder econômico das instituições financeiras*

As infrações à ordem econômica, em geral, ocorrem por meio da combinação de aumento de preços e redução da oferta. A transposição pura e simples desses conceitos para o mercado financeiro é difícil. Qual o preço pago? Como ocorre a redução da oferta? No Brasil, apesar dessas dificuldades, o empresariado não-financeiro e a sociedade em geral identificam, sem maiores dificuldades, nas elevadas taxas de juros os abusos cometidos pelos integrantes do SFN. Até mesmo o Estado sente os reflexos das taxas de juros elevadas, que o deixa, sob certa medida, numa posição de vulnerabilidade em face do SFN: a coleta de impostos e a obtenção de recursos para financiamento do déficit público pelo SFN revelam a situação de relativa dependência (ou interdependência) do Estado nesta seara. Por outro lado, é o próprio Estado quem usufrui de certos benefícios, tal como tomada de recursos a um custo inferior e em grande volume. Para identi-

---

[55] CLAESSENS, Stijn; LAEVN, Luc. What drives bank competition? Some international evidence. *Policy Research Working Paper*, World Bank, n. 3113, p. 6, Aug. 2003.

[56] Há certo paralelo entre algumas destas práticas com as práticas de manipulação de mercado, coibidas no âmbito da legislação do mercado de capitais.

ficar como se processa o abuso do poder econômico, um ponto de partida pode ser o cotejo entre o que é oferecido pelas instituições financeiras e os demais produtos.

À semelhança dos demais empresários, o banqueiro também se preocupa em "produzir e comercializar seu produto", mas identificam-se algumas diferenças. Os bens manufaturados podem ser usados para consumo ou produção, o que não ocorre com o resultado da intermediação financeira: a oferta da moeda aos tomadores não é usada diretamente para consumo ou produção.[57] O "bem usufruído" pelo cliente foi a detenção da moeda mediante a promessa de devolvê-la no prazo acordado. Raciocínio análogo se aplica aos depositantes de moeda em instituições financeiras.

Mais pertinente é tratar do impacto do tempo sobre o mercado de intermediação financeira. Os contratos relacionados a bens ou serviços são feitos ou à vista ou a prazo. Já os bancos colocam à disposição de seu cliente à vista para receber liquidez a prazo.[58] Para compensar esse pagamento deferido no tempo, ao qual se devem adicionar, entre outros, os custos administrativos e os riscos, o banco cobra juros. Estes surgem como um mecanismo para a manutenção do equilíbrio econômico da relação contratual, ou seja, são o "preço pela renúncia de liquidez".[59] O perfil do prazo da carteira de empréstimos de uma instituição financeira determina, em grande parte, o seu comportamento competitivo. Este comportamento, por seu turno, é influenciado pelos incentivos e desincentivos oferecidos pela regulação estatal. Exigências de depósito compulsório, financiamento preferencial à agricultura e repasse de recursos do SFH ilustram as condicionantes impostas por regras estatais à livre formação da taxa de juros, deixando limitado espaço para uma diferenciação comercial.[60]

---

57 ALHADEFF, David A. *Monopoly and competition in banking:* the rise of commercial banking, p. 4.

58 Idem, ibidem, p. 6.

59 DE CHIARA, José Tadeu. *Moeda e ordem jurídica*, p. 138. "[...] em relação aos juros entendidos no sentido de renúncia pela liquidez, a equivalência não resulta da contraposição de interesses, mas da comparação entre diferentes situações de liquidez, das alternativas de decisão possíveis, tendo por base a quantidade de moeda disponível."

60 A teoria dos jogos tem muito a contribuir com a investigação de qual a medida exata que tais condicionamentos induzem ou reforçam práticas de comportamento paralelo entre as instituições financeiras.

Neste contexto, o *spread* bancário representaria a manifestação do poder econômico das instituições financeiras no SFN. Por *spread* bancário deve-se entender a diferença entre a taxa de juros paga aos depositantes e a cobrada dos tomadores de crédito. Entretanto, como visto acima, a taxa de juros não está sujeita a uma única variável, mas sim a muitas condicionantes, inclusive as de caráter institucional do SFN. Assim, a diferença entre o que é pago aos depositantes e o que é cobrado dos tomadores – o *spread* bancário – precisa ser expurgado destas "impurezas", a fim de verificar o que efetivamente corresponderia ao sobrepreço cobrado como resultado de um eventual abuso de posição dominante ou uma eventual prática coordenada.[61]

Estas observações permitem concluir em sentido oposto. Considerando-se que é por meio dos juros que os preços dos serviços de intermediação financeira se manifestam e que é por meio dos preços que o poder econômico se manifesta na maioria dos casos – e não seria diferente no SFN, no qual a principal crítica é dirigida justamente aos elevados preços cobrados pelos serviços de intermediação[62] –, é mais correto concluir que as taxas de juros, quer sejam as pagas aos depositantes, quer sejam as pagas aos tomadores, serão uma das principais variáveis na identificação do abuso do poder econômico pelas instituições financeiras. Excluindo-se essas condicionantes institucionais, é possível vislumbrar um cenário, no qual os *spreads* diminuiriam, mas a taxa paga para a captação seria comprimida mais do que a

---

61 Como aponta Goldberg, "uma competição intensa que se dê via especialização de produtos, e não via preços, por exemplo, não influiria nas taxas de *spread*". GOLDBERG, Daniel. Notas sobre concorrência no sistema bancário. *Revista de Direito Bancário e do Mercado de Capitais*, v. 23, p. 55. Neste cenário, tanto o *spread* quanto a taxa de juros cobrada aos tomadores seriam mantidos inercialmente elevados em "equilíbrio".

62 Aliás, grande parte das críticas dirigidas à interpretação dada pelo STF à aplicabilidade da limitação constitucional de juros reais em 12% ao ano com base na redação do art. 192 da Constituição antes do advento da Emenda Constitucional 40 (ver ADIn 4) deve-se muito mais aos resultados que impossibilitaram a limitação da taxa de juros do que à questionável fundamentação propriamente dita. Em poucas palavras, não se reconhecia a auto-aplicabilidade ao dispositivo que fixava os juros em 12% ao ano, pois o mesmo dependeria de lei complementar para ser aplicado. Embora o autor concorde que (i) a limitação, se implementada, poderia ocasionar uma série de efeitos colaterais negativos e que (ii) a simples existência desta regra de difícil aplicação num período de acelerada inflação limitasse os mecanismos para o próprio controle da inflação, é forçoso reconhecer que a tese jurídica adotada – não-reconhecimento da auto-aplicabilidade para uma regra cristalina – também é de questionável fundamentação.

taxa cobrada aos tomadores. Do mesmo modo, a taxa paga pela captação poderia ser inflada e a taxa cobrada aos tomadores ser mantida inerte, o que geraria uma diminuição do *spread*. Certamente, estas alegadas hipóteses podem resultar de políticas monetárias implementadas pelo governo, mas ao se analisar o comportamento dos agentes econômicos para fins de defesa da concorrência não se pode ignorar que a intermediação financeira assemelha-se a um sistema de vasos comunicantes.

A existência de abusividade ou não no contexto brasileiro deve ser estudada com mais detalhe. Se, por um lado, argumenta-se que os *spreads* bancários são bastante elevados e que a oferta de crédito é reduzida,[63] se comparados aos dos demais países, por outro, há justificativas para esse estado que, talvez, possam fornecer justificativas melhores para o fenômeno do que uma ação anticoncorrencial no SFN. As instituições financeiras, representadas pela Federação Brasileira dos Bancos (Febraban), argumentam que o elevado compulsório imposto pelo Bacen e a ineficiência do Judiciário brasileiro na cobrança de dívidas são duas razões para as elevadas taxas de juros. Especialmente em mercados bancários em que a concorrência funciona de modo imperfeito como no SFN, é possível o surgimento de incentivos que sejam pouco favoráveis ao bem estar social e que produzam os efeitos semelhantes a de um oligopólio – Arping e Schwienbacher alertam para o "balanceamento entre explorar seu poder de precificar os empréstimos vis-à-vis os tomadores corporativos e exigir restrições duras no orçamento corporativo".[64] Diante das dificuldades para se cobrar os créditos, os toma-

[63] CARVALHO, Carlos Eduardo; STUDART, Rogério; ALVES JR., Antônio José. *Desnacionalização do setor bancário e financiamento das empresas*: a experiência brasileira recente, p. 37. "O desestímulo ao crédito daí decorrente favoreceu a abertura de um *spread* considerável entre as taxas de captação e a aplicação dos bancos." Idem, p. 44. "O crédito oferecido pelo sistema financeiro caiu de 35% do PIB, em 1978, para 11% em 1991; e os haveres financeiros caíram de 36,1% do PIB, em dezembro de 1985, para 22% a 23% do PIB em 1993, atingindo 25% no fim de 1994: números que confirmam o reduzido aprofundamento financeiro da economia brasileira. Considerando-se dezembro de 1980 = 100, o número de empréstimos do sistema financeiro ao setor privado sobe de 41, no fim de 1971, para 130 em dezembro de 1978; após 1982 cai para 70 a 75, até 1989, à exceção de 1986, ano do Plano Cruzado, quando então voltou a 98. Ao mesmo tempo, o crédito ao setor público passa de 100, em 1980, para 202 em 1989, quando absorve 34% do total, diante do total de 17% alcançado em 1980."

[64] ARPING, Stefan; SCHWIENBACHER, Armin. *Bank market power and real sector performance:* a financial intermediation approach. University of Amsterdam, Business School, Finance Group, Sep 2005, p. 3. "As credit markets become less competitive, banks can charge higher rates to their borrowers without losing them

dores de crédito, quer sejam eles bem intencionados ou mal-intencionados, se encontrariam em situação de risco moral, o qual redunda em taxas de juros maiores para ambos.[65] Contudo, evitar-se-á a discussão sobre se as taxas praticadas no Brasil são elevadas ou não e se, efetivamente, expressam abuso de posição dominante, pois tal matéria depende de perícia e extravasa as limitações metodológicas deste livro.

---

to rival lenders. Yet, as banks hold larger stakes in their borrowers' projects, they also become less committed to penalize misbehaving borrowers by forcing them into early project termination. 2 This has negative implications for corporate managerial incentives *ex ante*. Banks' solution to this trade-off depends on the intensity of credit market competition. To the extent that in perfectly competitive credit markets banks are committed to penalize managerial slack, *some* credit market power does not impair banks' oversight function: banks still prefer to enforce hard budget constraints, for it allows them to align managerial incentives with their own interests. As banks enjoy more credit market power, however, they eventually become 'too tempted' to exploit their loan pricing power aggressively, at the expense of destroying their commitment to engage in timely intervention. The impact of deposit market power then depends on banks' choice of 'lending style'. As long as banks adopt 'tough' lending styles – i.e., enforce hard budget constraints – deposit market power promotes value creation in the real sector. Intuitively, by enforcing hard budget constraints, banks align corporate managerial incentives with their own interests, i.e., induce borrowers to internalize the effects of their managerial decision–making on banks' profits. This, however, does not imply that banks necessarily elicit efficient effort, namely, the effort level that maximizes the joint surplus of *all* stakeholders, including depositors. As long as bank debt (i.e., deposits) is risky, depositors hold an implicit stake in borrowers' projects. This presence of this stake makes it less worthwhile for banks and their borrowers to implement efficient effort, as part of the efficiency gains from doing so would accrue to depositors. In this context, *deposit market power serves as a substitute for scarce bank capital:* as competition in the market for deposits becomes less intense, banks can pledge smaller – and hence safer – claims to depositors, so that depositors are less affected by the performance of banks' lending portfolios. This has the advantage that banks and their borrowers can appropriate larger fractions of the surplus gains from implementing efficient effort, which in turn makes it more worthwhile for them to indeed implement efficient effort." Embora plausível, esta hipótese não parece se conformer à realidade brasileira, uma vez que o nível de concessão de crédito para as empresas é muito baixo e não é, na maioria dos casos, comum a discussão sobre a finalidade do crédito, especialmente para pequenas e médias empresas.

65 O debate sobre o tema tem se acirrado a partir de 2003, quando a queda da taxa de juros pagos pelo governo não se refletiu, na mesma proporção, nos juros cobrados aos clientes das instituições financeiras. Estudos elaborados por ambos os lados atingem conclusões distintas, o que dificulta o consenso sobre a questão.

4. Poder econômico e concorrência: interesses estatais na determinação das políticas públicas

O leitor poderá indagar a razão de referir interesses estatais na determinação das políticas públicas, pois, na teoria geral do Estado, o ente estatal deve perseguir os interesses públicos, enfeixados na noção de bem comum. Todavia, a ciência política demonstra que nem sempre o Estado ou aqueles que nele ocupam as posições de mando estão imbuídos das melhores intenções – vide teorias sobre os interesses privados na regulação. Noutras ocasiões, verifica-se a sujeição, ainda que desprovida de malícia, a outros objetivos não acordados politicamente como o bem comum.

A posição da defesa da concorrência em face dos objetivos do SFN se presta a uma análise, levando-se em consideração as diretrizes esboçadas pela Constituição. De um lado, posiciona-se a defesa do dinheiro, "proxeneta entre a necessidade e o objeto, entre a vida humana e os meios de subsistência",[66] cuja ligação com a vida do tecido social é difícil de afastar nas sociedades desenvolvidas, especialmente naquelas com sistemas econômicos descentralizados. De outro lado, arvora-se a defesa da concorrência, abstração que, ideologicamente, conferiria uma dimensão ética aos sistemas econômicos descentralizados. A forma como esses dois pólos se articularão é parte da dinâmica política dentro do Estado.[67] A reestruturação do SFN a partir de 1995, o § 3º do art. 164 da Constituição e os interesses da Fazenda Pública ilustram a dinâmica dessa articulação.

4.1 *A reestruturação do SFN a partir de 1995*

A versatilidade dos mercados financeiros conduz a um estado de mutação constante, em que os agentes econômicos se movimentam em busca

---

66 MARX, Karl. O poder do dinheiro nas sociedades burguesas. *Manuscritos econômicos e filosóficos*: terceiro manuscrito.

67 Neste contexto, não é possível afastar as inter-relações existentes entre as esferas pública e privada – por exemplo, "a política monetária afetaria não apenas o nível geral das taxas de juros, mas também a diferença entre o custo de financiamento externo e o custo de oportunidade do financiamento interno, diferença chamada na literatura de prêmio do financiamento externo (*external finance premium*)". Ver ALENCAR, Leonardo Soriano. *Concorrência bancária, custos de agência e o canal do crédito da política monetária*. Tese apresentada à Faculdade de Economia, Administração e Contabilidade da Universidade de São Paulo para a obtenção do título de doutor em teoria econômica. São Paulo, p. 4, 2002.

de objetivos específicos. As instituições financeiras, ao se movimentarem no mercado, alteram, com grande velocidade, a conformação do SFN, com reflexos sobre os demais setores da economia, devido à multilateralidade das trocas feitas com moeda. Todavia, há episódios em que as autoridades governamentais tomam medidas que provocam mudanças ou são capazes de catalisar transformações em curso. Em fins dos anos 1980, o advento do banco múltiplo representou uma dessas mudanças que alteram a feição do SFN a partir da ação estatal.

No exemplo dos bancos múltiplos, houve a substituição de uma política concentracionista e intervencionista por uma mais liberal, notadamente nas regras de acesso ao mercado. Desse modo, o interesse estatal apontou no sentido de um acesso mais fácil ao SFN, o que se traduziu nas normas adotadas e, no que tange à movimentação dos agentes econômicos, no aumento do número de bancos.

Em 1995, outro processo de reestruturação iniciar-se-ia em decorrência de duas razões: "a queda da inflação e a conseqüente redução de receitas com o *float*, levando à reestruturação do sistema financeiro para adequar-se à nova realidade macroeconômica", aliada à "tendência global das instituições financeiras, por meio de fusões e aquisições procurarem maiores ganhos de escala e adaptarem-se às novas tecnologias".[68] Diverso do anterior que culminou com o advento do banco múltiplo, suas conseqüências concentracionistas não foram debatidas com a sociedade, à qual se apresentou como justificativa apenas a necessidade de manter a higidez do sistema. Em que pesem a facilitação do acesso de bancos estrangeiros e o argumento de que não se reduziu substancialmente a concorrência, a grande redução no número de instituições financeiras cria outros problemas.

Assim, a transição do período de inflação elevada para o de inflação baixa acarretou uma série de dificuldades para alguns dos integrantes do SFN, os quais, previa-se, não conseguiriam se adaptar ao novo ambiente.[69] Como Carvalho, Studard e Alves Jr. relatam com base em dados do Bacen:

---

68 ALVES, Sérgio Darcy de Silva. Avaliação de fusões de bancos. *Revista de Direito Bancário, Mercado de Capitais e Arbitragem*, v. 19, p. 13.

69 BARROS, José Roberto Mendonça de; ALMEIDA JR., Mansueto Facundo de. *A reestruturação do sistema financeiro no Brasil.* Brasília: Ministério da Fazenda/ Secretaria de Política Econômica, agosto de 1996. Disponível em: <http://www.fazenda.gov.br/spe/artigos/art.0001.htm>. "Desde o início do Plano Real, em julho de 1994, sabia-se que o novo ambiente de estabilização macroeconômica

> [...] entre 1/7/1994 e 18/4/1996, 63 instituições financeiras foram submetidas ao RAET (Regime de Administração Especial Temporária), das quais 24 eram bancos múltiplos, três bancos comerciais, um banco de investimento, um banco estadual de investimento, duas sociedades de arrendamento mercantil, doze corretoras, quinze distribuidoras e uma sociedade de crédito imobiliário. Em relação aos regimes especiais, 42 instituições foram liquidadas extrajudicialmente, treze ficaram sob administração temporária, uma teve sua falência decretada e sete sofreram intervenção.[70]

Rumores diários sobre quebras de bancos ameaçavam a estabilidade monetária há pouco adquirida. Nesse ambiente, tomaram-se algumas medidas que em muito se parecem com as concentracionistas com as vigentes nos anos 1970. A Medida Provisória 1.179/1995, mais tarde transformada na Lei 9.710/1998, criou um regime especial de incentivos fiscais para a aquisição de instituições financeiras em dificuldades.[71]

---

não seria condizente com a dimensão que o sistema bancário havia alcançado, fruto de vários anos de inflação alta e desequilíbrios macroeconômicos. Esses anos levaram à constituição de um número elevado de instituições financeiras que, para se beneficiar das receitas inflacionárias (*float*), faziam uso de um número elevado de agências para captação de depósitos e aplicações, com custos elevados."

70 CARVALHO, Carlos Eduardo; STUDART, Rogério; ALVES JR., Antônio José. *Desnacionalização do setor bancário e financiamento das empresas*: a experiência brasileira recente, p. 31.

71 BRASIL. Lei 9.710, de 19 de novembro de 1998. "Artigo 2º Na hipótese de incorporação, aplica-se às instituições participantes do Programa a que se refere o artigo anterior o seguinte tratamento tributário: I – a instituição a ser incorporada deverá contabilizar como perdas os valores dos créditos de difícil recuperação, observadas, para esse fim, normas fixadas pelo Conselho Monetário Nacional; II – as instituições incorporadoras poderão registrar como ágio, na aquisição do investimento, a diferença entre o valor de aquisição e o valor patrimonial da participação societária adquirida; III – as perdas de que trata o inciso I deverão ser adicionadas ao lucro líquido da instituição a ser incorporada, para fins de determinação do lucro real e da base de cálculo da Contribuição Social sobre o Lucro Líquido; IV – após a incorporação, o ágio a que se refere o inciso II, registrado contabilmente, poderá ser amortizado, observado o disposto no inciso seguinte; V – para efeitos de determinação do lucro real, a soma do ágio amortizado com o valor compensado dos prejuízos fiscais de períodos-base anteriores não poderá exceder, em cada período-base, a trinta por cento do lucro líquido, ajustado pelas adições e exclusões previstas

Sucessivas normas alteraram as regras de entrada no SFN, sempre no sentido de aumentar as exigências para novas instituições financeiras e facilitar concentrações econômicas.[72] Com a Resolução 2.211/1995, o Fundo de Garantidor de Créditos (FGC) foi criado como "associação civil sem fins lucrativos, com personalidade jurídica de direito privado", tendo por objetivo

> [...] garantia de créditos contra instituições dele participantes, nas hipóteses de: I – decretação da intervenção, liquidação extrajudicial ou falência de instituição; e II – reconhecimento, pelo Banco Central do Brasil, do estado de insolvência de instituição que, nos termos da legislação vigente, não estiver sujeita aos regimes referidos no inciso I.[73]

Nenhuma dessas medidas, entretanto, conferiu mais poder ao Bacen para reestruturar o SFN do que o Programa de Estímulo à Reestruturação e ao Fortalecimento do Sistema Financeiro Nacional (Proer). Este também se inseria no esforço de sanear o SFN e foi criado pela Medida Provisória 1.179/1995, convertida posteriormente na Lei 9.710/1998, e pela Resolução 2.208/1995.[74] Tinha como uma de suas principais características a concessão de linhas de crédito para a aquisição de instituições financeiras em dificuldades e a cisão entre os ativos bons e os ruins no bojo desse processo (good bank/bad bank).[75] Tais recursos são originá-

---

na legislação aplicável; VI – o valor do ágio amortizado deverá ser adicionado ao lucro líquido, para efeito de determinar a base de cálculo da Contribuição Social sobre o Lucro Líquido. § 1º O disposto neste artigo somente se aplica às incorporações realizadas até 31 de dezembro de 1996, observada a exigência de a instituição incorporadora ser associada à entidade administradora do mecanismo de proteção a titulares de crédito, de que trata o § 2º do art. 1º. § 2º O Poder Executivo regulamentará o disposto neste artigo."

72 Neste sentido, ver BRASIL. Conselho Monetário Nacional. Resolução 2.212, de 16 de novembro de 1995. Resolução 2.607, de 27 de maio de 1999.

73 BRASIL. Conselho Monetário Nacional. Resolução 2.211, de 16 de novembro de 1995. Anexo I (Estatuto Social do Fundo Garantidor de Créditos – FGC). Arts. 1º e 2º.

74 BRASIL. Medida Provisória 1.179, de 3 de novembro de 1995, convertida posteriormente na Lei 9.710, de 19 de novembro de 1998. BRASIL. Conselho Monetário Nacional. Resolução 2.208, de 3 de novembro de 1995.

75 LUNDBERG, Eduardo. Saneamento do sistema financeiro: a experiência brasileira dos últimos 25 anos. In: SADDI, Jairo (Org.). *Intervenção e liquidação extrajudicial*

rios dos próprios partícipes do SFN e, somente de modo subsidiário, do Tesouro Nacional.[76] Seus objetivos eram explicitados no art. 2º da Resolução: "O PROER será implementado por meio de reorganizações administrativas, operacionais e societárias de instituições financeiras, previamente autorizadas pelo Banco Central do Brasil, que resultem na transferência de controle ou na modificação de objeto social".[77] Com a Medida Provisória 1.182/1995, convertida na Lei 9.447/1997, "visando assegurar a normalidade da economia pública e resguardar os interesses dos depositantes, investidores e demais credores", o Proer revestiu as autoridades monetárias de poderes para determinar "I – capitalização da sociedade, com o aporte de recursos necessários ao seu soerguimento, em montante por ele fixado; II – transferência do controle acionário; e III – reorganização societária, inclusive mediante incorporação, fusão ou cisão".[78]

---

no sistema financeiro nacional: 25 anos da Lei 6.024/74. São Paulo: Textonovo, 1999. p. 53-70.

[76] FERREIRA, Gabriel Jorge. A estrutura normativa e de supervisão do Sistema Financeiro Nacional. *Revista de Direito Bancário e do Mercado de Capitais*, v. 28, p. 33-34. "[...] no Proer, necessariamente, os recursos não são públicos. No Proer, os recursos são da reserva do sistema bancário. Os bancos têm recursos depositados no Banco Central de duas ordens: a) os recolhimentos compulsórios e b) os depósitos voluntários. O encaixe de tudo o que os bancos têm são depositados no Banco Central e constitui a Reserva Bancária. Esses foram os recursos utilizados para criar o Programa de Reestruturação do Sistema Financeiro. [...]; todos esses bancos que tiveram problemas obtiveram recursos do Proer, como uma garantia real, cobrindo cerca de 120% do valor do principal. Portanto, em tese, é possível que, quando terminarem essas liquidações, se elas não forem deficitárias, esses recursos retornem ao Banco Central para a Conta de Reserva Bancária. Se terminar a liquidação e ela for insolvente e tiver um patrimônio líquido negativo, aí pode ser que o Tesouro tenha que bancar alguma diferença, em relação a esses recursos."

[77] O mesmo espírito encontra-se no art. 1º da Lei 9.710/1998. "Artigo 1º O Programa de Estímulo à Reestruturação e ao Fortalecimento do Sistema Financeiro Nacional, instituído pelo Conselho Monetário Nacional com vistas a assegurar liquidez e solvência ao referido Sistema e a resguardar os interesses de depositantes e investidores, será implementado por meio de reorganizações administrativas, operacionais e societárias, previamente autorizadas pelo Banco Central do Brasil."

[78] BRASIL. Medida Provisória 1.182, de 17 de novembro de 1995. BRASIL. Lei 9.447/1997, de 14 de marco de 1997, art. 5º.

Tabela 15 – Regimes especiais após o Plano Real (1º.07.1994) por tipo de empresas

Tipo	Remanescentes em 30.06.1994	Submetidas a regime especial a partir de 1º.07.1994	Encerradas após 1º.07.1994	Remanescentes
Consórcio	28	94	94	28
Banco	11	59	53	17
Distribuidora de títulos e valores mobiliários	16	47	53	10
Corretora de câmbio, títulos e valores mobiliários	4	27	19	12
Outras	9	18	19	8
Cooperativa de crédito	1	11	10	2
Arrendamento mercantil (*leasing*)	0	9	4	5
Financeira	3	2	3	2
Crédito imobiliário	5	1	6	0
Associação de poupança e empréstimo	1	0	1	0
Total	78	268	262	84

Fonte: Bacen. Atualizado em 20.01.2005.

No bojo do processo de reestruturação iniciado em 1995, o *status* dos bancos públicos estaduais foi uma questão política bastante delicada. Surgidos principalmente desde a República Velha,[79] os bancos estaduais vinculavam-se às entidades federativas que os criaram por meio do regime de direito administrativo, estando sua gestão sujeita às vicissitudes políticas do Brasil. À semelhança do que ocorrera com o primeiro Banco do Brasil, muitos deles quebraram em virtude da gestão temerária, ainda que isso não tenha sido formalmente declarado pela autoridade monetária ou pelo Judiciário. O reconhecimento

[79] VIEIRA, Evaldo Amaro. Considerações históricas sobre a expansão da rede bancária brasileira. *Revista de História*, n. 2, p. 426. "A Primeira República viu nascer ainda os dois primeiros 'Bancos do Estado', sob a direção dos governos estaduais. Eram eles o de São Paulo e o do Rio Grande do Sul, que se tornaram depois grandes financiadores de atividades agrícolas e industriais."

dessa situação podia ser percebido no ostracismo de muitos deles dos mercados interbancários. Sintetizando as ressalvas aos bancos públicos estaduais, o então Ministro da Fazenda afirmou, algum tempo mais tarde, que

> Bancos oficiais estaduais tinham quase 30. Apenas 3 Estados não tinham banco estadual, outros tinham 2. Havia um único com 3 bancos estaduais oficiais. Com franqueza, como dizia a alguns deles, banco e política não são duas coisas que combinam muito bem. Banco não deve ter a sua diretoria, a sua presidência alterada a cada quatro anos ou menos. Banco não pode dar indicações de loteamentos políticos como existem em alguns casos, mas não quero generalizar. Bancos não têm que atender desejos e necessidades de financiamentos do governo do Estado. Um dos grandes bancos, por exemplo, tinha mais de 80% de suas operações ativas de crédito concedidas ao Estado e às empresas do Estado, que não lhes pagavam de acordo com as obrigações originalmente contratadas. Isso, obviamente, era uma situação insustentável, no médio e no longo prazo, e banco não pode ser usado para esse propósito.[80]

No contexto acima descrito, no qual preocupações políticas se mesclavam com as necessidades de equacionamento financeiro das Fazendas Públicas estaduais, criou-se o Programa de Incentivo à Redução do Setor Público Estadual na Atividade Bancária (Proes), com o auxílio do qual grande parte dos bancos estaduais foi privatizada, sendo de nota a venda destes para bancos estrangeiros.[81] Um dos argumentos usados é o de que, além da estabilidade que tais instituições financeiras trariam ao SFN, elas representariam um choque de concorrência no setor. Isso não ocorreu, e

---

80 MALAN, Pedro. Direito, economia e o papel dos bancos no cenário econômico-social. *Revista de Direito Bancário e do Mercado de Capitais*, v. 28, p. 17-18.

81 CARVALHO, Carlos Eduardo; STUDART, Rogério; ALVES JR., Antônio José. *Desnacionalização do setor bancário e financiamento das empresas*: a experiência brasileira recente, p. 35. "A compra de bancos quebrados, sob intervenção ou liquidados pelo BCB, foi o mecanismo pelo qual se iniciou a grande onda de entrada de estrangeiros. Inicialmente foram vendidos alguns bancos pequenos para instituições interessadas em operar no atacado – como exemplo, em maio de 1996 o Deutsch-Südamerikanische Bank comprou o Banco Grande Rio, instituição de pequeno porte em liquidação desde 1991, e antes dele já haviam entrado por esta porta o Banque Nationale de Paris e os estadunidenses Ford e Inaf. Foi também por essa via que se deu a entrada do primeiro banco "gigante estrangeiro" no Brasil, com a compra do Bamerindus, pelo HSBC, logo após o banco paranaense ter sofrido a intervenção esperada desde a liquidação do Banco Nacional."

os novos agentes econômicos adotaram as mesmas práticas dos demais bancos.[82]

Tabela 16 – Bancos públicos privatizados

Data	Instituição privatizada	Adquirente	Valor de venda *
Junho/1997	Banerj	Itaú	311,00
Agosto/1997	Credireal	BCN	127,30
Dezembro/1997	Meridional (federal)	Bozano, Simonsen	265,60
Setembro/1998	Bemge	Itaú	583,00
Novembro/1998	Bandepe	ABN AMRO	183,00
Junho/1999	Baneb	Bradesco	260,00
Outubro/2000	Banestado	Itaú	1.625,00
Novembro/2000	Banespa	Santander	7.000,50
Novembro/2001	Paraiban	ABN-AMRO	76,50
Dezembro/2001	BEG	Itaú	665,00
Janeiro/2002	BEA	Bradesco	182,91
Fevereiro/2004	BEM	Bradesco	78,00

* Em milhões de reais

Fonte: Bacen.

Ao fim do processo de reestruturação, o funcionamento do SFN ocorria sob condições diversas. Do ponto de vista da higidez, os principais problemas parecem ter sido sanados; do ponto de vista da estrutura do mercado, as possibilidades de escolha à disposição dos consumidores tiveram redução substancial. Independentemente da justeza ou não da política adotada, os seus efeitos colaterais sobre a concorrência foram colocados em plano secundário.

É necessário ressaltar que a reestruturação do SFN pode apresentado efeitos sociais positivos, especialmente levando-se em consideração os riscos que a antiga conformação impunha. Analisando os efeitos realocativos da

[82] CASILDA, Ramón; CALDERÓN, Álvaro. La estrategia de los bancos españoles en América Latina *Revista de la Cepal*, n. 70, p. 88, abr. 2000. "Pero también han traído algunas dificultades, como el incremento de la concentración y la lenta transferencia a los clientes de los beneficios de la mayor competencia y eficiencia de los mercados financieros latinoamericanos." Os autores manifestam seu otimismo ao acreditar que o aumento da concorrência poderá acontecer no médio prazo.

concorrência sobre um dado setor com base na literatura existente, Stiroh e Strahan argumentam que esse acirramento competitivo que conduziu a uma maior concentração pode ter aumentado o desempenho do setor e identificam três possíveis modos como isso pode acontecer: (i) "empresas melhores e mais eficientes apresentado efeitos positivos simplesmente cresceriam mais rápido do que as outras e ganhariam participação de mercado, o que aumenta diretamente o desempenho médio" do setor; (ii) "algumas empresas aperfeiçoam seu desempenho relativo ao mesmo tempo que crescem em tamanho"; e (iii) "entrada e saída podem ser fundamentais quando resultado é realocado para longe das *failing companies* e na direção das empresas melhor sucedidas".[83] Não se pode ignorar que o Bacen estava ciente de que a sua intervenção no processo de seleção natural do mercado financeiro, a fim de evitar quebras, poderia distorcer o atingimento destes resultados ou acelerar sua obtenção. Assim, fica a ressalva de que, como a reestruturação do SFN foi promovida via autoridade regulatória e não via concorrência, tais efeitos benéficos podem ter sido distorcidos pelas dificuldades inerentes aos reguladores. No mesmo sentido, defende-se que reestruturações do gênero podem ter "gerado ganhos de eficiência através da re-otimização das reservas bem como através da redução potencial nos custos para emprestar".[84]

4.2 O § 3º do art. 164 da Constituição: impacto sobre a concorrência

O § 3º do art. 164 da Constituição determina que "as disponibilidades de caixa da União serão depositadas no Banco Central; as dos Estados, do Distrito Federal, dos Municípios e dos órgãos ou entidades do Poder Público e das empresas por ele controladas, em instituições financeiras oficiais, ressalvados os casos previstos em lei". A regra afeta diretamente a disciplina da concorrência no SFN, criando distorções.

Essa regra significa que, em vez de os depósitos serem repartidos entre as instituições financeiras públicas e privadas, há um monopólio das

---

83 STIROH, Kevin J. STRAHAN, PHILIP E. Competitive Dynamics of Deregulation: Evidence from U.S. Banking. *Journal of Money, Credit, and Banking*, v. 35, n. 5, The Ohio State University, p. 805, Oct 2003.

84 CARLETTI, Elena. HARTMANN, Philipp. SPAGNOLO, Giancarlo. *Bank Mergers, Competition and Liquidity*. ECB Research Paper Series – Working Papers n. 292, Frankfurt, Sep. 2003, p. 3. Disponível em: http://ssrn.com/abstract=302879. Acesso em: 02 nov. 2006.

primeiras em detrimento das segundas. Em outras palavras, o regime da concorrência é afastado da captação dos recursos públicos, salvo se se vislumbrar algum tipo de concorrência entre as diversas instituições financeiras públicas. A hipótese tem conduzido a maior concentração de recursos em poucas instituições públicas, tendo-se em vista a crescente privatização das instituições financeiras estaduais, únicas que poderiam agir oportunisticamente em relação às instituições financeiras federais. Muitos Estados agora somente dispõem de instituições financeiras federais para depositar seus recursos.

Para os entes federativos, as conseqüências dessa regra se expressam no poder monopolista das instituições financeiras públicas, que, na ausência de concorrência, não terão estímulo para oferecer remuneração competitiva, caso se compare com quantias semelhantes existentes na iniciativa privada. Como desdobramento, as instituições públicas captarão recursos com menores custos e poderão, assim, repassar tais recursos no mesmo mercado das instituições privadas. Essa vantagem comparativa das instituições financeiras públicas feriria a noção de paridade de armas no mercado, pois uma regra as deixa em situação de desvantagem, quando deveriam estar em igualdade. Reconhece-se, todavia, que é legítimo o poder público adotar tal regra, na medida em que o constituinte assim o determinou considerando outros objetivos e valores para as políticas públicas.

É relevante mencionar que, no âmbito da OMC, o "Understanding on commitments in financial services" determina, no item B.2, ao tratar de acesso aos mercados, a extensão da noção de tratamento nacional ("national treatment") aos serviços consumidos pelo Estado.[85] De acordo com a idéia de tratamento nacional, as empresas estrangeiras devem ser tratadas como as nacionais. Se se considerar que o art. 164 privilegia os bancos públicos, é possível que tal dispositivo seja contestado no futuro, reclamando-se a extensão desse direito também aos bancos privados, sejam nacionais ou estrangeiros.

4.3 *Interesses da Fazenda Pública e seu impacto sobre a concorrência*

Os interesses da Fazenda Pública no financiamento das suas dívidas constituem outro aspecto importante na relação entre o SFN e o Estado, aspecto que coloca as instituições financeiras em posição estratégica perante

[85] BRASIL. Decreto 1.355, de 30 de dezembro de 1994. *Understanding on commitments in financial services*, item B.2.

o poder público. Novamente, a simbiose entre os espaços público e privado apresenta impactos sobre o padrão de concorrência entre as instituições financeiras.

Tal simbiose data de muitos séculos, mas em algum momento seus reflexos sobre a concorrência são mais acentuados. Assim, nos Estados Unidos, durante a Guerra da Secessão, a União passou a autorizar o funcionamento de bancos federais sob a condição de que estes adquirissem títulos da dívida pública, situação que contrastava com a anterior, na qual apenas os Estados autorizavam o funcionamento de instituições financeiras.[86]

Atualmente, no Brasil não é diferente. Embora não o possa fazê-lo por meio da emissão de títulos próprios,[87] uma das funções do Bacen é ser banqueiro do governo e, no desempenho dessa função, pode, influenciando a quantidade de moeda disponível,[88] conduzir e impactar outras políticas, que dependem de prévia autorização legislativa.[89] Contudo, ao mesmo tempo e

---

86 CRANSTON, Ross. *Principles of banking law*, p. 65.

87 BRASIL. Lei Complementar 101/2000. "Art. 34. O Banco Central do Brasil não emitirá títulos da dívida pública a partir de dois anos após a publicação desta Lei Complementar."

88 BRASIL. Constituição de 1988, art. 164, § 2º. "O Banco Central poderá comprar e vender títulos de emissão do Tesouro Nacional, com o objetivo de regular a oferta de moeda ou a taxa de juros."

89 BRASIL. Lei 10.179, de 6 de fevereiro de 2001. "Artigo 1º Fica o Poder Executivo autorizado a emitir títulos da dívida pública, de responsabilidade do Tesouro Nacional, com a finalidade de: I – prover o Tesouro Nacional de recursos necessários para cobertura de seus déficits explicitados nos orçamentos ou para realização de operações de crédito por antecipação de receita, respeitados a autorização concedida e os limites fixados na Lei Orçamentária, ou em seus créditos adicionais; [...] IV – troca por títulos emitidos em decorrência de acordos de reestruturação da dívida externa brasileira, a exclusivo critério do Ministro de Estado da Fazenda; V – troca, na forma disciplinada pelo Ministro de Estado da Fazenda, o qual estabelecerá, inclusive, seu limite anual, por títulos emitidos em decorrência de acordos de reestruturação da dívida externa para utilização em projetos voltados às atividades de produção, distribuição, exibição e divulgação, no Brasil e no exterior, de obra audiovisual brasileira, preservação de sua memória e da documentação a ela relativa, aprovados pelo Ministério da Cultura, bem como mediante doações ao Fundo Nacional da Cultura – FNC, nos termos do inciso XI do art. 5º da Lei n. 8.313, de 23 de dezembro de 1991; VI – permuta por títulos do Tesouro Nacional em poder do Banco Central do Brasil; VII – permuta por títulos de responsabilidade do Tesouro Nacional ou por créditos decorrentes de securitização de obrigações da União, ambos na forma escritural, observada a equivalência econômica."

ainda que não o perceba muitas vezes, o Bacen exerce parcela substancial da política de concorrência no SFN, a ponto de o seu próprio presidente se manifestar sobre o assunto em público.[90] O papel desempenhado pelos sistemas de pagamentos do SFN na coleta dos tributos expõe outra faceta da intersecção de interesses.

Além do auxílio do SFN na arrecadação de tributos, os interesses da Fazenda Pública no financiamento de suas dívidas pelas instituições financeiras têm efeitos colaterais. As instituições também adquirem poderes decorrentes desse auxílio, especialmente em nações mais frágeis,[91] e, "no papel de padre confessor financeiro, o banqueiro tem acesso a segredos de governo e influência em decisões governamentais cruciais".[92] Há uma verdadeira captura recíproca: a Fazenda Pública captura as instituições financeiras para obter o financiamento do déficit público, e estas, por seu turno, conseguem influenciar decisões de seu interesse, seja no mercado financeiro, seja fora dele.

No Brasil, isto se manifesta, inclusive, por meio de normas. A legislação tributária privilegia os investimentos de longo prazo sobre os de curto prazo: para estes, a alíquota de imposto de renda é de 15%, ao passo que para aqueles com prazo superior a 720 dias diminui para 15%. Isso significa que há incentivos para que os investimentos financeiros permaneçam por mais tempo à disposição da Fazenda Pública, alongando o perfil de sua dívida. Outro efeito colateral é a distorção do funcionamento dos mecanismos de intermediação financeira, notadamente no que tange à concessão do crédito. A voracidade da Fazenda Pública canaliza parcela substancial dos créditos para si, e, com isso, pouco fica disponível para os demais setores da economia. Assim, já em 1981, alertava-se que

---

90 RIBEIRO, Ana Paula. Novo presidente da Fiesp critica baixo crédito no Brasil. *Folha de S.Paulo*, 10 nov. 2004. "Também presente na reunião do CDES, o presidente do Banco Central, Henrique Meirelles, disse que o País tem condições de reduzir o custo do crédito. 'Muito já foi feito. Muito está sendo feito. Muito há que se fazer. Estamos abertos ao debate." Segundo Meirelles, uma série de medidas já foi adotada pelo governo para estimular a concorrência e reduzir o custo do crédito. Entre elas, estão as cooperativas de crédito, crédito consignado [empréstimo com desconto em folha de pagamento] e a central de risco."

91 WIESER, Friedrich von. *The law of power*, p. 361.

92 Idem, ibidem, p. 362. A afirmação deve ser lida com reservas. Este processo de captura dos Estados por instituições financeiras pode acontecer, mas está sujeito a uma grande variação na sua intensidade e forma.

> [...], o déficit do setor público está gerando um perverso problema distributivo na economia brasileira. Pois o governo, na faixa do livre mercado de crédito, aceita pagar juros elevados ao setor produtivo, financeiro e não-financeiro, como meio de obter recursos complementares para cobrir seu enorme volume de gastos. Dado o peso do setor governamental e de suas expressivas necessidades de financiamento, tem-se como efeito decorrente desta nova elevação de toda a estrutura de taxas de juros no segmento livre do mercado de empréstimos.[93]

Em realidade, o déficit público continua a competir com os demais tomadores de empréstimos no SFN. Por causa do menor risco em emprestar para o Estado, consumidor da maioria dos recursos, o pouco que resta é disputado por toda a sociedade civil, o que pressionaria a taxa de juros para cima. Por isso, a redução do déficit público é apontada como uma medida capaz de tornar menor, de modo consistente, a taxa de juros.

5. Choques de políticas públicas: algumas observações

O Banco do Brasil e a CEF unem-se para, utilizando seu poder de mercado, reduzir de modo coordenado as taxas de juros praticadas. Semelhante situação desperta, pelo menos, preocupações em três campos: o da defesa da concorrência, o da política monetária e o da defesa dos interesses dos acionistas minoritários. O cenário fictício, em que nem sempre é possível conciliar as diversas opções, serve de exemplo para ilustrar a complexidade que permeia a escolha das políticas públicas.

No contexto atual, a importância das políticas monetárias é tamanha que todos os dias os noticiários veiculam críticas de empresários do setor não-financeiro a sua condução,[94] desnudando-se uma verdadeira posição

[93] FRANÇA, Paulo Oscar. Déficit público e política econômica. In: LOZARDO, Ernesto. *Déficit público brasileiro*: política econômica e ajuste estrutural. São Paulo: Paz e Terra, 1987. p. 135.

[94] RIBEIRO, Ana Paula. Novo presidente da Fiesp critica baixo crédito no Brasil. *Folha de S.Paulo*, 10 nov. 2004. "O presidente da Fiesp (Federação das Indústrias de São Paulo) disse hoje que o volume de crédito é muito baixo no Brasil, de apenas 27,5% do PIB (Produto Interno Bruto), enquanto a média de 43 países que representam 93% do PIB mundial é de 85,6%. Um dos fatores de preocupação do Banco Central no controle da inflação é que os investimentos não acompanhem o aumento da demanda, impulsionada pela retomada do crescimento econômico. Isso pressionaria os preços, comprometendo a estabilidade monetária."

de dominação do SFN sobre o resto da economia. A política de defesa da concorrência é apresentada como verdadeira "salvadora" do resto da economia dos abusos sentidos do SFN.

Em realidade, o papel da política de defesa da concorrência no Brasil sobre a condução da política monetária parece ser modesto. A entrada de bancos estrangeiros, aclamada como pró-competitiva, revelou-se um fiasco. Medidas de apoio ao microcrédito, ainda que eficientes e socialmente bem dirigidas, têm impacto limitado sobre o volume total dos financiamentos demandados pela economia. Muito embora seja necessário aprofundar o detalhamento dos mercados relevantes, se tomados todos os serviços financeiros, uma aplicação grosseira dos critérios antitruste para aferir o nível de concentração no SFN demonstra a existência de uma estrutura relativamente desconcentrada.

Como explicar, então, que a percepção generalizada da sociedade indica a existência de abusos por parte das instituições financeiras, se, do ponto de vista de política de defesa da concorrência, algumas medidas estão sendo adotadas para incentivar a rivalidade entre instituições financeiras?

As manifestações de abuso de posição dominante, individualmente vivenciadas, apresentam outra fonte. Embora seja difícil distinguir a parcela de responsabilidade das instituições financeiras, parte substancial recai sobre o Estado, o qual conduz políticas públicas concebidas com foco num único problema: a estabilidade monetária.

Por certo, a estabilidade monetária é um fim legítimo da atuação estatal. Ainda que servindo, por meios indiretos, aos interesses da Fazenda Pública, as políticas adotadas podem, efetivamente, atingir objetivos que se coadunam com os dos arts. 192 e 170 da Constituição, na medida em que criariam uma condição necessária ao desenvolvimento econômico, a saber, a estabilidade monetária.

Entretanto, no Estado Democrático e de Direito, cabe a indagação sobre a legitimidade da escolha dos meios. A reestruturação ocorrida desde 1995 é um bom exemplo, na medida em que anulou efeitos desconcentracionistas de uma política pública que facilitaria a entrada no SFN. Isto é particularmente verdadeiro quando se observa que a clássica noção de separação entre os poderes do Estado deu lugar, na passagem do Estado gendarme ao Estado administrativo, à separação de funções, que, para Loewenstein, seriam *policy determination* (determinação de políticas), *policy execution* (execução de políticas) e *policy control* (controle das políticas).[95] A

[95] LOEWENSTEIN, Karl. *Teoría de la constitución*, p. 50.

lei na sua acepção mais ampla, usada com tanta freqüência pelas autoridades para moldar o SFN, é tida mais como instrumento de políticas públicas do que como manifestação da vontade popular. Entenda-se política como a "definida por sua finalidade enquanto conjunto de atos e normas".[96]

Assim, questionamentos sobre a legitimidade das políticas públicas passam a ser admitidos. Mesmo em regimes tradicionais, como é o caso do Reino Unido, surgem mecanismos atípicos de controle da ação estatal. No mercado financeiro, o ente regulador deverá atentar para três princípios relacionados à concorrência durante a sua ação: a posição competitiva do Reino Unido, a necessidade de minimizar qualquer efeito nocivo sobre a concorrência e a promoção da concorrência entre os entes regulados.[97] Caso alguma regulação tenha efeito negativo sobre um dos três princípios arrolados, a autoridade de defesa da concorrência terá de analisar a regulação e submeter sugestões à autoridade monetária. Em caso de impasse, o Ministério das Finanças resolverá o litígio.[98]

Apesar de ser de difícil aplicação, a sugestão feita por Comparato, argumentando a favor da necessidade de controle de constitucionalidade de

[96] COMPARATO, Fábio Konder. Ensaio sobre o juízo de constitucionalidade de políticas públicas. *Revista dos Tribunais*, n. 737, p. 18.

[97] BLAIR, William. *Banking and financial services regulation*. With a chapter on capital adequacy by Deepak Haria and Louise Freeman. 2. ed. London: Butterworths, 1998. p. 26.

[98] Idem, ibidem, p. 49: "The rules and practices of the FSA are subject to separate review by the Director General of Fair Trading for competition purposes. [...] The standard to be applied is whether the regulating provisions or practices have a significantly adverse effect on competition. This will apply where they have (or are intended to have) that effect or require or encourage behaviour that has (or is intended or is likely to have) the effect of requiring or encouraging exploitation of the strength of a market position they are to be taken an adverse effect on competition. [...] The Competition Commission must consider any report made by the Director General that a regulating provision or practice has a significantly adverse effect on competition. The Commission must produce its own report unless this would serve no useful purpose following a change of circumstances. The report must state whether there has been a significantly effect on competition and if so, whether that effect is justified or what action, if any, should be taken by FSA. Where the Commission's conclusion is that the adverse effect on competition is not justified, the Treasury must give a direction to the FSA requiring it to take such action as may be specified. The Treasury may decide that directions are unnecessary as a result of action taken by FSA in response to the Commission's report or that other exceptional circumstances make it inappropriate or unnecessary to do so."

políticas públicas, pode ser usada como ponto de partida para reflexão, pois "[...] a legitimidade do Estado contemporâneo passou a ser a capacidade de realizar, com ou sem a participação ativa da sociedade – o que representa o mais novo critério de sua qualidade democrática –, certos objetivos predeterminados".[99] Ainda que analisando o problema do ponto de vista abstrato,[100] tal raciocínio pode ser transposto para fornecer a solução do conflito entre as políticas públicas de defesa da moeda e de defesa da concorrência.

O Cade, no campo limitado de suas competências, já se deparou com algumas situações similares. O art. 18 da Lei 4.131/1964,[101] revogado posteriormente pelo Decreto-lei 200/1967, conferia poderes ao Cade para fiscalizar empresas estatais e expandia-lhe, tenuemente, o horizonte de atuação para chocar com outras políticas públicas. A atual legislação, embora em termos diferentes, devolveu ao Cade a competência sobre pessoas jurídicas de direito público.[102] Baseado nesse dispositivo, o Cade considerou que os "benefícios concedidos no âmbito da 'guerra fiscal' [...] conferem vantagem dramática às empresas afetadas, podendo aumentar lucros em várias centenas de pontos percentuais". Mesmo diante da incompatibilidade de tais incentivos com os princípios da livre concorrência, a falta de competência legal limitou a ação do Cade no tema.[103]

---

[99] COMPARATO, Fábio Konder. Ensaio sobre o juízo de constitucionalidade de políticas públicas. *Revista dos Tribunais*, n. 737, p. 13.

[100] Idem, ibidem, p. 11-22.

[101] BRASIL. Lei 4.131, de 10 de setembro de 1962. "Artigo 18. O CADE exercerá a fiscalização da administração das emprêsas de economia mista e das que constituem patrimônio nacional, sob qualquer forma de organização. § 1º Essa fiscalização se estende à gestão econômica da emprêsa e regime de contabilidade, exercendo-se por processo indireto de consulta e *a posteriori*. § 2º O CADE examinará anualmente os balanços e relatórios das emprêsas a que se refere êste artigo e, em face dêles e dos resultados de sua fiscalização, proporá ao Presidente do Conselho de Ministros as providências que lhe parecerem necessárias."

[102] BRASIL. Lei 8.884/1994, art. 15. "Esta lei aplica-se às pessoas físicas ou jurídicas de direito público ou privado, bem como a quaisquer associações de entidades ou pessoas, constituídas de fato ou de direito, ainda que temporariamente, com ou sem personalidade jurídica, mesmo que exerçam atividade sob regime de monopólio legal."

[103] BRASIL. Cade. Consulta 38/1999 ("Guerra Fiscal e Concorrência"). Voto do relator Marcelo Calliari em 22 de marco de 2000. "[...] 7) Propostas que reduzam a possibilidade de guerra fiscal, ou que disciplinem a concessão de incentivos de forma previsível e segundo um sistema racional (definido pelas autoridades

Um passo mais consistente na resolução do conflito de políticas públicas é sugerido, indiretamente, por Salomão Filho, que, tendo por pano de fundo a luta pela competência entre Cade e Bacen, conclui que a única possibilidade de afastar o regime de concorrência, previsto na Constituição de 1988, é no caso de exclusão da concorrência e de planejamento econômico compulsório nos termos do art. 174, o qual

> [...] seria incompatível com o conceito de regulação, por uma razão muito simples: o planejamento ordena meios e fins da atividade econômica. O regime de planejamento exige a intervenção direta do Estado, definindo as metas para o setor público. Caso essas metas sejam específicas a ponto de lidar com as variáveis concorrenciais, então o comportamento do setor público é imune ao direito concorrencial.[104]

Somente com dificuldade essa conclusão pode ser transposta para o conflito de políticas públicas. Primeiro, porque ela não corresponde exatamente a um conflito de políticas públicas. Segundo, porque a sua peremptoriedade causaria transtornos grandes demais à condução da política monetária. A rigidez de tal resposta, ainda que para contentamento de alguns, seria de difícil realização em qualquer contexto. Por essa razão, uma possível resposta ao conflito de políticas públicas pode residir na ponderação constante dos objetivos da defesa da concorrência em relação aos de defesa da moeda. Às vezes, os primeiros poderiam predominar; às vezes, os segundos prevaleceriam. Tal abordagem tem a vantagem de permitir a adaptação constante dos objetivos de políticas públicas às vicissitudes da conjuntura. No campo de defesa da moeda, a constante mudança do ambiente concorre para um mecanismo de determinação mais maleável. Neste sentido, o projeto de lei complementar fornece um interessante ponto de partida, ao submeter a política de defesa da concorrência à higidez do SFN.

---

constitucionalmente competentes) podem contribuir para atenuar os danos hoje provocados por esta prática para o bem-estar social e merecem pelas autoridades responsáveis uma cuidadosa atenção. 8) Dada a patente relação do tema com a defesa da concorrência, o CADE permanece passível de engajamento no debate, dentro evidentemente da sua esfera de competência legal, como evidenciada pela presente Consulta."

104 SALOMÃO FILHO, Calixto. Regulação e antitruste: fronteiras e formas de interação no setor financeiro. In: CAMPILONGO, Celso Fernandes; ROCHA, Jean Paul Cabral Veiga da; MATTOS, Paulo Todescan Lessa (Org.). *Concorrência e regulação no sistema financeiro*, p. 134.

6. Considerações finais sobre o impacto do poder econômico no SFN sobre as políticas públicas

O livro focou a forma como o processo de competição acontece no bojo do mercado financeiro, partindo de uma perspectiva histórica para enfatizar os mecanismos disponíveis para a política antitruste e os aspectos institucionais relacionados. Partindo de algumas considerações introdutórias e de ferramentas conceituais típicas da defesa da concorrência, apresentou-se um histórico da formação do mercado financeiro, para em seguida, identificar o detentor do poder econômico, compreender como se dá o processo competitivo entre as instituições financeiras, identificar aspectos institucionais com impactos relevantes sobre o SFN e, ao fim, traçar a relação existente entre a defesa da concorrência e a defesa da moeda.

Ao longo da exposição, ficou demonstrado que, do ponto de vista técnico-operacional tradicional da defesa da concorrência, até o momento o nível de concentração do SFN não suscita maiores preocupações, pois há ainda relativa dispersão do poder econômico de cada instituição financeira. Embora a onda concentracionista entre 1990 e 2004 possa ter consolidado a existência de um oligopólio, este ainda encontra consideráveis limitações a sua ação livre.[105] Maior atenção deve ser dada às questões institucionais suscitadas, bem como aos possíveis comportamentos concertados. Assim, além de não terem impactado substancialmente os padrões de concorrência, a desnacionalização de parcela do SFN e a internacionalização das operações financeiras suscitam questões sobre a viabilidade da condução de qualquer política pública de fomento a concorrência entre instituições financeiras ou de sua adequação aos objetivos constitucionais do art. 192. A necessidade de repensar as estruturas institucionais é premente, caso se queira evitar que o oligopólio se desenvolva ainda mais e se queira conceber um SFN no qual a concorrência possa servir, dentro das suas próprias limitações, como mecanismo eficaz para a auto-regulação via mercado, bem como para a retomada da sua função de financiamento da economia. Desse ponto de vista, por exemplo, as autoridades administrativas deveriam levar a efeito investigação para averiguar até que ponto certas condutas são intencionais e, se o forem, analisar com maior atenção a questão dos alegados benefícios à sociedade desses comportamentos no SFN.

Nesse contexto, a falsa controvérsia existente entre o Cade e o Bacen revela seus efeitos mais contraproducentes, pois, ao criar incerteza jurídica

[105] Ressalve-se, uma vez mais, que a análise de mercados financeiros específicos pode conduzir a conclusões diversas.

sobre a competência para tratar da defesa da concorrência no SFN, incentiva a continuidade desses comportamentos, os quais podem ser prejudiciais para a sociedade. Não é importante discutir aspectos formais da defesa da concorrência, mas sim a sua efetividade. Embora em momento algum justifique a sua competência, o argumento do Cade de que o Bacen seria absolutamente inerte ante o tema desnuda a gravidade do debate sobre a escolha institucional adequada, na medida em que preocupações de outra ordem, que não as previstas constitucionalmente de modo explícito, como a estabilidade monetária, tomam o lugar da defesa da concorrência, relegando-a a um plano secundário do ponto de vista institucional.

Pode ser que esse comportamento omissivo do Bacen revele mais do que apenas sua inércia na defesa da concorrência. Deve-se ponderar que há limites para o "quem cala consente", revelando uma verdadeira dominação do SFN sobre os demais setores da economia nacional, subordinados aos seus interesses. A realidade subverte, desse modo, a teleologia do art. 192 da Constituição da República.

Enveredar por essa seara pode comprometer a academicidade, uma vez que é um campo em que o discurso político se mistura a outros. Mesmo assim, à guisa de conclusão, algumas observações se fazem necessárias. O poder econômico das instituições financeiras resulta do poder liberatório expresso em cada unidade monetária. A moeda, enquanto expressão da soberania, aproxima as instituições financeiras do Estado e promove uma comunhão de interesses variável no tempo e no espaço. Embora as instituições financeiras estejam formalmente insertas no âmbito privado, a atividade de intermediação financeira as dota do poder de "criar" moeda, ainda que, do ponto de vista funcional, sob a forma de crédito. Por conseqüência, elas e o Estado trafegam por zona cinzenta, na qual o público e o privado se confundem em alguns momentos. Assim, o caráter das políticas de crédito produz impactos sobre a relação público-privado, resultando, na maioria das vezes, na confirmação da dominação do mercado financeiro sobre os demais setores da economia.[106] Essa assertiva é mais evidente no Brasil, onde, embora para alguns possa ter havido aumento da eficiência e da concorrência entre instituições financeiras,[107] a supremacia dos interesses do SFN só avançou a partir de 1990.

[106] FREITAS, Maria Cristina Penido de. *Concurrence bancaire, spéculation et instabilité financière*: une lecture hétérodoxe de l'évolution récente du système financier international, p. 254.

[107] TROSTER, Roberto Luis. *Concentração bancária*, p. 1-16.

Uma das formas de exercício do poder econômico do Estado é o monopólio de emissão de moeda, funcionalmente presente entre as instituições financeiras. Inúmeras relações decorrem dessa simbiose, uma das quais diz respeito à caracterização do poder econômico de ambos nas situações de liquidez, ou seja, no poder liberatório da moeda. Como todas as atividades econômicas dependem, hoje, em grande medida, da moeda, cuja posse é obtida por vezes pela intermediação financeira, e como o SFN avança sua posição nodal na economia por meio do sistema de pagamento, as instituições financeiras são dotadas de um poder econômico duplamente qualificado, que extrapola, com freqüência, seus limites legítimos. Ademais, a crescente importância dos serviços prestados pelo SFN, especialmente no que tange ao sistema de pagamentos, posiciona as instituições financeiras como quase que indispensáveis ao funcionamento dos demais setores da economia.

Ora, se "nas democracias todo ato de uma autoridade legítima requer referência a uma fonte de legitimação e cada autoridade responde por seus atos",[108] a questão que se apresenta é quanto à fonte que legitima essa dominação. No que se refere ao Estado, este é legitimado por seus procedimentos previstos constitucionalmente. O cidadão, ainda que indiretamente, via representantes eleitos, é capaz de influenciar os processos decisórios do mercado financeiro que produzirão impactos sobre sua vida.

A lógica das instituições financeiras, porém, é diversa, visto que elas se regem pela busca do lucro e, ao mesmo tempo, possuem o poder de "criar" moeda. A legitimidade da existência e do uso do poder econômico nos demais setores da economia é aceita, mas, ao se atentar para esse detalhe, a confusão das esferas do público e do privado torna incerta a resposta. De onde proveria a legitimação extraordinária das instituições financeiras?

Simplesmente não proveria de lugar algum, porque ela inexiste dentro do atual sistema jurídico. O fenômeno da dominação das instituições do mercado financeiro sobre a economia merece atenção maior dos estudiosos da legitimidade política. Essa dominação não é recente nem se restringe a determinados países. Pelo contrário, data de fins do século XIX e pode ser identificada em todos os países dotados de mercado financeiro. Para um regime que se pretenda democrático, é necessário que essas ligações e conexões se façam às claras e permitam a interferência da sociedade civil nelas. O exemplo de dois países demonstra quão profunda pode ser essa dominação.

---

[108] LANE, Robert. Experiencing money and experiencing power. In: SCHAPIRO, Ian; REEHER, Grant (Org.). *Power, inequality, and democratic politics*: essays in honor of Robert A. Dahl, p. 94.

Por razões históricas diversas, o coração financeiro do Reino Unido não teve fortes ligações com o setor industrial, voltando-se, precipuamente, para o mercado internacional.[109] Logo, a *City* de Londres desenvolveu-se com grande autonomia, auto-regulando-se até recentemente na maioria absoluta dos casos. No pós-II Guerra, a economia britânica não possuía mais o mesmo dinamismo de outrora, e o exemplo francês de adoção de política industrial com forte presença estatal parecia ser a solução. Nesse modelo, contudo, era imprescindível a participação do mercado financeiro inglês, apoiando as iniciativas governamentais. Em razão da resistência do setor financeiro, nenhuma das políticas adotadas foi exitosa, se comparada às congêneres francesas. Nos anos 1960 e 1970, as imposições da *City* se tornaram mais prejudiciais para a indústria, na medida em que se passou a defender o valor da libra esterlina, quando a desvalorização cambial ajudaria as empresas exportadoras.[110] Durante o governo Thatcher, essa aversão à política industrial facilitaria a desregulação da economia.

Em sentido oposto, os setores industrial e financeiro japoneses viveram em simbiose desde o seu início, sempre coordenados pelo Ministério das Finanças. Tal modelo revelou-se extremamente bem-sucedido, mas chegou a tal ponto de saturação, seja por inviabilidade de sua continuidade, seja pela corrupção inerente, que nos anos 1980 se tornou impraticável. Os prejuízos aos consumidores eram evidentes, e, mesmo com intensa pressão por mudanças feita pelo governista Partido Liberal Democrático, elas encontraram forte resistência em setores do mercado financeiro e do Ministério das Finanças. Sua implementação demorou cerca de 15 anos e foi cheia de percalços em virtude das pressões das instituições financeiras que perderiam com as mudanças.[111]

Embora divergentes, tais experiências demonstram que a dominação do mercado financeiro sobre os demais setores da economia é uma realidade. No Brasil, a situação não é diferente. Nos anos 1970, Carvalhosa acusou as instituições financeiras de estar por trás da Lei 6.404/1976, a qual subverteria os princípios da ordem econômica por incentivar a formação de grandes

[109] VOGEL, Steven K. *Freer markets, more rules*: regulatory reform in advanced industrial countries, p. 94-95.

[110] THATCHER, Mark. From industrial policy to a regulatory state: contrasting institutional change in Britain and France. In: HAYWARD, J.; MENON, A. *Governing Europe*, p. 314-329.

[111] VOGEL, Steven K. *Freer markets, more rules*, p. 167-195.

conglomerados financeiros.[112] Em realidade, à época, os planos governamentais eram explícitos sobre a necessidade de o Brasil possuir grandes grupos privados, que, dadas as circunstâncias nacionais, se formariam ao redor de uma instituição financeira. Atualmente, o controle dos sistemas de pagamento pelas instituições financeiras tem o condão de potencializar ainda mais tal fenômeno.

No capitalismo, a acumulação de capitais é uma das premissas. Contudo, os reflexos negativos desse processo sobre outros setores da vida nacional não o são. O art. 192 da Constituição circunscreve os objetivos do SFN, mas nele a concorrência, peça importante para atingir tais fins, merece atenção das autoridades governamentais, especialmente levando-se em consideração o fato de que as grandes instituições financeiras se aproximam de várias funções públicas sem que estejam providas de legitimidade democrática.

[112] CARVALHOSA, Modesto. A *nova lei das sociedades anônimas*, p. 92 e ss. "Finalmente, vai-se concluir que o anteprojeto estabelece esse inconstitucional favorecimento para as maiores instituições bancárias com o específico propósito destes criarem os conglomerados financeiros, industriais e comerciais, através dos quais a tecnocracia pretende controlar as pequenas e médias empresas brasileiras que vêm resistindo ao processo concentracionista e estatizante do nosso modelo econômico." O referido projeto se tornou a Lei 6.404/1976.

BIBLIOGRAFIA

AGUIAR, Marcelo. Bancos caipiras. *IstoÉ Dinheiro*, n. 211, sexta-feira, 6 set. 2001.

ALENCAR, Leonardo Soriano. *Concorrência bancária, custos de agência e o canal do crédito da política monetária*. Tese apresentada à Faculdade de Economia, Administração e Contabilidade da Universidade de São Paulo para a obtenção do título de doutor em teoria econômica. São Paulo, 142 p., 2002.

ALFON, Isaac; ARGIMON, Isabel; BASCUÑANA-AMBRÓS, Patricia. *What determines how much capital is held by UK banks and building societies?* London: FSA Occasional Papers, Jul. 2004.

ALHADEFF, David A. *Monopoly and competition in banking*: the rise of commercial banking. New York: Arno Press, 1980.

ALVES, Sérgio Darcy da Silva. Avaliação de fusões de bancos. *Revista de Direito Bancário, do Mercado de Capitais e da Arbitragem*. São Paulo, v. 19, p. 13-18, jan.-mar. 2003.

ARON, Raymond. *Paz e guerra entre as nações*. Tradução de Sérgio Bath. Apres. de Vamireh Chacon. 2. ed. Brasília: Ed. UnB, 1986.

ARPING, Stefan; SCHWIENBACHER, Armin. *Bank market power and real sector performance*: a financial intermediation approach. University of Amsterdam, Business School, Finance Group, Sep 2005, 30 p.

ASCARELLI, Tullio. O empresário. Tradução de Fábio Konder Comparato. *Revista da Faculdade de Direito da Universidade de São Paulo*, São Paulo, v. 92, p. 269-278, jan.-dez. 1997.

ASQUINI, Alberto. Perfis da empresa. *Revista de Direito Mercantil, Industrial, Econômico e Financeiro*, São Paulo, v. 35, n. 104, p. 104-114, out.-dez. 1996.

BAIRD, Douglas G.; GERTNER, Robert H.; PICKER, Randal C. *Game theory and the law*. 5. printing. Cambridge: Harvard University Press, 2002.

BALDWIN, Robert; CAVE, Martin. *Understanding regulation*: theory, strategy and practice. Oxford: Oxford University Press, 1999.

BALDWIN, Robert; SCOTT, Colin; HOOD, Christopher (Org). *A reader on regulation*. Pondicherry: Oxford University Press, 1998.

BARROS, José Roberto Mendonça de; ALMEIDA JÚNIOR, Mansueto Facundo de. *A reestruturação do sistema financeiro no Brasil*. Brasília: Ministério da Fazenda/ Secretaria de Política Econômica, agosto de 1996. Disponível em: <http://www.fazenda.gov.br/spe/artigos/1996/art0001.htm>. Acesso em: 25 jan. 2005.

_______; _______. *Análise do ajuste do sistema financeiro no Brasil*. Brasília: Ministério da Fazenda/ Secretaria de Política Econômica, maio de 1997. Disponível em: <http://www.fazenda.gov.br/spe/artigos/1997/art0501.htm>. Acesso em: 19 dez. 2004.

BATTILOSSI, Stefano; CASSIS, Youssef (Org.). *European banks and the American challenge*: competition and cooperation in international banking under Bretton Woods.

BELAISCH, Agnès. Do Brazilian banks compete? *IMF Working Paper*, WP/03/113, p. 1-21, May 2003.

BELLO, C. A. *Autonomia frustrada*: o CADE e o poder econômico. São Paulo: Boitempo, 2004.

BENSTON, G. J. Regulating financial markets: a critique and some proposals. *Hobart Paper*, London, Institute of Economic Affairs, n. 135, 1998.

BERGER, Allen N.; DICK, Astrid A. Entry into banking markets and the first-mover advantage. In: *Federal Reserve Bank of Chicago Proceedings*. Chicago, May 2004, p. 243-254. Disponível em: http://ideas.repec.org/a/fip/fedhpr/y2004imayp243-254.html. Acesso em: 1.º out. 2004.

BERLE, Adolf A.; MEANS, Gardiner C. *The modern corporation and private property*. New York: MacMillan, 1933.

BERLE JR., Adolf A. *Power without property*: a new development in American political economy. New York: Harcourt, Brace and Company, 1959.

BERNSTEIN, M. H. *Regulating business by independent commission*. Westport, Conn.: Greenwood Press, 1977.

BLACK, Henry Campbel. *Black's law dictionary*. St. Paul: Editorial Staff, 1998.

BLAIR, William. *Banking and financial services regulation*. With a chapter on capital adequacy by Deepak Haria and Louise Freeman. 2. ed. London: Butterworths, 1998.

BODENHEIMER, Edgar. *Teoría del derecho*. 2. ed. Tradução de Vicente Herrero. México: Fondo de Cultura Económica, 1946.

BOECHAT, Dalton; BERTOLOSSI, Flávio Motta. Basiléia II: uma avaliação do impacto das novas regras nas regulações vigentes e captações externas, 2001, p. 1-8. Disponível em: <http://www.andima.com.br/publicacoes/arqs/2001_basileia.pdf>. Acesso em: 22 dez. 2004.

BORK, Robert H. *The antitrust paradox*: a policy in war with itself (with a new introduction and epilogue). New York: The Free Press, 1993.

BREYER, Stephen G. *Regulation and its reform*. Cambridge (EUA): Harvard University Press, 1982.

BRITTAN, Leon. *European competition policy*: keeping the playing field level.

BRUNA, Sérgio Varella. *O poder econômico e a conceituação do abuso em seu exercício*. São Paulo: RT, 2001.

CAMINAL, Ramon. MATUTES, Carmen. Market power and banking failures. In: *International Journal of Industrial Organization*, v. 20, 2002, p. 1341–1361.

CARLETTI, Elena; HARTMANN, Philipp; SPAGNOLO, Giancarlo. *Bank mergers, competition and liquidity*. ECB Research Paper Series – Working Papers n. 292,

Frankfurt, Sep. 2003. Disponível em: http://ssrn.com/abstract=302879. Acesso em: 2 nov. 2006.

BUENO, Cassio Scarpinella. Quatro variações sobre o tema: regulação e concorrência no setor financeiro. In: CAMPILONGO, Celso Fernandes; ROCHA, Jean Paul Cabral Veiga da; MATTOS, Paulo Todescan Lessa (Org.). *Concorrência e regulação no sistema financeiro*. São Paulo: Max Limonad, 2002. p. 65.

BULGARELLI, Waldírio. Empresa de *factoring* e suas atividades. Acusação de operar como instituição financeira. Fundamentos equivocados e insustentáveis a respeito. *Revista de Direito Bancário, do Mercado de Capitais e da Arbitragem*, São Paulo, n. 14, p. 206-210, out. 2001.

BURKE, Jim. Antitrust law, Justice Department Guidelines, and the limits of concentration in local banking. Staff Studies from *Board of Governors of the Federal Reserve System (U.S.)*, p. 1-14, n. 138, 1984.

CACHAFEIRO, Fernando García. *Derecho de la competencia y actividad bancaria*: estudios de los acuerdos sobre precios en los sistemas de pago electrónicos. Madrid: La Ley, 2003.

CAMPILONGO, Celso Fernandes; ROCHA, Jean Paul Cabral da Veiga da; MATTOS, Paulo Todescan Lessa (Org.). *Concorrência e regulação no sistema financeiro*. São Paulo: Max Limonad, 2002.

CANN JR., Wesley A. Section 7 of the Clayton Act and the pursuit of economic "objectivity": is there any role for social and political values in merger policy? *Notre Dame Law Review*, n. 60, p. 283-317, 1985.

CARNELUTTI, Francesco. *Teoria giuridica della circolazione*. Padova: Milani, 1933.

CARVALHO, Carlos Eduardo; STUDART, Rogério; ALVES JR., Antônio José. *Desnacionalização do setor bancário e financiamento das empresas: a experiência brasileira recente*. Brasília: IPEA. Texto para discussão n. 882, maio 2002.

CARVALHOSA, Modesto. *Poder econômico. A fenomenologia*: seu disciplinamento jurídico. São Paulo: RT, 1967.

CARVALHOSA, Modesto; EIZIRIK, Nelson. *A nova lei das sociedades anônimas*. São Paulo: Saraiva, 2002.

CASAS, Pilar Maestre. *Aplicabilidad del derecho de la competencia a la banca*. Madrid: Eurolex, 1997.

CASILDA, Ramón; CALDERÓN, Alvaro. La estrategia de los bancos españoles en América Latina. *Revista de la Cepal*, Santiago, n. 70, p. 71-89, abr. 2000.

CINTRA, Antônio C. de Araújo; GRINOVER, Ada Pellegrini; DINAMARCO, Cândido Rangel. *Teoria geral do processo*. Prefácio de Luís Eulálio de Bueno Vidigal. 16. ed. rev. e atual. São Paulo: Malheiros, 2000.

CLAESSENS, Stijn; LAEVN, Luc. What drives bank competition? Some international evidence. *Policy Research Working Paper*, World Bank, n. 3113, Aug. 2003.

CLARK, John Maurice. *A concorrência como processo dinâmico*. Rio de Janeiro: Forense, 1966.

_______. Toward a concept of workable competition. *American Economic Review*, Princeton, v. 30, n. 2, 1940, p. 241-256.

CLUNE, G. A. Implementation as autopoietic interaction of autopoietic organizations. In: TEUBNER, G.; FEBBRAJO, A. (Org.). *State, law and economy as autopoietic systems:* regulation and autonomy in new perspective. Milano: Giuffrè, 1992. p. 486-487.

COASE, R. H. *The firm, the market and the law*. Chicago: The University of Chicago Press, 1988.

_______. The problem of social cost. *Journal of Law and Economics*, Chicago, v. 3, p. 1-44, Oct. 1960.

COLLINS, H. *Regulating contracts*. Oxford: Oxford University Press, 1999.

COMPARATO, Fábio Konder. A reforma da empresa. *Revista de Direito Mercantil, Industrial, Econômico e Financeiro*, São Paulo, v. 50, p. 57-74, abr.-jun. 1983.

_______. *Aspectos jurídicos da macro-empresa*. São Paulo: RT, 1970.

_______. Ensaio sobre o juízo de constitucionalidade de políticas públicas. *Revista dos Tribunais*, São Paulo, v. 86, n. 737, p. 11-22, mar. 1997.

_______. *O poder de controle na sociedade anônima*. São Paulo: RT, 1976.

CORRIGAN, E. Gerald. Are banks special? In: ESTADOS UNIDOS. Federal Reserve Bank of Minneapolis. *1982 Annual Report Essay*.

CRANSTON, Ross. *Principles of banking law*. 2. ed. Oxford: Oxford University Press, 2002.

DAHL, Robert A. *Análise política moderna*. Brasília: Ed. UnB, 1981.

_______. The concept of power. In: BELL, Roderick; EDWARDS, David V.; WAGNER, R. Harrison (Ed.). *Political power*: a reader in theory and research. New York, 1969.

DALLARI, Dalmo de Abreu. *Elementos de teoria geral do Estado*. 19. ed. atual. São Paulo: Saraiva, 1995.

DAVID, H. Lecture given for the Course Regulation of Financial Markets at LSE on 22nd October 2004.

DE CHIARA, José Tadeu. Instituições financeiras. *Enciclopédia Saraiva do Direito*. São Paulo: Saraiva, 1977. v. 47, p. 45-68.

_______. *Moeda e ordem jurídica*. 1986. 214f. Tese de doutoramento – Faculdade de Direito, Universidade de São Paulo, São Paulo, 1986.

DEVOLVÉ, Pierre. *Droit public de l'économie*. Paris: Dalloz, 1998.

DODGE, Norton T.; GRUCHY, Allan G.; STABILE, Donald R. *The reconstruction of economics*: an analysis of the fundamentals of institutional economics. New York: Greenwood Press, 1987.

DUAILIBI, Julia. Dolarização dá estabilidade, mas tira competitividade do Equador. *Folha de S.Paulo*, São Paulo, 8 set. 2004.

DUVERGER, Maurice. *Ciência política*: teoria e método. Rio de Janeiro: Zahar, 1976.

DWORKIN, Ronald. *O império do direito*. Tradução de Jefferson Luiz Camargo. Rev. téc. Dr. Gildo Rios. São Paulo: Martins Fontes, 1999.

EATWELL, J.; TAYLOR, L. *Global finance at risk*: the case for international regulation. Cambridge: Polity Press, 2000.

EISNER, Marc Allen. *Regulatory politics in transition*. London: The John Hopkins University Press, 1993.

EIZIRIK, Nelson. Cessão de crédito no mercado financeiro. *Revista de Direito Mercantil, Industrial, Econômico e Financeiro*, São Paulo, n. 116, p. 200-210, out.-dez. 1999.

FAGUNDES, Jorge Luiz S. S. *Fundamentos econômicos das políticas de defesa da concorrência*: eficiência econômica e distribuição de renda em análises antitruste. São Paulo: Singular, 2003.

FAGUNDES, M. Seabra. *O controle dos atos administrativos pelo Poder Judiciário*. 3. ed. Rio de Janeiro: Forense, 1957.

FAORO, Raymundo. *Os donos do poder*: formação do patronato político brasileiro. 10. ed. São Paulo: Globo, 1996.

FARIA, J. Eduardo. *O direito na economia globalizada*. São Paulo: Malheiros, 2000.

FEBRABAN. *Você e seu banco*: um guia para facilitar seu relacionamento com seu banco. 2. ed. São Paulo, 2004.

FERRAZ, Anna Cândida da Cunha. *O poder constituinte do Estado-membro*. São Paulo: RT, 1979.

FERRAZ JR., Tercio Sampaio. *Introdução ao estudo do direito*: técnica, decisão e dominação. 2. ed. São Paulo: Atlas, 1994.

FERREIRA, Caio Fonseca. *Concorrência e performance do sistema bancário em um mercado heterogêneo*. Estudo para discussão que serviu de base para a elaboração de tese defendida em 2005 na FEA/USP em São Paulo.

FERREIRA, Gabriel Jorge. A estrutura normativa e de supervisão do Sistema Financeiro Nacional. *Revista de Direito Bancário, do Mercado de Capitais e da Arbitragem*. São Paulo, v. 28, p. 31-39, abr.-jun. 2005.

FERREIRA FILHO, Manoel Gonçalves. *Do processo legislativo*. 2. ed. São Paulo: Saraiva, 1989.

FORGIONI, Paula A. *Os fundamentos do antitruste*. São Paulo: RT, 1998.

FORTUNA, Eduardo. *Mercado financeiro*: produtos e serviços. 15. ed. Rio de Janeiro: Qualitymark, 2002.

FRANÇA, Paulo Oscar. Déficit público e política econômica. In: LOZARDO, Ernesto. *Déficit público brasileiro*: política econômica e ajuste estrutural. São Paulo: Paz e Terra, 1987. p. 129-145.

FREIRE, Aníbal. Parecer. In: FRANCESCHINI, J. Luiz V. de Azevedo; FRANCESCHINI, J. Inácio Gonzaga. *Poder econômico*: exercício e abuso: direito antitruste brasileiro. São Paulo: RT, 1985.

FREITAS, Maria Cristina Penido de. *Concurrence bancaire, spéculation et instabilité financière*: une lecture hétérodoxe de l'évolution récente du système financier international. 1992. 523f. Tese (Doutorado) – Faculdade de Economia, Université Paris XIII, Paris.

———; PRATES, Daniela Magalhães. La experiencia de apertura financiera en Argentina, Brasil y México. *Revista de la CEPAL*, Santiago, n. 70, p. 52-69, abr. 2000.

FRIEDMAN, Milton. *Episódios da história monetária*. Rio de Janeiro: Record, 1994.

FROHLICH, Norman; OPPENHEIMER, Joe A. *Economia política moderna*. Tradução de Ana Maria Schiavenatto e Luís de Toledo Filho. Brasília: Ed. UnB, 1982.

FURTADO, Celso. *Formação econômica do Brasil*. 27. ed. São Paulo: Companhia Editora Nacional/Publifolha, 2000. Col. Grandes Nomes do Pensamento Brasileiro.

GALVEAS, Ernane. A taxa de juros. *Revista de Direito Bancário, do Mercado de Capitais e da Arbitragem*, São Paulo, n. 25, 2004, p. 361-368, jul.-set. 2004.

GERBER, David J. *Law and competition in twentieth century Europe*: protecting Prometheus. New York: The Oxford University Press, 2001.

GIOVANOLI, M. A new architecture for the global financial market: legal aspects of international financial standard setting. In: *International monetary law*: issues or the new millenium. Oxford: Oxford University Press, 2000. p. 3-59.

GOLD, J. *Legal and institutional aspects of the international monetary system*: selected essays. Washington: International Monetary Fund, 1984. v. 2.

GOLDBERG, Daniel. Notas sobre a concorrência no sistema bancário. *Revista de Direito Bancário, do Mercado de Capitais e da Arbitragem*, São Paulo, n. 23, p. 33-52, jan.-mar 2004.

GOMES, M. F. *A territorialidade do Bradesco*: de pequeno banco caipira a maior banco privado de varejo. 2000. 306f. Dissertação – Faculdade de Filosofia, Letras e Ciências Humanas, Universidade de São Paulo, São Paulo, 2000.

GOODHART, Charles. *Financial regulation*: why, how, and where now? New York: Routledge, 1998.

GOYDER, D. G. *EC competition law*. 2. ed. Oxford: Clarendon Press, 1993.

GRAU, Eros Roberto. *A ordem econômica na Constituição de 1988*: interpretação e crítica. 3. ed. São Paulo: Malheiros, 1997.

______. *Elementos de direito econômico*. São Paulo: RT, 1981.

______. *Ensaio e discurso sobre a interpretação/aplicação do direito*. São Paulo: Malheiros, 2002.

______. *O direito posto e o direito pressuposto*. 3. ed. São Paulo: Malheiros, 2000.

______. Princípio constitucional da livre-iniciativa e da legalidade: imposição do dever de etiquetar preços. *Revista Trimestral de Direito Público*, n. 24, p. 92-101, 1998.

GUIMARÃES, Carlos G. O Banco Mauá & Cia (1854-1878): um banco no Brasil do século XIX. In: SZMRECSÁNYI, Támas (Org.). *História econômica do período colonial*. 2. ed. rev. São Paulo: Hucitec/Associação Brasileira de Pesquisadores em História Econômica/Edusp/Imprensa Oficial, 2002.

HAYEK, Friedrich von. *Individualism and economic order*. Chicago: The University of Chicago Press, 1948.

HAYES III, Samuel L. A.; SPENCE, Michael; MARKS, David van Praag. *Competition in the investment banking industry*. Cambridge: Harvard University Press, 1983.

HERTIG, G.; LEE, R. Four predictions about the future of EU securities regulation. *The Journal of Corporate Law Studies*, Cambridge, v. 3, n. 2, p. 359-377, Dec. 2003.

HESSEN, Johannes. *Teoria do conhecimento*. São Paulo: Martins Fontes, 2000.

HOBBES, Thomas. *Leviatã*: ou matéria, forma e poder de um Estado eclesiástico e civil. Tradução de João Paulo Monteiro e Maria Beatriz Nizza da Silva. Prefácio e rev. João Paulo Monteiro. 2. ed. Lisboa: Imprensa Nacional, 1999.

HOEKMAN, Bernard M.; MAVROIDIS, Petros C. Competition, competition policy, and the GATT. *Policy Research Working Paper*, Washington, The World Bank, n. 1228, Dec. 1993.

HOLANDA, Sérgio Buarque de. *Raízes do Brasil*. 26. ed. São Paulo: Companhia das Letras, 1995.

HOOD, C. *Explaining economic policy reversals*. Buckingham: Open University Press, 1994.

HORN, M. J. *The political economy of public administration*: institutional choice in the public sector. Cambridge: Cambridge University Press, 1985.

HOVENKAMP, Herbert. *Federal antitrust policy*: the law of competition and its practice. 2. ed. St. Paul: West Publishing Co., 1999.

HUBRECHT, Hubert-Gérald. *Droit public économique*. Paris: Dalloz, 1997.

IRTI, Natalino. Persona e mercato. *Rivista di Diritto Civile*, Padova, v. 41, n. 3, p. 289-298, magg.-giug. 1995.

JAMES, Harold. Financial banks and the process of financial internationalisation: a secular view. In: BATTILOSSI, Stefano; CASSIS, Youssef (Org.). *European banks and the American challenge*: competition and cooperation in international banking under Bretton Woods. Oxford: Oxford University Press, 2001. p. 200-214.

JONES, Alison; SUFRIN, Brenda. *EC competition law*: text, cases, and materials. Oxford: Oxford University Press, 2001.

JONES, Charles. Commercial banks and mortgage companies. In: PLATT, D. C. M. *Business imperialism, 1840:1930*: an inquiry based on British experience in Latin America. Oxford: Oxford University Press, 1977. p. 17-52.

JOUVENEL, Bertrand de. *Sovereignty*: an inquiry into the political good. Tradução para o inglês de J. F. Huntington. Cambridge: Cambridge University Press, 1957.

KAHN, Alfred E. *The economics of regulation*: principles and institutions. Cambridge: The MIT Press, 1988. v. 1 e 2.

KENT, Raymond P. *Money and banking*. 5. ed. New York: Holt, Rinehart and Winston, 1966.

KEYNES, John Maynard. *Teoria geral do emprego, do juro e da moeda*. São Paulo: Nova Cultural, 1988. Col. Os Economistas.

______. *The collected writings of John Maynard Keynes*. Activities 1940-1944: shaping the post-war world. London: MacMillan/Cambridge University Press for the Royal Economic Society, 1980. v. 25.

KIMMEL, Dori. Neutrality, autonomy, and freedom of contract. *Oxford Journal of Legal Studies*, Oxford, v. 21, n. 3, p. 473-494, Autumn 2001.

KLEIN, John J. *Money and the economy*. New York: Harcourt, Brace & World, 1965.

KNAPP, Georg Friedrich. *The state theory of money*. Tradução do alemão para o inglês de H. M. Lucas e J. Bonar. London: McMillan, 1924.

KREPS, D.; WILSON, R. Reputation and imperfect information. *Journal of Economic Theory*, New York, v. 27, n. 2, p. 253-279, Aug. 1982.

LAMANDINI, Marco. *Le concentrazioni bancarie*: concorrenza e stabilità nell'ordinamento bancario. Bologna: Il Mulino, 1998.

LANE, Robert. Experiencing money and experiencing power. In: SCHAPIRO, Ian; REEHER, Grant (Org). *Power, inequality, and democratic politics*: essays in honor of Robert A. Dahl. Boulder: Westview Press, 1988.

LAPALOMBRA, Joseph G. *A política no interior das nações*. Tradução do 1º ao 5º capítulo de Marilu Seixas Correa e do 6º em diante de Oswaldo Biato. Brasília: Ed. UnB, 1982, c. 1974.

LASTRA, Rosa Maria. *Central banking and banking regulation*. London: Wilson Moss, 1996.

LATNER, Richard B. A new look at Jacksonian politics. *The Journal of American History*. Bloomington, Indiana, v. 62, n. 4, p. 943-969, Mar. 1975.

LE MOAL, Roger. *Droit de concurrence*. Paris: Economica, 1979.

LEAL, Victor Nunes. *Coronelismo, enxada e voto*: o município e o regime representativo no Brasil. Nota do Prof. Basílio de Magalhães e prefácio de Barbosa Lima Sobrinho. 2. ed. São Paulo: Alfa-Ômega, 1975.

LEITE NETO, Alcino. Estréia do euro em 1º de janeiro cria segundo pólo monetário do mundo. *Folha de S.Paulo*, São Paulo, 26 dez. 2001.

LENIN, Vladimir I. *O imperialismo*: fase superior do capitalismo. Tradução de Sílvio Donizete Chagas. 2. ed. São Paulo: Centauro, 2002.

LEVY, B.; SPILLER, P. T. A framework for resolving the regulatory problem. In: *Regulations, institutions, and commitment*: comparative studies of telecommunications. Cambridge: Cambridge University Press, 1996.

LINDBLOM, Charles E. *O processo de decisão política*. Brasília: Ed. UnB, 1981.

LLEWELLYN, David. *The economic rationale for financial regulation*. London: FSA Occasional Papers. Apr. 1999.

LOBO, Carlos Baptista. *Concorrência bancária?* Coimbra: Almedina, 2001.

LOEWENSTEIN, Karl. *Teoría de la constitución*. Traducción y studio sobre la obra por Alfredo Gallego Anabitarte. Barcelona: Ariel, 1970. 2 t.

LOYD, H. D. Story of a great monopoly. *The Atlantic Monthly*. Boston, v. 47, n. 281, Mar. 1881.

LUMIA, Giuseppe. *Elementos de teoria e ideologia do direito*. Tradução de Denise Agostinetti. São Paulo: Martins Fontes, 2003.

LUNDBERG, Eduardo. Saneamento do sistema financeiro: a experiência brasileira dos últimos 25 anos. In: SADDI, Jairo (Org.). *Intervenção e liquidação extrajudicial no sistema financeiro nacional*: 25 anos da Lei 6.024/74. São Paulo: Textonovo, 1999. p. 53-70.

MAGALHÃES, Agamenon. Abuso do poder econômico. *Revista Forense*, Rio de Janeiro, n. 124, p. 120-130, 1949.

MAHER, Imelda. *Competition law*: alignment and reform. Dublin: Round Hall Sweet & Maxwell, 1999.

______. Regulating competition. In: PARKER, C. et al. *Regulating law*. Oxford: Oxford University Press, 2004.

MAJONE, Giandomenico. From the positive to the regulatory state: causes and consequences of changes in the mode of governance. *Journal of Public Policy*, Glasgow, v. 17, n. 2, p. 139-167, May-Aug. 1997.

______. Paradoxes of privatization and deregulation. *Journal of European Public Policy*, Oxford, v. 1, n. 1, p. 53-69, June 1994.

MALAN, Pedro. Direito, economia e o papel dos bancos no cenário econômico-social. *Revista de Direito Bancário, do Mercado de Capitais e da Arbitragem*. São Paulo, v. 28, p. 11-21, abr.-jun. 2005.

MANN, F. A. *The legal aspect of money with special reference to comparative private and public international law*. 5. ed. Oxford: Clarendon Press, 1997.

MARTÍ, Juan Antonio Rivière. Competition policy in Latin America: a new area of interest for the European Union. *EC Competition Policy Newsletter*. Bruxelas, v. 3, n. 1, Spring 1997.

MARTINS, Pedro Baptista. *O abuso de direito e o ato ilícito*. 3. ed. com considerações preliminares de José da Silva Pacheco. Rio de Janeiro: Forense, 1997.

MAYER, Colin. The regulation of financial services: lessons from the UK for 1992. In: BISHOP, Matthew; KAY, John; MAYER, Colin. *The regulatory challenge*. Oxford: Oxford University Press, 1995. p. 138-159.

MELLO, Celso Antônio Bandeira de. *Curso de direito administrativo*. 17. ed. São Paulo: Malheiros, 2004.

MELLO, Marcos Bernardes de. *Teoria do fato jurídico*: plano da existência. 7. ed. atual. São Paulo: Saraiva, 1995.

MENDONÇA, J. X. Carvalho de. *Tratado de direito commercial brasileiro*. 2. ed. Rio de Janeiro: Freitas Bastos, 1933. v. 1.

MESTMÄCKER, Ernst-Joachim. Das Privatrecht vor den Herausforderungen der wirtschaftlichen Macht. *Rabels Zeitschrift für ausländiches und internationals Privatrecht*. Tübigen, n. 60, p. 58-71, 1996.

______. *Der verwaltete Wettbewerb*: eine vergleichende Untersuchung über den Schutz von Freiheit und Lauterkeit im Wettbewerbsrecht. Tübingen: Mohr Siebeck, 1984.

______. Markt, Recht, Wirtschaftsverfassung. *Zeitschrift für das gesamte Handelsrecht und Wirtschaftsrecht*, n. 137, p. 97-110, 1973.

MIRANDA, Pontes de. *Comentários à Constituição de 1946*. 2. ed. São Paulo: Max Limonad, 1953. v. IV.

______. *Comentários à Constituição de 1967, com a Emenda n. 1 de 1969*. 2. ed. São Paulo: RT, 1971. t. VI.

MIROW, Kurt Rudolf. *A ditadura dos cartéis*: anatomia de um subdesenvolvimento. 15. ed. Rio de Janeiro: Civilização Brasileira, 1979.

MOLONEY, Niamh. *EC securities regulation*. Oxford: Oxford University Press, 2001.

MONTI, Giorgi. *Competition law*. Versão preliminar não publicada.

MOURA, Maurício de C. O princípio constitucional da livre concorrência. *Revista do Ibrac*, São Paulo, v. 5, n. 1, 1998.

MUCHILINSKI, P. T. *Multinational enterprises and the law*. Malden: Blackwell Publishing, 1999.

MURTA FILHO, Marcios Mario. *Concorrência bancária e reformas regulamentares: o caso da indústria bancária brasileira*. 2003. 71f. Dissertação – Faculdade de Economia, Universidade de Brasília, Brasília, 2003.

NOLL, R. G. Economic perspective on the politics of regulation. In: SCHMALENSEE, R.; WILLIG, R. D. (Org.). *Handbook of industrial organization*. Amsterdam: North-Holland, 1989. v. 2, p. 1253-1287.

NORTH, Douglas C. *Institutions, institutional change and economic performance*. Cambridge: Cambridge University Press, 1990.

NORTON, Joseph Jude. *Devising international supervisory standards*. Dordrecht: Martinus Nijhoff, 1995.

NUSDEO, Fábio. *Curso de economia*: introdução ao direito econômico. 3. ed. rev. e atual. São Paulo: RT, 2001.

______. *Da política econômica ao direito econômico*. 1977. 197 f. Tese de livre docência – Faculdade de Direito, Universidade de São Paulo, São Paulo, 1997.

OGUS, Anthony. *Regulation*: legal form and economic theory. Oxford: Clarendon Press, 1994.

OLIVECRONA, Karl. *El derecho como hecho*. Barcelona: Labor Universitaria. 1980.

OLIVEIRA, Gesner. *Concorrência*: panorama no Brasil e no mundo. São Paulo: Saraiva, 2001.

______. Defesa da concorrência e regulação no setor bancário. In: CAMPILONGO, Celso Fernandes; ROCHA, Jean Paul Cabral Veiga da; MATTOS, Paulo Todescan Lessa (Org.). *Concorrência e regulação no sistema financeiro*. São Paulo: Max Limonad, 2002. p. 155.

ORTIZ, Gaspar Ariño. *La regulación económica*: teoría y práctica de la regulación para la competencia. Buenos Aires: Ábaco, 1996.

OWEN, Bruce. Imported antitrust. Crítica à obra de Michal S. GAL, Competition Policy for Small Market Economies. March 2004. Stanford University. Stanford Law School. John M. Olin Program in Law and Economics. Working Paper n. 281. Disponível em: <http://ssrn.com/abstract=525042>. Acesso em: 11 dez. 2004.

PAGOTTO, Leopoldo U. C. Are the Brazilian competition authorities being responsive? An analysis based on the Benign Big Gun model. *World Competition*, London, v. 29, n. 2, p. 285-314, June 2006.

______. Da intempestividade da apresentação dos atos de concentração ao Conselho Administrativo de Defesa Econômica (CADE). *Revista do Ibrac*, São Paulo, v. 9, n. 1, p. 177-207, mar. 2002.

PALLATA, Rogério. Estudo apura que o Sistema Financeiro é menos concentrado do que se supõe. *Valor*, 6 set. 2006.

PENTEADO, Luciano Camargo. Abuso do poder econômico-contratual e boa-fé. *Revista de Direito Privado*, São Paulo, v. 11, p. 138-156, jul.-set. 2002.

______. As cláusulas abusivas e o direito do consumidor. *Revista dos Tribunais*, São Paulo, n. 725, p. 91-100, mar. 1996.

PÉREZ, Antonio Gutiérrez. Financial liberalization in Latin America and East Asian Countries. In: BORREGO, John; ALAVARES, Alejandro; JOMO, K. S. *Capital, the State, and late industrialization*: comparative perspectives on the Pacific rim. Oxford: The West Press, 1996. p. 31-47.

PITTMAN, Russel. Why competition policy: especially for developing countries. *USIA Electronic Journal*, v. 4, n. 1, Feb. 1999. Disponível em: <http://usinfo.state.gov/journals/ites/0299/ijee/pittman.htm>. Acesso em: 11 dez. 2004.

PLATT, D. C. M. *Business imperialism 1840-1930*: an inquiry based on British experience in Latin America. Oxford: Oxford University Press, 1977.

POLGLAS, T. Globalisation and implications for cross-border regulation. In: McCRUDDEN C. (Ed). *Regulation and deregulation*: policy and practice in the utilities and financial services industry. Oxford: Clarendon Press, 1999. p. 355-365.

POLO, Michele (Ed.). *Industria bancaria e concorrenza*. Bologna: Il Mulino, 1999.

POSNER, Richard A. *Economic analysis of law*. 4. ed. Boston: Little, Brown & Company, 1992.

PROENÇA, José Marcelo Martins. *Concentração empresarial e o direito da concorrência*. 1999. 194f. Dissertação (Mestrado em Direito Comercial) – Faculdade de Direito, Universidade de São Paulo, São Paulo, 1999.

QUINN, B. A model of financial regulation. In: McCRUDDEN, C. (Ed.). *Regulation and deregulation*: policy and practice in the utilities and financial services industry. Oxford: Clarendon Press, 1999. p. 314-320.

RADBRUCH, Gustav. *Introdução à ciência do direito*. Tradução de Vera Barkow. Revisão técnica de Sérgio Sérvulo da Cunha. São Paulo: Martins Fontes, 1999.

RAMM, Ulrich. German banks and the American challenge. In: BATTILOSSI, Stefano; CASSIS, Youssef (Org.). *European banks and the American challenge*: competition and cooperation in international banking under Bretton Woods. Oxford: Oxford University Press, 2001. p. 177-199.

REALE, Miguel. A ordem econômica na Constituição. *De Tancredo a Collor*. 2. ed. São Paulo: Siciliano, 1992.

RIBEIRO, Ana Paula. Novo presidente da Fiesp critica baixo crédito no Brasil. *Folha de S.Paulo*, 10 nov. 2004.

RIBEIRO, Joaquim de Sousa. *O problema do contrato*: as cláusulas contratuais gerais e o princípio da liberdade contratual. Coimbra: Almedina, 1999.

RICHARDSON, Jeremy; STEPHENSON, Michael. *Some aspects of regulatory capital*. London: FSA Occasional Papers, Mar. 2000.

RIPERT, Georges. *Aspects juridiques du capitalisme moderne*. Paris: LGDJ, 1946.

ROUBIER, Paul. *Droits subjectives et situations juridiques*. Paris: Dalloz, 1963.

RUBIN, E. L. Deregulation, reregulation, and the myth of the market. *Washington and Lee Law Review*, Lexington, v. 45, p. 1249-1274, 1988.

SADDI, Jairo. Administradoras de cartão de crédito. Lei da Usura. Inaplicabilidade. *Revista de Direito Bancário, do Mercado de Capitais e da Arbitragem*. São Paulo, v. 29, p. 132-139, jul.-set. 2005.

______. O desenvolvimento do sistema financeiro, sistema bancário e sistema de crédito. *Revista de Direito Bancário, do Mercado de Capitais e da Arbitragem*. São Paulo, v. 29, p. 333-339, jul.-set. 2005.

SALOMÃO FILHO, Calixto. *Direito concorrencial*: as condutas. São Paulo: Malheiros, 2002.

______. *Direito concorrencial*: as estruturas. São Paulo: Malheiros, 2002.

______. *O novo direito societário*. São Paulo: Malheiros, 2002.

______. *Regulação da atividade econômica*: princípios e fundamentos jurídicos. São Paulo: Malheiros, 2001.

______. Regulação e antitruste: fronteiras e formas de interação no setor financeiro. In: CAMPILONGO, Celso Fernandes; ROCHA, Jean Paul Cabral Veiga da; MATTOS, Paulo Todescan Lessa (Org.). *Concorrência e regulação no sistema financeiro*. São Paulo: Max Limonad, 2002. p. 146.

SALOMÃO NETO, Eduardo. *Atividade privativa de instituição financeira*. 1998. 208 f. Tese (Livre-docência) – Faculdade de Direito, Universidade de São Paulo, São Paulo.

______. *O trust e o direito brasileiro*. São Paulo: LTr, 1996.

SANTOS, Milton. *A urbanização brasileira*. São Paulo: Hucitec, 1993.

SCHERER, F. M.; ROSS, David. *Industrial market structure and economic performance*. 3. ed. Boston: Houhton Mifflin, 1990.

SCHUMPETER, Joseph Alois. *Capitalismo, socialismo e democracia*. Tradução de R. Jungmann. Rio de Janeiro: Fundo de Cultura, 1961.

SHIEBER, Benjamin M. *Abusos do poder econômico* (direito e experiência no Brasil e nos E.U.A.). São Paulo: RT, 1966.

SILVA, José Afonso. *Aplicabilidade das normas constitucionais*. 6. ed. São Paulo: Malheiros, 2002.

SIMONSEN, Mário Henrique. *Brasil 2002*. 6. ed. Rio de Janeiro: Apec, [s.d.].

SMITH, Adam. *A riqueza das nações*: investigação sobre sua natureza e suas causas. Tradução de Luiz João Baraúna. Introd. de Edwin Cannan. Apres. de Winston Fritsh. São Paulo: Abril Cutural, 1983. Col. Os Economistas.

STIGLER, G. The economic theory of regulation. *Bell Journal of Economics and Management Science*, v. 2 , n. 1, p. 3-21, Spring 1971.

STIROH, K. J.; STRAHAN, P. E. Competitive dynamics of deregulation: evidence from U.S. banking. *Journal of Money, Credit and Banking*, Ohio, v. 35, n. 5, p. 801-828, Oct. 2003.

STREIT, Mafred E. Economic order, private law and public policy: the Freiburg School of Law and Economics in perspective. *Journal of Institutional and Theoretical Economics*, v. 148, p. 675-704, Dec. 1992.

SULLIVAN, Laurence A.; GRIMES, Warren S. *The law of antitrust*: an integrated handbook. St. Paul, Minn.: West Group, 2000.

SUNDFELD, Carlos Ari. Concorrência e regulação no sistema financeiro. In: CAMPILONGO, Celso Fernandes; ROCHA, Jean Paul Cabral Veiga da; MATTOS, Paulo Todescan Lessa (Org.). *Concorrência e regulação no sistema financeiro*. São Paulo: Max Limonad, 2002. p. 29-47.

SZTAJN, Rachel. Regulação e concorrência no sistema financeiro. In: CAMPILONGO, Celso Fernandes; ROCHA, Jean Paul Cabral Veiga da; MATTOS, Paulo Todescan

Lessa (Org.). *Concorrência e regulação no sistema financeiro*. São Paulo: Max Limonad, 2002. p. 250.

______. *Teoria jurídica da empresa*: atividade empresária e mercados. São Paulo: Atlas, 2004.

TAVARES, Maria da Conceição. *Da substituição de importações ao capitalismo financeiro*. 2. ed. Rio de Janeiro: Zahar, 1973.

TEUBNER, G.; FEBBRAJO, A. (Ed.). *State, law and economy as autopoietic systems: regulation and autonomy in new perspective*. Milano: Giuffrè, 1992. p. 485-513.

THATCHER, Mark. From industrial policy to a regulatory state: contrasting institutional change in Britain and France. In: HAYWARD, J.; MENON, A. *Governing Europe*. Oxford: Oxford University Press, 2003.

______. Regulation after delegation: independent regulatory agencies in Europe. *Journal of European Public Policy*, v. 9, n. 6, p. 954-972, Dec. 2002.

TOMASETTI JR., Alcides. Abuso de poder econômico e abuso de poder contratual. Regime jurídico particularizado. Denunciabilidade da relação contratual a tempo indeterminado. Contrato de fornecimento interempresarial. Monopólio estatal de sociedade fornecedora. Aumento arbitrário de lucros. Ilícitos constitucionais e direito comum. Providências processuais corretivas. *Revista dos Tribunais*, São Paulo, v. 715, maio 1995.

TOUBOUL, Charles. *L'action des pouvoirs publics dans les offres publiques bancaires. Aspects juridiques*: l'affaire BNP, Société Générale, Paribas. Paris: Panthéon-Assas, 2001.

TREBILCOCK, Michael J.; IACOBUCCI, Edward M. Designing competition law institutions. *World Competition*. v. 25, n. 3, p. 361-394, 2002.

TROSTER, Luis Roberto. *Concentração bancária*. Disponível em: <http://www.febraban.org.br/Arquivo/Servicos/Imprensa/Conc0404.pdf. Acesso em: 29 abr. 2005.

———. Os bancos são diferentes?. In: CAMPILONGO, Celso Fernandes; ROCHA, Jean Paul Cabral da Veiga da; MATTOS, Paulo Todescan Lessa (Org.). *Concorrência e regulação no sistema financeiro*. São Paulo: Max Limonad, 2002. p. 287.

VALDEZ, Stephen; WOOD, Julian. *An introduction to global financial markets*. 4. ed. New York: Palgrave MacMillan, 2003.

VÁZQUEZ, José Ramón Parada. *Derecho administrativo*: organización y empleo público. 11. ed. Madrid: Marcial Pons, 1997. v. 2.

VENANCIO FILHO, Alberto. *A intervenção do Estado no domínio econômico*: o direito público econômico no Brasil. Rio de Janeiro: Renovar, 1998.

VENANCIO JR., Daniel. *O potencial de crescimento do setor bancário no Brasil*. Disponível em: <http://www.univap.br/biblioteca/hp/Mono%202001%20Rev/020.pdf>.

VIANA, Francisco José de Oliveira. *Instituições políticas brasileiras*. São Paulo: Itatiaia, 1986. 2 v.

VICKERS, J.; HAY, D. *The economics of market dominance*. Oxford: Oxford University Press, 1987.

VIDIGAL, Geraldo de Camargo. *Disciplina dos órgãos de direção monetária*. 1964. Tese de Livre-Docência – Faculdade de Direito, Universidade de São Paulo, São Paulo, 1964.

______. *Teoria geral do direito econômico*. São Paulo: RT, 1977.

VIEIRA, Evaldo Amaro. Considerações históricas sobre a expansão bancária brasileira. *Revista de História*, v. 2, p. 409-452, 1973.

VOGEL, Steven K. *Freer markets, more rules*: regulatory reform in industrial advanced countries. New York: Cornell University Press, 1996.

WEBER, Max. *Economia e sociedade*: fundamentos da sociologia compreensiva. Tradução de Regis Barbosa e Karen Elsabe Barbosa. Rev. téc. de Gabriel Cohn. 3. ed. Brasília: Ed. UnB, 1999. v. 2.

WIESER, Friedrich von. *The law of power*. Tradução do alemão para o inglês da edição original de 1926 por W. E. Kuhn. Introd. de Warren J. Samuels. Lincoln: Bureau of Business Research da University of Nebraska, 1983.

WILKS, S.; BARTLE, I. The unanticipated consequences of creating independent competition agencies. *West European Politics*, v. 25, n. 1, p. 148-172, Spring 2002.

WILLIAMSON, Oliver E. *Markets and hierarchies: analysis and antitrust implications*: a study in the economics of internal organization. New York: The Free Press, 1975.

______. *The economic institutions of capitalism*: firms, markets, relational contracting. New York: The Free Press, 1987.

WILSON, J. Q. The politics of regulation. In: *The politics of regulation*. New York: Basic Books, 1980.

WISH, Richard. *Competition law*. 5. ed. Suffolk: LexisNexis, 2003.

XAVIER, Alberto Pinheiro. *Subsídios para uma lei de defesa da concorrência*. Lisboa: Ministério das Finanças, 1970.

Este livro foi composto em berkeley
e impresso pela Artcolor em papel offset 75g/m^2.